Kompendien
für Studium, Praxis und Fortbildung

Dr. Hansjochen Dürr
Dr. Hubertus Schulte Beerbühl

Baurecht
Nordrhein-Westfalen

5. Auflage

Nomos

Die Deutsche Nationalbibliothek verzeichnet diese Publikation in
der Deutschen Nationalbibliografie; detaillierte bibliografische
Daten sind im Internet über http://dnb.d-nb.de abrufbar.

ISBN 978-3-8487-3914-1 (Print)
ISBN 978-3-8452-8239-8 (ePDF)

5. Auflage 2018

Vorwort

Die Neuauflage des vorliegenden Buches, fünf Jahre nach dem Erscheinen der 4. Auflage, stellt in seinem ersten Teil das geltende Bauplanungsrecht sowie die hierzu ergangene Rechtsprechung und Literatur dar. In seinem zweiten Teil geht es auf die am 15.12.2016 beschlossene Landesbauordnung NRW („BauO NRW 2016") ein und stellt diese neben dem bei Drucklegung noch anzuwendende nordrhein-westfälischen Bauordnungsrecht auf der Grundlage der Landesbauordnung vom 1.3.2000 in der Fassung ihrer letzten Änderung („BauO NRW 2000") dar. Es stellt die Fassungen gegenüber und hebt die Änderungen der Neufassung zur bisherigen Fassung hervor. Zwar hat der neue Landesgesetzgeber das Inkrafttreten der Neufassung, soweit die Bestimmungen zu Bauprodukten nicht bereits wirksam geworden waren, in der erklärten Absicht hinausgeschoben, sie zu überarbeiten. Trotz der Unsicherheiten haben Verlag und Autoren sich zu einer Veröffentlichung der 5. Auflage entschieden, um den Abstand zur Vorauflage nicht noch größer werden zu lassen. Wir gehen davon aus, dass die Grundstrukturen der Neufassung nicht geändert werden und haben mit der Veröffentlichung das Ziel, den Nutzern eine möglichst frühzeitige Einarbeitung in die zu erwartenden Neuregelungen zu ermöglichen.

Adressaten des Werks sind vor allem Studenten und Referendare der Rechtswissenschaft, für die das öffentliche Baurecht zum Pflichtstoff in beiden juristischen Staatsexamen zählt. Daneben sollen aber auch Nicht-Juristen angesprochen werden, insbesondere Architekten, Ingenieure, Techniker, Verwaltungsbeschäftigte und sonst Interessierte, die in ihrem (beruflichen) Alltag mit Fragen des öffentlichen Baurechts befasst werden und sich einen Überblick über dessen Strukturen verschaffen wollen. Dem entsprechend beschränkt sich das Kompendium bewusst auf die Erörterung der in der Ausbildung und der baurechtlichen Praxis relevanten Fragen. Spezialprobleme werden lediglich in der gebotenen Kürze angesprochen; wegen der Einzelheiten wird auf die Kommentarliteratur und Monographien verwiesen.

Die Darstellung orientiert sich vorrangig an der zu den Rechtsfragen ergangenen Rechtsprechung. Das ist für das Bauplanungsrecht die Rechtsprechung des Bundesverwaltungsgerichts sowie des Oberverwaltungsgerichts für das Land Nordrhein-Westfalen und anderer Obergerichte. Für das Bauordnungsrecht werden die Bestimmungen insbesondere im Lichte der Rechtsprechung des Oberverwaltungsgerichts NRW und erstinstanzlicher nordrhein-westfälischer Verwaltungsgerichte dargestellt. Rechtsprechung zur neuen Landesbauordnung ist im Zeitpunkt der Drucklegung naturgemäß noch nicht ergangen.

Mit der vorliegenden 5. Auflage des Werks ist der bisherige Mitautor Middeke ausgeschieden. Von der zweiten bis zur vierten Auflage hat er das Werk maßgeblich mitgeprägt. Dafür gebührt ihm großer Dank.

Wir bedanken uns bei allen, die uns durch Anregungen und Vorschläge angehalten haben, das Werk ständig zu verbessern. Wir verbinden diesen Dank mit der Bitte, uns auch für die nächste Auflage über Verbesserungsmöglichkeiten zu informieren.

Das Werk befindet sich auf dem Stand vom 1. November 2017.

Freiburg und Münster, im November 2017
Hansjochen Dürr, Hubertus Schulte Beerbühl

Inhaltsverzeichnis

Literaturverzeichnis

1. Kommentare zum BauGB

Battis/Krautzberger/Löhr, Baugesetzbuch, Beck-Verlag, 13. Aufl., 2016

Brügelmann, Baugesetzbuch, Kohlhammer-Verlag, Loseblatt-Sammlung, Stand: November 2016

Ernst/Zinkahn/Bielenberg, Baugesetzbuch, Beck-Verlag, Loseblatt-Sammlung, Stand: Februar 2017

Schrödter, Baugesetzbuch, Nomos-Verlag, 8. Aufl., 2015

2. Kommentare zur BauNVO

Fickert/Fieseler, Baunutzungsverordnung, Kohlhammer Verlag, 12. Aufl. 2014

König/Roeser/Stock, Baunutzungsverordnung, Beck-Verlag, 3. Aufl., 2014

Eine Kommentierung der BauNVO befindet sich ferner in den o.a. Loseblatt-Kommentaren zum BauGB.

3. Kommentare zur BauO NRW

Boeddinghaus/Hahn/Schulte, Bauordnung für das Land Nordrhein-Westfalen, Loseblattkommentar, Rehm-Verlag, Stand: Juni 2017

Gädtke/Czepuck/Johlen/Plietz/Wenzel, Landesbauordnung Nordrhein-Westfalen, Werner-Verlag, 12. Aufl., 2011

Schönenbroicher/Kamp, Bauordnung Nordrhein-Westfalen, Beck-Verlag, 1. Aufl., 2012

4. Lehrbücher und Monographien zum Baurecht

Bracher/Reidt/Schiller, Bauplanungsrecht, Schmidt-Verlag, 8. Aufl. 2014

Hoppe/Bönker/Grotefels, Öffentliches Baurecht, Beck-Verlag, 4. Aufl. 2010

Kuschnerus/Bischopink/Arnold, Das zulässige Bauvorhaben, Verlag vhw-Dienstleistung, 7. Aufl., 2016

Reichel/Schulte, Handbuch Bauordnungsrecht, Beck-Verlag, 1. Aufl., 2004

Schulte Beerbühl, Öffentliches Baunachbarrecht, Nomos-Verlag, 1. Aufl., 2017

Stüer, Handbuch des Bau- und Fachplanungsrechts, Beck-Verlag, 5. Aufl., 2015

1. Teil: Bauplanungsrecht und nordrhein-westfälisches Bauordnungsrecht

A. Allgemeines

I. Funktion des Baurechts

Das öffentliche Baurecht dient dem **Interessenausgleich** zwischen der durch Art. 14 **1** GG geschützten Baufreiheit des Grundstückseigentümers (BVerfGE 35, 263; BVerwGE 42, 115; BGHZ 60, 112) und dem häufig andersartigen Interesse der Allgemeinheit an einer möglichst sinnvollen Nutzung des im Bundesgebiet nur beschränkt vorhandenen Baugeländes (dazu ausführlich BVerwG NJW 1991, 3293). Das gilt nicht zuletzt auch für eine angemessene Berücksichtigung berechtigter Interessen benachbarter Grundstückseigentümer. Dieser Interessenausgleich setzt zwingend eine geordnete Vorgehensweise, also eine gesetzliche Regelung des Bauens voraus.

II. Rechtsgrundlagen des Baurechts

Schon im 19. Jahrhundert gab es vereinzelte baurechtliche Bestimmungen (Nach- **2** weis bei Ernst/Zinkahn/Bielenberg, BauGB, Einl. 1 f.). Eine **gesetzliche Regelung des Baurechts** ist aber im Wesentlichen erst im vergangenen Jahrhundert durchgeführt worden. Die Normierung eines einheitlichen Baurechts in dem Bezirk des späteren Landes Nordrhein-Westfalen erfolgte durch verschiedene Bauordnungen, die die Regierungsbezirke, der Siedlungsverband Ruhrkohlenbezirk und einzelne Städte erlassen hatten und in denen baupolizeiliche Vorschriften enthalten waren. Die ersten reichseinheitlichen baurechtlichen Vorschriften waren die Bauregelungsverordnung vom 15.2.1936 (RGBl I, 104) sowie die Baugestaltungsverordnung vom 10.11.1936 (RGBl I, 938).

Nach dem Zweiten Weltkrieg erließen die Länder die sog. Trümmergesetze (Nachweise bei Ernst/Zinkahn/Bielenberg, BauGB, Einl. Rn. 34). In Nordrhein-Westfalen wurde am 29.4.1952 das Aufbaugesetz erlassen.

III. Gesetzgebungszuständigkeit auf dem Gebiet des Baurechts

Schon bald nach Gründung der Bundesrepublik Deutschland wurde die Schaffung **3** eines bundeseinheitlichen Baurechts in Angriff genommen (Ernst/Zinkahn/Bielenberg, BauGB, Einl. Rn. 37 f.; Brügelmann, BauGB, Einl. Rn. 6). Da Zweifel über den Umfang der **Gesetzgebungszuständigkeit** des Bundes und der Länder entstanden, wurde nach dem damaligen § 97 BVerfGG (durch Gesetz vom 21.7.1956 aufgehoben) von der Bundesregierung in Übereinstimmung mit Bundestag und Bundesrat ein Rechtsgutachten des BVerfG über die Gesetzgebungszuständigkeiten auf dem Gebiet des Baurechts eingeholt. Das BVerfG hat in seinem Rechtsgutachten vom 16.6.1954 (BVerfGE 3, 407) folgende Abgrenzung zwischen Bundes- und Landeskompetenz vorgenommen:

4 Bundeskompetenz (Art. 74 Nr. 18, 75 Nr. 4 GG):

– Städtebauliche Planung (§§ 1 bis 44 und 136 bis 191 BauGB)
– Baulandumlegung (§§ 45 bis 122 BauGB)
– Bodenbewertung (§§ 192 bis 199 BauGB)
– Bodenverkehrsrecht (§§ 19 bis 28 BauGB)
– Erschließungsrecht (§§ 123 bis 135 BauGB)

Landeskompetenz:

– Bauordnungsrecht (Baupolizeirecht im überlieferten Sinn)

5 Auf der Grundlage dieses Gutachtens des BVerfG ist das Bundesbaugesetz (BBauG) vom 23.6.1960 (BGBl. I, 341) ergangen, das durch Gesetz vom 18.8.1976 (BGBl. I, 2221) mit Wirkung vom 1.1.1977 erheblich geändert worden ist (Bekanntmachung der Neufassung BGBl. I, 2257). Eine weitere Änderung erfolgte durch die BauGB-Novelle vom 6.7.1979 (BGBl. I, 949). Bereits vorher wurde das Städtebauförderungsgesetz (StBauFG) vom 27.7.1971 (BGBl. I, 1225) erlassen.

6 BBauG und StBauFG wurden durch das BauGB (BauGB) vom 8.12.1986 (BGBl. I, 2253) zu einem einheitlichen Gesetz zusammengefasst, wobei gleichzeitig auch beträchtliche inhaltliche Änderungen erfolgten. 1990 wurde zur Förderung des in den 80er-Jahren vernachlässigten Wohnungsbaus das BauGB-MaßnG erlassen. Dessen Sonderregelungen wurden durch das BauROG 1998 teilweise in das BauGB integriert, teilweise aber auch aufgegeben. Seit dem 1.1.1998 ist das gesamte Bauplanungsrecht wieder im BauGB enthalten.

7 Das Europarechtsanpassungsgesetz Bau vom 30.4.2004 diente vor allem der Einführung der sog. Plan-UP-Richtlinie (s. dazu Rn. 69) der EU in das BauGB (BT-Drucks. 15/2250 S. 1) und hat die Notwendigkeit einer **Umweltverträglichkeitsprüfung** bei den meisten Bebauungsplänen zur Folge. Zum 1.1.2007 trat die BauGB-Novelle vom 21.12.2006 (BGBl. I, 3316) in Kraft, mit der die Innenentwicklung von Städten erleichtert werden sollte.

8 Zur Umsetzung der Zuständigkeiten nach dem BauGB hat das Land NRW eine Verordnung zur Durchführung des BauGB erlassen (GV.NRW 1987 S. 222). Des Weiteren ist durch Landesgesetz die Fristenregelung in § 35 Abs. 4 S. 1 Nr. 1 Buchst. c BauGB derzeit außer Kraft gesetzt (BauGB-AG NRW, GV.NRW 2009, 186).

9 Das BauGB wurde ergänzt durch die aufgrund des § 9a Abs. 1 BauGB erlassene BauNVO (BauNVO) vom 26.6.1962 (BGBl. I, 429), insbesondere geändert durch die Novellen vom 26.11.1968 (BGBl. I, 1237), 15.9.1977 (BGBl. I, 1763), 19.12.1986 (BGBl. I, 2665) und vom 23.1.1990 (BGBl. I, 132). Die BauNVO hat vor allem Bedeutung für die Aufstellung von Bebauungsplänen und die Zulässigkeit von Bauvorhaben im beplanten Innenbereich, teilweise aber auch darüber hinaus im unbeplanten Innenbereich (vgl. § 34 Abs. 2 BauGB).

10 Zur Bewältigung der Probleme, die sich mit der Unterbringung von **Flüchtlingen und Asylbewerbern** ergeben, schuf der Bundesgesetzgeber in den letzten Jahren eine Reihe von Regelungen, die insbesondere – etwas abseits gelegen – in § 246 Abs. 8 bis 17 BauGB zu finden sind.

11 Für das Bauordnungsrecht ist in Ausführung der Gesetzgebungskompetenz der Länder zunächst 1959 von einer Bund-Länder-Kommission die sog. **Musterbauordnung** entworfen worden, auf der die danach von den Ländern erlassenen Bauordnungen beruhten. 1981 beschloss eine Ministerkonferenz eine neue Musterbauordnung. Das Land Nordrhein-Westfalen hat am 25.6.1962 die Landesbauordnung

(BauO NRW) erlassen (GV.NRW. S. 373), die durch die Neufassung vom 27.1.1970 (GV.NRW. S. 96) beträchtlich geändert wurde.

Eine weitere vollständige Novellierung der BauO NRW ist allerdings erst durch das **12** Gesetz vom 7.3.1995 (GV.NRW. S. 218 bzw. S. 982) erfolgt; dort wurde auch die Paragraphenfolge geändert. Die hauptsächliche Änderung lag in verfahrensbeschleunigenden Regelungen und einer Ökologisierung der BauO NRW. Die Brandkatastrophe auf dem Düsseldorfer Flughafen im Jahr 1996 führte zu einem Überdenken der brandschutzrechtlichen Anforderungen. Weitere Änderungen vollzog der Landesgesetzgeber durch eine Änderung der BauO NRW im Jahr 1999 nach. Eine Neubekanntmachung der BauO NRW erfolgte am 1.3.2000 (GV.NRW. S. 256).

Nach erneuter Novellierung der Musterbauordnung im Jahre 2002, die das Ziel hatte, ein Auseinanderdriften der verschiedenen Landesbauordnungen zu verhindern, erfolgten weitere Änderungen der BauO NRW, insbesondere im Bereich des Abstandflächenrechts in den Jahren 2006 und 2009. Diese Fassung wird im Folgenden mit „BauO NRW 2000" gekennzeichnet.

Am 15.12.2016 hat der nordrhein-westfälische Landtag eine neue Bauordnung für **13** das Land Nordrhein-Westfalen beschlossen; sie wurde am 28.12.2016 im Gesetz- und Verordnungsblatt verkündet (GV.NRW. S. 1162). Die Neufassung – sie wird im Folgenden mit „BauO NRW 2016" gekennzeichnet - enthält in manchen Bereichen umfangreiche Änderungen. Diese bewirken zum Teil Verschärfungen (z.B. mit dem Gebot der Errichtung barrierefreier Anlagen, zum Teil aber auch Erleichterungen für die Bauausführung (z.B. im Bereich des Abstandflächenrechts). Bei der Eingriffsverwaltung ist insbesondere die Schaffung einer umfangreichen Neuregelung in § 61 Abs. 7 BauO NRW 2016 bemerkenswert. Auf Einzelheiten zur Neufassung der Bauordnung, zum Inkrafttreten und zu etwaigen Änderungen wird unter C eingegangen.

IV. Abgrenzung Bauplanungsrecht - Bauordnungsrecht

Nimmt man eine grobe Einteilung der Rechtsgebiete vor, dann beschäftigt sich das **14** Bauplanungsrecht mit dem Einfügen der Bauvorhaben in die Umgebung, dem **materiellen Städtebaurecht**. Das Bauordnungsrecht stellt Anforderungen in gestalterischer und baukonstruktiver Hinsicht auf und regelt das Genehmigungsverfahren sowie das bauaufsichtliche Eingriffsverfahren. Es dient der **Gefahrenabwehr**, wie schon die frühere Bezeichnung „Baupolizeirecht" besagt.

B. Bauplanungsrecht

I. Bauleitplanung und Fachplanung

1. Allgemeines

a) Aufgabe und Grundzüge der Bauleitplanung

Die **Bauleitplanung** ist das Kernstück des modernen Städtebaurechts. Ihre Aufgabe **15** ist es, die bauliche und sonstige Nutzung der Grundstücke in der Gemeinde nach Maßgabe des BauGB vorzubereiten und zu leiten (§ 1 Abs. 1 BauGB). Die Bauleitpläne sollen eine nachhaltige städtebauliche Entwicklung und eine dem Wohl der Allgemeinheit entsprechende sozialgerechte Bodennutzung gewährleisten und dazu beitragen, eine menschenwürdige Umwelt zu sichern (§ 1 Abs. 5 BauGB). Diese Regelung kann als „Präambel" der Bauleitplanung bezeichnet werden (so Hoppe/Bönker/ Grotefels, Öffentliches Baurecht, § 5 Rn. 8).

16 Das BauGB geht vom **Grundsatz der Planmäßigkeit** aus (BVerwG NVwZ 2004, 220). Eine bauliche Nutzung bisher unbebauter Grundstücke soll nicht dem Zufall oder dem Willen des jeweiligen Grundstückseigentümers überlassen werden, sondern zuvor soll eine sinnvolle Planung erfolgen, bei der alle Bedürfnisse der Allgemeinheit, insbesondere das Interesse an ruhigen Wohngebieten einerseits, Gewerbegebieten und Verkehrsanlagen andererseits sowie Sondergebieten wie Erholungsgebiete, Sportanlagen und Einkaufszentren berücksichtigt werden. Diese Aufgabe hat die Bauleitplanung im Wege der Abwägung der verschiedenen Belange zu bewältigen.

17 Die Bauleitplanung obliegt nach §§ 1 Abs. 3, 2 Abs. 1 BauGB den Gemeinden. Diese haben – jedenfalls dem Grundsatz nach – für ihr Gebiet eine umfassende Überplanung vorzunehmen. Dabei sind nicht nur die spezifischen Belange einer baulichen Nutzung zu berücksichtigen, sondern alle öffentlichen und privaten Belange müssen erfasst und planerisch bewältigt werden. Allerdings kommen zahlreiche Gemeinden dieser Planungspflicht nicht in dem gebotenen Umfang nach, sondern stellen Bebauungspläne nur dort auf, wo neue Baugebiete geschaffen werden; im Übrigen erfolgt die städtebauliche Ordnung durch eine Heranziehung der §§ 34 und 35 BauGB.

18 Das BauGB sieht für die Bauleitplanung ein **zweistufiges Planungsverfahren** vor. Die Gemeinde erstellt zunächst für das gesamte Gemeindegebiet den Flächennutzungsplan als vorbereitenden Bauleitplan und anschließend für die einzelnen Baugebiete zur näheren Ausgestaltung des Flächennutzungsplans die Bebauungspläne. Durch die Zweistufigkeit der Bauleitplanung soll gewährleistet werden, dass die Gemeinde zunächst Vorstellungen über die grundsätzliche bodenrechtliche Nutzung des Gemeindegebiets und die räumliche Zuordnung der verschiedenen Nutzungsarten (z.B. Wohngebiete, Gewerbegebiete, Sportanlagen, Verkehrswege) entwickelt, ehe sie für einen bestimmten Bereich eine Detailplanung betreibt.

b) Planungshoheit der Gemeinde

19 Die **Planungshoheit** und damit die Befugnis zur Erstellung der Bauleitplanung liegen bei dem Gemeindeparlament. Denn die Frage, ob z.B. in einem bestimmten Bereich die Gewerbeansiedlung gefördert werden soll, Wohngebäude geschaffen oder für Erholungs- und Freizeiträume gesorgt werden soll, ist eine primär politische Entscheidung, die ausschließlich der Gemeinderat zu fällen und zu verantworten hat.

20 Dass die Planungshoheit zum Kernbereich der durch Art. 28 GG gewährleisteten **Selbstverwaltung der Gemeinde** zählt, der auch vom Gesetzgeber nicht angetastet werden kann, ist allgemein anerkannt. Das BVerfG hat das allerdings bisher offen gelassen (BVerfGE 76, 107). Es hat jedoch klargestellt, dass die Planungshoheit der Gemeinde nur wegen überörtlicher Belange eingeschränkt werden darf, wenn also die Interessen des örtlichen Raums zurückstehen müssen hinter den Belangen eines größeren Bereichs (BVerwGE 90, 3; 118, 181).

Beispiel (nach BVerfGE 76, 107): Die Stadt Wilhelmshaven muss es hinnehmen, dass durch ein Landesgesetz etwa ein Drittel ihrer Gemarkung als Gebiet für die Ansiedlung von Großindustrie mit Anschluss an ein seeschifffahrtstiefes Fahrwasser vorgesehen wird, weil sie über den einzigen dafür geeigneten Hafen verfügt.

21 Die Gemeinden können sich nach § 205 BauGB zu einem **Planungsverband** zusammenschließen, der an ihrer Stelle die Bauleitpläne aufstellt und auf den dann die Planungshoheit übergeht. Ein solcher Verband ist insbesondere bei Planungsmaßnahmen sinnvoll, die über das Gebiet einer Gemeinde hinausgehen. Wenn dies zum Wohle der Allgemeinheit dringend geboten ist, kann nach § 205 Abs. 2 BauGB ein Planungsverband auch zwangsweise geschaffen werden (OVG Nds. BRS 28 Nr. 16). Allerdings kann die erforderliche Koordination auch durch eine **interkommunale Abstimmung** bei der Aufstellung verfahrensmäßig getrennter, aber inhaltlich übereinstimmender Bebauungspläne erfolgen.

Beispiel: Durch zwei Bebauungspläne benachbarter Gemeinden wird eine Teststrecke für die Fa. Daimler-Benz geplant. Der VGH Bad.-Württ. hielt die Bildung eines Planungsverbandes nicht für notwendig und die Bebauungspläne für wirksam (VGH Bad.-Württ. VBlBW 1983, 106).

c) Fachplanung

Für die **Fachplanung** sind nicht die Gemeinden, sondern staatliche Behörden zuständig. Sie bezieht sich jeweils nur auf eine bestimmte staatliche Aufgabe (z.B. Straßenbau, Abfallentsorgung) und soll nur diese Aufgabe lösen. Demgegenüber stellt die Bauleitplanung eine Gesamtplanung dar, die die Nutzung des Gemeindegebiets unter allen in Betracht kommenden Gesichtspunkten regeln soll. **22**

Praktisch bedeutsam sind vor allem die Straßenplanung nach § 17 Bundesfernstraßengesetz (FStrG) bzw. §§ 37 ff. Straßen- und Wegegesetz NRW (StrWG NRW), die Festsetzung von Natur- und Landschaftsschutzgebieten nach §§ 23, 26 NatSchG sowie von Wasserschutzgebieten nach § 51 WHG, §§ 152 f. LWG. In Betracht kommen ferner die Planung von Bahnanlagen (§ 18 AEG), Flugplätzen (§§ 6, 8 LuftVG), Hochspannungsleitungen (§ 14 LPlanG) und Abfalldeponien (§ 31 KrWAbfG) sowie die Anlage und der Ausbau von Gewässern (§ 31 WHG). All diese Fachplanungen wirken sich auf die kommunale Bauleitplanung aus und müssen daher mit ihr abgestimmt werden. § 4 BauGB sieht zu diesem Zweck eine Beteiligung aller Fachplanungsträger im Verfahren zur Aufstellung eines Bauleitplans vor. **23**

Bestehende fachplanerische Entscheidungen sollen nach § 5 Abs. 4 und § 9 Abs. 6 BauGB nachrichtlich in den Flächennutzungsplan bzw. den Bebauungsplan aufgenommen werden. Der Träger einer Fachplanung ist nach § 7 BauGB an die Darstellungen des Flächennutzungsplans gebunden, soweit er ihnen nicht widersprochen hat (VGH Bad.-Württ. NVwZ 1992, 995). Der **Widerspruch** kann noch nachträglich erfolgen, sofern die Sachlage sich nach Inkrafttreten des Flächennutzungsplans geändert hat (BVerwG NVwZ 2001, 1035). Ein Widerspruch ist allerdings entbehrlich, wenn die Gemeinde selbst gar nicht mehr am Flächennutzungsplan festhält (VGH Bad.-Württ. NVwZ-RR 1996, 17; BayVGH NVwZ-RR 2002, 117). **24**

Der Fachplanungsträger muss bei seinen Planungen die städtebaulichen Belange der Gemeinde, insbesondere die Auswirkungen des Vorhabens auf die vorhandenen Baugebiete, berücksichtigen (BVerwG NVwZ 2007, 459 u. 833). Damit dies geschehen kann, steht der Gemeinde unabhängig von den jeweiligen fachplanerischen Vorschriften ein sich aus Art. 28 Abs. 2 GG ergebender Anspruch auf Anhörung vor dem Erlass einer fachplanerischen Entscheidung zu (BVerfGE 56, 298). **25**

d) Die Mittel der Bauleitplanung

aa) Flächennutzungsplan (§ 5 BauGB)

Der **Inhalt des Flächennutzungsplans** ergibt sich aus § 5 BauGB. Das Darstellungsgebot betrifft insbesondere die Bauflächen (vgl. § 5 Abs. 2 Nr. 1 BauGB, § 1 Abs. 1 BauNVO), die Hauptverkehrswege (§ 5 Abs. 2 Nr. 3 BauGB), Hauptversorgungsanlagen (§ 5 Abs. 2 Nr. 4 BauGB), die Grünflächen (§ 5 Abs. 2 Nr. 5 BauGB) so- **26** wie die Flächen für naturschutzrechtliche Ausgleichsmaßnahmen (§ 5 Abs. 2a BauGB). Die Einzelheiten sollen i.d.R. erst später in den Bebauungsplänen geregelt werden. Der Flächennutzungsplan erstreckt sich nach § 5 Abs. 1 BauGB – im Grundsatz – über das gesamte Gemeindegebiet und ist das „grobe Raster", aus dem nach § 8 Abs. 2 BauGB die Bebauungspläne zu entwickeln sind (BVerwGE 48, 70). Allerdings wurde durch das Europarechtsanpassungsgesetz Bau (EAE Bau 2004) der sachliche Teilflächennutzungsplan eingeführt, der sich auf einen sachlich eingegrenzten Planungsgegenstand (z.B. Windenergie) bezieht. Durch § 5 Abs. 2b BauGB (eingefügt durch Gesetz vom 22.7.2011, BGBl. I 1509) wurde außerdem die Möglichkeit eines räumlich begrenzten Flächennutzungsplans geschaffen.

27 Die Frage der **Rechtsnatur eines Flächennutzungsplans** ist rechtlich nicht geklärt, das BauGB enthält keine Aussage darüber. Der Flächennutzungsplan ist nach der Ausgestaltung, die er in §§ 5 ff. BauGB gefunden hat, keine Satzung (BVerwG BauR 1990, 685 und NVwZ 2004, 614). Denn er wirkt nach § 7 BauGB nur gegenüber den Behörden, nicht aber gegenüber dem Bürger. Eine mittelbare Außenwirkung entfaltet der Flächennutzungsplan allerdings über § 35 Abs. 3 S. 1 Nr. 1 BauGB. Da der Flächennutzungsplan nicht in das herkömmliche System der verwaltungsrechtlichen Handlungsformen passt, wird er überwiegend als hoheitliche Maßnahme eigener Art bezeichnet (Battis/Krautzberger/Löhr, BauGB, § 5 Rn. 45; Battis, Ad Legendum 2012, 153).

28 Die tatsächliche Entwicklung kann dazu führen, dass sich das Gewicht der Aussagen des Flächennutzungsplans bis hin zum **Verlust der Aussagekraft** abschwächt. Dafür genügt es allerdings nicht, dass die Darstellungen nicht mit der gegenwärtigen tatsächlichen Situation übereinstimmen. Vielmehr muss hierfür „die Entwicklung des Baugeschehens den Darstellungen in einem sowohl quantitativ wie qualitativ so erheblichen Maße zuwiderlaufen, dass die Verwirklichung der ihnen zugrunde liegenden Planungsabsichten entscheidend beeinträchtigt ist" (OVG NRW DVBl 2014, 725).

bb) Bebauungsplan

29 Der Inhalt des Bebauungsplans ist in § 9 BauGB geregelt. Diese Vorschrift ist hinsichtlich der möglichen Festsetzungen abschließend, die Gemeinde hat also kein Festsetzungserfindungsrecht (BVerwGE 92, 56; BVerwGE 94, 151).

30 Um das Verständnis der Festsetzungen des Bebauungsplans zu erleichtern, sind die Gemeinden verpflichtet, die in der **Planzeichenverordnung** vom 18.12.1990 (BGBl I 1991, 58) angeführten Symbole und Zeichen zu verwenden. Soweit der Bebauungsplan keine Legende enthält, erschließt sich dessen Inhalt durch die Heranziehung dieser Verordnung.

31 Bedeutsam ist vor allem § 9 Abs. 1 Nr. 1 bis 3 BauGB, wonach unter anderem Art und Maß der baulichen Nutzung sowie die Bauweise, die überbaubaren Grundstücksflächen, die Stellung der baulichen Anlagen sowie Mindestmaße für die Größe, Breite und Tiefe der Baugrundstücke festgesetzt werden können. Zur Konkretisierung dieser Regelungen ist die **BauNVO** heranzuziehen. Mit Blick auf die Art der baulichen Nutzung können im Bebauungsplan die in § 1 Abs. 2 BauNVO bezeichneten Baugebiete festgesetzt werden. Durch die Festsetzung werden die Vorschriften der §§ 2 bis 14 BauNVO Bestandteil des Bebauungsplans, soweit nicht aufgrund der Absätze 4 bis 10 etwas anderes bestimmt wird (§ 1 Abs. 3 Sätze 1 u. 2 BauNVO). Wegen der Einzelheiten wird auf die Ausführungen ab Rn. 214 verwiesen.

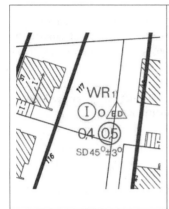

	Festgesetzt ist:
	zulässige Art der baulichen Nutzung: WR = reines Wohngebiet
	höchstzulässiges Maß der baulichen Nutzung: 1-geschossige Bauweise
	zulässige Bauweise: offene Bauweise; nur Einzelhäuser und Doppelhäuser sind zulässig
	höchstzulässige Grundflächenzahl: 0,4
	höchstzulässige Geschossflächenzahl: 0,5
	zulässige Dachform: Satteldach; Dachneigung 45° +/- 3°
	Es sind die gekennzeichneten Baugrenzen festgesetzt. (Die beiden westlichen Gebäude schöpfen die Möglichkeiten nicht aus; das nordöstliche Gebäude geht über die Baugrenze hinaus.)

Beispiel für eine Festsetzungsschablone

§ 9 Abs. 1 Nr. 11 BauGB erlaubt nicht nur die Planung von Verkehrswegen aus An- **32** lass der Festsetzung von Baugebieten, sondern auch die sog. **isolierte Straßenplanung**, d.h. die Aufstellung eines Bebauungsplans, der nur die Festsetzung einer Straße enthält (BVerwGE 38, 52; 72, 172). Die Planungsbefugnis ist dabei nicht auf Gemeindestraßen beschränkt, sondern erfasst auch, wie z.B. § 17 Abs. 3 FStrG zeigt, klassifizierte Straßen (OVG NRW NVwZ-RR 1997, 687 – Kreisstraße). Ferner können nach § 9 Abs. 1 Nr. 11 BauGB auch Verkehrsflächen mit besonderer Zweckbestimmung (Fußwege, Radwege, Fußgängerzonen, Parkflächen) festgesetzt werden (s. dazu Dürr, UPR 1992, 241; VBlBW 1993, 361). Unzulässig sind dagegen rein verkehrsrechtliche Anordnungen, etwa Einbahnstraßenregelungen oder Geschwindigkeitsbegrenzungen, weil hierfür die Straßenverkehrsbehörde zuständig ist (Brügelmann, BauGB, § 9 Rn. 224).

§ 9 Abs. 1 Nr. 24 BauGB lässt **Anordnungen zum Schutz vor schädlichen Umwelt-** **33** **einwirkungen** zu. In der Praxis betrifft dies vor allem den Verkehrs- und Gewerbelärm. In Betracht kommen zunächst die Festsetzung von Lärmschutzwällen oder -wänden und die Verpflichtung zum Einbau von Schallschutzfenstern (BVerwG NJW 1995, 2572). Ist eine solche Festsetzung getroffen worden, haben die dadurch begünstigten Personen einen Anspruch auf die Verwirklichung der Festsetzungen (BVerwG DVBl 1988, 1167). Es muss sich aber um technische Vorkehrungen handeln (BVerwG NVwZ 1990, 159; 1991, 881; 1994, 1009), die Festsetzung von Emissionsgrenzwerten oder gar von „Emissionsquoten" für einzelne Grundstücke ist unzulässig (BVerwG NVwZ 1994, 1009); bei Gewerbegebieten ist aber eine Gliederung nach Emissionswerten (sog. immissionswirksame flächenbezogene Schallleistungspegel – IFSP) gemäß § 1 Abs. 4 BauNVO zulässig (BVerwG NVwZ-RR 1997, 522 und NVwZ 1998, 1067; BVerwGE 110, 193, 471).

Nach § 9 Abs. 2 BauGB können die Festsetzungen auch **zeitlich befristet** werden; **34** die sich danach anschließende Nutzung soll dann aber ebenfalls festgesetzt werden. Dies ist insbesondere bei einem Bebauungsplan für die Gewinnung von Bodenschätzen sinnvoll, wenn bereits der Zeitpunkt der Erschöpfung des Bodenschatzes vorhersehbar ist und auch feststeht, wie dieser Bereich danach genutzt werden soll.

Ferner können nach § 9 Abs. 4 BauGB auch **bauordnungsrechtliche Bestimmun-** **35** **gen** in den Bebauungsplan aufgenommen werden (vgl. dazu § 86 BauO NRW

2000/§ 88 BauO NRW 2016). Derartige Regelungen werden in den meisten Bebauungsplänen getroffen, etwa in Form von Bestimmungen über die Dachneigung, die Gestaltung der Außenfläche oder die Höhe der Einfriedungen. Voraussetzung für derartige bauordnungsrechtliche Festsetzungen ist allerdings, dass sie sich „im Rahmen des Gesetzes" halten, d.h. bauordnungsrechtlichen Zielen dienen.

Textliche Festsetzungen zum Bebauungsplan Nr. 362: Mecklenbeck - Boeselager Straße / **Weseler Straße / Kerkheideweg / Ossenkampstiege**

Textliche Festsetzungen gemäß § 9 BauGB

1. In den allgemeinen Wohngebieten sind Nutzungen gemäß § 4 (2) 2 und 3 BauNVO ausnahmsweise zulässig; Nutzungen gemäß § 4 (3) 1, 3 und 5 BauNVO sind unzulässig (§ 1 (5) und § 1 (6) BauNVO).

2. In den mit Fußnote 1) gekennzeichneten Baugebieten sind nur Wohngebäude mit nicht mehr als zwei Wohnungen zulässig (§ 9 (1) 6 BauGB).

3. Die Ausbildung des Dachgeschosses als zusätzliches Vollgeschoss im Sinne von § 2 (5) BauONW kann im Einzelfall zugelassen werden, wenn die festgesetzte Geschossflächenzahl nicht überschritten wird (§ 16 (6) BauNVO).

4. Bei der Ermittlung der Geschossfläche sind Flächen von Aufenthaltsräumen in anderen als Vollgeschossen einschl. der zu ihnen gehörenden Treppenräume und einschl. ihrer Umfassungswände ganz mitzurechnen (§ 20 (3) BauNVO).

5. In dem Baugebiet mit abweichender Bauweise sind ausschließlich Gebäude mit fremder Sicht entzogenen Gartenhöfen zulässig. Innerhalb überbaubarer Flächen kann an vordere, seitliche und rückwärtige Grundstücksgrenzen herangebaut werden. Die Gebäude-wände zur Weseler Straße sind ohne Öffnung mit einer Höhe von 4,0 m, bezogen auf die Straßenkrone Weseler Straße, zu erstellen (§ 22 (4) BauNVO).

6. Flächenanteile an außerhalb des Baugrundstückes errichteten Gemeinschaftsanlagen können der Grundstücksfläche im Sinne des § 19 (3) BauNVO hinzugerechnet werden (§ 21a (2) BauNVO).

7. Auf Grundstücken mit Festsetzungen für Stellplätze und Garagen sind außerhalb der festgesetzten Flächen solche Anlagen unzulässig. Abweichungen können in geringem Umfang zugelassen werden (§ 12 (6) BauNVO).

8. An Verkehrsflächen angrenzende, nicht überbaubare Flächen von Grundstücken sind in einem Mindestabstand von 1,50 m von der Verkehrsfläche von baulichen Anlagen und Nebenanlagen freizuhalten. Ausgenommen sind notwendige Zuwegungen und zulässige Einfriedigungen (§ 23 (5) BauNVO).

9. Die nicht überbaubaren Bereiche der Tiefgaragen sind mit Erde zu überdecken und zu bepflanzen (§ 9 (1) 25a BauGB).

10. Im WA 2) Gebiet sind Wohn- und Schlafräume nur an der Nordwestseite des Gebäudes zulässig. Beidseitig orientierte Wohnräume können zugelassen werden, wenn zur Weseler Straße Fenster der Schallschutzklasse 3 eingebaut werden (§ 9 (1) 24 BauGB).

Textliche Festsetzungen gemäß § 81 BauONW

1. Die Traufhöhe (Schnittpunkt Außenwand mit Sparrenoberkante) von Gebäuden darf 2,80 m je Vollgeschoss + 0,70 m über Straßenkrone erreichen. Für Gebäude über Tiefgaragen können größere Höhen zugelassen werden.
2. Auf Dächern mit einer Neigung von 30° +/- 3° sind Aufbauten unzulässig.
3. Traufüberstände dürfen max. 0,30 m und Ortgangüberstände max. 0,15 m erreichen. Überhöhte Verkleidungen von Traufen und Ortgängen sind nicht zugelassen.
4. In Baugebieten mit Festsetzungen für Flachdächer sind 30° +/- 3° geneigte Dächer zulässig, wenn sie in der Gruppe gleichzeitig und gleichartig ausgeführt werden.
5. Außenwände und Neigungsdächer von Gebäuden sind in einem roten Ziegelmaterial aus-zuführen; zur Anpassung an Bestände können Ausnahme zugelassen werden.
6. Doppel- und Reihenhäuser sind in Farbe, Material und Gestaltung einander anzupassen. An Hauptgebäude sind die zugehörigen Garagen ebenso anzupassen.
7. Grundstücke sind mit Mauern bis zu 0,6 m oder mit Zäunen oder Hecken bis zu 1,0 m Höhe einzufrieden. Höhere Mauern, Zäune und Hecken können zur Abschirmung von Gartenhöfen vor Sicht und Wohngärten vor Lärm zugelassen werden. Die höheren Mauern oder Zäune müssen jedoch zu öffentliche Verkehrsflächen um einen Pflanzstreifen von mindestens 0,5 m Breite zurückgesetzt werden. Für Gartenbaubetriebe sind Maschendrahtzäune bis 1,5 m Höhe ohne Einschränkung zulässig.
8. Abgrabungen können auf Grundstücksflächen nur mit einem Mindestabstand von 3,00 m zu Verkehrsflächen zugelassen werden.
9. Abfallbehälter sind in Gebäuden oder dauerhaft eingegrünt unterzubringen.

Beispiel für textliche Festsetzungen aus einem älteren Bebauungsplan der Stadt Münster

Nach dem durch die BauGB-Novelle 2007 eingeführten § 9 Abs. 2a BauGB kann die **36** Gemeinde durch Bebauungsplan für den nicht beplanten Innenbereich (§ 34 BauGB) festsetzen, dass nur bestimmte Einzelhandelsbetriebe zulässig oder unzulässig sind, um eine verbrauchernahe Versorgung der Bevölkerung zu gewährleisten.

Gemäß § 9 Abs. 6 BauGB können Festsetzungen anderer Art (etwa Wasserschutz- **37** oder Landschaftsschutzgebiete) nach anderen Vorschriften, Planfeststellungsbeschlüsse für den Bau von Straßen, Eisenbahnen oder sonstige Verkehrsanlagen sowie eingetragene Kulturdenkmäler nachrichtlich in dem Bebauungsplan übernommen werden. Dies hat aber keine rechtsbegründende Wirkung, sondern dient allein der Information über sonstige Regelungen, die für die Zulässigkeit von Bauvorhaben von Bedeutung sind.

2. Prüfungsschema für die Mittel der Bauleitplanung

Für die Prüfung der Mittel der Bauleitplanung ist ein dreistufiges Schema üblich: Da- **38** nach ist zu prüfen:

– die Erforderlichkeit der Bauleitplanung,
– die Beachtung der gesetzlichen Planungsleitsätze (Planungsschranken) und
– die Beachtung des Abwägungsgebots.

a) Erforderlichkeit der Bauleitplanung

39 § 1 Abs. 1 BauGB begründet eine Pflicht der Gemeinden, Bauleitpläne aufzustellen, sobald und soweit es für die städtebauliche Entwicklung und Ordnung **erforderlich** ist, stellt aber gleichzeitig klar, dass ein subjektives öffentliches Recht der Bürger insofern nicht besteht.

Es handelt sich dabei um eine weisungsfreie Pflichtaufgabe (§ 3 Abs. 1 GO NRW), also um eine Angelegenheit der Selbstverwaltung der Gemeinde.

aa) Planungsbedürfnis

40 Die Erforderlichkeit i.S.d. § 1 Abs. 3 BauGB ist ein unbestimmter Rechtsbegriff, der grundsätzlich voller gerichtlicher Kontrolle unterliegt (BVerwGE 34, 301). In der baurechtlichen Praxis wird dieser Grundsatz allerdings relativiert: Einerseits fließen in die Erforderlichkeit zahlreiche **Prognosen** über die zukünftige Entwicklung, etwa den Bedarf an Wohnungen, Gewerbeflächen, öffentlichen Einrichtungen oder Verkehrswegen ein, die gerichtlich nur schwer überprüfbar sind. Andererseits bestimmt sich die Erforderlichkeit generell nach der **planerischen Konzeption** des Gemeinderats über die zukünftige Entwicklung der Gemeinde, enthält also politische Elemente, die einer rechtlichen Kontrolle nicht zugänglich sind (BVerfG NVwZ 2003, 71). Die planerische Konzeption muss sich allerdings im Rahmen des nach der vorgegebenen Situation (Lage und bisherige Funktion der Gemeinde) Vertretbaren halten. Sofern dies der Fall ist, kommt eine verwaltungsgerichtliche Kontrolle, ob der Gemeinderat mit seiner Planungskonzeption für die zukünftige Entwicklung des Ortes die optimale Lösung gefunden hat, nicht in Betracht (BVerwGE 34, 301; 92, 8).

41 Die Erforderlichkeit ist gegeben, wenn die Aufstellung des Bebauungsplans bzw. der konkreten Festsetzung **nach der planerischen Konzeption der Gemeinde geboten** ist, d.h. wenn sie in ihrer Zielsetzung von legitimen städtebaulichen Interessen getragen ist. Es ist nicht erforderlich, dass öffentliche Belange ohne den Bauleitplan einen größeren Schaden erleiden würden. So ist etwa ein akutes Bedürfnis für ein neues Baugelände nicht erforderlich (BVerwG NVwZ 2003, 749). Es reicht aus, dass es vernünftigerweise geboten ist, die bauliche Entwicklung durch die Planung zu ordnen (BVerwGE 92, 8; NVwZ 1999, 1338).

42 Mit diesen Anforderungen setzt § 1 Abs. 3 S. 1 BauGB der Bauleitplanung eine erste, wenn auch strikt bindende Schranke, die lediglich grobe und einigermaßen offensichtliche Missgriffe ausschließt. Sie betrifft die generelle Erforderlichkeit der Planung, nicht hingegen die Einzelheiten einer konkreten planerischen Lösung (OVG NRW BauR 2016, 978).

Nach der Rechtsprechung des BVerwG (BRS 81 Nr. 2) sind i.S.d. § 1 Abs. 3 S. 1 BauGB nicht erforderlich:

43 - Pläne, für die es **keine positive Planungskonzeption** gibt und die ersichtlich der Förderung von Zielen dienen, für deren Verwirklichung die Planungsinstrumente des BauGB nicht bestimmt sind.

Beispiel (nach BVerwGE 40, 258): Die Gemeinde weist ein im Außenbereich gelegenes Gelände als landwirtschaftliches Gebiet aus, um sicherzustellen, dass die Gewinnung der dort vorkommenden Braunkohle nicht durch eine Bebauung erschwert wird. Der Bebauungsplan ist überflüssig, weil im Außenbereich auch ohne Bebauungsplan eine landwirtschaftliche Nutzung nach § 35 Abs. 1 Nr. 1 BauGB zulässig und eine Bebauung mit sonstigen Gebäuden unzulässig ist, so dass sich an der bauplanungsrechtlichen Situation durch den Bebauungsplan nichts ändert.

Hierzu zählt auch das alleinige Ziel, ein bestimmtes Vorhaben oder eine bestimmte **44** Art von Vorhaben oder überhaupt jegliche Bebauung zu verhindern (sog. **Verhinderungsplanung**, s. Rn. 81).

Beispiel (nach BVerwG NVwZ 2008, 559): § 35 Abs. 3 S. 3 BauGB ermöglicht der Gemeinde, die in § 35 Abs. 1 Nr. 2 bis 6 BauGB genannten privilegierten Nutzungen auf bestimmte Standorte zu konzentrieren, so z.b. für Windenergieanlagen vorzusehen; es ist dann davon auszugehen, dass an anderen Standorten öffentliche Belange beeinträchtigt werden. Diese Möglichkeit darf indes nicht dazu genutzt werden, jegliche Anlagen dieser Art in der Gemeinde zu verhindern, indem (wie ein Alibi) zwar Standorte benannt werden, die aber in Wirklichkeit nicht geeignet sind. Die Gemeinde muss den privilegierten Vorhaben „substanziell Raum schaffen".

- Pläne, die aus tatsächlichen oder Rechtsgründen auf unabsehbare Zeit von vorn- **45** herein **funktionslos oder vollzugsunfähig** sind und deshalb die Aufgabe der verbindlichen Bauleitplanung nicht erfüllen können oder zur Erreichung des mit ihnen verfolgten Ziels ungeeignet sind (BVerwG NVwZ 1999, 1338).

Beispiele: Der Realisierung stehen unüberwindbare finanzielle Hindernisse (BVerwG NVwZ 2002, 1510) oder sonstige langfristige Hindernisse (BVerwGE 117, 351) entgegen. Der Grundstückseigentümer ist nicht bereit, die für den geplanten Marktplatz benötigte Fläche zu verkaufen (BVerwG BRS 71 Nr. 3) oder der Bebauungsplan kann erst nach 30 Jahren realisiert werden (VGH Bad.-Württ. VBlBW 2002, 200).

- Pläne, die nur dazu dienen, den begünstigten Grundstückseigentümern den Ver- **46** kauf von Baugelände zu ermöglichen, obwohl die Gemeinde in diesem Bereich keine Bebauung wünscht (VGH Bad.-Württ. ESVGH 16, 21), oder eine sonst unzulässige und städtebaulich verfehlte Bebauung zu ermöglichen – sog. **Gefälligkeitsplanung** – (vgl. BVerwG BauR 1997, 263; NVwZ 1999, 1338) oder eine bauliche Fehlentwicklung im Interesse der Grundstückseigentümer zu legalisieren (OVG Rh.-Pf. BauR 1986, 412; Hess. VGH BRS 50 Nr. 7).

Die Erforderlichkeit eines Bebauungsplans kann aber nicht stets schon deswegen in **47** Zweifel gezogen werden, weil seine Aufstellung auf **private Bauwünsche** zurückgeht. Es ist in der Praxis sogar üblich und sinnvoll, dass die Gemeinden nicht „ins Blaue planen", sondern dass Bauinteressenten den Anstoß für eine Bebauung geben. Dies ist unbedenklich, wenn die Gemeinde mit dem Bebauungsplan neben der Erfüllung privater Bauwünsche auch die städtebauliche Ordnung fortentwickeln will (BVerwG NVwZ-RR 1994, 490).

Beispiel (nach OVG Rh.-Pf. BauR 2010, 1539): Eine Gemeinde verfolgt das Ziel, für einen bestehenden Weinbaubetrieb Raum für eine Erweiterung und damit für dessen Existenzsicherung zu schaffen und die Voraussetzungen für die Ansiedlung eines in der Region etablierten Wein- und Lebensmittelanalyseinstituts zu ermöglichen. Sie sieht die Schaffung wohnstättennaher Arbeitsplätze als vorteilhaft für die Ortsgemeinde an. Mit der Ausrichtung auf diese wirtschaftlichen Belange verfolgt sie legitime städtebauliche Ziele im Sinne von § 1 Abs. 6 Nr. 8 Buchst. a) und c) BauGB

Das Gebot der Erforderlichkeit bezieht sich nur auf den Bebauungsplan als solchen, **48** nicht auch auf die einzelnen Festsetzungen (BVerwGE 117, 351; BauR 2009, 1245). Deren Erforderlichkeit – sie sind erforderlich, soweit sie der Umsetzung der aufgrund der Abwägung getroffenen Planungsentscheidung dienen – ist nach der Rechtsprechung des BVerwG eine Frage des Abwägungsgebots und deshalb an dieser Stelle ohne Belang.

bb) Pflicht zur Aufstellung

Ist die Aufstellung eines Bebauungsplans nach § 1 Abs. 3 BauGB rechtlich erforder- **49** lich, wird die Gemeinde aber nicht tätig, kann nur die Aufsichtsbehörde nach

§ 120 GO NRW die Gemeinde zur Aufstellung eines Bebauungsplans zwingen (BVerwG NVwZ 2004, 220). Den an einer Bebauung ihrer Grundstücke interessierten Grundstückseigentümern steht dagegen nach § 2 Abs. 3 BauGB weder ein **Anspruch** auf Aufstellung eines Bebauungsplans noch auf Änderung eines bestehenden Bebauungsplans zu. Ebenso wenig gibt es einen Anspruch auf Fortführung einer begonnenen Bauleitplanung (BVerwG BauR 1997, 263) oder auf Fortbestand der bestehenden Bauleitplanung (BVerwG DVBl 1969, 213). Die Aufstellung eines Bebauungsplans erfolgt im öffentlichen Interesse und nicht (auch) für schutzwürdige Rechte Einzelner.

50 Schließlich erkennt die Rechtsprechung keinen Anspruch auf Schaffung des durch den Bebauungsplan vorgesehenen Zustands **(Plangewährleistungsanspruch)** an (BVerwG NVwZ-RR 1997, 213).

Beispiel: Wenn der Bebauungsplan eine öffentliche Grünfläche ausweist, besteht weder ein Anspruch der Bewohner des Plangebiets auf Schaffung der Grünfläche noch auf ein Einschreiten der Bauaufsichtsbehörde gegen eine Zweckentfremdung der Grünfläche als Abstellplatz für Kraftfahrzeuge.

b) Gesetzliche Planungsleitsätze (Planungsschranken)

51 Die Gemeinde kann sich bei der Aufstellung der Bauleitpläne nicht auf „planerisch freiem Feld" betätigen, sondern unterliegt vielfältigen **tatsächlichen und rechtlichen Bindungen**. Das BVerwG (BVerwGE 45, 309) spricht daher davon, dass häufig mehr Bindung als Freiheit besteht. Dabei ist bei den rechtlichen Bindungen zu unterscheiden zwischen

52 – zwingenden gesetzlichen Anforderungen, die der Planungsentscheidung zugrunde zu legen sind (z.B. den Zielen der Raumordnung, § 1 Abs. 4 BauGB) und
  – sog. Optimierungsgeboten (Abwägungsdirektiven, BVerwGE 108, 248; 128, 238), bei denen nur eine möglichst optimale Lösung anzustreben ist (BVerwG NVwZ 1991, 69; NVwZ 1997, 165), z.B. der Trennung von Wohngebieten und immissionsträchtigen Anlagen (§ 50 BImSchG), dem sparsamen Umgang mit Grund und Boden (§ 1a Abs. 2 BauGB) sowie den Naturgütern (§ 1 Abs. 3 Nr. 1 BNatSchG) oder dem Schutz der Gewässer (§ 1 WHG).

53 Während die zwingenden gesetzlichen Schranken sozusagen vor die Klammer zu ziehen sind, also außerhalb der Abwägung stehen, muss bei **Optimierungsgeboten** gerade im Wege der Abwägung eine dem gesetzlichen Auftrag entsprechende Lösung gefunden werden. Optimierungsgebote können also, anders als die zuerst genannten gesetzlichen Anforderungen, im Wege der Abwägung überwunden, d.h. hinter andere öffentliche Belange zurückgestellt werden (BVerwGE 71, 163).

aa) Ziele der Raumordnung (§ 1 Abs. 4 BauGB)

54 Nach § 1 Abs. 4 BauGB sind die Bauleitpläne den Zielen der Raumordnung anzupassen (s. dazu BVerwGE 90, 329; 117, 351). Die Vorschrift wird vom Landesplanungsgesetz (LPlG) aufgenommen. Die **Grundsätze und Ziele der Raumordnung und Landesplanung** werden in NRW im Landesentwicklungsprogramm, in einem **Landesentwicklungsplan** oder mehreren Landesentwicklungsplänen, in **Gebietsentwicklungsplänen** und in **Braunkohleplänen** dargestellt (§ 11 LPlG). Während das Landesentwicklungsprogramm nur Grundsätze und allgemeine Ziele der Raumordnung und Landesplanung enthält (§ 12 LPlG), legen die Landesentwicklungspläne bereits auf der Grundlage des Landesentwicklungsprogramms die Ziele für die Gesamtentwicklung des Landes fest (§ 13 Abs. 1 LPlG). Die Landesentwicklungspläne

bestehen (wie die Bauleitpläne) aus textlichen und zeichnerischen Darstellungen. Sie werden im Gesetz- und Verordnungsblatt bekannt gemacht und sollen spätestens alle 10 Jahre nach ihrer Aufstellung überprüft werden. Auf ihrer Grundlage werden die Gebietsentwicklungspläne erstellt, die die regionalen Ziele der Raumordnung vorgeben (§ 14 LPlG). Sie bedürfen der Genehmigung durch die Landesplanungsbehörde.

Um die Bauleitpläne auf der lokalen Ebene diesen Zielen der Raumordnung und **55** Landesplanung anzupassen, hat die Gemeinde bei Beginn ihrer Arbeiten zur Aufstellung oder Änderung eines Bauleitplanes unter allgemeiner Angabe ihrer Planungsabsichten bei der **Bezirksplanungsbehörde** anzufragen, welche Ziele für den (lokalen) Planungsbereich bestehen (§ 20 Abs. 1 LPlG).

Das Gebot des § 1 Abs. 4 BauGB, die Bauleitpläne an die Ziele der Raumordnung **56** anzupassen, ist nicht nur bei der Aufstellung eines neuen Bauleitplans zu beachten. Vielmehr sind die Gemeinden verpflichtet, bereits **bestehende Bauleitpläne zu ändern**, wenn diese inhaltlich im Widerspruch zu einer später in Kraft getretenen landesplanerischen Festsetzung stehen. Ferner ist die Gemeinde zur erstmaligen Aufstellung eines Bebauungsplans verpflichtet, wenn die Bebauung der Gemeinde sich abweichend von den landesplanerischen Festsetzungen entwickelt. Das BVerwG (NVwZ 2004, 220) spricht davon, zwischen der übergeordneten Landesplanung und der Bauleitplanung müsse eine „**umfassende materielle Konkordanz**" gewährleistet sein.

Außerdem können sich die Gemeinden nach § 2 Abs. 2 S. 2 BauGB auf die ihnen **57** durch die Raumordnung (Landesentwicklungsplan, Regionalplan) zugewiesenen Funktionen berufen und sich gegen Planungen benachbarter Gemeinden zur Wehr setzen, die gegen landesplanerische Regelungen verstoßen (s. dazu Kment, NVwZ 2007, 996).

Beispiel (nach VGH Bad.-Württ. NVwZ-RR 2008, 369): Eine im Landesentwicklungsplan als Mittelzentrum eingestufte Stadt kann sich gegen ein in der benachbarten Gemeinde geplantes Einkaufszentrum zur Wehr setzen, wenn nach dem Regionalplan Einkaufszentren nur in Ober- und Mittelzentren errichtet werden dürfen (sog. Konzentrationsgebot).

Die Gemeinde muss bei der Aufstellung von Bauleitplänen gemäß § 1 Abs. 4 BauGB **58** von den **Vorgaben der Landesplanung** ausgehen. Diese sind als vorgegebene Beschränkung der Planungshoheit nicht Teil der Abwägung nach § 1 Abs. 7 BauGB (BVerwGE 90, 329; BVerwGE 117, 351) und können nicht „wegabgewogen" werden. Die Bindung an die Landesplanungen darf allerdings nicht so weit gehen, dass der Gemeinde kein eigener Planungsfreiraum mehr verbleibt (OVG NRW NVwZ 1993, 537). Eine Bindung der Gemeinde an die Landesplanung setzt ferner voraus, dass die Gemeinde bei der Festlegung der Ziele der Landesplanung beteiligt worden ist (BVerwGE 95, 123). Das bedeutet zwar nicht, dass die Gemeinde ihre Zustimmung erteilt haben muss, sie muss aber zumindest gehört worden sein, so dass ihre planerischen Vorstellungen in die landesplanerische Entscheidung einfließen können.

bb) Interkommunales Abstimmungsgebot (§ 2 Abs. 2 BauGB)

Nach § 2 Abs. 2 BauGB sind die Bauleitpläne benachbarter Gemeinden aufeinander **59** abzustimmen; dabei können sich Gemeinden auch auf die ihnen durch Ziele der Raumordnung zugewiesenen Funktionen sowie auf Auswirkungen auf ihre **zentralen Versorgungsbereiche** berufen, § 2 Abs. 2 S. 2 BauGB. Die Vorschrift ist eine gesetzliche Ausformung der gemeindlichen **Planungshoheit** und eine besondere Ausprägung des Abwägungsgebots (OVG NRW, B.v. 2.12.2016 – 7 B 1344/16 -, nrwe). Sie beinhaltet eine materielle Abstimmungspflicht bei der Aufstellung von Bauleitplänen, d.h. die Verpflichtung, auf die Belange der Nachbargemeinde Rücksicht zu nehmen.

60 Die Gemeinden haben auch die Planung überörtlicher Planungsträger zu berücksichtigen (BVerwGE 117, 25). Die Pflicht zur **interkommunalen Rücksichtnahme** setzt nicht voraus, dass die Nachbargemeinde bereits ihre Planungsvorstellungen verwirklicht hat oder diese Planungsabsichten zumindest hinreichend konkretisiert worden sind oder gemeindliche Einrichtungen bereits erheblich beeinträchtigt werden (BVerwGE 84, 209; 117, 23). Nach der Rechtsprechung des BVerwG ist eine verfahrensmäßig-formelle und eine materiell-inhaltliche Abstimmung nach den zum Abwägungsgebot entwickelten Grundsätzen geboten, wenn nachbargemeindliche Belange in mehr als geringfügiger Weise nachteilig betroffen werden (BVerwGE 119, 25). Das ist nicht erst dann der Fall, wenn eine hinreichend bestimmte Planung nachhaltig gestört wird oder wesentliche Teile des Gemeindegebietes einer durchsetzbaren Planung der Gemeinde entzogen werden (BVerwGE 40, 323; BVerwGE 84, 209). Allerdings ist erforderlich, dass die Auswirkungen die städtebauliche Ordnung der Nachbargemeinde berühren und dass sie ein gewisses Maß erreichen (OVG Nds. NVwZ-RR 2017, 276).

61 Eine Gemeinde, die sich objektiv in einer Konkurrenzsituation zu einer Nachbargemeinde befindet, darf von ihrer Planungshoheit nicht rücksichtslos zum Nachteil der Nachbargemeinde Gebrauch machen (BayVGH, U.v. 28.2.2017 – 15 N 15.2041). Die Nachbargemeinde hat das Recht, sich gegen Planungen anderer Gemeinden zur Wehr zu setzen, welche die eigene Planungshoheit rechtswidrig beeinträchtigen (vgl. dazu ab Rn. 896).

Beispiel (nach OVG Nds. NVwZ-RR 2017, 276): Eine Nachbargemeinde kann zwar nicht erwarten, dass sie ihre Ansiedelungspolitik für gewerbliche Betriebe in einem gleichsam konkurrenzfreien Umfeld verwirklichen kann. Wenn aber die konkurrierende Gemeinde ein „Dumping" betreibt, das natürliche Standortvorteile der beschwerten Nachbargemeinde aufhebt, ist die Grenze der Abwägungsrelevanz überschritten.

cc) Fachplanerische Vorgaben

62 Die Bauleitplanung der Gemeinde darf sich nicht über die **Fachplanungen anderer Planungsträger** (Straßenbau, Wasserschutz, Naturschutz, Abfallbeseitigung u.a.) hinwegsetzen. Das Verhältnis der Bauleitplanung zur Fachplanung bereitet erhebliche rechtliche Schwierigkeiten (s. dazu BVerwGE 70, 244; 79, 318). Die normativen Regelungen zur Lösung von Konflikten zwischen Bauleitplanung und Fachplanung sind unzureichend.

dd) Naturschutzrechtliche Eingriffsregelung (§ 1a Abs. 3 BauGB)

63 Nach § 1a Abs. 3 BauGB ist bei der Bauleitplanung auch die Vermeidung und der Ausgleich der zu erwartenden **Eingriffe in Natur und Landschaft** (Eingriffsregelung nach §§ 13 ff. BNatSchG) zu berücksichtigen. Ein solcher Eingriff ist bei allen erheblichen Beeinträchtigungen des Naturhaushalts oder des Landschaftsbilds gegeben, was praktisch bei allen größeren Bauvorhaben in einem bisher baulich nicht genutzten Bereich der Fall ist (BVerwGE 112, 41; BVerwG NVwZ 1991, 364).

In all diesen Fällen erfolgt der Eingriff eigentlich nicht durch den Bebauungsplan, sondern erst durch dessen Verwirklichung. Gleichwohl schreibt § 1a Abs. 3 S. 1 BauGB vor, dass die naturschutzrechtliche Eingriffsregelung bereits bei der Aufstellung der Bauleitpläne „abzuarbeiten" ist. Denn der Grundstückseigentümer hat nach Inkrafttreten des Bebauungsplans gem. § 30 BauGB einen Anspruch auf Erteilung einer Baugenehmigung, wobei in dem Genehmigungsverfahren die §§ 15 ff. BNatSchG über die Verursacherpflichten nicht mehr zu prüfen sind.

(1) Vermeidbare Beeinträchtigungen

§ 15 Abs. 1 BNatSchG verlangt, dass eine **vermeidbare Beeinträchtigung** von Na- **64** tur und Landschaft unterlassen wird. Die Vorschrift spricht von der Vermeidbarkeit der Beeinträchtigung, nicht etwa von der Vermeidbarkeit der eingreifenden Maßnahme. Letztlich kann nämlich jeder Eingriff dadurch vermieden werden, dass er unterlassen wird (BVerwG NVwZ 1997, 914). Es kommt darauf an, ob die Maßnahme an der vorgesehenen Stelle auch ohne eine Beeinträchtigung von Natur und Landschaft verwirklicht werden kann oder ob die Beeinträchtigung zumindest minimiert werden kann. Ist eine Beeinträchtigung in diesem Sinne unvermeidbar, schreibt § 15 Abs. 2 BNatSchG einen Ausgleich oder eine Ersetzung durch Maßnahmen zugunsten der Natur vor.

(2) Ausgleichspflicht

Ein **Ausgleich** bedeutet nach § 15 Abs. 2 BNatSchG die Wiederherstellung der frü- **65** heren Funktion des Naturhaushalts oder eine Ersetzung durch die Herstellung eines ökologisch gleichwertigen Zustands des Naturhaushalts. Die Abgrenzung ist im Detail außerordentlich schwierig, aber wegen § 200a BauGB praktisch nicht von Bedeutung. Ist ein Ausgleich oder eine Ersetzung nicht möglich, kann das Vorhaben gleichwohl verwirklicht werden, wenn dafür überwiegende sonstige öffentliche Belange sprechen (§ 15 Abs. 5 BNatSchG).

Beispiele für Ausgleichsmaßnahmen: 50 m breite Wildbrücke über eine Autobahn (BVerwG NVwZ 2002, 1103); Renaturierung einer Kiesgrube (VGH Bad.-Württ. BRS 44 Nr. 227)

§ 1a Abs. 3 S. 3 BauGB sieht vor, dass **Kompensationsmaßnahmen** auch an ande- **66** rer Stelle als der des Eingriffs vorgesehen werden können. Die Festsetzung solcher Maßnahmen kann nach § 9 Abs. 1a BauGB auch in einem eigenständigen Bebauungsplan außerhalb des Plangebiets des Bebauungsplans, der den Eingriff vorsieht, enthalten sein (s. dazu BVerwG BauR 2004, 40). Außerdem kann nach §§ 1a Abs. 3, 11 Abs. 1 Nr. 3 BauGB der Ausgleich für Eingriffe in Natur und Landschaft auch in einem städtebaulichen Vertrag geregelt werden (s. dazu BVerwG NVwZ 1997, 1216) oder auf sonstige Weise erfolgen. Die in Satz 5 vorgenommene Klarstellung, dass ein Ausgleich nicht erforderlich ist, soweit die Eingriffe bereits vor der planerischen Entscheidung erfolgt sind oder zulässig waren, verpflichtet zum Ausgleich nur soweit, als zusätzliche und damit neu geschaffene Baurechte entstehen. Die Gemeinden sind nicht zur Sanierung aller Nutzflächen verpflichtet (BVerwG BRS 79 Nr. 43).

Die im Bebauungsplan vorgesehenen Ausgleichs- und Ersatzmaßnahmen sind nach **67** § 135a BauGB entweder vom Bauherrn selbst oder aber – was i.d.R. sinnvoller ist – von der Gemeinde im Wege des sog. **Sammelausgleichs** zu verwirklichen. Die Gemeinde kann die ihr entstandenen Kosten nach § 135a Abs. 2 bis 4 BauGB auf die Grundstückseigentümer umlegen.

(3) FFH-Richtlinie, Vogelschutzrichtlinie, Artenschutz

Nach § 1 Abs. 6 Nr. 7b BauGB müssen im Rahmen der Abwägung auch die Fauna- **68** Flora-Habitat-Richtlinie (FFH-RL) der EU vom 21.5.1992 (ABl Nr. L 206 S. 7) und die **Vogelschutzrichtlinie** der EG vom 2.4.1979 (ABl Nr. L 103 S. 1) berücksichtigt werden. Anders als bei der Eingriffsregelung können die Bestimmungen der FFH-RL und der Vogelschutzrichtlinie nicht weggewogen werden, da die europarechtlichen Anforderungen nicht zur Disposition des deutschen Gesetzgebers stehen. Dementsprechend bestimmt § 33 Abs. 1 BNatSchG, dass erhebliche Störungen und Veränderungen von FFH-Gebieten und Vogelschutzgebieten grundsätzlich unzulässig sind. Ausnahmen hiervon können nur unter den engen Voraussetzungen des § 34 Abs. 3 und 4 BNatSchG zugelassen werden (s. dazu BVerwGE 117, 149; BVerwG NVwZ 2002, 1243). Schließlich enthalten auch die Vorschriften über den **Artenschutz** (§§ 37 ff. BNatSchG) bindende Vorgaben für die Bauleitplanung.

(4) Umweltprüfung (§§ 2 Abs. 4, 2a BauGB)

69 Die Neufassung des BauGB durch das EAG-Bau vom 30.4.2004 (als Umsetzung der europarechtlichen **Plan-UP-Richtlinie**, ABl. 2001 Nr. L 197, S. 30) hat zu einer erheblichen Ausweitung der Umweltprüfung in der Bauleitplanung geführt. Während zuvor nur bei wenigen Großprojekten (insb. Feriendörfern, Hotelkomplexen, Einkaufszentren und großflächigen Einzelhandelsbetrieben ab 5000 m² Verkaufsfläche sowie Anlagen zur Massentierhaltung) eine **Umweltverträglichkeitsprüfung** (UVP) notwendig war, schreibt § 2 Abs. 4 BauGB nunmehr für nahezu alle Bauleitpläne eine Umweltprüfung vor. Ausgenommen sind allerdings nach § 13 Abs. 3 BauGB Bebauungspläne, die die **Grundzüge der Planung** nicht berühren und daher im vereinfachten Verfahren nach § 13 Abs. 1 BauGB erstellt werden können sowie solche, die im beschleunigten Verfahren nach § 13a BauGB aufgestellt werden. Die Plan-UP stellt kein eigenständiges Verfahren dar, sie erfolgt vielmehr im Rahmen des Verfahrens zur Aufstellung der Bauleitpläne. Sie ist vor allem deshalb bedeutsam, weil sie zu einer systematischen Erfassung aller Umweltauswirkungen führt. Der genaue Inhalt des Prüfungsprogramms ergibt sich aus der Anlage zu § 2 Abs. 4 und § 2a BauGB. Das Ergebnis der Plan-UP ist nach § 2a Nr. 2 BauGB in einem **Umweltbericht** zusammenzufassen, der Teil der Begründung des Flächennutzungsplans bzw. des Bebauungsplans ist.

70 Das Unterbleiben einer Umweltverträglichkeitsprüfung führt allerdings nicht stets zur Ungültigkeit des Bebauungsplans, sondern nur, wenn es sich auf die Abwägung ausgewirkt hat. Es ist darüber hinaus stets beachtlich, wenn europarechtlich durch Art. 3 Abs. 1 Plan-UP-RL wegen der voraussichtlich erheblichen schädlichen Umweltauswirkungen eine Prüfung vorgeschrieben ist oder die Gemeinde bewusst das Verfahren nach §§ 13, 13a BauGB gewählt hat, um eine eigentlich erforderliche Prüfung zu vermeiden (BVerwG NVwZ 2009, 1289). Ein **fehlerhafter Umweltbericht** ist unschädlich, wenn es sich nur um einen unwesentlichen Fehler handelt (§ 214 Abs. 1 S. 1 Nr. 3 BauGB). Der Fehler kann häufig in einem ergänzenden Verfahren (§ 214 Abs. 4 BauGB) behoben werden, sofern die Grundkonzeption des Bebauungsplans nicht betroffen ist.

Die Gemeinde ist nach § 4c BauGB verpflichtet, die Auswirkungen des Bebauungsplans auf die Umwelt zu überwachen (sog. **Monitoring**).

ee) Abhängigkeit des Bebauungsplans vom Flächennutzungsplan

(1) Entwicklungsgebot (§ 8 Abs. 2 S. 1 BauGB)

71 Nach § 8 Abs. 2 S. 1 BauGB sind Bebauungspläne „**aus dem Flächennutzungsplan zu entwickeln**". Das bedeutet nicht, dass der Bebauungsplan dem Flächennutzungsplan in allen Einzelheiten entsprechen muss, sondern die Planungskonzeption des Flächennutzungsplans ist fortzuschreiben und darf diesen in den Grundentscheidungen nicht verändern (BVerwGE 48, 70; 70, 17; BVerwG NVwZ 2000, 197 und NVwZ 2006, 87). Insoweit ist die planerische Konzeption des Flächennutzungsplans für den größeren Raum, d.h. für das gesamte Gemeindegebiet oder jedenfalls für einen über das Bebauungsplangebiet hinausreichenden Ortsteil in den Blick zu nehmen. In diesem Zusammenhang ist zu prüfen, welches Gewicht eine etwaige planerische Abweichung vom Flächennutzungsplan im Rahmen der Gesamtkonzeption des Flächennutzungsplans hat. Maßgeblich ist, ob der Flächennutzungsplan seine Bedeutung als kommunales Steuerungsinstrument der städtebaulichen Entwicklung im Großen und Ganzen behält oder – was unzulässig wäre – verliert.

Beispiele: **72**

- Wenn der Flächennutzungsplan Wohnbauflächen vorsieht, kann im Bebauungsplan ein Kleinsiedlungsgebiet (OVG NRW BRS 28 Nr. 10), ein Mischgebiet (Hess. VGH NVwZ-RR 1989,346) oder ein Kerngebiet (VGH Bad.-Württ. BRS 32 Nr. 9) ausgewiesen werden.

- (nach OVG NRW, U.v. 30.9.2009 - 10 D 8/08.NE, juris): Enthält der Flächennutzungsplan eine eindeutige Festlegung auf eine höchstzulässige Verkaufsfläche, um die raumordnerischen und städtebaulichen Auswirkungen für das Gemeindegebiet und darüber hinaus zu steuern, ist das Entwicklungsgebot verletzt, wenn der Bebauungsplan eine mehr als dreimal so große Verkaufsfläche zulässt.

- Unbedeutende Änderungen der Grenzen des bebauten Gebiets gegenüber dem Außenbereich verstoßen nicht gegen § 8 Abs. 2 BauGB (BVerwG NVwZ 2000, 197).

- Ein Entwickeln i.S.d. § 8 Abs. 2 BauGB ist nicht mehr gegeben, wenn der Bebauungsplan die Errichtung von Windenergieanlagen für mehr als die Hälfte der Fläche ausschließt, die nach den Darstellungen des Flächennutzungsplans für die Errichtung von Windenergieanlagen geeignet ist (OVG NRW BauR 2004, 972).

(2) Einschränkungen des Entwicklungsgebots

Will die Gemeinde einen Bebauungsplan erlassen, der vom Flächennutzungsplan **73** abweicht, kann sie nach § 8 Abs. 3 BauGB bei zeitlicher und inhaltlicher Übereinstimmung zwischen Bebauungsplan und Flächennutzungsplan (BVerwGE 70, 171) zugleich mit der Aufstellung des Bebauungsplans den Flächennutzungsplan ändern (sog. **Parallelverfahren**). Der Bebauungsplan darf bereits vor dem geänderten Flächennutzungsplan in Kraft gesetzt werden, wenn abzusehen ist, dass die Übereinstimmung zwischen Flächennutzungsplan und Bebauungsplan gewahrt wird (§ 8 Abs. 3 S. 2 BauGB).

Besteht in der Gemeinde kein Flächennutzungsplan, kann sie nach § 8 Abs. 4 **74** BauGB gleichwohl einen Bebauungsplan aufstellen, wenn **dringende Gründe** dies erfordern und der Bebauungsplan der beabsichtigten städtebaulichen Entwicklung nicht entgegensteht (s. dazu BVerwG NVwZ 2000, 197). Das gilt auch dann, wenn die Gemeinde zwar einen Flächennutzungsplan aufgestellt hat, dieser aber nichtig ist (BVerwG DVBl 1992, 574). Dringende Gründe sind anzunehmen, wenn die Gründe, die für eine sofortige Aufstellung des Bebauungsplans sprechen, erheblich gewichtiger sind als das Festhalten an dem Gebot, dass der Bebauungsplan aus dem Flächennutzungsplan zu entwickeln ist. Auf die Frage, ob die Gemeinde diese Umstände zu vertreten hat, kommt es nicht an (BVerwG NVwZ 1985, 745). Das Entwicklungsgebot verlangt in diesem Fall, dass die Gemeinde dann wenigstens nachträglich einen Flächennutzungsplan aufstellt, der die Festsetzungen des Bebauungsplans übernimmt.

(3) Entwicklungsgebot und Fehlerfolgen (§ 214 BauGB)

75   Beurteilt die Gemeinde die Zulässigkeit eines selbstständigen oder vorzeitigen Bebauungsplans unrichtig, ist dies nach § 214 Abs. 2 Nr. 1 BauGB **unbeachtlich**. Diese Vorschrift findet allerdings nur Anwendung, wenn sich die Gemeinde bewusst ist, dass ein vorzeitiger Bebauungsplan aufgestellt wird, aber infolge fehlerhafter Auslegung des § 8 Abs. 2 oder 4 BauGB die Voraussetzungen dieser Vorschriften für gegeben hält oder sie aus Unkenntnis nicht beachtet. Setzt sich die Gemeinde dagegen vorsätzlich über das Entwicklungsgebot hinweg, ist der Bebauungsplan nichtig (BVerwG NVwZ 1985, 745; NVwZ 2000, 197).

76   Wird der Bebauungsplan nicht aus dem Flächennutzungsplan entwickelt, wird er also entweder ohne vorherigen – erforderlichen – Flächennutzungsplan aufgestellt oder wird die Grundkonzeption des Flächennutzungsplans nicht beachtet, ist der Bebauungsplan grundsätzlich **nichtig** (BVerwGE 48, 70). Ein Verstoß gegen das Entwicklungsgebot ist allerdings nach § 214 Abs. 2 Nr. 2 BauGB unbeachtlich, wenn der Bebauungsplan die sich aus dem Flächennutzungsplan ergebende geordnete städtebauliche Entwicklung nicht beeinträchtigt (OVG NRW NVwZ-RR 2000, 574).

ff) Allgemeingültige Planungsprinzipien / Planungsleitsätze

77   Die Gemeinde muss bei der Bauleitplanung die allgemein gültigen **Planungsleitsätze** beachten, die zwar nicht gesetzlich geregelt sind, aber jeder Planung immanent sind und letztlich aus dem Rechtsstaatsprinzip abgeleitet werden (vgl. hierzu Schmidt-Aßmann, Grundsätze der Bauleitplanung, BauR 1978, 99). Die Nichtbeachtung dieser Prinzipien führt dazu, dass der Bebauungsplan wegen Verstoßes gegen § 1 BauGB nichtig ist.

(1) Gebot konkreter Planung

78   Der Bebauungsplan muss **konkrete Regelungen** über die Bebaubarkeit der Grundstücke treffen. Insofern unterscheidet er sich vom Normalfall einer Norm: Während Rechtsnormen typischerweise abstrakt-generelle Regelungen treffen, enthält der Bebauungsplan konkrete Einzelausweisungen über die zulässige Bebauung oder sonstige Nutzung der von ihm erfassten Grundstücke.

(2) Gebot äußerer Planungseinheit

79   Für ein Gebiet darf nur ein **Bebauungsplan** Festsetzungen treffen (VGH Bad.-Württ. VBlBW 1983, 106). Wird ein neuer Bebauungsplan erlassen, darf ein früherer nicht gleichzeitig fortgelten. Unschädlich ist allerdings, dass ein späterer Plan einen früheren ergänzt (BVerwGE 50, 114).

(3) Gebot positiver Planung

80   Der Bebauungsplan muss Festsetzungen enthalten, die **positiv bestimmen**, welche bauliche oder sonstige Nutzung zulässig ist. Dass eine Planung/Überplanung je nach Interessenlage einige Grundstückseigentümer begünstigt und andere benachteiligt ist jeder Planung immanent. Die Verfolgung negativer Zielvorstellungen kann und darf im Einzelfall der Hauptzweck einer Planung sein. Entscheidend ist, dass die planerische Ausweisung eine positive planerische Aussage über die zukünftige Funktion im städtebaulichen Gesamtkonzept der Gemeinde zum Inhalt hat und sich nicht auf die bloße Abwehr jeglicher Veränderung durch die Aufnahme bestimmter Nutzungen beschränkt.

Eine bloße „**Negativplanung**" („**Verhinderungsplanung**") ist unzulässig, wenn Fest- **81**
setzungen nicht dem planerischen Willen der Gemeinde entsprechen, sondern nur
das vorgeschobene Mittel sind, um eine andere Nutzung zu verhindern (BVerwG
NVwZ 1999, 1338). Eine unzulässige Negativplanung liegt nicht vor, wenn die Gemeinde durch die Aufstellung oder Änderung eines Bebauungsplans eine bauliche
Fehlentwicklung verhindern will (BVerwG NVwZ 1991, 875; BVerwG NVwZ 1993,
884).

Beispiele: Die Gemeinde ändert einen Bebauungsplan, um die unerwünschte Ansiedlung eines
Einkaufszentrums zu verhindern (BVerwGE 68, 360). Die Gemeinde weist eine Außenbereichs-
fläche als landwirtschaftliche Nutzfläche aus, um den Kiesabbau in einem landschaftlich reiz-
vollen Bereich zu verhindern (BVerwG BauR 1991, 165).

Die Gemeinde darf durch Festsetzung einer landwirtschaftlichen Nutzfläche (BVerwG **82**
BauR 1991, 167), durch Festsetzungen für Maßnahmen zum Schutz der Natur gemäß § 9 Abs. 1 Nr. 20 BauGB (BVerwG NVwZ 1991, 62) oder einer Grünfläche gemäß
§ 9 Abs. 1 Nr. 15 BauGB (BVerwG NVwZ 1989, 655) eine „**Auffangplanung**" zur Erhaltung des status quo betreiben, wenn diese aus städtebaulichen Erwägungen, insbesondere des Naturschutzes und der Landschaftspflege, geboten erscheint. Dagegen reicht das allgemeine Interesse an der Freihaltung von Planungsmöglichkeiten
(sog. Freihaltebelang) als planerische Rechtfertigung nicht aus (BVerwG NVwZ 1991,
161).

(4) Bestimmtheitsgebot

Für alle Rechtsnormen gilt: Ihre Tatbestände müssen so präzise formuliert werden, **83**
dass die Folgen der Regelung für die Adressaten der Norm **voraussehbar und be-
rechenbar** sind. Die Adressaten müssen in der Lage sein, ihr Handeln oder Unterlassen daran auszurichten. Sie müssen wissen, welchen Beschränkungen ihr Grundstück unterworfen und gegebenenfalls welchen Belastungen es – z.B. durch Immissionen – ausgesetzt sein wird. Dies ist ihnen nicht möglich, wenn die Vorschrift konturenlos ist und deshalb eine willkürfreie Handhabung durch Behörden und Gerichte
nicht gewährleistet ist.

Allerdings brauchen „*Rechtsnormen (…) nur so bestimmt zu sein, wie dies nach der* **84**
*Eigenart der zu regelnden Sachverhalte mit Rücksicht auf den Normzweck möglich
ist (…), weshalb auch unbestimmte Rechtsbegriffe oder auslegungsfähige General-
klauseln zulässig sind (…). Diese bedürfen dann der Konkretisierung durch die Gerichte. Den Gerichten sind hierbei durch das Rechtsstaatsprinzip, insbesondere
durch die Grundsätze der Bestimmtheit und der Rechtssicherheit, Grenzen gesetzt.
Angesichts seiner Weite ist bei der Ableitung konkreter Begrenzungen jedoch behut-
sam vorzugehen (…).*", BVerfG NJW 2014, 1874. Es ist ausreichend, wenn der Inhalt
des Bebauungsplans durch **Auslegung** ermittelt werden kann. Das Bestimmtheitsgebot ist erst dann verletzt, wenn der Inhalt der Festsetzungen des Bebauungsplans
sich auch nicht durch die Heranziehung der Begründung (BVerwG BauR 1988, 488;
OVG NRW U. v. 6.11.2013 – 7 D 16/12.NE -, nrwe; VGH Bad.-Württ. NVwZ-RR 1999,
625) konkretisieren lässt und die Ungewissheit über die zukünftige Bebauung gemäß
den Festsetzungen des Bebauungsplans für die Planbetroffenen nicht mehr zumutbar ist.

Beispiel für eine fehlende **Bestimmtheit** (nach OVG NRW BauR 2017, 504): Für die zulässige **85**
Höhe baulicher Anlagen wird auf die „angrenzende Erschließungsanlage" Bezug genommen.
Allerdings ist unklar, ob mit dem Begriff der Erschließungsanlage nur die im Bebauungsplan
festgesetzten öffentlichen Verkehrsflächen oder im Baugebiet zu erwartende private Er-

schließungsanlagen und Zufahrten gemeint sind. Unbestimmt waren die Festsetzungen zur zulässigen Höhe baulicher Anlagen auch deshalb, weil es für den im Plangebiet mehrfach gegebenen Fall, dass ein Grundstück an mehrere öffentliche Verkehrsflächen angrenzt, an einer Regelung fehlt, welche dieser Erschließungsanlagen als Ausgangsmaß für die Höhenberechnung im Einzelfall heranzuziehen ist.

Beispiele für eine hinreichende Bestimmtheit: Ein Bebauungsplan, der ein Leitungsrecht über ein fremdes Grundstück festlegt, muss nicht bestimmen, in welcher Tiefe die Leitung zu verlegen ist (BVerwG BRS 47 Nr. 4). Die Festsetzung eines Sportplatzes erfüllt die Anforderungen an die Bestimmtheit, auch wenn die Sportart nicht angegeben wird (BVerwGE 81, 179; OVG NRW NVwZ-RR 1995, 435).

86 Nichtig sind ferner widersprüchliche Festsetzungen:

Beispiele: Eine identische Fläche wird zugleich als Gewerbegebiet und als Fläche für den Gemeinbedarf ausgewiesen (OVG NRW NVwZ 1984, 452). Ein Bebauungsplan ist nichtig, wenn in zwei ausgefertigten Planexemplaren die Grenzen des Baugebiets unterschiedlich eingezeichnet sind (VGH Bad.-Württ. VBlBW 1997, 383).

87 Unter Umständen erfasst die **Unwirksamkeit einer Planfestsetzung** den gesamten Bebauungsplan. Mängel, die einzelnen Festsetzungen eines Bebauungsplans anhaften, führen nur dann nicht zu dessen Unwirksamkeit, wenn die übrigen Regelungen, Maßnahmen oder Festsetzungen für sich betrachtet noch eine sinnvolle städtebauliche Ordnung i.S.d. § 1 Abs. 3 S. 1 BauGB bewirken können und wenn die Gemeinde nach ihrem im Planungsverfahren zum Ausdruck gelangten Willen im Zweifel auch eine Satzung dieses eingeschränkten Inhalts beschlossen hätte.

Beispiel: In dem oben erwähnten Verfahren des OVG NRW BauR 2017, 504, war jedenfalls die letztgenannte Voraussetzung nicht erfüllt. Mit der Höhenfestsetzung beabsichtigte der Plangeber ausweislich der Satzungsbegründung, die in einem maßgeblichen Teil des Plangebiets zugelassene Bebauung an die aktuelle Situation in der Umgebungsbebauung anzupassen. Es konnte deshalb nicht mit der erforderlichen Sicherheit angenommen werden, dass der Plangeber den Bebauungsplan auch ohne eine entsprechende Höhenbegrenzung erlassen hätte. Deshalb erfasste die Unwirksamkeit der Planfestsetzung zur Firsthöhe den gesamten Bebauungsplan.

3. Die Abwägung nach § 1 Abs. 6 u. 7 BauGB

a) Allgemeines

88 Die **Abwägung** öffentlicher und privater Belange stellt das Zentralproblem der Bauleitplanung dar (s. dazu insb. BVerwGE 34, 30; 45, 309). Sie ist das eigentliche Betätigungsfeld gemeindlicher **Planungshoheit**.

Das Gebot gerechter Abwägung der von der Bauleitplanung betroffenen öffentlichen und privaten Belange ist nach der Rechtsprechung des BVerwG (BVerwGE 41, 67; 56, 110) nicht nur aus § 1 Abs. 7 BauGB („Bei der Aufstellung der Bauleitpläne sind die öffentlichen und privaten Belange gegeneinander und untereinander gerecht abzuwägen.") abzuleiten; es ist vielmehr Ausdruck des in Art. 20 Abs. 3 GG verankerten Rechtsstaatsprinzips und des in ihm enthaltenen Grundsatzes der Verhältnismäßigkeit. Die verfassungsrechtliche Verankerung des Abwägungsgebots ist vor allem deshalb bedeutsam, weil der Gesetzgeber dadurch gehindert ist, das Abwägungsgebot einzuschränken und etwa einen regelmäßigen Vorrang öffentlicher Belange gegenüber privaten Interessen zu statuieren. Das BVerwG hat wiederholt entschieden, dass das Abwägungsgebot unabhängig von einer positiven gesetzlichen Regelung jeder Planung immanent ist und allgemein gilt (BRS 22 Nr. 3; BVerwGE 48, 63).

89 Die **verfahrensrechtlichen Anforderungen** ergeben sich insbesondere aus § 2 Abs. 3 BauGB („Bei der Aufstellung der Bauleitpläne sind die Belange, die für die

Abwägung von Bedeutung sind (Abwägungsmaterial), zu ermitteln und zu bewerten.") und § 1 Abs. 7 BauGB. Die in diesen Bestimmungen genannten Anforderungen decken sich (BVerwG NVwZ 2013, 519).

Die Planungsentscheidung hält sich (nur dann) in den verfassungsrechtlich vorgezeichneten Grenzen, wenn der Plangeber alle sachlich beteiligten Belange und Interessen der Entscheidung zugrunde gelegt sowie umfassend und in nachvollziehbarer Weise abgewogen hat. Denn Art. 14 Abs. 1 S. 1 GG fordert, dass Vorkehrungen getroffen werden, die eine **unverhältnismäßige Belastung** des Eigentümers verhindern (BVerfG BRS 65 Nr. 6; BVerwG BRS 81 Nr. 40). **90**

Dem privaten Eigentum (Art. 14 Abs. 1 GG) kommt im Rahmen der Abwägung eine besondere Bedeutung zu. Eine mit dem Entzug bestehender Baurechte verbundene „Wegplanung" setzt eine besonders sorgfältige und dokumentierte Abwägung voraus. Zudem sind vorrangig Möglichkeiten der Bestandssicherung – insbesondere nach § 1 Abs. 10 BauGB – in den Blick zu nehmen (OVG NRW B. v. 6.8.2010 - 2 A 1445/09 -, nrwe).

Die Grundsätze über die erforderliche Abwägung gelten auch im Falle der **Aufhebung eines Bebauungsplans**. Da Bebauungspläne gemäß § 1 Abs. 1, Abs. 5, Abs. 6 Nr. 4 BauGB eine geordnete städtebauliche Entwicklung gewährleisten sollen, ist bei ihrer Aufhebung zugleich darüber zu entscheiden, welche städtebauliche Ordnung - die planersetzenden §§ 34, 35 BauGB oder ein neuer Bebauungsplan - an die Stelle der mit dem Plan zuvor beabsichtigt gewesenen Ordnung treten soll. Der bloße Verweis der Gemeinde auf die Geltung der Planersatzvorschriften der §§ 34, 35 BauGB reicht nicht in jeder Planungssituation aus, um der ersatzlosen Planaufhebung eine städtebauliche Rechtfertigung zu verschaffen (OVG NRW BRS 82 Nr. 5). **91**

Bei den in § 1 Abs. 6 BauGB aufgeführten Gesichtspunkten (wie allgemeine Anforderungen an gesunde Wohn- und Arbeitsverhältnisse, soziale und kulturelle Bedürfnisse der Bevölkerung, Belange des Bildungswesens usw.) handelt es sich um **unbestimmte Rechtsbegriffe**. Ob sie beachtet sind, ist deshalb gerichtlich voll überprüfbar (BVerwGE 34, 301; 45, 309; BGHZ 66, 322). In Bezug auf die eigentliche planerische Entscheidung ist jedoch mit dem Abwägungsgebot zwangsläufig ein planerischer Freiraum verbunden; folglich ist der gerichtliche Prüfungsrahmen begrenzt. **92**

Die folgenden Grundsätze des BVerwG (BVerwGE 34, 301) werden von den Verwaltungsgerichten in ständiger Rechtsprechung bei der **Überprüfung von Bebauungsplänen** herangezogen: **93**

Das Abwägungsgebot ist verletzt, wenn

– eine sachgerechte Abwägung überhaupt nicht stattfindet (sog. **Abwägungsausfall**),
– in die Abwägung Belange nicht eingestellt werden, die nach Lage der Dinge hätten eingestellt werden müssen (sog. **Abwägungsdefizit**),
– die Bedeutung der betroffenen Belange verkannt wird (sog. **Abwägungsfehleinschätzung**)
– der Ausgleich zwischen den von der Planung berührten Belangen in einer Weise vorgenommen wird, die zur objektiven Gewichtigkeit einzelner Belange außer Verhältnis steht (sog. **Abwägungsdisproportionalität**).

Innerhalb des so gezogenen Rahmens ist dem Abwägungserfordernis genügt, wenn sich die zur Planung berufene Gemeinde im Widerstreit verschiedener Belange für die Bevorzugung des einen und damit notwendigerweise für die Zurückstellung des anderen Belangs entscheidet.

94 Beispiele:

Abwägungsausfall

– (nach VGH Bad.-Württ. BRS 33 Nr. 6) Eine Stadt schließt mit einem großen Kaufhauskonzern einen Vertrag über die Schaffung einer Filiale und verpflichtet sich, den hierfür erforderlichen Bebauungsplan aufzustellen. Der Gemeinderat hält sich bei der Abwägung der verschiedenen Belange an diese – in Wirklichkeit nichtige – Vereinbarung gebunden.

Abwägungsdefizit

– (nach OVG Rh.-Pf. NVwZ 1992, 190) Bei der Aufstellung eines Bebauungsplans wird einem Verdacht, der Boden enthalte Altlasten, nicht weiter nachgegangen. Die Gemeinde muss zwar nicht von sich aus Ermittlungen über Altlasten anstellen, aber einem auftauchenden Verdacht nachgehen.
– (nach Hess. VGH NVwZ-RR 1995, 7) Der Gemeinderat übersieht, dass das neue Baugebiet im Geltungsbereich einer Landschaftsschutzverordnung liegt.
– (nach OVG Nds. NVwZ-RR 2001, 499 und 2002, 732) Der Gemeinderat lässt bei der Planung eines neuen Wohngebiets den Verkehrslärm einer daran vorbeiführenden Straße außer Betracht oder geht von einem viel zu niedrigen Verkehrsaufkommen aus.

Abwägungsfehleinschätzung

– (nach OVG Rh.-Pf. BauR 1988, 179) Der Gemeinderat geht zu Unrecht davon aus, dass bei einem Abstand von 100 m zwischen einem großen Kuhstall und einer Wohnbebauung nicht mit Geruchsbelästigungen zu rechnen sei.
– (nach OVG NRW BauR 1993, 691) Der Gemeinderat „verharmlost" die Gesundheitsgefahr durch eine Schwermetall-Verunreinigung des Erdbodens.

Abwägungsdisproportionalität

– Die Gemeinde nimmt an, für eine Ausweisung bestehe ein besonderes öffentliches Interesse, das dem privaten Interesse deutlich vorgehen müsse. In Wirklichkeit besteht dieser Vorrang nicht, weil die Annahme des überragenden öffentlichen Interesses unrichtig ist.

b) Allgemein gültige Abwägungsgrundsätze

95 Die Gemeinde muss die allgemein **gültigen** Abwägungsgrundsätze beachten. Es handelt sich dabei vor allem um folgende Prinzipien:

aa) Abwägungsbereitschaft

96 Die Gemeinde muss bei der Planung für alle in Betracht kommenden Planungsvarianten offen sein, d.h. sie darf nicht von vornherein auf eine **bestimmte Planung festgelegt** sein. Das Gebot der Abwägungsbereitschaft wird auch verletzt, wenn die Gemeinde alternative Planungsmöglichkeiten deshalb nicht in ihre Erwägungen einbezieht, weil deren Betrachtung zu einer zeitlichen Verzögerung des Verfahrens zur Aufstellung des Bebauungsplans führen könnte (VGH Bad.-Württ. VBlBW 1982, 135).

97 Das BVerwG (BVerwGE 45, 309) hat festgestellt, die Vorstellung, die Bauleitplanung müsse frei von jeder Bindung erfolgen, sei lebensfremd. Gerade bei größeren Objekten, etwa der Industrieansiedlung oder der Planung eines neuen Stadtteils, sei häufig mehr Bindung als planerische Freiheit vorhanden. Ein Industriegebiet lässt sich häufig nur dann sinnvoll planen, wenn die Bedürfnisse der einzelnen Industrieunternehmen an die Verkehrswege oder die Notwendigkeit von immissionsschützenden Maßnahmen vorher abgesprochen werden. Das Gleiche gilt für andere Großobjekte wie Krankenhäuser, Universitäten, Sportanlagen u.Ä.

98 Andererseits darf nicht verkannt werden, dass das BauGB grundsätzlich von der **planerischen Freiheit der Gemeinde** ausgeht, und zwar bis zur Entscheidung des Gemeinderats nach Anhörung der betroffenen Bevölkerung (§ 3 BauGB) sowie der betroffenen Fachbehörden (§ 4 BauGB). Das BVerwG (BVerwGE 45, 309) hat deshalb strenge Anforderungen an eine Vorabbindung bezüglich der Aufstellung von Bauleitplänen gestellt:

– Die Vorwegnahme der Entscheidung muss sachlich gerechtfertigt sein.
– Bei der Vorwegnahme muss die planungsrechtliche Zuständigkeitsordnung gewahrt bleiben; d.h. es muss, soweit die Planung dem Gemeinderat obliegt, dessen Mitwirkung an den Vorentscheidungen in einer Weise gesichert werden, die es gestattet, die Vorentscheidungen auch dem Rat zuzurechnen.
– Die vorgezogene Entscheidung darf nicht inhaltlich zu beanstanden sein. Sie muss insbesondere den Anforderungen genügen, die sie erfüllen müsste, wenn sie als Bestandteil des abschließenden Abwägungsvorgangs getroffen würde.

Die Gemeinde darf sich nicht verbindlich gegenüber einem Bauinteressenten durch **99** eine Zusage oder einen öffentlich-rechtlichen Vertrag zur Aufstellung eines Bebauungsplans verpflichten. § 1 Abs. 3 S. 2 BauGB stellt ausdrücklich fest, dass ein Anspruch auf Aufstellung eines Bebauungsplans durch Vertrag nicht begründet werden kann (vgl. dazu auch BVerwG BauR 1982, 30; BVerwG NJW 1980, 2238; BGHZ 71, 386; BGH NJW 1980, 826). Das Gleiche gilt für eine Zusage der Gemeinde, einen Bebauungsplan aufzustellen. Allerdings können sich Ansprüche auf Schadensersatz ergeben, wenn die Gemeinde beim Bauwilligen einen Vertrauenstatbestand dahin gehend geschaffen hat, dass ein Bebauungsplan aufgestellt werden wird, und diesen dann doch nicht verwirklicht (so BGHZ 71, 386).

bb) Zusammenstellung des Abwägungsmaterials

Die Gemeinde kann nur dann eine dem rechtsstaatlichen Abwägungsgebot entsprechende Planungsentscheidung treffen, wenn sie alle von der Planung betroffenen öffentlichen und privaten Belange in ihre Abwägung einstellt. **100**

Dabei hat die Gemeinde nicht nur die **positiven Aspekte** der Bauleitplanung zu berücksichtigen, sondern auch die mit der Planung verbundenen **negativen Auswirkungen**. Zur Verwirklichung des Gebots gebietet § 2 Abs. 3 BauGB, dass bei der Aufstellung der Bauleitpläne die Belange, die für die Abwägung von Bedeutung sind (Abwägungsmaterial), zu ermitteln und zu bewerten sind. Nach § 214 Abs. 1 S. 1 Nr. 1 BauGB liegt eine beachtliche Verletzung einer Verfahrensvorschrift vor, wenn entgegen § 2 Abs. 3 BauGB die von der Planung berührten Belange, die der Gemeinde bekannt waren oder hätten bekannt sein müssen, in wesentlichen Punkten nicht zutreffend ermittelt oder bewertet worden sind und wenn der Mangel offensichtlich und auf das Ergebnis des Verfahrens von Einfluss gewesen ist. In diesen Bestimmungen kommen die Anforderungen zum Ausdruck, die das BVerwG (BVerwGE 34, 301) zur Gewinnung und Bewertung des Abwägungsmaterials entwickelt hatte. In der Praxis bereitet dieses Gebot des fehlerfreien Zusammenstellens des Abwägungsmaterials Schwierigkeiten und führt häufig zu Abwägungsfehlern mit der Folge der Nichtigkeit des Bebauungsplans.

Hinsichtlich der öffentlichen Belange enthält § 1 Abs. 6 BauGB gleichsam eine **101** Checkliste. Genannt seien hier: privates Eigentum, Beibehaltung des bisherigen Zustandes, Vermeidung von Verkehrslärm, Schutz vor heranrückender Wohnbebauung, Schutz vor Immissionen.

Zum notwendigen Abwägungsmaterial gehören zudem alle (privaten) Belange, die **102** „**nach Lage der Dinge**" in die Abwägung eingestellt werden müssen. Generell gilt, dass das notwendige Abwägungsmaterial einer planerischen Abwägung tendenziell eher weit als eng abgegrenzt werden muss (BVerwG BRS 35 Nr. 26). Trotz dieser Tendenz zur Ausweitung sachgerechter Beschränkung bedarf das Abwägungsmaterial einer sachgerechten Einschränkung. Denn der Planer kann nicht „alles" berücksichtigen müssen. Eine Forderung, die hierauf hinausliefe, wäre offensichtlich nicht erfüllbar und damit lebensfremd. Die Abwägungsbeachtlichkeit beschränkt sich vor allem auf solche Betroffenheiten, die für die planende Stelle bei der Entscheidung über den Plan als abwägungsbeachtlich erkennbar sind. Was die planende Stelle nicht „sieht", und was sie nach den gegebenen Umständen auch nicht zu „sehen" braucht, kann und braucht von ihr bei der Abwägung nicht berücksichtigt zu werden (BVerwG BRS 35 Nr. 26).

103 Insoweit ist die Gemeinde bei der Bauleitplanung auf die **Mitwirkung der betroffenen Privaten** angewiesen. Dazu dient die Bürgerbeteiligung nach § 3 BauGB. Hat es ein Betroffener unterlassen, seine Betroffenheit im Zuge der Bürgerbeteiligung vorzutragen, ist die Betroffenheit nur dann abwägungsbeachtlich, wenn sich der planenden Stelle die Tatsache dieser Betroffenheit aufdrängen musste. Für die Abwägungsbeachtlichkeit eines Interesses kommt es in zeitlicher Hinsicht grundsätzlich auf die Sach- und Rechtslage im Zeitpunkt der Beschlussfassung über den Bebauungsplan an (OVG NRW, U.v. 6.4.2003 - 7a D 46/02.NE -, nrwe).

104 In die Abwägung müssen auch solche Interessen eingestellt werden (und deshalb zuvor als „**Material**" gesammelt werden), die kein subjektives Recht darstellen (BVerwGE 107, 215). Denn § 1 Abs. 7 BauGB spricht von privaten „Belangen" und nicht von privaten Rechten.

Beispiele: (nach BVerwG NVwZ 1995, 895): Ein neues Baugebiet beeinträchtigt die Aussicht in die bisher freie Landschaft; dieser Belang muss bedacht werden.

Weiteres Beispiel (nach BVerwG NJW 1992, 2884): Die Beeinträchtigung durch eine Steigerung des Verkehrslärms ist auch dann abwägungsrelevant, wenn die Zumutbarkeitsgrenze der VerkehrslärmschutzVO nicht überschritten wird.

105 Rein wirtschaftliche Belange, wie etwa das Interesse an der Erhaltung einer günstigen Marktlage, sind allerdings nicht in die Abwägung einzustellen; denn das Bauplanungsrecht ist **wettbewerbsrechtlich neutral**.

Beispiel (nach BVerwG NVwZ 2009, 1103): Das Interesse eines vorhandenen Einzelhandelsgeschäfts an der Verhinderung der Ansiedlung eines Einkaufszentrums ist bei der Abwägung nicht zu berücksichtigen (BVerwG NVwZ 1990, 555). Umgekehrt sind bei der Aufstellung von Bauleitplänen vorhandene Einzelhandelskonzepte einzubeziehen, doch können diese im Rahmen der Abwägung überwunden werden.

106 Soweit eine **Fachbehörde** eine Stellungnahme abgegeben hat, kann die Gemeinde grundsätzlich davon ausgehen, dass diese die ihr anvertrauten öffentlichen Belange zutreffend anführt. Sie braucht insoweit keine weiteren Ermittlungen mehr anzustellen (BVerwG DVBl 1989, 1105). Im Übrigen wird die Gemeinde häufig gezwungen sein, zur Ermittlung des notwendigen Abwägungsmaterials Sachverständige einzuschalten.

107 Beispiel (nach (OVG Nds. BauR 1987, 176): Die von einer geplanten Sportanlage ausgehende Lärmbelastung kann i.d.R. nur von einem Sachverständigen ermittelt werden (s. auch OVG Rh.-Pf. NVwZ 1998, 387 für die Planung eines Wohngebiets neben emittierenden Gewerbebetrieben).

Weiteres Beispiel (nach OVG NRW Urt. v. 22.3.2011 - 2 A 371/09 - nrwe, und vom 10.11.2015 – 8 A 1031/15 –, nrwe): Entschließt sich eine Gemeinde, den Bestand an landwirtschaftlicher Tierhaltung und gewisse Erweiterungsmöglichkeiten landwirtschaftlicher Betriebe in einem Dorfgebiet durch einen Bebauungsplan abzusichern und will sie zugleich Konfliktsituationen mit heranrückender Wohnbebauung vermeiden, trifft sie bei der Zusammenstellung des Abwägungsmaterials eine Ermittlungspflicht betreffend die Zumutbarkeit von Geruchsemissionen.

Weiteres Beispiel (nach OVG NRW, B.v. 14.7.2010 - 2 B 637/10.NE): Abwägungsbeachtlich ist nicht nur das Interesse eines Landwirts an der weiteren Ausnutzung des vorhandenen Betriebsbestands, sondern auch das Bedürfnis nach einer künftigen Betriebserweiterung im Rahmen der normalen Betriebsentwicklung, soweit es sich um eine reale und naheliegende Betriebserweiterung handelt.

cc) Gebot der Rücksichtnahme im Rahmen der Bauleitplanung

Das **Gebot der Rücksichtnahme** wird in der Rechtsprechung vor allem im Rahmen **108** des Nachbarschutzes herangezogen (s. dazu Schulte Beerbühl, Öffentliches Baunachbarrecht, ab Rn. 441). Jedes Bauvorhaben muss auf die Umgebung Rücksicht nehmen und Auswirkungen vermeiden, die zu einer unzumutbaren Beeinträchtigung anderer Grundstücke führen. Andererseits verlangt das Gebot der Rücksichtnahme nicht, sich aus der Grundstückssituation ergebende Nutzungsmöglichkeiten zu unterlassen oder einzuschränken, nur weil dadurch die Nachbarschaft betroffen wird. Es hat vielmehr eine Abwägung der Belange aller betroffenen Grundstückseigentümer sowie aller sonstigen rechtlich geschützten Interessen zu erfolgen.

Das Gebot ist auch bei der Aufstellung der Bauleitpläne zu beachten. So ist z.B. der **109** vom BVerwG im sog. Flachglasurteil (BVerwGE 45, 309) entwickelte Grundsatz, dass Wohnbebauung und immissionsträchtige gewerbliche Nutzung räumlich zu trennen sind (**Trennungsgebo**t, vgl. auch § 50 BImSchG sowie BVerwG BauR 1992, 344), letztlich auf das **Gebot der Rücksichtnahme** zurückzuführen: Ein Bebauungsplan, der in unmittelbarer Nachbarschaft eines Wohngebiets ein großes Industrieunternehmen vorsieht, verstößt gegen das Gebot der Rücksichtnahme und ist nichtig (BVerwGE 45, 309).

dd) Gebot der Lastenverteilung

Wenn der Bebauungsplan die Inanspruchnahme oder Beeinträchtigung von **Privat-** **110** **grundstücken** verlangt, müssen die dadurch entstehenden Belastungen möglichst gleichmäßig auf alle Grundstückseigentümer verteilt werden (BVerwG NVwZ-RR 2000, 533; BVerwG NVwZ 2002, 1506). Privates Gelände darf für öffentliche Zwecke (etwa für die Anlage von öffentlichen Verkehrsflächen oder die Schaffung öffentlicher Einrichtungen) nur herangezogen werden, wenn keine geeignete Fläche im Eigentum der öffentlichen Hand zur Verfügung steht. Art. 14 Abs. 1 GG verlangt, dass die Privatnützigkeit des Eigentums an einem Grundstück möglichst erhalten bleibt (BVerfG NVwZ 2003, 727; BVerwG NVwZ 2005, 324).

ee) Gebot der Konflikt-/Problembewältigung

Der Bebauungsplan muss zumindest diejenigen Festsetzungen enthalten, die zur **111** Bewältigung der vorhandenen oder durch die vorgesehene Bodennutzung neu entstehenden städtebaulichen Konflikte notwendig sind („**Gebot der Problembewälti-gung**"). Die von der Planung berührten Belange müssen in ihm in einen gerechten Ausgleich gebracht werden; ein lösungsbedürftiges Problem darf nicht ausgeklammert werden (BVerwG NVwZ 1999, 414; BVerwG NVwZ-RR 2000, 146; BVerwG NVwZ 2004, 329). Das gilt etwa für die Bewältigung immissionsschutzrechtlicher Fragen infolge der Nachbarschaft von gewerblicher Nutzung und Wohnbebauung (OVG Berl.-Brdbg. NVwZ 1984, 188; OVG Nds. BauR 1987, 174).

Dies schließt eine Verlagerung von Problemlösungen aus dem Bebauungsplanver- **112** fahren auf nachfolgendes Verwaltungshandeln allerdings nicht grundsätzlich aus. Vielmehr können Festsetzungen eines Bebauungsplans auch Ausdruck einer „**pla-nerischen Zurückhaltung**" sein. Der Satzungsgeber ist in begrenztem Umfang berechtigt, die **Konfliktbewältigung** dem nachfolgenden Baugenehmigungsverfahren oder dem immissionsschutzrechtlichen Genehmigungsverfahren zu überlassen. Eine solche Konfliktverlagerung („**Konfliktlösungstransfer**") auf die Ebene des Planvollzugs ist allerdings nicht zulässig, wenn bereits im Planungsstadium absehbar ist, dass sich der offen gelassene Interessenkonflikt in einem nachfolgenden Verfahren nicht sachgerecht wird lösen lassen. Vielmehr muss die Durchführung der konfliktlösenden Maßnahmen auf einer nachfolgenden Stufe möglich und sichergestellt sein, wenn auch nur mithilfe des § 15 BauNVO oder durch nachträgliche Schutzmaßnahmen (so BVerwG NVwZ 1988, 351 für Lärmbelästigungen durch eine Straße). Das bedarf einer prognostischen Beurteilung (BVerwG NVwZ 2015, 1537).

113 Beispiel: Ein Bebauungsplan ist wegen unterbliebener Konfliktbewältigung unwirksam, wenn eine nachträgliche Problemlösung nicht mehr möglich ist, etwa die Immissionsbelastung durch eine Straße oder eine Industrieanlage so hoch ist, dass sie auch durch Schallschutzmaßnahmen nicht auf ein zumutbares Maß reduziert werden kann.

Weiteres Beispiel (nach BVerwG BauR 1988, 448): Ein Bebauungsplan, der eine Fläche für eine Schule vorsieht, braucht nicht bereits festzulegen, wo die für den Nachbarn besonders störenden Sportanlagen der Schule errichtet werden sollen; das kann in dem Baugenehmigungsverfahren geschehen.

4. Das Verfahren bei der Aufstellung von Bauleitplänen

114 Bauleitpläne können nur gemäß dem Verfahren nach §§ 2 ff. BauGB entstehen. Ein Bebauungsplan kann nicht durch Gewohnheitsrecht geschaffen werden, selbst wenn ein aus formellen Gründen nichtiger Bebauungsplan jahrelang als wirksam angesehen wurde und die Grundlage für alle baurechtlichen Entscheidungen in seinem Geltungsbereich bildete (BVerwGE 55, 369; BVerwG BauR 1980, 40). Soweit § 34 Abs. 2 BauGB ein sog. faktisches Baugebiet als Maßstab für die Zulässigkeit eines Vorhabens nach der Art der baulichen Nutzung vorsieht, bedeutet das nur, dass das Faktische einen **Planersatz** darstellt und nicht etwa, dass ein **Ersatzplan** kreiert wird.

Zum Ablauf des Verfahrens lassen sich folgende Verfahrensschritte festhalten:

a) Aufstellungsbeschluss (§ 2 Abs. 1 BauGB)

115 Der Gemeinderat beschließt, für ein bestimmtes Gebiet innerhalb der Gemeinde einen Bauleitplan aufzustellen (§ 2 Abs. 1 BauGB). In dringenden Fällen kann der **Aufstellungsbeschluss** gem. § 60 Abs. 2 GO NRW von dem Bürgermeister oder dem stellvertretenden Bürgermeister zusammen mit dem Ausschussvorsitzenden und einem anderen dem Ausschuss angehörenden Ratsmitglied aufgestellt werden (OVG NRW NWVBl 2011, 467).

b) Ortsübliche Bekanntmachung des Aufstellungsbeschlusses

116 Der Aufstellungsbeschluss ist nach § 2 Abs. 1 S. 2 BauGB ortsüblich bekannt zu machen. Die ordnungsgemäße **Bekanntmachung** ist für das Wirksamwerden ortsrechtlicher Bestimmungen aus rechtsstaatlichen Gründen ebenso unerlässlich wie die ordnungsgemäße Verkündung von Gesetzen und Rechtsverordnungen. Ein Aufstellungsbeschluss ist zwar keine ortsrechtliche Bestimmung, hinsichtlich des Bekanntmachungserfordernisses ist er aber aufgrund der Regelung in § 2 Abs. 1 S. 2 BauGB einer solchen gleichgestellt. Deshalb gilt die Bekanntmachungsverordnung (BekanntmVO) in gleicher Weise (VG Gelsenkirchen, B.v. 11.3.2011 - 5 L 113/11 -, nrwe). Nach § 2 Abs. 3 BekanntmVO ordnet der Bürgermeister die Bekanntmachung an.

Erst mit der Veröffentlichung erhält der Beschluss seine Rechtswirksamkeit. Eine unterbliebene Bekanntmachung kann zwar **nachgeholt** werden, wodurch der Mangel geheilt wird, doch wirkt dies nur von dem Zeitpunkt der Nachholung an (ex nunc); der späteren Bekanntmachung des Aufstellungsbeschlusses kommt keine rückwirkende Kraft (ex tunc) zu (OVG NRW, B.v. 22.4.2010 - 2 B 293/10 -, nrwe).

c) Erstellung eines ersten Planentwurfs

Die Gemeinde selbst oder ein von ihr beauftragtes Planungsbüro fertigt einen **Plan-** **117** **entwurf**. Dieser muss eine Begründung (§ 9 Abs. 8 BauGB) und diese einen Umweltbericht (§ 2a Nr. 2 BauGB) enthalten.

d) Frühzeitige Beteiligung

Nach § 3 Abs. 1 S. 1 BauGB ist die Öffentlichkeit **möglichst frühzeitig** über die all- **118** gemeinen Ziele und Zwecke der Planung, sich wesentlich unterscheidende Lösungen, die für die Neugestaltung oder Entwicklung eines Gebiets in Betracht kommen, und die voraussichtlichen Auswirkungen der Planung zu unterrichten. Ihr ist Gelegenheit zur Äußerung und Erörterung zu geben. Nach § 4 Abs. 1 BauGB sind auch die Behörden und **sonstigen Träger öffentlicher Belange**, deren Aufgabenbereich durch die Planung berührt werden kann, entsprechend § 3 Abs. 1 S. 1 Hs. 1 BauGB zu unterrichten und zur Äußerung auch im Hinblick auf den erforderlichen Umfang und Detaillierungsgrad der Umweltprüfung nach § 2 Abs. 4 BauGB aufzufordern. Die Unterrichtung der Öffentlichkeit nach § 3 Abs. 1 BauGB kann gleichzeitig mit der Unterrichtung nach § 4 Abs. 1 BauGB erfolgen (§ 4a Abs. 2 BauGB).

Die Beteiligung dient neben der öffentlichen Unterrichtung über die allgemeinen Zie- **119** le und Zwecke der Planung (§ 3 Abs. 1 BauGB) auch der Information **benachbarter Gemeinden**, um Konflikte frühzeitig zu vermeiden. Ferner dient sie der Abstimmung des Untersuchungsrahmens und des Detaillierungsgrades der Umweltprüfung mit den Behörden und sonstigen Träger öffentlicher Belange (§ 4 Abs. 1 BauGB).

Die frühzeitige Beteiligung ist nicht erforderlich, wenn ein Bebauungsplan aufgestellt oder aufgehoben wird und sich dies auf das Plangebiet und die Nachbargebiete nicht oder nur unwesentlich auswirkt oder die Unterrichtung und Erörterung bereits zuvor auf anderer Grundlage erfolgt sind (§ 3 Abs. 1 S. 2 BauGB).

Wie die Anhörung der Öffentlichkeit ausgestaltet sein muss, ist in § 3 BauGB nicht **120** detailliert geregelt. Da die Bestimmung Gelegenheit zur Äußerung und zur Erörterung verlangt, wird in aller Regel auf eine **mündliche Besprechung** der Bauleitpläne mit den betroffenen Bürgern nicht verzichtet werden können (vgl. dazu Battis/Krautzberger/Löhr, BauGB, § 3 Rn. 7).

Im Anschluss an die frühzeitige Beteiligung der Öffentlichkeit mag eine Anpassung des Planentwurfs mit seiner Begründung und dem Umweltbericht erforderlich sein.

e) Beschluss über die Offenlegung (§ 3 Abs. 2 BauGB)

Ist die frühzeitige Beteiligung abgeschlossen und ist die etwaige Anpassung erfolgt, **121** fasst die Gemeinde den Beschluss über die **Offenlegung** des Planentwurfs mit seinen erforderlichen Anlagen. Dieser Beschluss wird in der nach dem nordrhein-westfälischen Landesrecht und dem gemeindlichen Ortsrecht erforderlichen ("ortsüblichen") Weise bekannt gemacht.

f) Förmliche Öffentlichkeits-, Behörden-, Kommunen- und TöB-Beteiligung (§ 3 Abs. 2, § 4 Abs. 2 BauGB)

122 Gegenstand der **förmlichen Beteiligung** sind: der Entwurf des Bebauungsplans in der zu diesem Zeitpunkt vorliegenden Fassung, dessen Begründung - in dieser sind („entsprechend dem Stand des Verfahrens") die Ziele, Zwecke und wesentlichen Auswirkungen des Bauleitplans darzulegen - und ein **Umweltbericht**, in dem die nach der Anlage zum BauGB auf Grund der Umweltprüfung nach § 2 Abs. 4 BauGB ermittelten und bewerteten Belange des Umweltschutzes darzulegen sind; der Umweltbericht bildet einen gesonderten Teil der Begründung. Ein Umweltbericht ist allerdings nicht erforderlich bei vereinfachten Änderungen und besitzstandwahrenden Bebauungsplänen nach § 13 BauGB und **Bebauungsplänen der Innenentwicklung** (§ 13a BauGB).

aa) Information der Öffentlichkeit

123 Nach § 3 Abs. 2 BauGB sind die Entwürfe der Bauleitpläne mit der Begründung und den nach Einschätzung der Gemeinde wesentlichen, bereits vorliegenden umweltbezogenen Stellungnahmen für die Dauer eines Monats öffentlich auszulegen. Mindestens eine Woche vorher sind Ort und Dauer der Auslegung sowie Angaben dazu, welche Arten umweltbezogener Informationen verfügbar sind, ortsüblich bekannt zu machen. Die bekannt gemachte Bezeichnung des Bebauungsplans muss so gewählt sein, dass sie dem an der Bauleitplanung interessierten Bürger sein Interesse an Information und Beteiligung durch Anregungen und Bedenken bewusst macht (sog. **Anstoßfunktion** oder **Anstoßwirkung,** BVerwGE 55, 369; 69, 344). Hierfür reicht eine schlagwortartige geographische Bezeichnung aus – nicht aber eine bloße Nummer (BVerwG NVwZ 2001, 203) –, damit der betroffene Grundstückseigentümer erkennen kann, dass sein Grundstück im Geltungsbereich des Bebauungsplans liegt. Bei der Bekanntmachung ist darauf hinzuweisen, dass Stellungnahmen während der Auslegungsfrist abgegeben werden können und nicht fristgerecht abgegebene Stellungnahmen bei der Beschlussfassung über den Bauleitplan unberücksichtigt bleiben können.

124 Die Stelle, bei der die Pläne **eingesehen** werden können, muss genau bezeichnet werden. Unschädlich ist es, wenn das konkrete Dienstzimmer nicht angegeben wird (BVerwG NVwZ 2009, 1103). Die Auslegung muss so erfolgen, dass die Pläne ohne Schwierigkeiten eingesehen werden können. Unzulässig ist es, die Pläne zu verwahren und sie nur auf Frage herauszugeben (archivmäßige Verwahrung – VGH Bad.-Württ. NVwZ-RR 2003, 331). Es reicht aber aus, den Planentwurf nur während der sog. Verkehrsstunden (Sprechzeiten 8 bis 12 Uhr) auszulegen (BVerwG NJW 1981, 594).

§ 4a Abs. 4 BauGB gibt den Gemeinden auf, bei der Öffentlichkeits- und Behördenbeteiligung ergänzend **elektronische Informationstechnologien** zu nutzen.

Die Öffentlichkeit, also jedermann, kann Stellungnahmen abgeben; eine eigene Betroffenheit ist nicht erforderlich. Die Stellungnahme kann schriftlich, zur Niederschrift oder mit Unterschriftenliste erfolgen.

bb) Beteiligung der Behörden und Träger öffentlicher Belange

125 Gemäß § 4 Abs. 2 BauGB holt die Gemeinde - dies kann gleichzeitig mit der öffentlichen Auslegung erfolgen, § 4a Abs. 2, 2. Hs. BauGB - **Stellungnahmen** der Behörden und sonstigen Träger öffentlicher Belange, deren Aufgabenbereich durch die

Planung berührt werden kann, zum Planentwurf und zu der Begründung ein. In Betracht kommen alle, deren öffentliche Aufgabenbereiche nach Lage des Einzelfalls betroffen sein können. Das können vor allem die Gewerbeaufsicht, Umweltbehörden, Landschaftsbehörden, Energieversorgungsunternehmen, Telekommunikationseinrichtungen, anerkannte Naturschutzverbände sowie die benachbarten Gemeinden sein. Die Anhörung erfolgt üblicherweise durch Übersendung.

Die **Frist zur Stellungnahme** beträgt einen Monat, ggf. besteht die Möglichkeit der Verlängerung.

Die Stellungnahmen haben auch Aufschluss über von den Behörden und Trägern öf- **126** fentlicher Belange beabsichtigte oder bereits eingeleitete **Planungen und sonstige Maßnahmen** sowie deren zeitliche Abwicklung zu geben, die für die städtebauliche Entwicklung und Ordnung des Gebiets bedeutsam sein können. Verfügen die Träger öffentlicher Belange über Informationen, die für die Ermittlung und Bewertung des Abwägungsmaterials zweckdienlich sind, haben sie diese Informationen der Gemeinde zur Verfügung zu stellen.

cc) (eingeschränkte) Präklusionswirkung

Nach § 4a Abs. 6 BauGB können Stellungnahmen, die im Verfahren der Öffentlich- **127** keits- und Behördenbeteiligung nicht rechtzeitig abgegeben worden sind, bei der Beschlussfassung über den Bauleitplan **unberücksichtigt** bleiben, sofern die Gemeinde deren Inhalt nicht kannte und nicht hätte kennen müssen und deren Inhalt für die Rechtmäßigkeit des Bauleitplans nicht von Bedeutung ist. Für in der Öffentlichkeitsbeteiligung abgegebene Stellungnahmen gilt dies aber nur, wenn darauf in der Bekanntmachung zur Öffentlichkeitsbeteiligung hingewiesen worden war. Verspätet abgegebene Stellungnahmen müssen dennoch bei der nachfolgenden Beschlussfassung in die Abwägung eingestellt werden, aber nur bis zur entscheidenden Ratssitzung.

Wird ein **Normenkontrollantrag** gestellt, so ist dieser nach § 47 Abs. 2a VwGO un- **128** zulässig, wenn die den Antrag stellende Person nur Einwendungen geltend macht, die sie etwa im Rahmen der öffentlichen Auslegung nicht oder verspätet geltend gemacht hat, aber hätte geltend machen können, und wenn auf diese Rechtsfolge im Rahmen der Beteiligung hingewiesen worden ist. Für eine Wiedereinsetzung in die Stellungnahmefrist des § 3 Abs. 2 S. 2 Hs. 2 BauGB gibt es keine Rechtsgrundlage (OVG NRW BauR 2012, 915).

g) Prüfung und Auswertung der Stellungnahmen

Die Verwaltung **unterrichtet den Gemeinderat** über die eingegangenen Stellung- **129** nahmen; die Information eines Ausschusses genügt nicht. Die Wiedergabe der Kernaussagen zusammen mit Stellungnahmen und/oder Vorschlägen der Verwaltung ist ausreichend. Die Prüfung ist Bestandteil der Abwägung nach § 1 Abs. 6 und 7 BauGB. Dies ist erforderlich, um dem Gemeinderat Gelegenheit zu geben, erforderlichenfalls den Entwurf zu ändern oder zu ergänzen. In diesem Fall erfolgt eine erneute Auslegung (nachfolgend Rn. 131).

h) Bescheidung der Stellungnahmen (§ 3 Abs. 2 S. 4 2. Hs. BauGB)

Nach § 3 Abs. 2 S. 4 BauGB sind die fristgemäß abgegebenen Stellungnahmen zu **130** prüfen und ist das Ergebnis den Einwendern mitzuteilen. Durch die **Bescheidung** soll der Einwender für eine etwaige Normenkontrolle die wesentlichen Erwägungsgrundlagen kennen. Die Information kann z.B. durch Übermittlung eines Auszugs aus der Verwaltungsvorlage, in der die Stellungnahme abgehandelt worden ist, und die Angabe, wie über diese beschlossen wurde, erfolgen. Haben mehr als 50 Personen Stellungnahmen mit im Wesentlichen gleichem Inhalt abgegeben, kann die Mitteilung dadurch ersetzt werden, dass diesen Personen die Einsicht in das Ergebnis ermöglicht wird. Die Stelle, bei der das Ergebnis der Prüfung während der Dienststunden eingesehen werden kann, ist in diesem Fall ortsüblich bekannt zu machen.

i) ggf. erneute Auslegung

131 Soll der Bebauungsplan (wegen der von den Betroffenen vorgebrachten Anregungen und Bedenken oder aus sonstigen Gründen) in wesentlichen Punkten inhaltlich geändert werden, ist eine **erneute Auslegung** notwendig und sind erneut Stellungnahmen der Behörden und sonstigen Träger öffentlicher Belange einzuholen (§ 4a Abs. 3 S. 1 BauGB, vgl. dazu: OVG Nds. BauR 2017, 202). Allerdings kann die Einholung der Stellungnahmen auf die von der Änderung oder Ergänzung betroffene Öffentlichkeit sowie die berührten Behörden und sonstigen Träger öffentlicher Belange beschränkt werden, wenn durch die Änderung oder Ergänzung des Entwurfs des Bebauungsplans die **Grundzüge der Planung** nicht berührt werden (§ 4a Abs. 3 S. 4 BauGB).

j) Erstellung der Endfassung der Abwägung

132 Die Verwaltung erstellt sodann die **Endfassung der Abwägung.** Dabei hat sie in Vorbereitung des Satzungsbeschlusses alle vorgebrachten Anregungen und wesentlichen Ereignissen (z.B. Erteilung einer zu einem Konflikt führenden Baugenehmigung im Plangebiet) aufzuführen; werden solche dem Rat vorenthalten, führt dies zu einem Abwägungsmangel.

k) Erstellung der „zusammenfassenden Erklärung" (§ 10a BauGB)

133 Es ist eine **„zusammenfassende Erklärung"** zu erstellen, die dem Bebauungsplan beizufügen ist. Diese soll über die Art und Weise informieren, wie die Umweltbelange und die Ergebnisse der Öffentlichkeits- und Behördenbeteiligung in dem Bebauungsplan berücksichtigt wurden und aus welchen Gründen dieser Plan nach Abwägung mit den geprüften, in Betracht kommenden anderweitigen Planungsmöglichkeiten gewählt wurde. (Dasselbe gilt für den Flächennutzungsplan, § 6a BauGB.)

Die Erklärung, die nicht Bestandteil des Bebauungsplans oder dessen Begründung ist, soll in einer allgemein verständlichen Sprache abgefasst sein und die wesentlichen Grundlinien der gemeindlichen Entscheidung zum Ausdruck bringen. Der in Kraft getretene Bebauungsplan mit der Begründung und der zusammenfassenden Erklärung soll ergänzend auch in das Internet eingestellt und über ein zentrales Internetportal des Landes zugänglich gemacht werden (§ 10a Abs. 2 BauGB).

l) Satzungsbeschluss (§ 10 BauGB)

aa) Erforderlichkeit und Zuständigkeit

134 Der Gemeinderat beschließt die Satzung. Der **Satzungsbeschluss** ist auch dann erforderlich, wenn die Auslegung nach § 3 Abs. 2 BauGB keine Anregungen und Bedenken gebracht und der Gemeinderat deshalb keine Veranlassung hatte, von dem bereits beschlossenen Bebauungsplanentwurf abzuweichen (VGH Bad.-Württ.

VBlBW 1974, 185). Vorstrukturierte Beschlussempfehlungen sind statthaft und unschädlich.

bb) Gebot der Unabhängigkeit

Nach § 31 Abs. 1 GO NRW darf der zu ehrenamtlicher Tätigkeit oder in ein Ehrenamt **135** Berufene weder beratend noch entscheidend mitwirken – also auch nicht an einem Satzungsbeschluss nach § 10 BauGB -, wenn die Entscheidung einer Angelegenheit ihm selbst, einem seiner Angehörigen oder einer von ihm kraft Gesetzes oder kraft Vollmacht vertretenen natürlichen oder juristischen Person einen unmittelbaren Vorteil oder Nachteil bringen kann. Unmittelbar ist der Vorteil oder Nachteil, wenn die Entscheidung eine natürliche oder juristische Person direkt berührt. Abs. 2 erweitert und konkretisiert den Regelungsbereich der Bestimmung weiter, Abs. 3 schränkt das Mitwirkungsverbot ein.

Die Beteiligung von befangenen Gemeinderäten stellt einen Verstoß gegen Vorschriften der Gemeindeordnung dar und führt zur Nichtigkeit des Bebauungsplans (§ 31 Abs. 6 GO NRW; OVG NRW NWVBl. 1995, 339). Das gilt auch schon für die **Befangenheit** eines Ratsmitglieds zum Zeitpunkt des Aufstellungs- und Auslegungsbeschlusses. Denn die Norm stellt nicht nur auf die „entscheidende", sondern - im weit zu fassenden Sinne - auch auf eine nur „beratende" Mitwirkung in einer Angelegenheit ab.

Der Vor- und Nachteilsbegriff ist weit auszulegen, um jedem „bösen Anschein" von **136** Korruption oder Günstlingswirtschaft in der Kommunalpolitik und -verwaltung von vornherein zu begegnen. Damit wird bezweckt, befangene Ratsmitglieder von der Abstimmung im Einzelfall fernzuhalten, um im öffentlichen Interesse eine unvoreingenommene, nicht durch unsachliche Motive bestimmte Beschlussfassung des Rates sicherzustellen.

Beispiele für die Befangenheit: Ein Gemeinderat ist Eigentümer eines Grundstücks im Bebauungsplangebiet (VGH Bad.-Württ. NVwZ-RR 1993. 97), Mieter einer Wohnung im Plangebiet (VGH Bad.-Württ. NVwZ-RR 1997, 183), Eigentümer eines Grundstücks, das zwar außerhalb des Bebauungsplangebiets liegt, aber durch die Verwirklichung des Bebauungsplans unmittelbar betroffen würde (VGH Bad.-Württ. BRS 27 Nr. 23; Hess. VGH NVwZ-RR 1993, 156) oder Inhaber des einzigen Baumarkts am Ort bei der Ausweisung eines Sondergebiets „Baumarkt" (VGH Bad.-Württ. VBlBW 1987, 27).

Die Mitwirkung eines wegen Befangenheit **abzulehnenden Ratsmitglieds** nach Be- **137** endigung der Abstimmung kann gem. § 31 Abs. 6 GO NRW nur geltend gemacht werden, wenn dessen Mitwirkung für das Abstimmungsergebnis entscheidend war. Entscheidend für das Abstimmungsergebnis ist die Stimme des befangenen Ratsmitglieds dann, wenn gerade seine Stimme den Ausschlag für die Mehrheitsentscheidung gegeben hat oder aber wenn konkrete Anhaltspunkte vorhanden sind, wonach er in sonstiger Weise die Mehrheitsentscheidung herbeigeführt hat (OVG NRW NWVBl 1997, 346).

Bei der Aufstellung eines Flächennutzungsplans scheidet ein Ausschluss eines Ge- **138** meinderatsmitgliedes wegen Befangenheit aus, weil der Flächennutzungsplan sich über das ganze Gemeindegebiet erstreckt, sodass i.d.R. die meisten Gemeinderäte bei Anwendung der Befangenheitsgrundsätze nicht mitwirken könnten (OVG NRW BauR 1979, 477).

cc) Gebot der Öffentlichkeit

139 Die Sitzung des Gemeinderats, in dem über den Bebauungsplan beschlossen wird, ist **öffentlich** (§ 48 Abs. 2 GO NRW). Werden die Vorschriften über die Öffentlichkeit der Sitzungen des Gemeinderats (§ 48 Abs. 2 GO NRW) nicht beachtet, liegt ein wesentlicher Verfahrensmangel vor (vgl. auch VGH Bad.-Württ. BRS 17 Nr. 25).

m) Ausfertigung

140 Der Bebauungsplan muss in seiner endgültigen Fassung ausgefertigt, d.h. vom Bürgermeister mit Namen und Amtsbezeichnung unterschrieben werden. Die **Ausfertigung** ist zwar nicht ausdrücklich gesetzlich vorgeschrieben, ergibt sich aber aus dem Rechtsstaatsprinzip (BVerwG NVwZ 1988, 916; BVerwG NVwZ 2011, 61). Durch sie wird die Authentizität des Bebauungsplans beurkundet; mit ihr steht verbindlich fest, was Inhalt des Bebauungsplans ist. Ferner wird durch sie bestätigt, dass das Verfahren ordnungsgemäß abgelaufen ist. Mit der Ausfertigung eines Bebauungsplans kann der Bürgermeister auftragsweise Beamte oder Angestellte betrauen (OVG NRW NVwZ-RR 2003, 667).

141 Da die Ausfertigung auch den ordnungsgemäßen Verfahrensablauf bestätigen soll, muss sie nach dem Satzungsbeschluss, aber vor der Bekanntmachung des Bebauungsplans erfolgen (BVerwG NVwZ 1999, 878). Auf den Zeitpunkt, zu dem das Amtsblatt erscheint oder in dem die öffentliche Bekanntmachung auf andere Weise vollzogen wird, kommt es nicht an (OVG NRW BRS 83 Nr. 24). Nicht erforderlich ist, dass die Planurkunde eine ordnungsgemäß ausgefüllte Präambel oder unterzeichnete Vermerke über die Bekanntmachung und Hinweise auf die maßgeblichen Rechtsgrundlagen enthält (OVG NRW, U.v. 5.6.2003 - 7a D 108/00.NE -, nrwe). Eine **unterbliebene oder fehlerhafte Ausfertigung** kann durch ein ergänzendes Verfahren nach § 214 Abs. 4 BauGB geheilt werden (BVerwG BauR 1997, 595).

n) Ggf.: Genehmigung durch die höhere Verwaltungsbehörde

142 Eine **Genehmigung** eines Bebauungsplans oder dessen Änderung ist erforderlich, wenn der Bebauungsplan nicht aus einem Flächennutzungsplan entwickelt wurde (§ 10 Abs. 2 i.V.m. § 8 Abs. 2 S. 2 BauGB) oder der Bebauungsplan in Anwendung des § 8 Abs. 3 S. 2 BauGB vor dem Flächennutzungsplan oder nach Abs. 4 ohne diesen aufgestellt werden soll.

Im Falle eines Genehmigungserfordernisses leitet die Gemeinde den Plan mit den im Aufstellungsverfahren nicht berücksichtigten Stellungnahmen sowie einer eigenen Stellungnahme hierzu der höheren Verwaltungsbehörde weiter.

143 Die Genehmigungsbehörde ist hinsichtlich der Kontrolle des Bauleitplans ebenso beschränkt wie das Verwaltungsgericht (BVerwGE 34, 301). Die Genehmigung darf nur versagt werden, wenn der Bebauungsplan nicht ordnungsgemäß zustande gekommen ist oder Rechtsvorschriften widerspricht (§ 10 Abs. 2 S. 2 i.V.m. § 6 Abs. 2 BauGB). Die Genehmigung muss mit **Auflagen** versehen werden, wenn damit Versagungsgründe ausgeräumt werden können (BVerwGE 124, 132; BVerwG NVwZ 2010, 1026). Bedingungen sind demgegenüber unzulässig (BayVGH BauR 1976, 404; OVG NRW DÖV 1983, 824). Auflagen sind unbedenklich, solange sie sich nur auf formelle Angelegenheiten beziehen, z.B. zeichnerische Darstellungen im Bebauungsplan (BVerwG NVwZ 1991, 673; BVerwG BRS 49 Nr. 22), oder nur redaktioneller Natur sind (Hess. VGH NVwZ 1993, 906). Bei materiellrechtlichen Auflagen ist ein neuer Satzungsbeschluss erforderlich (BVerwGE 75, 262; BVerwG NVwZ 2010, 1026).

Kommt die Gemeinde der Auflage nach, ist eine nochmalige Genehmigung nicht erforderlich (sog. **antizipierte Genehmigung**, BVerwG NVwZ 1997, 896).

Die **Frist zur Genehmigung** beträgt drei Monate; sie kann aus wichtigem Grund um **144** weitere drei Monate verlängert werden. Wird die Frist des § 6 Abs. 4 BauGB versäumt, gilt die Genehmigung als erteilt. Die Genehmigung kann nach § 48 VwVfG zurückgenommen werden, wenn der Bauleitplan inhaltlich rechtswidrig ist; das gilt auch für die fiktive Genehmigung nach § 6 Abs. 4 BauGB (VGH Bad.-Württ. VBlBW 1984, 380). Aus Gründen der Rechtssicherheit kann eine Rücknahme der Genehmigung nur bis zur Bekanntmachung des Bauleitplans erfolgen (BVerwG BauR 1987, 171).

Lehnt die Genehmigungsbehörde die Genehmigung ab, kann die Gemeinde Verpflichtungsklage (BVerwGE 34, 301) erheben. Durch die rechtswidrige Ablehnung wird in die **Planungshoheit** der Gemeinde eingegriffen.

o) Ortsübliche Bekanntmachung der Genehmigung (§ 10 Abs. 3 BauGB)

Die Genehmigung des Bebauungsplans bzw. der Satzungsbeschluss sind nach § 10 **145** Abs. 3 BauGB **ortsüblich bekannt zu machen** und der Bebauungsplan ist zur Einsicht bereitzuhalten (s. dazu BVerwGE 133, 98). Der Bebauungsplan selbst wird nicht bekannt gemacht. Die Publizitätsanforderungen beruhen auf dem Rechtsstaatsprinzip. „(Denn) *die Verkündung stellt einen integrierenden Teil der förmlichen Rechtsetzung dar, ist also Geltungsbedingung. Verkündung bedeutet regelmäßig, dass die Rechtsnormen der Öffentlichkeit in einer Weise förmlich zugänglich gemacht werden, dass die Betroffenen sich verlässlich Kenntnis von ihrem Inhalt verschaffen können. Diese Möglichkeit darf auch nicht in unzumutbarer Weise erschwert sein.*" (BVerwG NVwZ 2010, 1567). Das BVerfG (BVerfGE 65, 283) hat entschieden, dass das Rechtsstaatsprinzip keine bestimmte Form der Bekanntmachung vorschreibt, sondern lediglich verlangt, dass sich jeder Betroffene Kenntnis vom Inhalt der Rechtsnorm verschaffen kann.

5. Sicherung der Bauleitplanung

Aus der gemeindlichen **Planungshoheit** folgt das Recht, bis zu dem Zeitpunkt, in **146** dem eine Baugenehmigung erteilt wird, die planungsrechtlichen Voraussetzungen zu Lasten des Bauherrn in Wege der Bauleitplanung zu ändern (Hess. VGH, B.v. 13.2.2017 – 3 A 2706/15.Z –, juris). Zur Sicherung der Bauleitplanung vor tatsächlichen Veränderungen während des Verfahrens zur Aufstellung eines Bebauungsplans räumt das BauGB den Gemeinden die Möglichkeit ein, eine förmliche Veränderungssperre zu erlassen (§ 14 BauGB) oder bei der Bauaufsichtsbehörde die Zurückstellung eines Baugesuchs um maximal ein Jahr zu beantragen (§ 15 BauGB). Ferner dienen Bestimmungen über die zulässige Teilung von Grundstücken (§§ 19 und 21 BauGB) sowie das Allgemeine und Besondere **Vorkaufsrecht** (§§ 24 bis 28 BauGB) dieser Sicherung.

a) Veränderungssperre

Zweck und Rechtsfolge einer **Veränderungssperre** ist nach § 14 Abs. 1 BauGB, **147** dass bauliche Vorhaben nach § 29 BauGB (Errichtung, Änderung und Nutzungsänderung einer baulichen Anlage) nicht mehr durchgeführt werden dürfen (Nr. 1) und auch sonstige wesentliche Veränderungen von Grundstücken oder baulichen Anlagen unzulässig sind (Nr. 2).

aa) Voraussetzungen

(1) Inhaltliche Anforderungen

148 Voraussetzung für den Beschluss einer Veränderungssperre ist, dass die Gemeinde ausdrücklich die Aufstellung oder Änderung eines Bebauungsplans beschlossen hat.

149 Bei Erlass der Veränderungssperre muss zudem über den bloßen Aufstellungsbeschluss hinaus eine **hinreichende Konkretisierung der Planungsabsichten** vorliegen. Nicht notwendig ist, dass bereits Klarheit über die endgültige Konzeption des Bebauungsplans besteht (BVerwGE 51, 121; BVerwG NVwZ 2004, 984). Es genügt, dass die Planung, die gesichert werden soll, ein Mindestmaß dessen erkennen lässt, was Inhalt des zu erwartenden Bebauungsplans sein soll (BVerwG NVwZ 2010, 42).

150 Es ist auch unschädlich, wenn die Bebauungsplankonzeption fehlerhaft oder rechtlich bedenklich ist, soweit die Mängel im Verfahren zur Aufstellung des Bebauungsplans noch **behebbar** sind (BVerwG BauR 1990, 694). Denn es ist gerade Sinn und Zweck der Veränderungssperre, vorhandene planerische Ziele zu sichern und deren weitere Entwicklung zu ermöglichen (BVerwG BRS 76 Nr. 108). Unzulässig ist dagegen eine Veränderungssperre, die nicht positiv städtebauliche Ziele verfolgt, sondern etwa nur erlassen wird, um ein bestimmtes Bauvorhaben zu verhindern (BVerwG NVwZ 2004, 984; OVG NRW NWVBl. 2003, 349; OVG Saar, B.v. 17.11.2016 - 2 B 283/16 -, juris). Dagegen ist eine Veränderungssperre unbedenklich, wenn der Bebauungsplan zur Verfolgung positiver städtebaulicher Zielsetzungen bestimmte Vorhaben verhindern soll.

Beispiel (nach VGH Bad.-Württ. VBlBW 2006, 142): Die Veränderungssperre dient der Sicherung eines Bebauungsplans, der in der Innenstadt die Errichtung eines Sex-Shops verhindern soll (Vermeidung des sog. Trading-down-Effekts).

151 Als Sicherungsmittel ungeeignet ist eine Veränderungssperre allerdings dann, wenn sich die beabsichtigte Planung als **offensichtlich rechtswidrig** erweist und der Mangel **schlechterdings nicht zu beheben** ist (BVerwG NVwZ 1994, 685; OVG Rh.-Pf. BauR 2017, 852).

(2) Zuständigkeit und Verfahren

152 **Zuständig** ist der Rat. Ist die Beschlussfassung dringlich und eine Einberufung des Rates nicht rechtzeitig möglich, entscheidet der Hauptausschuss. Ist auch dessen Einberufung nicht rechtzeitig möglich und kann die Entscheidung nicht aufgeschoben werden, weil sonst erhebliche Nachteile oder Gefahren entstehen können, kann der Bürgermeister - im Falle seiner Verhinderung der allgemeine Vertreter - mit einem Ratsmitglied entscheiden (§ 60 GO NRW). Im letztgenannten Fall wird der Bürgermeister von dem stellvertretenden Bürgermeister und nicht von dem Beigeordneten vertreten; denn die Dringlichkeitsentscheidung ersetzt einen ausschließlich dem Rat vorbehaltenen Beschluss im Rahmen der Bauleitplanung und berührt dessen organschaftliche Befugnisse beziehungsweise die seines Ausschusses (OVG NRW NWVBl 2011, 467).

152 Die Beschlüsse über die Aufstellung des Bebauungsplans und über den Erlass der Veränderungssperre können in derselben Gemeinderatssitzung gefasst werden und gemeinsam bekannt gegeben werden (Thür. OVG NVwZ-RR 2002, 415). Die Veränderungssperre wird nach § 16 BauGB als Satzung beschlossen und ist ortsüblich bekannt zu machen (§ 16 Abs. 2 BauGB). Etwaige Mängel können im Nachhinein behoben werden.

Aus rechtsstaatlichen Gründen muss der Geltungsbereich der Satzung in der Veröf- **153** fentlichung textlich oder durch Abdruck eines Lageplans zeichnerisch so eindeutig bezeichnet werden, dass das betroffene Gebiet bestimmbar ist, um der für öffentliche Auslegungen beziehungsweise deren Bekanntmachung geforderten „Anstoßwirkung" zu genügen (OVG Saar, B.v. 17.11.2016 - 2 B 283/16 -, juris).

bb) Rechtsfolgen

Die Rechtsfolgen einer **Veränderungssperre** ergeben sich aus dem Inhalt des in **154** Übereinstimmung mit § 14 Abs. 1 BauGB gefassten Beschlusses.

Die Bauaufsichtsbehörde kann im Einvernehmen mit der Gemeinde nach § 14 Abs. 2 BauGB eine **Ausnahme** von der Veränderungssperre zulassen, wenn öffentliche Belange nicht entgegenstehen. Das wird in der Regel der Fall sein, wenn das Bauvorhaben die Verwirklichung des geplanten Bebauungsplans nicht beeinträchtigt (VGH Bad.-Württ. VBlBW 1985, 140). Ausgenommen von dem Bauverbot des § 14 BauGB sind bereits vor Inkrafttreten der Veränderungssperre genehmigte Bauvorhaben, ferner Unterhaltungsarbeiten sowie die Fortführung der bisherigen Nutzung. Ein Bauvorhaben ist auch dann genehmigt i.S.v. § 14 Abs. 3 BauGB, wenn ein Bauvorbescheid erteilt worden ist (BVerwGE 69, 1).

§ 14 BauGB hat als Mittel der Sicherung der Bauleitplanung allein den Zweck der **155** Wahrung öffentlicher Interessen und **keine nachbarschützende Funktion**. Der Nachbar hat keinen Anspruch darauf, dass nicht eine Baugenehmigung ergeht, die dem zukünftigen Bebauungsplan zuwiderläuft (BVerwG BauR 1989, 186).

Die **Dauer der Veränderungssperre** beträgt nach § 17 Abs. 1 S. 1 BauGB zwei Jah- **156** re, die Gemeinde kann die Veränderungssperre nach § 17 Abs. 1 S. 3 BauGB um ein weiteres Jahr verlängern. Nach Ablauf der Drei-Jahres-Frist kann eine Veränderungssperre nach § 17 Abs. 2 BauGB nochmals um ein weiteres Jahr auf maximal vier Jahre verlängert werden. Das setzt jedoch das Vorliegen besonderer Umstände voraus. Das BauGB geht im Anschluss an die Rechtsprechung des BGH (std. Rspr. seit BGHZ 30, 338) davon aus, dass auch eine umfangreiche Planung in drei Jahren abgeschlossen sein kann. Besondere Umstände i.S.d. § 17 Abs. 2 BauGB sind deshalb nur anzunehmen, wenn der Gemeinde wegen der ganz außergewöhnlichen Schwierigkeit der Planung aus von ihr nicht zu vertretenden Umständen die Aufstellung des Bebauungsplans innerhalb von drei Jahren unmöglich war (BVerwGE 51, 121; OVG NRW BauR 2001, 1388). Eine zögerliche Planung infolge unzureichender Personalausstattung oder einer unnötig großen Dimensionierung des Bebauungsplangebiets (BVerwGE 51, 121), unnötig langer Verhandlungen mit betroffenen Bürgern oder beteiligten Fachbehörden (OVG NRW NJW 1975, 1751) sowie Entscheidungsschwächen des Gemeinderats (OVG Nds. BauR 2002, 594) stellen keine besonderen Umstände dar, die ein Überschreiten der Drei-Jahres-Frist rechtfertigen können.

Eine **abgelaufene Veränderungssperre** kann nach § 17 Abs. 3 BauGB erneut be- **157** schlossen werden, sofern das Bedürfnis zur Sicherung der Planungsabsichten weiter besteht. Sonstige Voraussetzungen für eine erneute Veränderungssperre nach Ablauf einer früheren Veränderungssperre sieht § 17 Abs. 3 BauGB nicht vor. Es bietet sich deshalb für eine zögerlich planende Gemeinde geradezu an, nach Ablauf von drei Jahren nicht etwa die bestehende Veränderungssperre nach § 17 Abs. 2 BauGB zu verlängern, sondern stattdessen nach § 17 Abs. 3 BauGB eine erneute Veränderungssperre zu erlassen. Das BVerwG (BVerwGE 51, 121) hat hierzu entschieden, dass die Gemeinde grundsätzlich die Wahl zwischen der Verlängerung der bestehenden Veränderungssperre und dem Erlass einer erneuten Veränderungssperre habe. Unabhängig davon, welche Möglichkeit die Gemeinde wähle, müssten aber bei einer Bausperre von mehr als drei Jahren stets die besonderen Umstände des § 17 Abs. 2 BauGB gegeben sein; andernfalls seien sowohl die verlängerte als auch die erneute Veränderungssperre unwirksam.

158 Auf die Geltungsdauer der Veränderungssperre ist eine sog. **faktische Zurückstellung** anzurechnen, d.h. der Zeitraum, der dadurch vergeht, dass ein Bauantrag oder eine Bauanfrage zögerlich behandelt oder rechtswidrig abgelehnt wird (BVerwG NJW 1971, 445; NVwZ 1990, 694; BVerwG NVwZ 1993, 471 u. 475). Denn die Bauaufsichtsbehörde hätte es sonst in der Hand, die zeitliche Begrenzung des § 17 BauGB dadurch zu unterlaufen, dass sie über einen Bauantrag entweder nicht entscheidet oder ihn rechtswidrig ablehnt. Als Beginn des Anrechnungszeitraums ist der Termin anzusetzen, zu dem bei sachgerechter Behandlung des Bauantrags eine Baugenehmigung erteilt worden wäre. War der Bauantrag hingegen nicht positiv bescheidungsfähig, etwa weil in dem Bauantrag wesentliche Anlagen fehlten, wird die verstrichene Zeit nicht angerechnet. Für den Baubewerber hat die faktische Zurückstellung die gleiche Folge wie eine förmliche Zurückstellung nach § 15 BauGB. Die Anrechnung einer faktischen Zurückstellung kann dazu führen, dass eine Veränderungssperre für einzelne Grundstücke überhaupt nicht in Kraft tritt, wenn nämlich seit der faktischen Zurückstellung mehr als drei Jahre vergangen sind und die besonderen Umstände des § 17 Abs. 2 BauGB für eine Erstreckung des Bauverbots über drei Jahre hinaus nicht vorliegen (vgl. BVerwGE 51, 12; BauR 1990, 694).

159 Die Veränderungssperre tritt nach § 17 Abs. 5 BauGB von selbst **außer Kraft**, wenn das Verfahren zur Aufstellung des Bebauungsplans abgeschlossen ist. Das gilt auch dann, wenn der Bebauungsplan fehlerhaft und daher unwirksam ist (BVerwG NVwZ 1990, 656). Ferner ist die Veränderungssperre nach § 17 Abs. 4 BauGB außer Kraft zu setzen, wenn die Voraussetzungen des § 14 BauGB entfallen sind, z.B. die Gemeinde ihre Planungsabsichten aufgegeben hat (VGH Bad.-Württ. VBlBW 2008, 143) oder der Bauleitplanung unüberwindliche Hindernisse, z.B. die Festsetzungen eines neuen Regionalplans, entgegenstehen (BayVGH BauR 1991, 60).

160 Der betroffene Grundstückseigentümer muss eine Veränderungssperre vier Jahre lang **entschädigungslos** hinnehmen, danach ist nach § 18 BauGB eine **Entschädigung** zu leisten. Auch auf diese Frist ist die Dauer einer förmlichen oder faktischen Zurückstellung anzurechnen (BGHZ 58, 124; 73, 161). Dieses gilt aber nur bei rechtmäßigen Veränderungssperren; bei einer wegen Nichtvorliegen der Voraussetzungen rechtwidrigen Veränderungssperre ist nach der Rechtsprechung des BGH von Anfang an eine Entschädigung zu zahlen. Das Gleiche gilt, wenn die Voraussetzungen für eine Veränderungssperre, etwa infolge einer Änderung der Planung, nachträglich weggefallen sind (BGHZ 73, 161). Ein Entschädigungsanspruch scheidet allerdings aus, wenn der Betroffene es unterlassen hat, gegen die faktische Zurückstellung seines Baugesuchs Rechtsmittel einzulegen.

161 Die Veränderungssperre kann mit einer **Normenkontrollklage** (§ 47 VwGO) überprüft werden. Ebenso wie bei einem Bebauungsplan kommt es nicht darauf an, ob der Antragsteller von allen Teilen der Veränderungssperre betroffen ist, weil bei Zulässigkeit des Antrags die objektive Verfahrensfunktion im Vordergrund steht (OVG NRW AbfallR 2009, 14).

b) Zurückstellung

Zur **Verhinderung eines unerwünschten Bauvorhabens** kann die Gemeinde nach **162** § 15 Abs. 1 BauGB bei der Baugenehmigungsbehörde beantragen, dass die Entscheidung über den Bauantrag um maximal ein Jahr zurückgestellt wird. Die Zurückstellung kann nach § 80 Abs. 2 S. 1 Nr. 4 VwGO mit einer Anordnung der sofortigen Vollziehung versehen werden. Voraussetzung für die Zurückstellung ist, dass der Beschluss zur Aufstellung eines Bebauungsplans gefasst worden ist. Die Bauaufsichtsbehörde muss dem Antrag der Gemeinde entsprechen (Battis/Krautzberger/Löhr, BauGB, § 15 Rn. 4).

Auch zur Sicherung von Flächennutzungsplänen kann die Gemeinde unter den Voraussetzungen des § 15 Abs. 3 BauGB eine Zurückstellung verfügen, wenn sie die Rechtswirkungen des § 35 Abs. 3 S. 3 BauGB vermeiden will (vgl. dazu: BayVGH, B.v. 5.6.2012 - 22 CS 12.310 -, juris).

Auf die höchstzulässige Dauer einer Zurückstellung sind Zeiten der faktischen Zurückstellung (zur faktischen Zurückstellung s. Rn. 158) anzurechnen.

Der von einer Zurückstellung betroffene Bauherr kann den Zurückstellungsbescheid **163** mit der **Anfechtungsklage** angreifen (OVG NRW NWVBl 2011, 467). Ist die Zurückstellung mit einer Anordnung der sofortigen Vollziehung versehen worden, hat eine Klage dagegen keine aufschiebende Wirkung.

Nach **Ablauf der Zurückstellungsfrist** erledigt sich die dagegen erhobene Klage. **164** Das gilt auch, wenn im Anschluss an eine Zurückstellung eine Veränderungssperre verhängt worden ist. Ebenfalls erledigt sich eine auf Verpflichtung zur Erteilung einer Baugenehmigung erhobene Verpflichtungsklage; insofern kommt eine **Fortsetzungsfeststellungsklage** nach § 113 Abs. 1 S. 4 VwGO (ggf. in entsprechender Anwendung) in Frage. Die Fortsetzungsfeststellungsklage ist zulässig, wenn (erstens) die ursprüngliche Klage zulässig gewesen ist, (zweitens) ein erledigendes Ereignis eingetreten ist, (drittens) ein klärungsfähiges Rechtsverhältnis besteht und (viertens) ein Feststellungsinteresse vorliegt (BVerwG NVwZ 1998, 1295). Das Feststellungsinteresse kann darin liegen, dass Entschädigungsansprüche geltend gemacht werden sollen. Dabei erfordert allerdings die Behauptung des eingetretenen Schadens, die Angaben zur Art des Schadens und zur annähernden Schadenshöhe zu substantiieren (OVG NRW, U.v. 29.11.2016 – 10 A 55/15 -, nrwe). Die Fortsetzungsfeststellungsklage ist unter den weiteren Voraussetzungen des § 113 Abs. 1 S. 1 bzw. § 113 Abs. 5 VwGO begründet.

c) Teilungsgenehmigung (§ 19 BauGB)

§ 19 Abs. 2 BauGB schreibt vor, dass durch Grundstücksteilungen keine Verhältnisse **165** entstehen dürfen, die den Festsetzungen des Bebauungsplans widersprechen. Dies ist z.B. der Fall, wenn durch eine **Teilung das Grundstück** so parzelliert wird, dass die im Bebauungsplan festgesetzte Bebauung nicht mehr realisiert werden kann (VGH Bad.-Württ. NVwZ 1989, 656 – Zerschneidung eines Baufensters).

d) Vorkaufsrecht (§§ 24 ff. BauGB)

§ 24 Abs. 1 BauGB begründet ein gesetzliches **Vorkaufsrecht** für die Gemeinde. **166** Voraussetzung ist, dass ein Grundstück verkauft werden soll, das im Bebauungsplan als öffentliche Bedarfsfläche oder als Fläche für Ausgleichsmaßnahmen nach § 1a Abs. 3 BauGB ausgewiesen ist (Nr. 1), das in einem Umlegungsgebiet (Nr. 2), Sanierungsgebiet (Nr. 3) oder im Geltungsbereich einer Erhaltungssatzung (Nr. 4) gelegen ist, es sich um Bauerwartungsland im Außenbereich (Nr. 5) oder um ein unbebautes Wohnbaugrundstück im Innenbereich (Nr. 6) handelt. Ferner kann die Gemeinde durch besondere Satzung nach § 25 Abs. 1 BauGB das Vorkaufsrecht auch für sonstige unbebaute Grundstücke im Geltungsbereich eines Bebauungsplans sowie für Gebiete, in denen sie städtebauliche Entwicklungsmaßnahmen beabsichtigt, einführen (vgl. BVerwG NVwZ 2000, 1044; OVG NRW BRS 59 Nr. 106). Das Vorkaufsrecht kann auch lediglich für eine Teilfläche eines Grundstücks ausgeübt werden (BVerwG BauR 1990, 697; BGH NVwZ 1991, 297).

167 Das Vorkaufsrecht darf nur ausgeübt werden, wenn das **Wohl der Allgemeinheit** dies rechtfertigt (§§ 24 Abs. 3, 25 Abs. 2 S. 1 BauGB, s. dazu BVerwG NJW 1990, 2703 und NVwZ 2010, 593). Der Gemeinde ist es daher verwehrt, sich aus anderen Gründen durch die Ausübung des Vorkaufsrechts Grundstücke zu beschaffen (BVerwG NJW 1993, 2695 und NVwZ 2000, 1044). Nach § 27a BauGB kann das Vorkaufsrecht in den in dieser Vorschrift angeführten Ausnahmefällen auch zugunsten Dritter ausgeübt werden, insbesondere für Zwecke des sozialen Wohnungsbaus bzw. für Wohnungen von Personen mit besonderem Wohnbedarf (Behinderte, Studenten, alte Personen, kinderreiche Familien) oder zugunsten öffentlicher Bedarfs- und Erschließungsträger.

168 Wird das Grundstück entsprechend den städtebaulichen Zielsetzungen der Gemeinde genutzt, scheidet nach § 26 Nr. 4 BauGB die Ausübung des Vorkaufsrechts aus (vgl. BVerwG NVwZ 1994, 284). Der Käufer eines Grundstücks kann die Ausübung des Vorkaufsrechts nach § 27 BauGB dadurch **abwenden**, dass er sich verpflichtet, das Grundstück entsprechend den Festsetzungen des Bebauungsplans oder den Entwicklungszielen der Gemeinde zu nutzen (vgl. BVerwG NVwZ 1994, 284).

169 Der Verkäufer eines Grundstücks, bei dem der Gemeinde nach §§ 24, 25 BauGB das Vorkaufsrecht zusteht, hat der Gemeinde nach § 28 Abs. 1 BauGB den **Kaufvertrag anzuzeigen**. Die Gemeinde kann dann innerhalb von zwei Monaten das Vorkaufsrecht ausüben (§ 28 Abs. 2 BauGB).

Die Ausübung des Vorkaufsrechts steht im Ermessen der Gemeinde; bei der Ermessensbetätigung sind auch die Interessen des Käufers zu berücksichtigen (BVerwG NVwZ 1994, 282).

Damit der Verkäufer seiner Verpflichtung zur Anzeige des Kaufvertrags auch nachkommt, darf das Grundbuchamt den Erwerber erst ins Grundbuch eintragen, wenn der Verkäufer oder der Käufer eine **Bescheinigung der Gemeinde** vorlegt, dass sie das Vorkaufsrecht nicht ausübt oder dass es durch Ablauf der Zwei-Monats-Frist erloschen ist (§ 28 Abs. 1 S. 2 BauGB).

170 Übt die Gemeinde das Vorkaufsrecht nach §§ 24, 25 BauGB aus, tritt sie nach § 28 Abs. 2 BauGB i.V.m. §§ 506 ff. BGB als **Erwerber in den Kaufvertrag** ein. Beim Vorkaufsrecht nach § 27a BauGB wird dagegen der begünstigte Dritte der Vertragspartner des Verkäufers (§ 27a Abs. 2 BauGB).

Hinsichtlich des Kaufpreises ist zunächst der im Kaufvertrag vereinbarte Preis maßgeblich (§ 28 Abs. 2 BauGB i.V.m. § 505 Abs. 2 BGB). Liegt dieser allerdings deutlich über dem Verkehrswert, ist der Verkehrswert nach § 28 Abs. 3 S. 1 BauGB der Kaufpreis (sog. preislimitiertes Vorkaufsrecht). Da dies dazu führen könnte, dass der Verkäufer das Grundstück zu einem Preis verkaufen muss, zu dem er es eigentlich gar nicht verkaufen wollte, kann er nach § 28 Abs. 3 S. 2 BauGB innerhalb eines Monats vom Kaufvertrag zurücktreten. Eine Sonderregelung gilt für die Ausübung des Vorkaufsrechts bei öffentlichen Bedarfsflächen und Ausgleichsflächen (§ 24 Abs. 1 Nr. 1

BauGB). Da die Gemeinde sich diese Flächen notfalls im Wege der Enteignung beschaffen könnte, schreibt § 28 Abs. 4 BauGB vor, dass der bei einer Enteignung zu zahlende Betrag der maßgebliche Kaufpreis ist.

Der Rechtsschutz gegen die Ausübung des Vorkaufsrechts erfolgt durch **Anfech-** **171** **tungsklage**, wenn das Vorkaufsrecht zum vereinbarten Preis ausgeübt wird. Das Rechtsmittel kann sowohl vom Verkäufer als auch vom Käufer eingelegt werden (BGH NJW 1991, 239; BVerwG NVwZ 2000, 1044). Beim preislimitierten Vorkaufsrecht ist dagegen der Antrag nach § 217 BauGB auf gerichtliche Entscheidung durch die Kammer für Baulandsachen zu stellen (Battis/Krautzberger/Löhr vor §§ 24 ff. Rn. 8; Brügelmann, BauGB, § 24 Rn. 174 ff.).

6. Weitere Besonderheiten der Bauleitplanung

a) Übertragung auf Private (§ 4b BauGB)

Nach § 4b BauGB kann die Gemeinde zur Beschleunigung des Verfahrens sowohl **172** die Bürgerbeteiligung nach § 3 BauGB als auch die Beteiligung der Träger öffentlicher Belange nach § 4 BauGB **einem Dritten übertragen** (s. dazu Stollmann, NuR 1998, 578). In der Regel handelt es sich bei dem Dritten um einen Bauträger, der an der möglichst schnellen Ausweisung eines neuen Baugebiets interessiert ist. Diese „Privatisierung" ist problematisch, auch wenn der Satzungsbeschluss nach § 10 BauGB durch den Gemeinderat vorgenommen werden muss. Denn wenn der Investor Herr des Verfahrens ist, kann er Einfluss auf das Zusammentragen des Abwägungsmaterials nehmen, insbesondere die Gutachter über immissionsschutzrechtliche, technische oder ökologische Fachfragen aussuchen. Der Projektträger darf nicht an Stelle der Gemeinde die Planungsentscheidung treffen, dafür bleibt allein die Gemeinde verantwortlich. Lediglich bei der Sammlung und Aufbereitung des Abwägungsmaterials darf der Vorhabenträger die Gemeinde im Einzelfall unterstützen.

b) Städtebauliche Verträge (§ 11 BauGB)

§ 11 BauGB ermächtigt die Gemeinden zum Abschluss von **privatrechtlichen oder** **173** **öffentlich-rechtlichen Verträgen** zur Vorbereitung der Bauleitplanung (städtebauliche Verträge). Ein städtebaulicher Vertrag ist nach § 11 Abs. 1 Nr. 1 BauGB insbesondere zulässig, wenn die Gemeinde mithilfe eines Bauträgers ein neues Baugebiet schaffen will. Sie kann ihm die Vorbereitung der Aufstellung des Bebauungsplans (insb. die Ausarbeitung der Planunterlagen sowie die Anhörung von Grundstückseigentümern und Fachbehörden) und die eventuell notwendige Bodenordnung durch Umlegung übertragen. Der Bauträger erhält dadurch aber keine hoheitlichen Befugnisse gegenüber den Grundstückseigentümern. Die Aufstellung des Bebauungsplans durch eine Satzung nach § 10 BauGB bleibt weiterhin allein Sache der Gemeinde.

§ 11 Abs. 1 Nr. 3 BauGB regelt die sog. **Folgekostenvereinbarungen**. Hierunter sind **174** vertragliche Vereinbarungen zwischen Gemeinde und Bauträger über einen Zuschuss des Bauträgers zu den durch die Bebauung aufgrund des Bebauungsplans bedingten Aufwendungen der Gemeinde für Infrastrukturmaßnahmen (z.B. Schule, Kinderspielplatz, Kindergarten, Sportanlagen, öffentlicher Personennahverkehr) zu verstehen. Die infrastrukturellen Maßnahmen müssen nicht unbedingt im Bebauungsplangebiet liegen; ferner können auch bereits erfolgte Maßnahmen Gegenstand einer Folgekostenvereinbarung sein (BVerwG NVwZ 2009, 1109).

175   § 11 Abs. 2 BauGB verlangt neben der Kausalität zwischen Zahlungsverpflichtung und Aufwendungen der Gemeinde, dass die vertraglich übernommene **Verpflichtung angemessen** ist. Es darf also nicht zu einer finanziellen Ausnutzung des Mangels an Bauplätzen durch die Gemeinde kommen, so dass diese etwa mit der Aufstellung von Bebauungsplänen Gewinn machen könnte. § 11 Abs. 2 BauGB verbietet daher, dass die Gemeinde sich finanzielle Leistungen für Maßnahmen zusagen lässt, die nicht Voraussetzung für die Erteilung der Baugenehmigung sind.

§ 11 Abs. 3 BauGB stellt klar, dass sich aus städtebaulichen Verträgen kein Anspruch auf Aufstellung eines Bebauungsplans ergibt.

Städtebauliche Verträge bedürfen der Schriftform, soweit nicht eine andere Form vorgeschrieben ist. Verträge, in denen Grundstücke übereignet oder belastet werden, müssen in der Form des § 313 BGB abgeschlossen werden müssen (BGHZ 58, 392; 70, 247; VGH Bad.-Württ. NVwZ 1997, 699).

c) Vorhaben- und Erschließungsplan (§ 12 BauGB) / Vorhabenbezogener Bebauungsplan

176   Der **Vorhaben- und Erschließungsplan** ist auf die Einschaltung einer Bauträgerfirma als Investor ausgerichtet und muss sich auf ein konkretes Bauvorhaben, nicht nur auf die Schaffung eines neuen Baugebiets beziehen (BVerwG NVwZ 2004, 329). Die Besonderheit des Vorhaben- und Erschließungsplans besteht in einer „Paketlösung", nämlich dem Vorhaben- und Erschließungsplan des Investors, der gemeindlichen Satzung und dem **Durchführungsvertrag** zwischen Gemeinde und Investor (OVG NRW BauR 2006, 1275). Ein Investor, der in der Lage ist, die Aufschließung des Baugebiets einschließlich der Erschließungsmaßnahmen auf seine Kosten durchzuführen, kann der Gemeinde einen Vorhaben- und Erschließungsplan über die bauliche Nutzung des in Aussicht genommenen Baugebiets vorlegen. Da das Instrument des Vorhaben- und Erschließungsplans von der finanziellen Leistungsfähigkeit des Investors abhängt, kann die Gemeinde insoweit weitere Nachweise verlangen (Sächs. OVG NVwZ 1995, 181).

177   Die Gemeinde entscheidet nach § 12 Abs. 2 BauGB auf Antrag des Investors über die **Einleitung des** Verfahrens zur Aufstellung des vorhabenbezogenen Bebauungsplans. Die Entscheidung steht nach § 12 Abs. 2 BauGB im Ermessen der Gemeinde; ein Rechtsanspruch besteht nicht (VGH Bad.-Württ. NVwZ 2000, 1060). Ein Plan, der lediglich eine planungsrechtliche „Hülle" schafft, die der Vorhabenträger „nach Belieben ausfüllen" kann, ist nicht von § 12 BauGB gedeckt (BVerwG BRS 67 Nr. 42; OVG NRW, U.v. 14.6.2005 - 7 D 97/03.NE -, nrwe). Der Plan darf in Bezug auf die Art der baulichen Nutzung nicht nach § 30 Abs. 2 BauGB eine unbestimmte Zahl unterschiedlichster Vorhaben im Sinne von § 29 Abs. 1 BauGB zulassen. Schafft ein vorhabenbezogener Bebauungsplan die Voraussetzungen für eine breite Nutzungspalette, kann die Gemeinde es dem Vorhabenträger zwar überlassen, innerhalb der einzelnen Nutzungssegmente zu variieren. Sie hat jedoch Vorsorge dafür zu treffen, dass das planerisch vorgegebene Nutzungsspektrum als solches in seinem Kern erhalten bleibt. Diesem Erfordernis ist nicht genügt, wenn der Vorhabenträger es in der Hand hat, das im Bebauungsplan bezeichnete Nutzungsangebot um beliebig viele Nutzungstypen zu verringern oder zu erweitern (BVerwG BRS 67 Nr. 42).

178   Fällt die Entscheidung über die Aufstellung des vorhabenbezogenen Bebauungsplans positiv aus, wird zwischen dem Investor und der Gemeinde ein **Durchführungsvertrag** abgeschlossen, in dem sich der Investor zur Durchführung der Planung und Erschließung sowie zur Tragung der dadurch entstehenden Kosten verpflichtet. Der Durchführungsvertrag muss jedenfalls noch vor dem Satzungsbeschluss des Gemeinderats nach § 10 Abs. 1 BauGB abgeschlossen werden, damit die Gemeinde bei ihrer Abwägungsentscheidung Klarheit über sämtliche mit dem Vorhaben zusammenhängende Fragen hat und gewährleistet ist, dass der Vorhabenträger auf der Grundlage des von ihm vorgelegten Plans bereit und in der Lage ist, die Maßnahme innerhalb einer bestimmten Frist durchzuführen (BVerwG BauR 2012, 222). Ist dies nicht geschehen, ist der Bebauungsplan nichtig (OVG NRW BauR 2006, 1275). Den Anforderungen wird allerdings schon dann genügt, wenn zum Zeitpunkt des Satzungsbeschlusses ein schriftlicher Vertrag vorliegt, der vom Vorhabenträger und vom Eigentümer unterschrieben ist, und das förmliche Zustandekommen des Durchführungsvertrags nur noch von der Zustimmungsentscheidung der Gemeindevertretung abhängt, mit der der Bürgermeister zur schriftlichen Annahme des Angebots ermächtigt wird (BVerwG BauR 2012, 222).

Die Gemeinde ist trotz eines abgeschlossenen Durchführungsvertrags berechtigt, **179** das Verfahren zur Aufstellung des Bebauungsplans aus sachlichen Gründen abzubrechen, ohne dass der Vorhabenträger Schadenersatzansprüche für seine bisherigen Aufwendungen verlangen kann (OVG NRW BauR 2009, 777). Bei einer grundlosen Einstellung des Verfahrens kann sich die Gemeinde aber wegen Verletzung der Amtspflicht zu konsequentem Verhalten **schadensersatzpflichtig** machen (BGH NVwZ 2006, 1207).

Für den **vorhabenbezogenen Bebauungsplan** nach § 12 BauGB gelten grundsätz- **180** lich dieselben Vorschriften wie für einen normalen Bebauungsplan. Allerdings enthält § 12 Abs. 3 bis 6 BauGB einige Sonderbestimmungen. So ist die Gemeinde nach § 12 Abs. 3 Satz 2 BauGB nicht an den numerus clausus der Festsetzungen nach § 9 BauGB bzw. §§ 2 ff. BauNVO gebunden, so dass ein vorhabenbezogener Bebauungsplan auch sehr spezielle Regelungen enthalten kann. §§ 14 bis 28 BauGB kommen nicht zur Anwendung, weil der Vorhabenträger ohnehin die Verfügungsgewalt über die vom Vorhaben- und Erschließungsplan erfassten Flächen haben muss; andernfalls wäre er zur Verwirklichung des Vorhaben- und Erschließungsplans gar nicht in der Lage (vgl. § 12 Abs. 1 BauGB). Der Vorhabenträger kann nach § 12 Abs. 5 BauGB nur mit Zustimmung der Gemeinde ausgetauscht werden, wobei die Zustimmung nur verweigert werden darf, wenn zu befürchten ist, dass der neue Vorhabenträger den Vorhaben- und Erschließungsplan nicht ordnungsgemäß – insbesondere nicht termingerecht – durchführen wird. Wird der im Durchführungsvertrag vereinbarte Termin für die Verwirklichung des Vorhaben- und Erschließungsplans nicht eingehalten, soll die Gemeinde den Bebauungsplan nach § 12 Abs. 6 BauGB aufheben, wobei Schadensersatzansprüche des Vorhabenträgers ausdrücklich ausgeschlossen werden.

d) Vereinfachtes Verfahren, Bebauungspläne der Innenentwicklung (§§ 13, 13a BauGB)

Nach § 13 BauGB kann die Änderung und Ergänzung eines Bebauungsplans in **181** einem **vereinfachten Verfahren** (s. dazu Reidt, NVwZ 2007, 1029) durchgeführt werden, sofern die Grundzüge des Bebauungsplans nicht berührt werden oder im unbeplanten Innenbereich (§ 34 BauGB) bei der Aufstellung eines Bebauungsplans von der bestehenden baurechtlichen Situation nicht wesentlich abgewichen wird. Die **Grundzüge der Planung** werden nicht berührt, wenn die städtebauliche Situation, die sich aus dem bestehenden Bebauungsplan oder der vorhandenen Bebauung ergibt, im Grundsatz erhalten bleibt (BVerwG NVwZ-RR 2009, 729). Sie werden i.d.R. berührt, wenn der Baugebietstypus geändert wird (BVerwG NVwZ 2009, 1289).

Die Vereinfachung besteht vor allem darin, dass nach § 13 Abs. 3 BauGB keine Umweltprüfung mit Umweltbericht durchgeführt werden muss und auch eine Planauslegung entfallen kann, sofern die betroffenen Bürger und Träger öffentlicher Belange Gelegenheit zu einer Stellungnahme erhalten (§ 13 Abs. 2 BauGB).

182 § 13a BauGB erlaubt die Aufstellung von Bebauungsplänen im nicht beplanten Innenbereich (sog. **Bebauungspläne der Innenentwicklung)**, ohne dass eine Umweltprüfung und eine Öffentlichkeitsbeteiligung durchgeführt wird. Voraussetzung ist allerdings, dass Umweltbelange nicht erheblich beeinträchtigt werden, so dass nicht die Notwendigkeit einer Umweltprüfung nach der UP-Richtlinie der EU vom 27.6.1985 (85 EWG-ABl. EG Nr. 175) besteht (vgl. § 13a Abs. 1 S. 4 BauGB). Dies wird unterstellt bei Bebauungsplänen, die lediglich eine Grundfläche der zulässigen Bauvorhaben von weniger als 20.000 qm vorsehen. Bei Bebauungsplänen mit einer Grundfläche zwischen 20.000 qm und 70.000 qm ist zu prüfen, ob der Bebauungsplan erhebliche Umweltauswirkungen haben wird. Bei noch größeren Bebauungsplänen wird dies unterstellt, so dass ein solcher Bebauungsplan im vereinfachten Verfahren nicht aufgestellt werden kann.

183 Eine **Umdeutung** eines in einem Verfahren nach § 13 Abs. 1 BauGB erlassenen Bebauungsplan, der an einem Verfahrensfehler leidet, in einen Bebauungsplan nach § 13a BauGB verbietet sich. Denn sowohl die Verfahrensanforderungen als auch der Verfahrenszweck unterscheiden sich in wesentlicher Weise (so BVerwG, B.v. 21.12.2016 – 4 BN 14/16 –, juris).

7. Beschränkte Geltung von Bebauungsplänen

a) Außerkrafttreten von Bauleitplänen

184 Wirksame Bauleitpläne **bleiben grundsätzlich wirksam**, solange sie nicht geändert oder aufgehoben werden. Für diese Vorgänge gelten die Vorschriften über die Aufstellung von Bauleitplänen entsprechend, § 1 Abs. 8 BauGB.

185 Außerdem kann ein Bebauungsplan **funktionslos** (oder **obsolet**) und damit unwirksam werden (s. dazu ausführlich: Scheidler, Der funktionslos gewordene Bebauungsplan, UPR 2017, 201 ff.). Eine derartige Funktionslosigkeit setzt voraus, dass tatsächliche Verhältnisse eingetreten sind, die die auf sie bezogenen Festsetzungen eines Bebauungsplanes ihrer ordnenden Wirkung beraubten, weil deren Verwirklichung in ihrer ganzen Reichweite auf unabsehbare Zeit ausgeschlossen ist. Die Abweichung zwischen planerischer Festsetzung und tatsächlicher Situation muss zudem derart offensichtlich sein, dass ein dennoch in die Fortgeltung der Festsetzung gesetztes Vertrauen nicht mehr als schutzwürdig angesehen werden kann (BVerwG BRS 66 Nr. 52; BayVGH, U.v. 14.12.2016 – 2 B 16.1574). Funktionslosigkeit tritt nicht schon dann ein, wenn über längere Zeit vom Plan abgewichen worden ist und deshalb Verhältnisse eingetreten sind, die den Festsetzungen des Plans nicht entsprechen.

Beispiel (nach VG Münster, U.v. 5.7.2013 – 10 K 1668/12 -, nrwe): Die weitaus überwiegende Zahl der Häuser in einem ausgewiesenen Wochenendhausgebiet wird zwar seit vielen Jahren zu dauerhaften Wohnzwecken genutzt. Angesichts der wiederholten – unbestrittenen - Informationen der Bewohner durch die Bauaufsichtsbehörden und deren Bemühungen um eine Bereinigung der Verhältnisse konnte jedoch jeder Nutzer von Häusern in dem fraglichen Gebiet davon ausgehen, dass die Regelungskraft der Festsetzung Bestand haben und diese ihre städtebauliche Funktion beibehalten sollte; die Festsetzung ist nicht obsolet geworden.

Ob die Voraussetzungen für die Funktionslosigkeit bauplanerischer Regelungen er- **186** füllt sind, ist für jede Festsetzung gesondert zu prüfen (vgl. BVerwG BauR 2004, 1128).

Beispiel (nach OVG Berl.-Brdbg. NJW 1980, 1121): Ein Bebauungsplan weist eine Zubringer-straße für eine Stadtautobahn aus; die Absicht, diese Autobahn zu bauen, wird später jedoch endgültig aufgegeben.

Weiteres Beispiel (nach BayVGH, B.v. 23.2.2017 – 2 ZB 15.2597 –, juris): Die Festsetzung zur Verbreiterung der Straße aufgrund zurückgesetzter Baulinie ist seit 65 Jahren nicht durchge-setzt worden und es ist nichts dafür erkennbar, dass die Stadt sie in absehbarer Zeit durchset-zen will.

Weiteres Beispiel (nach VGH Bad.-Württ. BRS 49 Nr. 4): Ein im Jahr 1878 aufgestellter Bebau-ungsplan für ein Wohngebiet ist obsolet, wenn er über 100 Jahre lang nicht verwirklicht wird, sondern stattdessen der betroffene Bereich unter Landschaftsschutz gestellt wird.

Es reicht nicht aus, dass die Gemeinde ihre städtebauliche Konzeption geändert hat **187** (BVerwG NVwZ-RR 1997, 513) oder die Verwirklichung des Bebauungsplans derzeit nicht möglich ist, sofern dieser Hinderungsgrund nicht von Dauer ist (BVerwG NVwZ-RR 1998, 415) oder die andersartige Entwicklung sich auf einen Teilbereich beschränkt (BVerwG NVwZ-RR 2000, 411).

Zur Frage, ob die Verwaltung und die Gerichte einen Bebauungsplan wegen Funkti-onslosigkeit nicht anwenden dürfen s. ab Rn. 196.

Die genannten Grundsätze gelten entsprechend für Flächennutzungspläne.

b) Die Fehlerfolgen

Die Regelungen in §§ 214 und 215 BauGB bestimmen die **Folgen von Verstößen** **188** gegen Vorschriften über die Aufstellung des Flächennutzungsplans und des Bebau-ungsplans und anderer Satzungen. Sie sind in den letzten Jahren mehrfach geändert worden und Ausdruck des gesetzgeberischen Ziels, zu vermeiden, dass allzu viele Pläne wegen solcher Fehler einer verwaltungsgerichtlichen Überprüfung nicht stand-halten.

Einige der Fehler sind immer beachtlich, andere sind immer unbeachtlich und wieder **189** andere sind solange unbeachtlich, wie sie nicht innerhalb eines Jahres seit Bekannt-machung des Plans geltend gemacht werden; nach Ablauf dieser Frist bleiben sie unbeachtlich. Da in all diesen Fällen die Pläne unter Rechtsverstoß erlassen worden sind, also ein Rechtsfehler vorliegt, sind sie rechtswidrig. Ist der Rechtsverstoß aber aus einem der gesetzlich geregelten Gründe unbeachtlich, berührt der Rechtsfehler die Wirksamkeit des Plans nicht. In diesen Fällen setzt sich das Ziel der **Planerhal-tung** durch. Andernfalls wird er auf Antrag für unwirksam erklärt.

Das in den §§ 214 und 215 BauGB angewandte, in manchen Bezügen schwer ver- **190** ständliche System von Grundsätzen, Ausnahmen, Rückausnahmen und Einschrän-kungen von Ausnahmen und Rückausnahmen ist insbesondere wegen der Verweise (mit Blick auf die Anforderungen an die Umweltprüfung und den **Umweltbericht** und der Erklärung zum Umweltbericht unter anderem durch die Verweise auf die Anlage 1 zum BauGB) „an Kompliziertheit kaum zu überbieten" (so Schrödter, BauGB, § 214 Rn. 24). Darüber hinaus ist der Wortlaut bisweilen nur wenig gelungen.

So wird z.B. der Sinn der Einschränkung im 3. Hs. des § 214 Abs. 1 S. 1 Nr. 3 BauGB **191** nicht auf den ersten Blick deutlich, sondern erst bei genauerem Hinsehen:

– Im Grundsatz (1. Hs.) ist die Verletzung der in der Bestimmung genannten Vor-schriften über die Begründung der Pläne und ihrer Entwürfe beachtlich; so muss etwa der Umweltbericht als Erklärung dazu, wie die Umweltbelange berücksichtigt werden, schon bei der auszulegenden Entwurfsfassung und vorliegen. (Der Mangel ist allerdings in § 215 Abs. 1 Nr. 1 BauGB in Bezug genommen worden und wird deshalb bei nicht rechtzeitiger oder unterbliebener Rüge unbeachtlich.)

– Als Ausnahme oder Einschränkung bestimmt § 214 Abs. 1 Nr. 3 BauGB in seinem 2. Hs., dass eine bloße Unvollständigkeit der Begründung unbeachtlich ist.

– Im 3. Hs. wird diese Aussage mit Blick auf den Umweltbericht wiederum eingeschränkt: Die Unvollständigkeit darf sich, soll sie unbeachtlich sein, nur auf unwesentliche Punkten beziehen; ansonsten ist die Unvollständigkeit beachtlich – soweit sie nicht mangels (rechtzeitiger) Rüge nach § 215 BauGB unbeachtlich wird.

192 Dieses für sich schon komplizierte System leidet darüber hinaus daran, dass der Gesetzgeber zwischen unvollständiger und fehlender Begründung unterscheidet, aber in der Praxis und nach dem Sinn und Zweck der Vorschrift eine zu enge Unterscheidung gekünstelt ist. Bei einer sachgerechten Anwendung des Gesetzes kann es für die Annahme einer vorhandenen, aber nicht vollständigen Begründung nicht ausreichen, dass überhaupt irgendeine eine vordergründige Begründung abgegeben ist. Da die Begründung die städtebauliche Rechtfertigung und Erforderlichkeit sowie die Grundlagen der Abwägung in ihren zentralen Punkten darstellen soll, ist für eine Unvollständigkeit erforderlich, dass zumindest einige und lediglich nicht alle wesentlichen Gesichtspunkte erwähnt worden sind oder lediglich zu einzelnen zentralen Regelungen eine Begründung fehlt (BVerwGE 74, 47).

193 Als Verfahrens- und Formvorschriften sind alle Vorschriften anzusehen, die sich auf den äußeren Ablauf des Satzungs- bzw. Flächennutzungsplanaufstellungsverfahrens beziehen. Im Gegensatz dazu betreffen die materiellrechtlichen Vorschriften Inhalt und Voraussetzungen der Planung (Schrödter, BauGB, § 214 Rn. 14).

194 Ausdrücklich und eigentlich systemwidrig hat der Gesetzgeber in § 214 Abs. 1 S. 1 Nr. 1 BauGB den Fehler, dass „entgegen § 2 Abs. 3 die von der Planung berührten Belange, die der Gemeinde bekannt waren oder hätten bekannt sein müssen, in wesentlichen Punkten nicht zutreffend ermittelt oder bewertet worden" ist, als Verfahrensfehler eingestuft und nicht etwa als inhaltlichen Fehler, obwohl die Bewertung stets auch eine materiellrechtliche Komponente hat. Dennoch, und das konnte der Gesetzgeber nicht ändern, bleibt die Gewichtung und Bewertung des Abwägungsmaterials eine materielle Abwägung. Deshalb haben Mängel unweigerlich auch Einfluss auf das Abwägungsergebnis. Ein diesbezüglicher Fehler ist – auch ohne Rüge – stets beachtlich.

195 Einzelne der in § 214 BauGB genannten Mängel werden unbeachtlich, wenn sie nicht innerhalb eines Jahres seit Bekanntmachung des Flächennutzungsplans oder der Satzung schriftlich gegenüber der Gemeinde unter Darlegung des die Verletzung begründenden Sachverhalts geltend gemacht worden sind und bei Inkraftsetzung des Flächennutzungsplans oder der Satzung auf die Voraussetzungen für die Geltendmachung der Verletzung von Vorschriften sowie auf die Rechtsfolgen hingewiesen worden ist. Dies gilt für eine nach § 214 Abs. 1 S. 1 Nr. 1 bis 3 BauGB beachtliche Verletzung der dort bezeichneten Verfahrens- und Formvorschriften, eine unter Berücksichtigung des § 214 Abs. 2 BauGB beachtliche Verletzung der Vorschriften über das Verhältnis des Bebauungsplans und des Flächennutzungsplans und nach § 214 Abs. 3 S. 2 BauGB beachtliche Mängel des Abwägungsvorgangs. Die Rüge setzt eine **Konkretisierung und Substantiierung des Fehlers** voraus. Denn der Gemeinde soll durch die Darstellung des maßgebenden Sachverhalts ermöglicht werden, auf dieser Grundlage in die Frage einer Fehlerbehebung einzutreten (BVerwG BRS 79 Nr. 50).

c) Anwendung / Nichtanwendung eines Bebauungsplans

Das komplizierte Verfahren und die hohen Anforderungen, die die Rechtsprechung **196** an die Abwägung stellt, führen oftmals zu (heilbaren oder nicht heilbaren, beachtlichen oder nicht beachtlichen) Fehlern. Es stellt sich die Frage, ob der Rechtsanwender nach solchen Fehlern „suchen" darf und ob er, wenn er sie gefunden hat oder durch Zufall auf sie gestoßen ist, befugt ist, die Norm nicht anzuwenden, also die Rechtslage so sehen darf oder muss, wie wenn die Norm nicht existierte (sog. **Verwerfungskompetenz**).

aa) Verwerfungskompetenz des Gerichts

Das Gericht hat im Grundsatz die Gültigkeit von Satzungen **vom Amts wegen** zu **197** überprüfen. Jedoch sollten **nicht ohne Anlass** Untersuchungen zur Rechtsgültigkeit angestellt werden, sondern nur, wenn sich – insbesondere wegen des darauf gerichteten Parteivortrags – Zweifel aufdrängen (BVerwG, B.v. 12.9.1989 - 4 B 149.89). Insbesondere in Verfahren auf Gewährung vorläufigen Rechtsschutzes ist grundsätzlich von der Wirksamkeit des zugrunde liegenden Bebauungsplans auszugehen (OVG NRW BRS 70 Nr. 181). Ist das Gericht von der Ungültigkeit der untergesetzlichen Norm überzeugt, ist die Rechtsfolge eindeutig: Die Rechtsprechung ist an Gesetz und Recht gebunden (Art. 20 Abs. 3, 2. Hs. GG). Eine auf Grund eines Gesetzes erlassene Verordnung oder eine Satzung sind, wenn sie nicht wirksam sind, rechtlich nicht existent.

bb) Verwerfungskompetenz der Verwaltung

Ob der Verwaltungsbehörde eine **Verwerfungskompetenz** hinsichtlich untergesetz- **198** licher Normen zusteht, ist nicht gesetzlich geregelt.

Nach der Rechtsprechung des BVerwG kommt eine „Normverwerfung" durch eine Behörde nur in Betracht, wenn die Behörde vor der Inzidentverwerfung zunächst die Gemeinde auf den erkannten Fehler hinweist, um ihr Gelegenheit zu geben, den Fehler zu heilen oder den Bebauungsplan aufzuheben; darüber hinaus könne eine (akzessorische) Normverwerfungskompetenz der Behörden dann angenommen werden, wenn ein Verwaltungsgericht die Satzung in einem Parallelprozess bereits als ungültig behandelt hat (vgl. BVerwGE 112, 373; OVG NRW NuR 2006, 191). Das gilt nicht nur in Fällen anfänglicher Unwirksamkeit des Bebauungsplans infolge Verstoßes gegen zwingende Planungsschranken oder das Abwägungsgebot, sondern auch dann, wenn die Ungültigkeit einer bauplanerischen Festsetzung auf deren Funktionslosigkeit beruht (OVG Rh.-Pf. NVwZ-RR 2013, 747).

Ob diese Auffassung zutreffend ist, ist nicht frei von Zweifeln. Denn wenn Art. 20 **199** Abs. 3, 2. Hs. GG bestimmt, dass auch die vollziehende Gewalt an Gesetz und Recht gebunden ist, ist auch hier nur das gültige Recht gemeint. Eine Ordnungsverfügung zur Verwirklichung eines Zustandes zu erlassen, der in einer ungültigen Satzung vorgeschrieben ist, kann nicht rechtmäßig sein. Ebenfalls kann mit Art. 14 GG nicht vereinbar sein, einen Bauwunsch nur deshalb abschlägig zu bescheiden, weil eine – als unwirksam erkannte – Satzungsbestimmung entgegensteht (Brügelmann, BauGB, § 10 Rn. 499 ff.; OVG Nds. NVwZ-RR 2000, 1061).

II. Bauplanungsrechtliche Zulässigkeit von Bauvorhaben

1. Bedeutung und System der §§ 29 ff. BauGB

200 Die §§ 29 ff. BauGB haben die bauplanungsrechtliche Zulässigkeit von Einzelbauvorhaben zum Inhalt. Die städtebauliche Ordnung wird nach den Vorstellungen des Gesetzgebers zunächst durch die Aufstellung von Bauleitplänen gewährleistet. Im Geltungsbereich eines Bebauungsplans sind Bauvorhaben nur zulässig, wenn sie dem Bebauungsplan nicht widersprechen (§ 30 Abs. 1 BauGB). Es muss aber auch in Gebieten, in denen kein Bebauungsplan besteht, für eine geordnete städtebauliche Entwicklung gesorgt werden; dies ist die Aufgabe der §§ 34 (unbeplanter Innenbereich) und 35 BauGB (Außenbereich). Damit der **Planungshoheit** der Gemeinde auch dort, wo kein Bebauungsplan besteht, Rechnung getragen wird, trifft § 36 BauGB Regelungen für deren Mitwirkungs- und Beteiligungsrechte.

201 Die §§ 29 ff. BauGB sind vor allem bedeutsam für Vorhaben, die genehmigungsbedürftig sind. Denn § 75 Abs. 1 BauO NRW 2000/§ 77 Abs. 1 S. 1 BauO NRW 2016 besagt, dass die Baugenehmigung zu erteilen ist, wenn dem Vorhaben öffentlich-rechtliche Vorschriften nicht entgegenstehen; zu diesen Vorschriften zählen unter anderem diejenigen des Bauplanungsrechts.

Aber auch wenn ein Genehmigungsverfahren nicht durchgeführt zu werden braucht, sind die §§ 29 ff. BauGB bedeutsam. Die **Genehmigungsfreiheit** sowie die Beschränkung der bauaufsichtlichen Prüfung nach § 68 Abs. 1 S. 4 BauO NRW 2000/§ 67 BauO NRW 2016 entbinden nämlich nicht von der Verpflichtung zur Einhaltung der Anforderungen, die in öffentlich-rechtlichen Vorschriften (etwa dem BauGB) gestellt werden (§ 65 Abs. 4 BauO NRW 2000/§ 62 Abs. 2 BauO NRW 2016).

2. Geltungsbereich der §§ 30 bis 37 BauGB

202 Gemäß § 29 Abs. 1 BauGB gelten die §§ 30 bis 37 BauGB für Vorhaben, die die Errichtung, Änderung oder Nutzungsänderung von baulichen Anlagen zum Inhalt haben. Dieser **„bauplanungsrechtliche Vorhabenbegriff"** hat nicht die gleiche Bedeutung wie der **„bauordnungsrechtliche Vorhabenbegriff"**, wie er in § 61 Abs. 1 S. 1 BauO NRW 2000/2016 formuliert ist. So ist z.B. der Abbruch einer baulichen Anlage unter bauplanungsrechtlichen Gesichtspunkten ohne Bedeutung, weil er keine siedlungspolitische Relevanz hat. Das wirkt sich z.B. aus auf den Regelungsbereich des § 212a Abs. 1 BauGB, wo von „Vorhaben" die Rede ist. Weil wegen des Standorts dieser Bestimmung im BauGB und der hieraus folgenden Anknüpfung an den bauplanungsrechtlichen Vorhabenbegriff eine **Abbruchgenehmigung** nicht erfasst ist, hat der Rechtsbehelf eines Dritten dagegen – entsprechend dem Grundsatz des § 80 Abs. 1 S. 1 VwGO – **aufschiebende Wirkung**; Näheres dazu ab Rn. 836.

a) Der Begriff der baulichen Anlage (§ 29 BauGB)

203 § 29 S. 1 BauGB setzt für die Anwendung der §§ 30 ff. BauGB voraus, dass es sich um eine **bauliche Anlage** handelt. Dieser Begriff ist im BauGB nicht definiert. Er ist nach BVerwGE 39, 154 und 44, 59 nicht identisch mit dem Begriff der baulichen Anlage i.S.d. Bauordnungsrechts (etwa i.S.d. § 2 Abs. 1 BauO NRW 2000/2016). Denn die §§ 29 ff. BauGB dienen städtebaulichen (bodenrechtlichen) Belangen, während für das Bauordnungsrecht andere Belange, insbesondere die der **Gefahrenabwehr**, maßgebend sind (BVerwG BauR 2000, 1312; BVerwG NVwZ 2001, 1046). Es kommt hinzu, dass der Begriff der baulichen Anlage in den einzelnen Landesbauordnungen z.T. unterschiedlich definiert wird, während der bundesrechtliche Begriff der baulichen Anlage i.S.d. § 29 BauGB zwangsläufig im ganzen Bundesgebiet einheitlich ausgelegt werden muss.

Als Bauen i.S.d. Bauplanungsrechts ist das Schaffen von Anlagen anzusehen, die in **204** einer auf Dauer gedachten Weise künstlich mit dem Erdboden verbunden sind. Das Merkmal der Dauer ist auch erfüllt, wenn die Anlage regelmäßig auf- und abgebaut wird (BVerwG BauR 1977, 109). Entscheidend ist insoweit, ob die Anlage als Ersatz für ein festes Bauwerk dienen soll (BVerwGE 44, 59; BVerwG BauR 1975, 108). Bauplanungsrechtlich kommt es auf die unmittelbare Verbindung mit dem Erdboden nicht an (BVerwG NVwZ 1993, 983 und NVwZ 1995, 897).

Beispiele: Die Umwandlung eines Flachdachs in ein Satteldach hat keine bauplanungsrechtli- **205** che Relevanz, da weder § 9 BauGB noch §§ 16 ff. BauNVO Festsetzungen über die Dachform erlauben; derartige Festsetzungen beruhen auf der bauordnungsrechtlichen Ermächtigung (in NRW des § 86 Abs. 1 BauO NRW 2000/§ 88 Abs. 1 Nr. 1 BauO NRW 2016), VGH Bad.-Württ. VBlBW 1995, 69. Werbeanlagen sind bauliche Anlagen, wenn sie aus Baustoffen (Holz, Metall, Plastik, Glas o.ä.) hergestellt sind und im Hinblick auf ihre Größe planungsrechtliche Relevanz haben, weil sie sich auf die Umgebung auswirken; keine baulichen Anlagen sind daher zum einen kleine Werbeanlagen z.B. das Praxisschild eines Rechtsanwalts (VGH Bad.-Württ. BauR 1992, 352; Hess. VGH BRS 42 Nr. 152), zum anderen bloße Bemalungen, Beschriftungen u.Ä. (VGH Bad.-Württ. BauR 1995, 226). Automaten sind bauliche Anlagen, wenn sie wegen ihrer Größe planungsrechtliche Bedeutung haben; es gelten insoweit die gleichen Grundsätze wie bei Werbeanlagen. Wohnwagen und Wohnflöße werden als bauliche Anlagen angesehen, wenn sie als Ersatz für ein festes Gebäude – Wochenendhaus – dienen (BVerwGE 44, 59; NVwZ 1988, 144; Hess. VGH NVwZ 1988, 165). Einfriedigungen sind nur bauliche Anlagen, wenn sie aus Baustoffen – Steine, Holz, Eisen, Kunststoff – hergestellt sind (BVerwG BRS 22 Nr. 69); Hecken sind demnach keine baulichen Anlagen i.S.d. § 29 BauGB.

b) Bodenrechtlich relevanter Vorgang

aa) Bodenrechtlich relevante Errichtung oder Änderung

Nicht jede Errichtung oder Änderung einer baulichen Anlage ist zugleich ein Vorha- **206** ben i.S.d. § 29 Abs. 1 BauGB. Hinzukommen muss die bodenrechtliche (bauplanungsrechtliche) Relevanz des Vorhabens (BVerwG BRS 27 Nr. 122). Diese liegt vor, wenn das Vorhaben geeignet ist, ein Bedürfnis nach einer seine Zulässigkeit regelnden verbindlichen Bauleitplanung hervorzurufen, und es Gegenstand bauplanerischer Festsetzungen sein kann. Bei der Prüfung der **bauplanungsrechtlichen Relevanz** ist auf eine das einzelne Objekt verallgemeinernde Betrachtungsweise abzustellen (BVerwG NVwZ 1994, 1010).

Beispiele: (nach BVerwG NVwZ 1994, 1010): Der nachträgliche Einbau von Dachgauben hat **207** (nur dann) keine planungsrechtliche Relevanz für ein Bauvorhaben nach § 34 BauGB, wenn dadurch kein neuer Wohnraum geschaffen wird und kein weiteres Vollgeschoss entsteht und es deshalb nach § 34 Abs. 1 BauGB unbeachtlich ist.

Weiteres Beispiel (nach OVG NRW, B.v. 23.11.2010 - 7 A 2535/09 -, nrwe): Die Änderung eines Dreifamilien- in ein Fünffamilienhaus ist bodenrechtlich relevant. Denn die Zahl zulässiger Wohnungen in einem Wohngebäude kann Gegenstand einer auf § 9 Abs. 1 Nr. 6 BauGB gestützten Bebauungsplanfestsetzung sein. Sie hat zudem Auswirkung auf die Wohndichte in einem Gemeindebereich und die Versiegelung von Garten- und Vorgartenflächen mit Stellplätzen und kann deshalb von erheblichem städtebaulichem Gewichts sein (vgl. auch BayVGH, B.v. 30.6.2000 - 14 B 95.2276 -, juris).

bb) Bodenrechtlich relevante Nutzungsänderung

Eine **Nutzungsänderung** im bauplanungsrechtlichen („bodenrechtlichen") Sinn liegt **208** einerseits vor, wenn für die neue Nutzung weitergehende Vorschriften gelten als für die alte. Sie ist aber andererseits auch dann gegeben, wenn sich die Zulässigkeit der neuen Nutzung nach derselben Vorschrift bestimmt, nach dieser Vorschrift aber anders zu beurteilen ist als die frühere Nutzung. In diesem Sinne bodenrechtlich relevant ist eine Änderung der Nutzungsweise auch dann, wenn sie für die Nachbarschaft erhöhte Belastungen mit sich bringt (BVerwG BRS 66 Nr. 70). Eine betriebliche Erweiterung einer Gaststätte von der Innen- zur Außennutzung kann deshalb eine Nutzungsänderung im bodenrechtlichen Sinne darstellen.

Auf jeden Fall liegt stets dann eine Nutzungsänderung in bodenrechtlichem (bauplanungsrechtlichem) Sinn vor, wenn den Bauherr von einer der in den §§ 2 ff. BauNVO bezeichneten Nutzungsarten zu einer anderen übergeht. Aber auch der Wechsel von einer der Unterarten der in diesen Baugebietsvorschriften unter einer Nummer zusammengefassten Nutzungsarten stellt eine Nutzungsänderung i.S.d. § 29 BauGB dar (VG Gelsenkirchen, B.v. 30.9.2015 – 10 L 1877/15 -, nrwe).

209 Eine **Nutzungsänderung** i.S.d. § 29 Abs. 1 BauGB ist bejaht worden für folgende Fälle:
- Umwandlung eines Großhandelsbetriebs in ein Einkaufszentrum, weil Einkaufszentren nach § 11 Abs. 3 BauNVO nur in Kerngebieten und Sondergebieten zulässig sind (BVerwG NJW 1984, 1771);
- Änderung einer Schank- und Speisewirtschaft in eine Diskothek (Hess. VGH NVwZ 1990, 583; OVG NRW NVwZ 1983, 685);
- Überlassung eines bisher einem landwirtschaftlichen Betrieb dienenden Gebäudes (z.B. eines Wohnhauses) an einen Nichtlandwirt (BVerwGE 47, 185);
- Nutzung eines Wochenendhauses als Dauerwohnung (BVerwG NVwZ 1984, 510);
- Umwandlung eines Hotels in ein Altenheim (BVerwG BauR 1988, 569);
- Umstellung einer Skihütte auf eine ganzjährige Bewirtung (BVerwG NVwZ 2000, 678);
- Umstellung einer Lagerhalle zum Verkaufsraum (BVerwG BauR 1990, 569);
- Nutzung eines Pkw-Stellplatz als Dauerabstellplatz für einen Wohnwagen (BVerwG BauR 1993, 300);
- Umwandlung eines Rinderstalls in einen Schweinestall mit wesentlich stärkeren Geruchsemissionen (BVerwG NVwZ 1993, 445)

210 Keine bauplanungsrechtliche Nutzungsänderung liegt vor, wenn ein Schreibwarengeschäft in ein Eisenwarengeschäft umgewandelt wird, weil für beide Geschäfte dieselben baurechtlichen Grundsätze gelten.

Von einer Nutzungsänderung kann naturgemäß nur gesprochen werden, wenn der Bauherr selbst eine baurechtlich relevante Veränderung vornimmt, nicht aber, wenn die Anlage intensiver genutzt wird (BVerwG NVwZ 1999, 417).

c) Vorrang des Fachplanungsrechts

211 Die Vorschriften der §§ 30 ff. BauGB gelten nach § 38 BauGB nicht für Vorhaben von überörtlicher Bedeutung (s. dazu BVerwG NVwZ 2001, 90 und Sandner, DÖV 1998, 586), die der Planfeststellung oder einer die Planfeststellung ersetzenden Zulassung bedürfen, ferner nicht für öffentlich zugängliche Abfallbeseitigungsanlagen. § 38 BauGB normiert insoweit einen **Vorrang des** Fachplanungsrechts. Derartige Vorhaben können aufgrund der für alle Planfeststellungsverfahren erforderlichen Abwägung der öffentlichen und privaten Belange auch dann zugelassen werden, wenn sie bei isolierter baurechtlicher Betrachtungsweise unzulässig wären (BVerwGE 70, 242; BVerwG NVwZ 2001, 682).

3. Bauvorhaben im beplanten Innenbereich (§ 30 BauGB)

§ 30 Abs. 1 BauGB gilt nur für Bauvorhaben im Geltungsbereich von Plänen, die **212** mindestens Art und Maß der baulichen Nutzung, die überbaubare Grundstücksfläche und die örtlichen Verkehrsflächen regeln (sog. **qualifizierte Bebauungspläne**). Bebauungspläne, die diesen Mindestanforderungen nicht entsprechen (sog. **einfache Bebauungspläne**), etwa nur eine Baugrenze entlang einer Straße ausweisen, sind nach § 30 Abs. 3 BauGB bei der Erteilung der Baugenehmigung allerdings ebenfalls zu beachten. Die bauplanungsrechtliche Zulässigkeit eines Vorhabens im Geltungsbereich eines einfachen Bebauungsplans bestimmt sich aber im Übrigen nicht nach § 30 BauGB, sondern nach §§ 34 oder 35 BauGB. Auch die Bestimmungen des Bundesnaturschutzgesetzes sind auf sie anwendbar (vgl. OVG Rh.-Pf. NVwZ-RR 2012, 591).

Selbstverständlich ist für die Beurteilung nach § 30 BauGB erforderlich, dass der **213** **Bebauungsplan wirksam** ist. Ist er nicht wirksam, richtet sich die planungsrechtliche Zulässigkeit des Vorhabens nach dem Rechtszustand ohne diesen Plan. Das Vorhaben kann dann – wenn gewissermaßen „die grüne Wiese" überplant werden sollte - im Außenbereich liegen, so dass § 35 BauGB einschlägig ist. Wenn ein im Zusammenhang bebauter Ortsteil überplant werden sollte, kann § 34 BauGB anzuwenden sein. Schließlich kann, wenn bereits ein Bebauungsplan existierte und dieser durch einen neuen ersetzt werden sollte oder geändert werden sollte, der sich aber als unwirksam erweist, die Zulässigkeit sich nach den Festsetzungen des Vorgängerplans richten; ist dessen Wirksamkeit nicht gegeben, richtet sich die Zulässigkeit wiederum danach, wie die planungsrechtliche Situation ohne diesen Plan zu beurteilen ist (zu einem solchen Fall s. OVG Berl.-Brdbg., U.v. 29.1.2015 – OVG 2 B 1.14 –, juris).

Nach § 30 Abs. 1 BauGB ist im Geltungsbereich eines qualifizierten Bebauungsplans ein Vorhaben zulässig, wenn es diesen Festsetzungen nicht widerspricht und die Erschließung gesichert ist. Ob das erste der Fall ist, regelt sich vor allem nach der BauNVO. Darüber hinaus sind die sonstigen Festsetzungen nach § 9 Abs. 1 BauGB zu beachten. Auf die Voraussetzung des hinreichenden Erschlossenseins wird später (ab Rn. 529) eingegangen.

a) Art der baulichen Nutzung (§§ 2 bis 14 BauNVO)

aa) Allgemeines

Im Bebauungsplan können die in § 1 Abs. 2 BauNVO bezeichneten Baugebiete fest- **214** gesetzt werden. Durch die Festsetzung werden die Vorschriften der §§ 2 bis 14 BauNVO **Bestandteil des Bebauungsplans**, soweit nicht aufgrund der Absätze 4 bis 10 etwas anderes bestimmt wird (§ 1 Abs. 3 S. 2 BauNVO).

(1) Grundsatz der statischen Verweisung

Nach § 1 Abs. 3 BauNVO sind die §§ 2 ff. BauNVO Bestandteil des Bebauungsplans. **215** Da der Gemeinderat nur die jeweils geltende Fassung der BauNVO in seine Planungsentscheidung einbeziehen konnte, gilt die BauNVO – auch nach Jahren noch – in der Fassung, die bei Aufstellung des Bebauungsplans in Kraft war (sog. **statische Verweisung**, BVerwG BauR 1992, 472; BVerwG NVwZ 2000, 1054). Bei älteren Bebauungsplänen ist also die BauNVO in der Fassung von 1962 oder 1968 1977, 1986 oder 1990 heranzuziehen. Die inhaltlichen Änderungen der §§ 2 bis 14 BauNVO durch die Novellen sind mit Blick auf manche Gebiete und auch einzelne Nutzungsarten, deren Zulässigkeit sich im Laufe der Jahre geändert hat (z.B. Vergnügungsstätten, untergeordnete Nebenanlagen), sehr weitgehend.

(2) Numerus clausus der Baugebiete

216 Die BauNVO enthält in §§ 2 bis 9 BauNVO einen Katalog von Baugebieten. Dieser ist für die Gemeinde bindend; **zusätzliche Arten von Baugebieten** können von ihr nicht geschaffen werden (BVerwG BauR 1991, 169; BVerwG NVwZ 1999, 1341). Hierfür besteht aber im Hinblick auf die Variationsmöglichkeiten des § 1 Abs. 4 bis 10 BauNVO i.d.R. auch kein Bedürfnis. Lediglich für Sondergebiete nach §§ 10 und 11 BauNVO (s. dazu ab Rn. 272 und 274) gibt es keine abschließende Typisierung. Sondergebiete müssen sich aber durch ihre Eigenart deutlich von den Baugebieten nach §§ 2 bis 9 BauNVO unterscheiden (BVerwG BauR 1997, 972; BVerwG NVwZ 2010, 40). Dabei ist nicht ausgeschlossen, dass verschiedene Nutzungsarten aus den Katalogen der Baugebietsvorschriften nebeneinander festgesetzt werden (BVerwGE 134, 117). Zwar dürfen die Festsetzungsmöglichkeiten nicht beliebig kombiniert werden (BVerwGE 147, 138). Eine solche Kombination ist jedoch dann unbedenklich, wenn sich deren Verträglichkeit aus den Regelungen der BauNVO, namentlich aus der Zweckbestimmung der Baugebiete, ergibt (BVerwGE 134, 117).

Bei einem **vorhabenbezogenen Bebauungsplan** ist die Gemeinde nach § 12 Abs. 3 S. 2 BauGB nicht an den numerus clausus der Festsetzungen nach § 9 BauGB bzw. §§ 2 ff. BauNVO gebunden (s. Rn. 180).

(3) Variationsmöglichkeiten der Gemeinde

217 Die §§ 2 bis 9 BauNVO sind zumeist jeweils so aufgebaut, dass in Abs. 1 der Vorschrift die Eigenart und Zweckbestimmung des Baugebiets definiert wird, während in Abs. 2 bestimmte bauliche Anlagen als regelmäßig zulässig genannt werden. Abs. 3 führt diejenigen Anlagen auf, die im Wege einer **Ausnahme** nach § 31 Abs. 1 BauGB zugelassen werden können. Der Umstand, dass diese Regelungen der BauNVO nach § 1 Abs. 3 S. 2 BauNVO ohne besondere Übernahme („unverändert") Bestandteil eines Bebauungsplans werden, führt dazu, dass, wenn keine sonstigen Festsetzungen getroffen werden, unter den jeweiligen gesetzlichen Voraussetzungen ausnahmsweise auch solche Nutzungen zugelassen werden können, die nicht regelmäßig zulässig sind.

218 Die Gemeinden können allerdings nach § 1 Abs. 4 bis 6 BauNVO abweichende Regelungen treffen: Nach § 1 Abs. 4 BauNVO kann sie Festsetzungen treffen, die das Baugebiet gliedern. Nach § 1 Abs. 5 BauNVO kann im Bebauungsplan festgesetzt werden, dass bestimmte Arten von Nutzungen, die nach den §§ 2, 4 bis 9 und 13 BauNVO allgemein zulässig sind, nicht zulässig sind oder nur ausnahmsweise zugelassen werden können, sofern die allgemeine **Zweckbestimmung** des Baugebiets gewahrt bleibt. So kann eine Gemeinde durch einen Ausschluss der Möglichkeit einer ausnahmsweisen Zulassung von bestimmten Vorhaben einen kompromisslosen Charakter eines Gebiets, z.B. eines Wohngebiets erreichen. Umgekehrt kann sie festsetzen, dass alle oder einzelne Ausnahmen, die in den Baugebieten nach den §§ 2 bis 9 BauNVO vorgesehen sind, in dem Baugebiet allgemein zulässig sind, sofern die allgemeine Zweckbestimmung des Baugebiets gewahrt bleibt (Abs. 6). Das Gebot der Wahrung der Zweckbestimmung ist insoweit stets ein wesentliches Element.

Beispiele: Im Dorfgebiet darf landwirtschaftliche Nutzung nicht ausgeschlossen werden (nach BayVGH BauR 1987, 285; VGH Bad.-Württ. VBlBW 1992, 303). Im allgemeinen Wohngebiet darf nicht jede andere Nutzung außer Wohnen ausgeschlossen werden, weil dadurch ein reines Wohngebiet entsteht (nach BVerwG NVwZ 1999, 1341).

Die Gemeinde kann im Bebauungsplan nach § 1 Abs. 7 bis 9 BauNVO auch weiter- **219** gehende, sehr detaillierte Regelungen treffen, wenn dies durch **„besondere städtebauliche Gründe"** gerechtfertigt wird; die allgemeine planerische Rechtfertigung nach § 1 Abs. 3 BauGB genügt hierfür aber nicht.

Beispiel (nach BVerwG NVwZ 1985, 338): In einem Sondergebiet für Beherbergungsbetriebe kann die Anlage von Küchen in Zuordnung zu einzelnen Zimmern untersagt werden, um zu verhindern, dass Beherbergungsbetriebe in Zweitwohnungsanlagen umgewandelt werden.

(4) Feindifferenzierung durch vertikale und horizontale Gliederung

Als weitere Regelungsinstrumente sieht § 1 Abs. 7 BauNVO vor, dass für einzelne **220** Geschosse oder Etagen bestimmte Nutzungsarten vorgeschrieben werden (sog. **vertikale Gliederung**, BVerwG NVwZ 1992, 373). Dies ist häufig bei Kerngebieten der Fall, in denen das Erdgeschoss für Ladengeschäfte, das Obergeschoss für sonstige gewerbliche Nutzungen (Arztpraxen, Versicherungsbüros o.Ä.) und die darüber liegenden Geschosse für Wohnzwecke vorgesehen sind. Ferner kann die Gemeinde nach § 1 Abs. 8 BauNVO auch für Teilbereiche eines Bebauungsplans Sonderbestimmungen treffen (sog. **horizontale Gliederung**), etwa bei einem Mischgebiet die Wohnnutzung und die gewerbliche Nutzung räumlich trennen. Der Unterschied zwischen den Regelungen in § 1 Abs. 5 BauNVO und § 1 Abs. 9 BauNVO, nach denen jeweils bestimmte Arten der baulichen Nutzung ausgeschlossen werden können, besteht darin, dass § 1 Abs. 5 BauNVO nur den Ausschluss einer der in §§ 2 ff. BauNVO ausdrücklich genannten Arten der baulichen Nutzung zulässt, also z.B. die in § 7 Abs. 2 Nr. 3 BauNVO genannten Vergnügungsstätten, während § 1 Abs. 9 BauNVO auch den Ausschluss von speziellen Unterarten ermöglicht, also z.B. aus der Nutzungsart „Vergnügungsstätten" die Unterart „Diskothek" oder „Spielhalle" oder bei Einzelhandelsbetrieben den Ausschluss von bestimmten Geschäften (VGH Bad.-Württ. VBlBW 2006, 390). Für besondere Wohngebiete (§ 4a BauNVO) und Kerngebiete (§ 7 Abs. 4 S. 1 Nr. 2 BauNVO) kann außerdem, wenn besondere städtebauliche Gründe dies rechtfertigen, festgesetzt werden, dass in Gebäuden eine im Bebauungsplan bestimmter Anteil der zulässige Geschossfläche oder eine bestimmte Größe der Geschossfläche für Wohnungen zu verwenden ist. Eine solche Regelung ist auch für das urbane Gebiet für Wohnungen und zusätzlich für gewerbliche Nutzungen geschaffen worden (§ 6a Abs. 4 Nr. 3 und 4 BauNVO). Schließlich kann für urbane Gebiete festgesetzt werden, dass in Gebäuden im Erdgeschoss an der Straßenseite eine Wohnnutzung nicht oder nur ausnahmsweise zulässig ist (§ 6a Abs. 4 Nr. 1 BauNVO). Anders als bei besonderen Wohngebieten ist im urbanen Gebiet für diese differenzierenden Festsetzungen nicht erforderlich, dass besondere städtebauliche Gründe i.S.d. § 9 Abs. 3 BauGB dies rechtfertigen.

§ 1 Abs. 10 BauNVO ermöglicht es der Gemeinde, im Bebauungsplan zu bestimmen, **221** dass vorhandene bauliche Anlagen auch dann **geändert, erweitert oder erneuert** werden können, wenn dies nach den Festsetzungen des Bebauungsplans sonst unzulässig wäre. Die Vorschrift ist speziell auf bisherige Gemengelagen ausgerichtet und soll verhindern, dass aufgrund der Festsetzung eines Bebauungsplans einseitig die eine Nutzungsart zulässig, die andere Nutzungsart aber unzulässig wird. Sie soll die Fortentwicklung des vorhandenen Baubestands gewährleisten (BVerwG NVwZ 2008, 214; OVG Nds. BauR 2002, 906).

(5) Typische Erscheinungsformen als Maßstab

222 Für die Frage nach der Zulässigkeit eines Vorhabens in einem bestimmten Baugebiet ist regelmäßig auf die typische Erscheinungsform einer solchen baulichen Anlage oder deren Nutzungsart abzustellen (sog. **typisierende Betrachtungsweise**,
BVerwG BRS 67 Nr. 70). Bei der Prüfung sind – anders als bei § 15 BauNVO – nicht
die konkreten Verhältnisse an Ort und Stelle maßgebend, sondern alle mit dem Vorhaben typischerweise verbundenen Auswirkungen auf die (nähere) Umgebung
(BayVGH, B.v. 29.1.2016 – 15 ZB 13.1759 –, juris).

223 Diese Sichtweise rechtfertigt sich daraus, dass die BauNVO die Anforderungen an
gesunde Wohn- und Arbeitsverhältnisse in Gestalt einer Baugebietstypologie konkretisiert. Typische Nutzungsarten und bauliche Anlagen werden in der BauNVO
einem oder mehreren Baugebieten zugeordnet. Der Grundsatz hat insbesondere –
aber nicht nur – Bedeutung für Gewerbebetriebe. Relevant für die Beurteilung der
Gebietsunverträglichkeit (s. dazu ab Rn. 225) sind alle mit der Zulassung des Betriebes – nach Maßgabe der genauen Betriebsbeschreibung – nach seinem Gegenstand, seiner Struktur und Arbeitsweise typischerweise verbundenen Auswirkungen
auf die nähere Umgebung. Kennzeichnend sind insbesondere die Art und Weise der
Betriebsvorgänge, der Umfang, die Häufigkeit und die Zeitpunkte dieser Vorgänge,
der damit verbundene An- und Abfahrtsverkehr der Kunden, Lieferanten und Be-
schäftigten sowie der Einzugsbereich des Betriebes (BVerwGE 68, 213), ferner die
Dauer dieser Auswirkungen und ihre Verteilung auf die Tages- und Nachtzeiten.

224 Die Typisierung von Betrieben gilt **nicht ausnahmslos**. Es ist grundsätzlich nicht
ausgeschlossen, dass sich ein Betrieb in seiner konkreten Ausgestaltung als aty-
pisch erweist. Wenn der Betrieb nach seiner Art und Betriebsweise von vornherein
keine Störungen befürchten lässt und damit seine Gebietsverträglichkeit dauerhaft
und zuverlässig sichergestellt ist, ist er auch baurechtlich unbedenklich (sog. **begrenzte Typisierung**, BVerwG DVBl. 1993, 111). Das setzt voraus, dass dieser Betrieb durch betriebsbezogene Besonderheiten vom typischen Erscheinungsbild eines solchen Betriebs abweicht. Sind – je nach dem Arbeitsvorgang und ggf. der Verwendung von Maschinen – Erscheinungsformen möglich, die von nicht störenden
bis hin zu störenden Betrieben reichen, kann in atypischen Fällen z.B. das Störungs-
potential einer Werkstatt als gering einzustufen sein, wenn nachgewiesenermaßen
ausschließlich nichtstörende Arbeiten durchgeführt werden.

(6) Erfordernis der Gebietsverträglichkeit

225 Nach der Rechtsprechung des BVerwG enthalten die Bestimmungen über die Zulässigkeit von Vorhaben in den Baugebieten das ungeschriebene Tatbestandsmerkmal
der **Baugebietsverträglichkeit**. Das bedeutet, dass das Vorhaben der **Zweckbestimmung** und der Eigenart des jeweiligen Baugebiets entsprechen muss. Wenn
das nicht der Fall ist, ist es unzulässig, obwohl es nach dem Wortlaut der Bestimmung eigentlich in dem Gebiet zulässig wäre. Das Erfordernis der Gebietsverträglichkeit gilt für sämtliche Baugebietstypen der §§ 2 bis 9 BauNVO. Es rechtfertigt
sich aus dem typisierenden Ansatz der Baugebietsvorschriften in der BauNVO. Der
Verordnungsgeber will durch die typisierende Zuordnung von Nutzungen zu den näher bezeichneten Baugebieten die vielfältigen und oft gegenläufigen Ansprüche an
die Bodennutzung „zu einem schonenden Ausgleich im Sinne überlegter Städtebau-
politik bringen" (BVerwGE 116, 155). Dieses Ziel kann nur erreicht werden, wenn die
vom Verordnungsgeber dem jeweiligen Baugebiet zugewiesene allgemeine Zweckbestimmung den Charakter des Gebiets eingrenzend bestimmt.

Von maßgeblicher Bedeutung für die Frage, welche Vorhaben mit dieser allgemeinen Zweckbestimmung des Industriegebiets unverträglich sind, sind die Anforderungen des jeweiligen Vorhabens an ein Gebiet, die Auswirkungen des Vorhabens auf ein Gebiet und die Erfüllung des spezifischen Gebietsbedarfs.

Der Grundsatz der Gebietsverträglichkeit hat zunächst Bedeutung für die Frage der **226** Zulässigkeit eines Vorhabens, das nach dem Katalog der jeweiligen Baugebietsvorschrift in dem Gebiet regelmäßig zulässig ist. Es ist aber auch und insbesondere bedeutsam im Falle der Erteilung einer **Ausnahme** (Rn. 292) und **Befreiung** (Rn. 307).

Beispiel (nach BVerwG NVwZ 2012, 825): Ein Krematorium mit Abschiedsraum ist eine Anlage für kulturelle Zwecke und wäre eigentlich in einem Gewerbegebiet allgemein zulässig (§ 8 Abs. 3 Nr. 2 BauNVO). Infolge dessen hätte ein anderer Grundstückseigentümer kein Abwehrrecht gegen die Genehmigung (sofern nicht § 15 BauNVO eingreift). Jedoch ist ein solcher Betrieb in einem Gewerbegebiet nicht gebietsverträglich. Denn ein Gewerbegebiet ist nach seiner Zweckbestimmung geprägt durch produzierende und artverwandte Nutzungen. Ein Krematorium mit Abschiedsraum stellt hingegen einen Ort der Ruhe, des Friedens und des Gedenkens an die Verstorbenen dar. Es ist deshalb trotz seiner Eigenschaft als Anlage für kulturelle Zwecke in einem Gewerbegebiet nicht planungsrechtlich zulässig. Der Eigentümer eines benachbarten Grundstücks aus demselben Baugebiet hat aufgrund des Gebietserhaltungsanspruchs (s. dazu ab Rn. 774) ein Abwehrrecht. Deshalb hob das BVerwG in dem konkreten Fall auf dessen Klage hin die Genehmigung auf.

Die Frage nach der Gebietsverträglichkeit hat für Aufnahmeeinrichtungen, Gemein- **227** schaftsunterkünfte oder sonstige Unterkünfte für **Flüchtlinge** oder **Asylbegehrende** eine besondere Bedeutung erlangt. Sie werden im Allgemeinen als Anlagen für **soziale Zwecke** angesehen (vgl. dazu ab Rn. 262). Allerdings führt der Umstand, dass die Anlagen zur Unterbringung wohnähnlichen Charakter haben, dazu, dass sie in der Regel in einem Gewerbegebiet (und erst recht in einem Industriegebiet) nicht gebietsverträglich sind. Diesem Umstand begegnet § 246 Abs. 10 BauGB mit Blick auf Gewerbegebiete. Die Regelung ermöglicht eine erleichternde Handhabung der Ausnahmevorschriften (Einzelheiten dazu ab Rn. 308).

bb) Überblick über die wichtigsten Nutzungsarten

Nachfolgend werden die in der Praxis wichtigsten Nutzungsarten mit ihren typischen **228** Problemen vorgestellt.

(1) Wohnen

Die Festsetzung eines reinen Wohngebiets (s. § 3 Abs. 2 Nr. 1 BauNVO), eines allge- **229** meinen Wohngebiets (s. § 4 Abs. 2 Nr. 1 BauNVO), eines besonderen Wohngebiets (s. § 4a Abs. 2 Nr. 1 BauNVO), eines Dorfgebiets (s. § 5 Abs. 2 Nr. 3 BauNVO), eines urbanen Gebiets (§ 6a Abs. 2 Nr. 1 BauNVO) und eines Mischgebiets (s. § 6 Abs. 2 Nr. 1 BauNVO) berechtigt uneingeschränkt und regelmäßig zur Nutzung einer **Wohnung oder eines Wohngebäudes zu „freien"**, d.h. nicht an einen gewerblichen oder landwirtschaftlichen Betrieb gebundenen **Wohnzwecken**.

In Kleinsiedlungsgebieten (§ 2 Abs. 2 Nr. 1 BauNVO) ist Wohnnutzung als Teil einer Kleinsiedlung regelmäßig zulässig; ansonsten ist dort freie Wohnnutzung nur ausnahmsweise zulässig (§ 2 Abs. 3 Nr. 1 BauNVO).

In Kerngebieten ist freie Wohnnutzung nur nach Maßgabe von Festsetzungen des Bebauungsplans zulässig (§ 7 Abs. 2 Nr. 7 BauNVO); außerhalb davon kann sie nur ausnahmsweise zugelassen werden (§ 7 Abs. 3 Nr. 2 BauNVO).

In Kerngebieten sind Wohnungen für Aufsichts- und Bereitschaftspersonen sowie für Betriebsinhaber und Betriebsleiter (betriebsbezogene Wohnungen, s. dazu Rn. 234) regelmäßig zulässig (§ 7 Abs. 2 Nr. 6 BauNVO). In Gewerbegebieten (§ 8 Abs. 3 Nr. 1 BauNVO) und Industriegebieten (§ 9 Abs. 3 Nr. 1 BauNVO) sind sie ausnahmsweise zulässig, sofern sie dem Gewerbebetrieb zugeordnet und ihm gegenüber in Grundfläche und Baumasse untergeordnet sind.

In Dorfgebieten sind zu Wirtschaftsstellen land- und forstwirtschaftlicher Betriebe zugehörige Wohnungen und Wohngebäude sowie Kleinsiedlungen einschließlich Wohngebäuden mit entsprechenden Nutzgärten regelmäßig zulässig (§ 5 Abs. 2 Nr. 1 BauNVO).

230 „**Wohnen**" im Sinne der BauNVO (gemeint ist hier sowohl freies als auch betriebsbezogenes Wohnen) „setzt eine auf Dauer angelegte Häuslichkeit, Eigengestaltung der Haushaltsführung und des häuslichen Wirkungskreises sowie Freiwilligkeit des Aufenthalts voraus" (BVerwG BRS 67 Nr. 70). Diese Definition ist aus der Abgrenzung zu anderen planungsrechtlichen Nutzungsformen entwickelt worden. Gemeint ist die Nutzungsform des selbstbestimmt geführten privaten Lebens „in den eigenen vier Wänden", die auf eine gewisse Dauer angelegt ist.

231 Andere Nutzungsformen wie etwa die **Unterbringung**, das Verwahren unter gleichzeitiger Betreuung, die bloße Schlafstätte oder andere ähnliche Einrichtungen fallen nicht hierunter. Die hierzu dienenden Anlagen sind gegebenenfalls als Anlagen zur Beherbergung (s. dazu ab Rn. 257) oder Anlagen für soziale Zwecke (s. dazu ab Rn. 262) einzustufen.

Beispiele: Ein Jugendstrafvollzug in einer Wohnstätte in freier Form stellt sich nicht als Anlage zum Wohnen dar, da der Aufenthalt nicht freiwillig erfolgt, sondern mit ihm die verhängte Jugendstrafe vollzogen wird (nach Sächs. OVG BRS 79 Nr. 79). Die Grenzen des Wohnens sind überschritten, wenn das Gebäude – wie im Fall einer Unterkunft für Monteure – aufgrund seiner spartanischen Ausstattung lediglich als Schlafstätte dient und auch einfache Wohnbedürfnisse nicht befriedigt. Dabei spielt auch die Wohndichte eine Rolle. Der Umstand, dass sich zwei Bewohner einen Schlafraum teilen, spricht zwar nicht zwingend gegen eine Wohnnutzung im Rechtssinne. Bei Berücksichtigung des üblichen Wohnstandards kann aber dann nicht mehr von „Wohnen" die Rede sein, wenn einerseits jegliche Privatsphäre aufgegeben wird und andererseits zwischen den Bewohnern keine persönliche Bindung besteht, vielmehr sich diese Bindung in dem gemeinsamen Interesse an einer möglichst kostengünstigen Unterbringung erschöpft (nach OVG Nds. NVwZ-RR 2016, 25).

232 In konsequenter Anwendung der genannten Definition ist die Nutzung eines **Wochenendhauses** bauplanungsrechtlich eine andere als die eines Wohnhauses (so auch OVG MV BauR 1916, 2055). Auch die temporäre Nutzung eines Gebäudes oder von Räumen als **Ferienwohnung** (s. die Definition in § 13a BauNVO „Räume oder Gebäude, die einem ständig wechselnden Kreis von Gästen gegen Entgelt vorübergehend zur Unterkunft zur Verfügung gestellt werden und die zur Begründung einer eigenen Häuslichkeit geeignet und bestimmt sind") ist trotz des Begriffsmerkmals der Begründung einer eigenen Häuslichkeit kein „Wohnen" i.S.d. BauNVO, sondern stellt kraft ausdrücklicher Zuordnung in § 13a S. 1 BauNVO in der Regel einen nicht störenden Gewerbebetrieb dar (s. auch VGH Bad.-Württ. BauR 2017, 861). Bei einem Wechsel von der einen in die andere Kategorie wird folglich die Nutzungsart geändert. Etwas anderes kann allerdings nach § 13a S. 1 BauNVO „in übrigen Fällen" gelten, wenn lediglich Räume zur Verfügung gestellt werden und diese eine baulich untergeordnete Bedeutung gegenüber der in dem Gebäude vorherrschenden Hauptnutzung aufweisen; dann können diese zu den Betrieben des Beherbergungsgewerbes oder den kleinen Betrieben des Beherbergungsgewerbes gehören. Um Wohnen handelt es sich jedenfalls nicht.

§ 3 Abs. 4 BauNVO erweitert die zulässige Nutzung von Wohngebäuden in der Wei- **233** se, dass zu den nach §§ 2, 3 Abs. 2 und 4 bis 7 BauNVO zulässigen Wohngebäuden auch solche gehören, die ganz oder teilweise der **Betreuung und Pflege** ihrer Bewohner dienen. Damit sind solche Einrichtungen auch dann in den betreffenden Gebieten zulässig, wenn der Wohnanteil nicht überwiegt, sondern lediglich ein Mindestmaß der Anforderungen an den Wohnbegriff erfüllt ist (Bönker/Bischopink, § 3 BauNVO, Rn. 105 m.w.N.).

Das Wohnen in einer Wohnung oder einem Wohngebäude für Aufsichts- und Bereit- **234** schaftspersonen sowie für Betriebsinhaber und Betriebsleiter (**betriebsbezogenes Wohnen**) ist eine Unterart des Wohnens. Dieses Wohnen erfüllt zwar alle oben beschriebenen Begriffsmerkmale. Dennoch ist diese Art der Nutzung bauplanungsrechtlich eine andere als das klassische, „freie" Wohnen. Denn sie ist verknüpft mit dem Betrieb und erfährt ihre Rechtfertigung nur durch diesen – ähnlich dem Wohnhaus des Landwirts im Außenbereich, das nur deshalb dort zulässig ist, weil es dem landwirtschaftlichen Betrieb dient. Als Konsequenz aus dieser Ableitung verliert die Wohnnutzung ihre Berechtigung durch die Aufgabe des Betriebs oder wenn die Aufsichts-, Bereitschafts-, Inhaber- oder Leiterfunktion endet. Ein Übergang zum „freien" Wohnen stellt eine andere Nutzungsart dar.

Anlagen zur Unterbringung von **Flüchtlingen** und **Asylbewerbern** als Asylbewerberunterkunft oder in der Form der Erstaufnahmeeinrichtung stellen keine Wohnnutzung dar, sondern Anlagen für soziale Zwecke (s. ab Rn. 262).

Das dauerhafte Wohnen in einem **Wochenendhausgebiet**, einem **Ferienhausgebiet** **235** oder einem **Campingplatzgebiet** widerspricht dem Charakter dieser Gebiete. In ihnen darf der Lebensmittelpunkt nicht begründet werden. Bei dem für diese Gebiete vorgesehenen Aufenthalt handelt es sich gegenüber der allgemeinen Wohnnutzung um eine eigenständige Nutzungsart, für die andere bauplanungsrechtliche oder bauordnungsrechtliche Anforderungen in Betracht kommen. Die begrifflichen Unterscheidungen sind im Bauplanungsrecht durch die Regelung in § 10 BauNVO angelegt (vgl. BVerwG NJW 1982, 2512; BayVGH BRS 81 Nr. 84; Näheres dazu unter Rn. 272).

Wenn eine Wohnung auch zum Zwecke der Ausübung der Prostitution genutzt wird, **236** so dass – neben der Wohnnutzung – von einer gewerbsmäßigen Prostitution im üblichen Sinne auszugehen ist („**Wohnungsprostitution**"), stellt dies im bauplanungsrechtlichen Sinn eine neben die Wohnnutzung tretende gewerbliche Nutzung dar. Erst recht gilt dies, wenn es sich um ein Bordell handelt, in dem die Prostitution im Vordergrund steht und diese mit Wohnnutzung in denselben Räumen verbunden ist (BVerwG NVwZ-RR 1996, 84). Nach der Rechtsprechung des BVerwG (BVerwGE 68, 213) ist ein „klassisches" Bordell grundsätzlich ein gewerblicher Betrieb.

(2) Gewerbliche Nutzung

Die BauNVO verwendet keinen einheitlichen **Gewerbebegriff**, sondern differenziert **237** nach dem **Störgrad** und nach seiner **funktionalen Gebietsbezogenheit**. Darüber hinaus haben Unterarten von Gewerbebetrieben in einzelnen Baugebieten eine besondere Berücksichtigung erfahren.

In Kleinsiedlungsgebieten können nicht störende Gewerbebetriebe ausnahmsweise zugelassen werden (§ 2 Abs. 3 Nr. 4 BauNVO).

In reinen Wohngebieten sind Gewerbebetriebe grundsätzlich nicht zulässig, es sei denn als besondere, „privilegierte" Unterarten von Gewerbebetrieben (§ 3 BauNVO).

In allgemeinen Wohngebieten können („sonstige", d.h. nicht in § 4 Abs. 2 oder 3 BauNVO genannte) Gewerbebetriebe ausnahmsweise zugelassen werden (§ 4 Abs. 3 Nr. 2 BauNVO).

In besonderen Wohngebieten sind Gewerbebetriebe regelmäßig zulässig, die nach der besonderen Eigenart des besonderen Wohngebiets mit der Wohnnutzung vereinbar sind. Zwar sind unter § 4a Abs. 2 Nr. 3 BauNVO „sonstige Gewerbebetriebe" einschränkungslos genannt, doch ergibt sich die genannte Einschränkung aus § 4a Abs. 1 2. HS BauNVO.

In Dorfgebieten sind nicht wesentlich störende Gewerbebetriebe regelmäßig zulässig. Zwar sind unter § 5 Abs. 2 Nr. 6 BauNVO „sonstige Gewerbebetriebe" einschränkungslos genannt, doch ergibt sich die Einschränkung, dass sie nicht wesentlich stören dürfen, aus § 5 Abs. 1 BauNVO.

In Mischgebieten sind das Wohnen nicht wesentlich störende Gewerbebetriebe regelmäßig zulässig. Zwar sind unter § 6a Abs. 2 Nr. 4 BauNVO „sonstige Gewerbebetriebe" einschränkungslos genannt, doch ergibt sich die Einschränkung, dass sie die Wohnnutzung nicht wesentlich stören dürfen, aus § 6a Abs. 1 S. 1 BauNVO.

In urbanen Gebieten sind solche Gewerbebetriebe regelmäßig zulässig, die nach der besonderen Eigenart des besonderen Wohngebiets mit der Wohnnutzung vereinbar sind. Zwar sind unter § 4a Abs. 2 Nr. 3 BauNVO „sonstige Gewerbebetriebe" einschränkungslos genannt, doch ergibt sich die genannte Einschränkung aus § 4a Abs. 1 2. HS BauNVO.

In Kerngebieten sind („sonstige") nicht wesentlich störende Gewerbebetriebe regelmäßig zulässig (§ 7 Abs. 2 Nr. 3 BauNVO).

In Gewerbegebieten sind nicht erheblich belästigende Gewerbebetriebe regelmäßig zulässig. Zwar sind unter § 8 Abs. 2 Nr. 1 BauNVO „Gewerbebetriebe aller Art" genannt, doch ergibt sich die Einschränkung, dass sie nicht erheblich belästigen dürfen, aus § 8 Abs. 1 BauNVO.

In Industriegebieten (§ 9 BauNVO) sind alle Arten von Gewerbebetrieben zulässig; sie dürfen, müssen aber nicht erheblich stören.

(a) Definition des Gewerbes

238 Nach einer vom BVerwG im Rahmen des Gewerberechts verwandten Definition ist **Gewerbe** „jede nicht sozial unwertige (generell nicht verbotene), auf **Gewinnerzielung** gerichtete und auf Dauer angelegte selbstständige Tätigkeit, ausgenommen Urproduktion, freie Berufe (freie wissenschaftliche, künstlerische und schriftstellerische Tätigkeit höherer Art sowie persönliche Dienstleistungen höherer Art, die eine höhere Bildung erfordern) und bloße Verwaltung und Nutzung eigenen Vermögens" (BVerwG NVwZ 1993, 775). Da allein die Absicht, Gewinn zu erzielen, Wesensmerkmal ist, führt der Umstand, dass kein Gewinn (mehr) erzielt wird, nicht zum Verneinen bzw. Verlust der Gewerbeeigenschaft.

239 **Land- und Forstwirtschaft** zählt nicht zu Gewerbe im Sinne der BauNVO. Sie wird auch ansonsten im Bauplanungsrecht besonders behandelt (vgl. § 35 Abs. 1 Nr. 1 BauGB). Wirtschaftsstellen land- und forstwirtschaftlicher Betriebe und die dazugehörigen Wohnungen und Wohngebäude sind – außer im Außenbereich, der kein Baugebiet ist – nur in einem Dorfgebiet zulässig (§ 5 Abs. 2 Nr. 1 BauNVO). Sofern allerdings neben der Landwirtschaft ein Hofladen oder eine Gaststätte betrieben wird, stellt sich diese nebenerwerbliche Tätigkeit als Gewerbe dar. Für diese Gewerbe trifft

§ 5 Abs. 2 Nr. 3 BauNVO eine Sonderregelung; im Außenbereich sind sie unter engen Voraussetzungen ebenfalls zulässig (s. dazu Rn. 395).

Für **freie Berufe** enthält § 13 BauNVO eine Sonderregelung. Die Bestimmung gilt al- **240** lerdings nicht nur für die „klassischen" freien Berufe (Ärzte, Rechtsanwälte, Architekten u.a.), sondern auch für solche „Gewerbetreibenden, die ihren Beruf in ähnlicher Weise ausüben". Diese Privilegierung setzt also einerseits eine gewerbliche Tätigkeit voraus, verlangt aber andererseits eine Vergleichbarkeit mit den freien Berufen, um nicht als Gewerbe z.B. im Sinne § 8 BauNVO angesehen zu werden. Wegen der Einzelheiten wird auf die Ausführungen zu § 13 BauNVO (ab Rn. 278) verwiesen.

Ein Gewerbebetrieb ist nach der Definition des BVerwG die **organisatorische Zu-** **241** **sammenfassung von Betriebsanlagen und Betriebsmitteln** zu einem bestimmten Betriebszweck, wobei die Eigentumsverhältnisse außer Betracht bleiben (BVerwG BauR 1988, 184). An das Vorliegen dieser Voraussetzungen sind sehr geringe Anforderungen zu stellen. Auch Mobilfunksendeanlagen sind Gewerbebetriebe.

Bauliche Anlagen, die der Werbung für Produkte dienen, die nicht auf demselben **242** Grundstück vertrieben werden (Außenanlagen der Fremdwerbung), sind Betriebsanlagen und, weil sie der **Gewinnerzielung** dienen, Gewerbebetriebe. Sie stellen Hauptanlagen dar. Hingegen sind Anlagen der Eigenwerbung, die an der Stätte der Leistung angebracht sind, Nebenanlagen im Sinne von § 14 BauNVO.

Ob die Anlage wirklich der Werbung dient, bedarf in jeden Fall einer genauen Prüfung.

Beispiel (nach VG Arnsberg, U.v. 15.7.2013 – 8 K 1679/12 –, nrwe): Bei einer Fahnenstange nebst einer Fahne mit den Farben eines Fußballvereins (im entschiedenen Fall von Borussia Dortmund) handelt es sich nicht um einen Gewerbebetrieb. Denn damit wird keine selbstständige, auf Dauer und auf Gewinnerzielung angelegte Tätigkeit ausgeübt. Es handelt sich auch nicht um eine gewerbliche Werbeanlage. Nach der Rechtsprechung des OVG NRW (NVwZ-RR 2006, 773) sind Fahnenmasten als Werbeanlagen anzusehen, wenn diese von vornherein als Träger für wechselnde Werbung vorgesehen sind. Hier diente die aufgezogene Fahne der Demonstration der Verbundenheit des Eigentümers mit dem Verein. Dass es sich dabei um einen börsennotierten Verein handelt, führte zu keiner anderen Beurteilung. Denn der Betrachter der Fahne fühlt sich dadurch nicht animiert, eine Aktie des Vereins zu erwerben, sondern erkennt darin allein, dass es sich bei dem Bewohner des Grundstücks um einen Fan des Vereins handelt. Der Fahnenmast mit aufgezogener Fahne stellt somit eine (im reinen Wohngebiet) zulässige Nebenanlage i.S.d. § 14 BauNVO dar. Die auf Beseitigung gerichtete Klage eines Grundstücksnachbarn war erfolglos.

(b) Wichtige Unterarten von Gewerbebetrieben

Der weite Gewerbebegriff erfasst auch **Unterarten**, die wegen ihrer städtebaulichen **243** Besonderheiten Sonderregelungen erfahren haben. Dies beruht darauf, dass der Verordnungsgeber entweder wegen eines Bedürfnisses der Nutzer der anderen Grundstücke sie aus Gründen der Versorgungsnähe in diesem Gebiet – eigentlich systemwidrig – doch akzeptieren wollte (oder sogar dort ansiedeln wollte, wie im urbanen Gebiet, § 6a BauNVO) oder aber wegen der von ihnen typischerweise ausgehenden Störungen davon fernhalten wollte. Zu den erstgenannten, „privilegierten" Gewerbebetrieben gehören z.B. „Läden und nicht störende Handwerksbetriebe, die zur Deckung des täglichen Bedarfs für die Bewohner des Gebiets dienen, sowie kleine Betriebe des Beherbergungsgewerbes", die (anders als andere Gewerbebetriebe) nach § 3 Abs. 3 Nr. 1 BauNVO in reinen Wohngebieten ausnahmsweise zugelassen werden können.

244 Dasselbe gilt für der Versorgung des Gebiets dienende Läden, Schank- und Speise-wirtschaften (s. dazu ab Rn. 259) sowie nicht störende Handwerksbetriebe, die in all-gemeinen Wohngebieten regelmäßig zulässig sind (§ 4 Abs. 2 Nr. 2 BauNVO) und Tankstellen, die in allgemeinen Wohngebieten ausnahmsweise zugelassen werden können (§ 4 Abs. 3 Nr. 5 BauNVO). Dass Handwerksbetriebe eine Sonderart darstel-len, zeigen auch die hierfür geltenden besonderen Zulässigkeitsregeln z.b. für Klein-siedlungsgebiete (§ 2 Abs. 2 Nr. 2 BauNVO) und reine Wohngebiete (§ 3 Abs. 3 Nr. 1 BauNVO).

245 Zu den problematischen und deshalb zumeist unerwünschten Gewerbebetrieben zählen **Vergnügungsstätten**. Diese haben zunächst in dem durch die Änderungs-verordnung 1977 (BGBl. I S. 1763, in Kraft ab 1.12.1977) neu eingeführten § 4a Abs. 3 Nr. 2 BauNVO eine erste besondere Behandlung und sodann mit Blick auf ihre unterschiedliche Ausprägung durch die Änderungsverordnung 1990 (BGBl. I S. 132, in Kraft ab 27.1.1990) eine Differenzierung erfahren. Nach dieser sollen sie, wenn sie „kerngebietstypisch" sind, aus bestimmten Gebieten ferngehalten werden (§ 4a Abs. 3 Nr. 2, § 5 Abs. 3, § 6 Abs. 2 Nr. 8 und Abs. 3 BauNVO; zu Vergnügungsstätten s. insbesondere ab Rn. 251).

246 In der Praxis stellt sich mitunter die Frage, ob wegen der Sonderregelung in einer bestimmten Baugebietsbestimmung ihre Zulassung als Gewerbe im Übrigen aus-scheidet. Nach der Rechtsprechung des BVerwG ist die Zulässigkeit eines Gewerbe-betriebs, der einer spezielleren in der BauNVO geregelten Nutzungsart unterfällt, in Gebietstypen, in deren Nutzungskatalog diese spezielle Nutzungsart nicht genannt wird, nicht von vornherein ausgeschlossen. Er kann in den Baugebieten zulässig sein, wenn er – erstens – von dem in der BauNVO bei der Definition der speziellen gewerblichen Nutzungsart vorausgesetzten Regelfall abweicht und – zweitens – die Voraussetzungen erfüllt, unter denen „sonstige Gewerbebetriebe" in dem Baugebiet zulässig sind (zu Beherbergungsbetrieben: BVerwGE 90, 140; zu Lagerplätzen: BVerwG NVwZ 2002, 730).

Beispiel (nach OVG Nds. BRS 81 Nr. 97): Ein gewerblich betriebener Campingplatz wird we-sentlich durch seine Eigenschaft als Campingplatz und damit als Freizeitstätte geprägt und nicht durch seine Eigenschaft als Gewerbebetrieb und damit als Wirtschaftsfaktor und Arbeits-platz des Platzwarts. Weicht ein Platz von dem so gekennzeichneten Regelfall eines Camping-platzes nicht ab, ist er nicht als sonstiger Gewerbebetrieb in den entsprechenden Baugebieten zulässig.

(c) Störgrad als Unterscheidungsmerkmal

247 Eine weitere Unterscheidung der Gewerbebetriebe erfolgt nach ihrem **Störgrad**. Die BauNVO verwendet die Begriffe „nicht störende Gewerbebetriebe" (§ 2 Abs. 3 Nr. 4, § 4 Abs. 3 Nr. 2 BauNVO), „nicht wesentlich störende Gewerbebetriebe" (§ 7 Abs. 2 Nr. 3 und § 6a Abs. 1 Nr. 1 BauNVO), „nicht erheblich belästigende Gewerbebetrie-be" (als allgemeine Zweckbestimmung in § 8 Abs. 1 BauNVO) sowie - schlicht - „Ge-werbebetriebe" (§ 4a Abs. 2 Nr. 3, § 5 Abs. 2 Nr. 6, § 6 Abs. 2 Nr. 4, § 8 Abs. 2 Nr. 1, § 9 Abs. 2 Nr. 1 BauNVO), wobei Industriegebiete nach der in § 9 Abs. 1 BauNVO vorgenommenen Zweckbestimmung der Unterbringung vorwiegend solcher Betriebe dienen, die in anderen Baugebieten unzulässig sind. Ob eine Nutzung z.B. als sons-tiger nicht störender Gewerbebetrieb zulässig ist, ist aufgrund einer typisierenden Betrachtungsweise (s. Rn. 222) zu beantworten (BayVGH, B.v. 6.2.2017 – 15 ZB 16.398 –, juris; VGH Bad.-Württ. BauR 2017, 220).

248 Der Störgrad folgt insbesondere aus Luft- und Lärmimmissionen. Aber auch negati-ve „milieubedingte" Auswirkungen auf das das Wohnumfeld in dem betreffenden

Gebiet prägende soziale Klima sind zu berücksichtigen (OVG NRW, U.v. 29.10.2012 – 2 A 619/12 –, nrwe).

Der Störgrad eines Betriebes ist abhängig von dem Gebiet, in dem der Betrieb aus- **249** geübt wird. Mit anderen Worten: Ein Gewerbebetrieb ist nicht „absolut" störend oder nicht störend oder nicht wesentlich/erheblich störend, sondern nur „relativ", nämlich in Relation zu dem jeweiligen Baugebiet.

Beispiel (nach BayVGH, B.v. 15.2.2017 – 9 ZB 15.2092 –, juris): Kfz-Werkstätten gehören nicht zu den Betrieben, die von vornherein typischerweise in einem Dorf- oder Mischgebiet unzulässig sind (BVerwG BauR 1975, 396; König/Roeser/Stock, BauNVO, § 5 Rn. 20). Da allen Kfz-Werkstätten gemein ist, Reparaturen an Kraftfahrzeugen durchzuführen und Kraftfahrzeuge durch einen Motor angetrieben werden, dessen Funktionsfähigkeit in Kfz-Werkstätten geprüft wird, ist allein das Laufenlassen eines Motors nicht schon per se als wesentliche Störung der Wohnnutzung in einem Dorfgebiet zu bewerten, in dem Kfz-Werkstätten eben nicht typisierend ausgeschlossen sind. (Das gilt insbesondere auch dann, wenn der zugelassene Betrieb durch die der Baugenehmigung beigefügten Nebenbestimmungen beschränkt worden ist, z.B. die Durchführung geräuschintensiver Arbeiten außerhalb der geschlossenen Werkstatt untersagt, bei lärmintensiven Arbeiten die Fenster, Türen und Tore stets geschlossen zu halten sind und die Durchführung von Karosserie-, Blech- und Lackierarbeiten nicht zulässig ist, s. dazu ab Rn. 601).

Entscheidend ist nicht, ob die mit der Nutzung verbundenen immissionsschutzrecht- **250** lichen Lärmwerte eingehalten werden. Handelt es sich um ein beplantes Gebiet (§ 30 Abs. 1 BauGB) oder ein faktisches Baugebiet (§ 34 Abs. 2 BauGB), kommt es allein auf die Frage an, ob ein Vorhaben der beabsichtigten Art generell geeignet ist, das Wohnen in einem solchen Baugebiet so zu stören, dass von einer **Gleichgewichtigkeit und wechselseitigen Verträglichkeit** zwischen Wohnen und Gewerbe nicht die Rede sein kann.

Beispiel (nach OVG NRW, U.v. 29.10.2012 – 2 A 619/12 –, nrwe): Die geplante Nutzung von Räumen für ein „Stundenhotel" schließt typischerweise die Nutzung durch Prostituierte ein. In einem Wohngebiet ist dies nicht zulässig. Denn es ist zu erwarten, dass die Nutzung zu negativen „milieubedingten" Auswirkungen auf das Wohnumfeld führen wird. Auch ist mit Beeinträchtigungen der Wohnruhe zu rechnen, wenn der Betrieb auf die späten Abendstunden ausgerichtet ist und es dann in den besonders schutzwürdigen Zeiten zu verstärktem Kraftfahrzeugverkehr kommen wird.

(d) Einzelne „besondere" Gewerbebetriebe

– Vergnügungsstätte / kerngebietstypische Vergnügungsstätte

Der Begriff der Vergnügungsstätte wird in der BauNVO nicht definiert. **251**

Für die Frage, was eine Vergnügungsstätte ist, ist nicht maßgeblich, wie der Begriff umgangssprachlich oder in anderen Rechtsgebieten (z.B. im Vergnügungssteuerrecht) verwendet wird. Es werden nicht alle Stätten umfasst, in denen sich Menschen nach einer am reinen Wortlaut orientierten Auslegung „vergnügen", d.h. wo sie einen angenehmen Zeitvertreib erleben. So nennt § 7 Abs. 2 BauNVO als zulässige Nutzungen im Kerngebiet neben Vergnügungsstätten (Nr. 2) in Nr. 4 u.a. Anlagen für kulturelle und sportliche Zwecke, obwohl diese ebenfalls dazu dienen, Vergnügen im weiten Sinn zu bereiten.

„**Vergnügungsstätte**" ist ein eigenständiger planungsrechtlicher Nutzungsbegriff, der im Zusammenhang mit der städtebaulichen Ordnung steht. Es handelt sich um eine besondere Nutzungsart, bei der die kommerzielle Unterhaltung der Besucher im Vordergrund steht. Zu diesem Zweck werden durch Amüsierbetriebe, Diskotheken, Spielhallen, Multiplex-Kinos etc. unter Ansprache (oder Ausnutzung) des Geselligkeits-, Spiel- und/oder Sexualtriebes entsprechende Gewinn bringende Dienstleistungen erbracht (vgl. Fickert/Fieseler, BauNVO, § 4a Rn. 22.2). Auch sog. Lasertag-Anlagen – soweit ihr Betrieb überhaupt zulässig ist (vgl. dazu BVerwG GewArch 2007, 247) – werden von der Rechtsprechung als Vergnügungsstätten im Sinne der BauNVO angesehen, weil der Unterhaltungszweck sie prägt (OVG NRW, B.v. 21.3.2017 - 7 B 221/17 -, nrwe, und OVG Rh.-Pf. NVwZ-RR 2017, 278).

252 Vergnügungsstätten sind u.a. von **Schank- und Speisewirtschaften** abzugrenzen. Einerseits wird eine Vergnügungsstätte nicht dadurch zu einer Schank- und Speisewirtschaft, dass in ihr auch Speisen und Getränke angeboten werden. Andererseits verliert eine Schank- und Speisewirtschaft nicht dadurch ihren planungsrechtlichen Charakter, dass gelegentlich in ihr Tanzveranstaltungen durchgeführt werden oder Unterhaltungsmusik geboten wird. Ob eine Vergnügungsstätte oder eine Schank- und Speisewirtschaft vorliegt, ist nach dem Schwerpunkt des Betriebes zu beurteilen.

253 Die Aufführung von Vergnügungsstätten im Katalog allgemein oder ausnahmsweise zulässiger Nutzungen im besonderen Wohngebiet (§ 4a Abs. 3 Nr. 2 BauNVO), urbanen Gebiet (§ 6a Abs. 3 Nr. 1 BauNVO) und Kerngebiet (§ 7 Abs. 2 Nr. 2 BauNVO) hat keine Ausschlusswirkung für andere Baugebiete, in deren Nutzungsartenkatalog)wie beim Mischgebiet) nur Gewerbebetriebe allgemein aufgeführt sind. Eine Vergnügungsstätte kann deshalb als **„sonstiger Gewerbebetrieb"** nach § 6 Abs. 2 Nr. 4 BauNVO auch in einem Mischgebiet zulässig sein, vorausgesetzt, es handelt sich nicht um eine „kerngebietstypische Vergnügungsstätte", die wesentliche Störungen für die Wohnruhe vor allem am Abend und in der Nacht mit sich bringt (BVerwGE 68, 207).

254 Der in § 4a Abs. 3 Nr. 2 BauNVO enthaltene Begriff der „Vergnügungsstätten, soweit sie nicht wegen ihrer Zweckbestimmung oder ihres Umfangs nur in Kerngebieten allgemein zulässig sind" hat über den Anwendungsbereich des § 4a BauNVO hinaus große Bedeutung für die anderen Baugebiete. Denn auf ihn verweisen mehrere andere Bestimmungen der BauNVO (anders allerdings § 6a Abs. 3 Nr. 1 BauNVO, der die Formulierung aus § 4a Abs. 3 Nr. 2 BauNVO wörtlich übernimmt). Aus ihm ist der Begriff der **„kerngebietstypischen Vergnügungsstätte"** entstanden.

255 Für die Frage, ob eine Vergnügungsstätte als kerngebietstypisch einzustufen ist, ist eine **typisierende Betrachtungsweise** geboten (s. dazu Rn. 222). Entscheidend ist, ob sie wegen des von ihr regelmäßig ausgehenden Störungsgrades in einem besonderen Wohngebiet (§ 4a Abs. 3 Nr. 2 BauNVO) und in einem Mischgebiet (dort in nicht überwiegend durch gewerbliche Nutzungen geprägten Teilen, vgl. § 6 Abs. 2 Nr. 8 BauNVO) nicht als regelmäßig akzeptabel anzusehen ist. Hilfreiches Zuordnungskriterium kann sein, ob die Vergnügungsstätte als zentraler Dienstleistungsbetrieb auf dem Unterhaltungssektor für ein größeres und allgemeines Publikum aus einem größeren Einzugsbereich erreichbar ist oder jedenfalls erreichbar sein soll. Bestimmte Erscheinungsformen von Vergnügungsstätten sollen deswegen in Kerngebieten konzentriert sein und nicht in die regelmäßig am Stadtrand gelegenen und für größere Besucherzahlen nicht erschlossenen Gewerbegebiete abgedrängt werden (BVerwG BRS 46 Nr. 51; OVG NRW, B.v. 21.2.2011 - 2 A 2250/09 –, n.v.).

256 Der hiermit zum Abgrenzungskriterium erhobene Einzugsbereich einer Vergnügungsstätte hängt von ihrer Größe ab. Die Rechtsprechung knüpft dabei an die jeweilige Nutzfläche an und legt einen **„Schwellenwert"** von 100 qm zugrunde (BVerwG NVwZ-RR 1993, 287). Das führt in der Praxis oft dazu, dass eine „Aufteilung" in zwei unterhalb dieser Schwelle liegende Anlagen erfolgt, wenn z.B. in Wirklichkeit eine über dieser Schwelle liegende Spielhalle errichtet und das Vorhaben der Einstufung als kerngebietstypisch entzogen werden soll. Hier ist eine natürliche Betrachtungsweise vorzunehmen und zu bewerten, ob bei einer städtebaulichen Beurteilung des Vorhabens eine einheitliche Betrachtung als (eine) Spielhalle geboten und damit maßgebend erscheint. Dabei ist in diesen Fällen auf die Wahrnehmung der Spielhalle(n) durch die Kunden abzustellen. Entscheidend ist, ob die jeweils konkrete Mehrheit von Spielhallen vom Kunden als einheitliche Vergnügungsstätte empfunden wird, aus dessen Sicht als durch ein gemeinsames Konzept und durch Kooperation miteinander verbunden in Erscheinung tritt und dadurch eine „kerngebietstypisch" gesteigerte Anziehungskraft auf die Spieler ausübt (OVG Saar BRS 79 Nr. 162).

Betriebe des Beherbergungsgewerbes

Betriebe des **Beherbergungsgewerbes** (Beherbergungsstätten) sind in besonderen **257** Wohngebieten (§ 4a Abs. 2 Nr. 2 BauNVO), Dorfgebieten (§ 5 Abs. 2 Nr. 5 BauNVO), Mischgebieten (§ 6 Abs. 2 Nr. 3 BauNVO), Kerngebieten (§ 7 Abs. 2 Nr. 2 BauNVO), Gewerbegebieten (§ 8 Abs. 2 Nr. 1 BauNVO, als Unterfall der Nutzungsart „Gewerbebetriebe aller Art") und Industriegebieten (§ 9 Abs. 1 Nr. 1 BauNVO, als Unterfall der Nutzungsart „Gewerbebetriebe aller Art") regelmäßig zulässig.

Sie sind in reinen Wohngebieten (sofern es sich um „kleine Betriebe des Beherbergungsgewerbes" handelt, § 3 Abs. 3 Nr. 1 BauNVO) und allgemeinen Wohngebieten (§ 4 Abs. 3 Nr. 1 BauNVO) ausnahmsweise zulässig.

Ein **Beherbergungsbetrieb** liegt nur vor, wenn die Räume ständig wechselnden **258** Gästen zum vorübergehenden Aufenthalt zur Verfügung gestellt werden, ohne dass diese dort ihren häuslichen Wirkungskreis unabhängig gestalten können (BVerwG NVwZ 1989, 1060). Die Beherbergung ist – in Abgrenzung zum Wohnen – auf einen Kreis von Personen angelegt, die das Zimmerangebot annehmen, ohne dass Veränderungen an Ausstattung und Zuschnitt des Angebots vorgenommen werden. Im Vordergrund steht bei einem Betrieb des Beherbergungsgewerbes die Übernachtungsmöglichkeit. Das ist bei einer stundenweisen Überlassung von Apartments nicht der Fall. Denn dabei geht es allein um die Zurverfügungstellung von Räumlichkeiten zu anderen Zwecken.

Für **Ferienwohnung**en trifft § 13a BauNVO eine Sonderregelung. Für die dort genannten Arten von Ferienwohnungen gilt, dass sie entweder den „klassischen" nicht störenden Gewerbebetrieben zuzurechnen sind (was in der Regel anzunehmen ist, § 13a S. 1 BauNVO), oder aber den (großen oder kleinen) Beherbergungsgewerben (§ 13a S. 2 BauNVO); s. dazu im Einzelnen Rn. 282).

Läden (Einzelhandelsbetriebe), Schank- und Speisewirtschaften

In reinen Wohngebieten können Läden ausnahmsweise zugelassen werden (§ 3 **259** Abs. 3 Nr. 1 BauNVO); Schank- und Speisewirtschaften sind nicht zulässig.

In Kleinsiedlungsgebieten (§ 2 Abs. 2 Nr. 2 BauNVO) und allgemeinen Wohngebieten (§ 4 Abs. 2 Nr. 2 BauNVO) sind der Versorgung des Gebiets dienende Läden und Schank- und Speisewirtschaften regelmäßig zulässig.

In besonderen Wohngebieten (§ 4a Abs. 2 Nr. 2 BauNVO) sind Läden sowie Schank- und Speisewirtschaften auch ohne die Beschränkung der Gebietsversorgung regelmäßig zulässig. Dasselbe trifft für Dorfgebiete (§ 5 Abs. 2 Nr. 5 BauNVO), Mischgebiete (§ 6 Abs. 2 Nr. 3 BauNVO) und Kerngebiete (§ 7 Abs. 2 Nr. 2 BauNVO) zu; hierbei sind jeweils Läden als Unterart von Einzelhandelsbetrieben anzusehen.

In Gewerbegebieten (§ 8 BauNVO) und Industriegebieten (§ 9 BauNVO) sind Läden und Schank- und Speisewirtschaften als Gewerbebetriebe aller Art regelmäßig zulässig.

260 Soweit in einigen Baugebieten vorausgesetzt wird, dass die Betriebe **der Versorgung des Gebiets dienen**, hängt dies von der jeweiligen konkreten städtebaulichen Situation ab. Der Versorgung des Gebiets dient der Betrieb dann, wenn er dem Gebiet funktional zugeordnet ist. Für diese Annahme muss z.b. eine Schankwirtschaft nach Standort, Größe, Raumeinteilung, Ausstattung und betrieblicher Konzeption objektiv geeignet sein, von den Bewohnern des Gebietes aufgesucht zu werden. Dabei hat die Betriebskonzeption indizielle Wirkung (OVG Rh.-Pf. NVwZ-RR 2011, 968). Die Antwort richtet sich also nach objektiven Kriterien, nicht nach den Angaben des Bauherrn (BVerwG NVwZ 1999, 417). Als räumlicher Maßstab für diese Beurteilung ist ein zusammenhängender, in seiner tatsächlichen oder planerisch angestrebten Struktur (z.b. als allgemeines Wohngebiet) gekennzeichneter Bereich maßgebend (OVG Rh.-Pf. NVwZ-RR 2011, 968).

261 Hinsichtlich Läden ist maßgebend, ob der Laden absehbar nur oder zumindest in einem erheblichen Umfang von den **Bewohnern des umliegenden Gebiets** aufgesucht wird oder ob ein darüber hinausgehender Kundenkreis zu erwarten ist, der zum Verlust des Gebietsbezugs führt (BVerwG BauR 1999, 29). Zwar spielt die Verkaufsfläche eine wesentliche Rolle. Jedoch bedeutet der Umstand, dass ein Verbrauchermarkt mit einer Verkaufsfläche von weniger als 800 m² nach der Rechtsprechung des BVerwG nicht „großflächig" i.S.d. § 11 Abs. 3 Nr. 2 BauNVO ist, nicht, dass er stets als ein der Versorgung des Gebiets dienender Laden im Sinne von § 4 Abs. 2 Nr. 2 BauNVO anzusehen wäre.

Beispiel (nach OVG Sachs.-Anh. NVwZ-RR 2014, 460): Ein Lebensmittelmarkt ist nicht mehr ein der Versorgung des Gebiets dienender Laden, wenn er mehr als 200 Stellplätze aufweist, verkehrsgünstig in der Nähe einer Straße mit bedeutender innerörtlicher Verkehrsfunktion errichtet und dadurch eine gute Erreichbarkeit mit dem PKW für Kunden außerhalb des Gebiets gewährleistet wird. Das gilt auch dann, wenn er die Schwelle der Großflächigkeit nicht überschreitet.

(3) Anlagen für soziale Zwecke

262 In allgemeinen Wohngebieten (§ 4 Abs. 2 Nr. 3 BauNVO), besonderen Wohngebieten (§ 4a Abs. 2 Nr. 5 BauNVO), Dorfgebieten (§ 5 Abs. 2 Nr. 7 BauNVO), Mischgebieten (§ 6 Abs. 2 Nr. 5 BauNVO) und Kerngebieten (§ 7 Abs. 2 Nr. 4 BauNVO) sind **Anlagen für soziale Zwecke** allgemein zulässig.

In Kleinsiedlungsgebieten (§ 2 Abs. 3 Nr. 2 BauNVO), reinen Wohngebieten (§ 3 Abs. 3 Nr. 2 BauNVO), Gewerbegebieten (§ 8 Abs. 3 Nr. 2 BauNVO) und Industriegebieten (§ 9 Abs. 3 Nr. 2 BauNVO) sind sie ausnahmsweise zulässig.

263 Anlagen für soziale Zwecke dienen in einem weiten Sinn der **sozialen Fürsorge und der öffentlichen Wohlfahrt**. Es handelt sich um Nutzungen, die auf Hilfe, Unterstützung, Betreuung und ähnliche fürsorgerische Maßnahmen ausgerichtet sind. Typische Beispiele sind Einrichtungen für Kinder und Jugendliche, alte Menschen sowie andere Personengruppen, die (bzw. deren Eltern) ein besonderes soziales Angebot annehmen wollen (BVerwG BRS 69 Nr. 63). Pflegeeinrichtungen sind in der Regel solche Anlagen.

264 Nach inzwischen allgemeiner Meinung ist eine Unterkunft für **Asylbewerber** und **Flüchtlinge** eine Anlage für soziale Zwecke mit wohnähnlichem Charakter. Als Wohnen im bauplanerischen Sinn stellt sich die Unterbringung nicht dar. Denn der Auf-

enthalt in solchen Unterkünften ist nicht freiwillig, sondern beruht auf einer Zuweisungsentscheidung der zuständigen Behörde, auf die der Betreffende keine Einflussmöglichkeiten hat (s. § 53 Abs. 1 S. 1 AsylG; vgl. VG Hamburg NVwZ 2016, 474; Hess. VGH NVwZ 2016, 88; VGH Bad.-Württ. NVwZ 2015, 1781; VG Köln, U.v. 11.1.2012 – 23 K 1277/11 –, nrwe; so auch BT-Drucksache 18/6185, S. 87). Zudem sind **Asylbegehrende** z.B. im Hinblick auf die Raumbelegung von den Entscheidungen der Verwaltung der Unterkunft abhängig, so dass eine Eigengestaltung der Haushaltsführung und des häuslichen Wirkungskreises nicht vorliegt (BayVGH NVwZ 2015, 912).

Der Umstand, dass die Anlagen zur Unterbringung wohnähnlichen Charakter haben, führt dazu, dass sie in der Regel in einem Gewerbegebiet und erst recht in einem Industriegebiet nicht gebietsverträglich sind (vgl. aber § 246 Abs. 10 bis 12 BauGB, s. dazu ab Rn. 308).

cc) Besondere Fragestellungen bei einzelnen Baugebieten

(1) Mischgebiet (§ 6 BauNVO)

Ein **Mischgebiet** ist dadurch gekennzeichnet, dass es sowohl dem Wohnen als auch **265** der Unterbringung von Gewerbebetrieben, die das Wohnen nicht wesentlich stören, dient. Die beiden Hauptnutzungsarten stehen nicht in einem Rangverhältnis zueinander, sondern als gleichwertige Funktionen nebeneinander. Ihr Verhältnis zueinander ist weder nach der Fläche noch nach Anteilen zu bestimmen (BVerwGE 40, 94). Jedoch darf keine der Nutzungsarten ein deutliches Übergewicht über die andere gewinnen. Das bedeutet auch, dass die gebotene Durchmischung von Wohnen und nicht wesentlich störendem Gewerbe durch ein neues Vorhaben weder qualitativ noch quantitativ gestört werden darf.

Soweit § 6 Abs. 2 BauNVO einzelne Gewerbebetriebe nicht gesondert anspricht, **266** kommt es für die Zulässigkeit solcher Anlagen in einem Mischgebiet darauf an, ob es sich dabei um Gewerbebetriebe handelt, die „**das Wohnen nicht wesentlich stören**" (§ 6 Abs. 1 BauNVO). Die Antwort auf die Frage, ob z.B. eine SB-Autowaschanlage in einem Mischgebiet zulässig ist, hängt von der konkreten Anlage und deren Betriebsgestaltung sowie von der konkreten Gebietssituation ab (so für den vergleichbaren Fall einer Kraftfahrzeugwerkstatt: BVerwG BauR 1975, 396). Mit Blick auf den Gewerbebetrieb ist eine typisierende Betrachtungsweise geboten (s. dazu Rn. 222).

Wohnungsprostitution ist im Mischgebiet nicht generell unzulässig (anders als Bor- **267** delle oder bordellartige Betriebe), da mit ihr nicht typischerweise Auswirkungen auf die Nachbarschaft verbunden sind, die das Wohnen wesentlich stören. Wohnungsprostitution liegt allerdings nur dann vor, wenn die Prostituierten in der Wohnung, in der sie ihrem Gewerbe nachgehen, auch dauerhaft wohnen, die gewerbliche Betätigung nach außen nur wohnähnlich in Erscheinung tritt und dem Gebäude, in dem sie stattfindet, nicht ein Gepräge gibt, das Rückschlüsse auf die Prostitutionsausübung ziehen lässt. Eine Nutzung, die darauf beruht, die betreffenden Räume einem ständig wechselnden Personenkreis gegen Entgelt zu überlassen, weist kein wohnähnliches Erscheinungsbild auf und ist damit als ein das Wohnen wesentlich störendes Gewerbe anzusehen (OVG NRW, B.v. 9.2.2010 – 10 A 471/09 –, nrwe).

§ 6 Abs. 2 Nr. 8 und Abs. 3 BauNVO treffen für **kerngebietstypische Vergnügungs-** **268** **stätte**n besondere Regelungen. Diese sind in Mischgebieten allgemein in den Teilen des Gebiets zulässig, die überwiegend durch gewerbliche Nutzungen geprägt sind;

sie können außerhalb dieser Gebiete (nur) ausnahmsweise zugelassen werden. Es ist also erforderlichenfalls eine Unterteilung innerhalb eines Mischgebiets vorzunehmen. Die Beurteilung, ob ein Gebietsteil überwiegend durch gewerbliche Nutzung geprägt ist, ist nicht rein rechnerisch (quantitativ) zu ermitteln (BVerwG UPR 1994, 262). Der Bereich muss so weit gezogen werden, wie sich die konkrete Vergnügungsstätte in städtebaulich relevanter Weise auswirken kann. Dies kann dazu führen, dass die an einer Straße liegenden Gebäude einzubeziehen sind, während die an der parallel dazu verlaufenden Nachbarstraße liegenden Gebäude unberücksichtigt bleiben (BVerwG BauR 2005, 1886).

(2) Urbanes Gebiet

269 Durch die Schaffung der Gebietskategorie „**urbanes Gebiet**" in § 6a BauGB ist dem Plangeber ein Mittel an die Hand gegeben worden, einerseits konfligierende Nutzungen einander anzunähern, andererseits eine höhere Nutzungsdichte (s. dazu Rn. 324) zu schaffen. Das Nebeneinander der in § 6a Abs. 1 Nr. 1 und Abs. 2 und 3 BauNVO regelmäßig oder ausnahmsweise zulässigen Nutzungen ist wesentliches Element dieses Gebiets. Dabei muss, wie in § 6a Abs. 1 S. 2 BauNVO ausdrücklich bestimmt ist, die Nutzungsmischung nicht gleichgewichtig sein; damit unterscheidet das Gebiet sich vom Mischgebiet (s. dazu Rn. 265). Eine völlig einseitige Zulassung der einen sowie der Ausschluss einer der anderen der in § 6a Abs. 1 BauNVO genannten Nutzungsarten würde jedoch der Zweckbestimmung widersprechen und wäre unzulässig.

Eine urbanes Gebiet kann nur durch eine Festsetzung entstehen; die Annahme eines „faktischen urbanen Gebiets" (entsprechend § 34 Abs. 2 BauGB) ist ausdrücklich ausgeschlossen: § 245c BauGB bestimmt, dass § 34 Abs. 2 BauGB auf Baugebiete nach § 6a BauNVO keine Anwendung findet.

270 Das urbane Gebiet enthält Elemente aus dem Mischgebiet (§ 6 BauNVO) und dem besonderen Wohngebiet (§ 4a BauNVO). Die in Mischgebieten zulässigen Nutzungen sind zumeist auch im urbanen Gebiet regelmäßig zulässig (außer Gartenbaubetriebe), Tankstellen und nicht kerngebietstypische Vergnügungsstätten sind allerdings, anders als im Mischgebiet, nur ausnahmsweise zulässig. Die Möglichkeiten der Feindifferenzierung ähneln denen im besonderen Wohngebiet (s. auch Rn. 220).

Begleitend mit der Schaffung der neuen Baugebietskategorie urbanes Gebiet sind in der **TA Lärm Immissionsrichtwerte** festgelegt, die, dem beabsichtigten Nebeneinander von Wohnen und Gewerbebetrieben sowie sozialen, kulturellen und anderen Einrichtungen, die die Wohnnutzung nicht wesentlich stören (§ 6a Abs. 1 S. 1 BauNVO) andererseits Rechnung tragend, höhere Immissionsrichtwerte als für artverwandte Gebiete vorsehen. Während für Kern-, Dorf- und Mischgebiete in der TA Lärm tags 60 dB(A) und nachts 45 dB(A) als Richtwert gelten, ist für das urbane Gebiet tags 63 dB(A) und nachts weiterhin 45 dB(A) (im Bundesrat wurde insoweit eine Erhöhung um 3 dB(A) abgelehnt) vorgesehen. Im Geltungsbereich der 18. BImSchV (**Sportanlagenlärmschutzverordnung**) erfolgen entsprechende Erhöhungen.

(3) Gewerbegebiet (§ 8 BauNVO)

271 Nach § 8 Abs. 1 BauNVO dienen Gewerbegebiete vorwiegend der Unterbringung von nicht erheblich belästigenden Gewerbebetrieben. Nach § 8 Abs. 2 Nr. 1 BauNVO sind unter anderem Gewerbebetriebe aller Art zulässig. Welche Gewerbebetriebe in einem Gewerbegebiet bei typisierender Betrachtung allgemein zulässig sind, richtet sich allerdings nicht nur nach dem Wortlaut des § 8 Abs. 2 BauNVO, sondern auch nach der Zweckbestimmung des Gebiets. Gewerbegebiete zeichnen sich dadurch aus, dass in ihnen gearbeitet wird. Nach dem Leitbild der BauNVO sind sie den **produzierenden und artverwandten Nutzungen** vorbehalten. Deshalb haben das OVG NRW (BRS 76 Nr. 71) und insofern zustimmend das BVerwG (BVerwGE 142, 1) ein **Krematorium** als diesem Leitbild widersprechend angesehen, wenn es (wie in dem entschiedenen Fall) über einen Raum verfügt, der es Trauergästen ermöglichen soll, in einem würdevollen, dem Anlass angemessenen äußeren Rahmen von dem Verstorbenen Abschied zu nehmen (Abschiedsraum).

(4) Sondergebiet nach § 10 BauNVO

Während das „klassische" Wohnen auf eine gewisse Dauer angelegt ist, werden **Fe-** 272 **rienwohnungen** einem ständig wechselnden Nutzerkreis angeboten. Auch die Nutzung eines **Wochenendhauses** zu eben diesem Zweck ist kein Wohnen im Sinne der BauNVO. Unabhängig von der Definition des „Wochenendes" und der damit zusammenhängenden Frage, ob eine Überschreitung des Zulässigen schon dann vorliegt, wenn die Aufenthaltszeit (minimal) über die Wochenendzeit hinaus geht – dies dürfte zu verneinen sein –, kann jedenfalls dann von einer Nutzung als Wochenendhaus nicht mehr gesprochen werden, wenn der Aufenthalt mehr als die Hälfte der Zeit ausmacht.

Das Wochenendhaus setzt begrifflich eine andere Wohnung als Lebensmittelpunkt voraus.

Der Begriff eines **Campingplatzes** ist bundesrechtlich nicht definiert (vgl. BVerwG, 273 B.v. 22.1.2014 – 4 B 48.13 –, juris; s. auch OVG Nds. BRS 81 Nr. 97). Typisches Merkmal dafür ist, dass der Platz nicht nur vorübergehend eingerichtet und zum Aufstellen von mehr als drei Wohnwagen, Wohnmobilen, Zelten oder ähnlichen Anlagen zum vorübergehenden Aufenthalt bestimmt ist (so VGH Bad.-Württ. BauR 2016, 1744, unter Hinweis auf die Campingplatzverordnungen der meisten Länder, etwa § 1 i. V. mit § 2 Abs. 1, Abs. 2 Campingplatzverordnung Baden-Württemberg) sowie Erholungszwecken dient.

(5) Sondergebiet nach § 11 BauNVO

Nach § 11 Abs. 1 BauNVO sind als **sonstige Sondergebiete** solche Gebiete darzu- 274 stellen und festzusetzen, die sich von den Baugebieten nach den §§ 2 bis 10 BauNVO wesentlich unterscheiden. Ein wesentlicher Unterschied zu den Gebieten nach den §§ 2 bis 10 BauNVO besteht, wenn ein Festsetzungsgehalt gewollt ist, der sich keinem der in den §§ 2 ff. BauNVO geregelten Gebietstypen zuordnen und der sich deshalb sachgerecht auch mit einer auf sie gestützten Festsetzung nicht erreichen lässt (BVerwGE 56, 283). Ob sich das festgesetzte Sondergebiet wesentlich von einem Baugebietstyp im Sinne der §§ 2 bis 10 BauNVO unterscheidet, ist insbesondere anhand der allgemeinen Zwecksetzung des Baugebiets zu beurteilen (BVerwG NVwZ-RR 1998, 416). Die konkreten Festsetzungen des Sondergebiets sind mit der jeweiligen „abstrakten" allgemeinen **Zweckbestimmung** des Baugebietstyps, wie er sich aus den jeweiligen Absätzen 1 der §§ 2 bis 10 BauNVO ergibt, zu vergleichen (BVerwGE 133, 377; 147, 138). Können die mit der Planung verbundenen Zielsetzungen mit der allgemeinen Zweckbestimmung der anderen Baugebiete nicht in Deckung gebracht werden, unterscheiden sie sich von ihnen wesentlich (vgl. dazu BVerwG ZfBR 2016, 699).

275 § 11 Abs. 3 BauNVO enthält eine Sonderregelung für **Einkaufszentren** (s. dazu BVerwG NVwZ 1990, 1074, und BVerwGE 117, 25) sowie **großflächige Einzelhandelsbetriebe**. Großflächig ist ein Betrieb bei mehr als 800 m^2 Verkaufsfläche (BVerwGE 124, 364). Entscheidend für die Anrechnung auf die Verkaufsfläche ist, ob die Fläche für den Kunden zugänglich ist und in unmittelbarem Zusammenhang mit dem Verkaufsvorgang steht. Denn die Attraktivität und die Wettbewerbsfähigkeit und damit die Auswirkungen eines Einzelhandelsbetriebs werden nicht nur von seiner Größe bestimmt, die sich in der Geschossfläche widerspiegelt. Sie wird eher von derjenigen Fläche beeinflusst, auf der Waren präsentiert und gekauft werden können. Hierzu zählen alle Flächen eines Betriebes, die den Kunden zugänglich sind, in denen Waren angeboten werden und die mit dem Verkaufsvorgang in einem räumlich-funktionalen Zusammenhang stehen (OVG NRW, B.v. 26.9.2016 – 2 B 660/16 -, nrwe). Gänge, Treppen, Aufzüge, die Flächen des Windfangs und des Kassenvorraums (einschließlich des Bereichs zum Einpacken der Ware und zum Entsorgen des Verpackungsmaterials) zählen zu der städtebaulich relevanten Verkaufsfläche. Personalräume und reine Lagerflächen sind nicht zu berücksichtigen, ebenso wenig eine Kundenrestaurant, Kunden- und Personaltoiletten, Büros, Schulungsräume und Werkstätten. Die erstgenannten Flächen mögen zwar die Attraktivität des Betriebs erhöhen; es handelt sich aber nicht um Flächen, auf denen Waren angeboten werden und die in einem funktionalen Zusammenhang mit dem Verkaufsvorgang stehen (OVG NRW, B.v. 26.9.2016 – 2 B 660/16 -, nrwe). Die Fläche eines Backshops in einer Entfernung von ca. 35 m vom Lebensmittelmarkt ist nicht hinzuzurechnen; dasselbe gilt für eine außerhalb des Ladens liegende Abstellfläche für Einkaufswagen (BVerwG ZfBR 2017, 266; VGH Bad.-Württ. BauR 2016, 475).

276 Großflächige Betriebe, die sich nach Art, Lage oder Umfang auf die Verwirklichung der Ziele der Raumordnung und Landesplanung oder auf die städtebauliche Entwicklung und Ordnung nicht nur unwesentlich auswirken können, sind nach § 11 Abs. 3 BauNVO außer in Kerngebieten nur in für sie festgesetzten Sondergebieten zulässig. Derartige Auswirkungen werden nach § 11 Abs. 3 S. 3 BauNVO **vermutet**, wenn die Geschossfläche mehr als 1200 m^2 beträgt, es sei denn, es bestehen gegenteilige Anhaltspunkte (Satz 4).

dd) Sonderregelungen für die Baugebiete

(1) Stellplätze und Garagen (§ 12 BauNVO)

277 § 12 BauNVO erlaubt Stellplätze und Garagen in allen Baugebieten, allerdings mit Einschränkungen für Kleinsiedlungsgebiete, reine Wohngebiete und allgemeine Wohngebiete.

Diese weitgehende Freiheit wird jedoch wesentlich eingeschränkt durch das in § 15 Abs. 1 S. 2 BauNVO ausgesprochene **Rücksichtnahmegebot**. Danach sind auch Stellplätze und Garagen im Einzelfall unzulässig, wenn sie nach Anzahl, Lage, Umfang oder **Zweckbestimmung** der Eigenart des Baugebiets widersprechen. Sie sind auch unzulässig, wenn von ihnen Belästigungen oder Störungen ausgehen können, die nach der Eigenart des Baugebiets im Baugebiet selbst oder in dessen Umgebung unzumutbar sind, oder wenn sie solchen Belästigungen oder Störungen ausgesetzt werden. Nach Wegfall des in § 51 Abs. 7 BauO NRW 2000 enthaltenen Verbots der unzumutbaren Störung durch die Anordnung und Ausführung von Stellplätzen und Garagen durch die aktuelle BauO NRW erhält dieses Gebot eine besondere Bedeutung, wie es sie schon in anderen Bundesländern hat, in denen eine vergleichbare landesrechtliche Bestimmung fehlt (Einzelheiten dazu ab Rn. 570 im Zusammenhang mit § 51 BauO NRW 2000/§ 50 BauO NRW 2016; s. auch Schulte Beerbühl, Öffentliches Baunachbarrecht, ab Rn. 699).

(2) Gebäude und Räume für freie Berufe (§ 13 BauNVO)

§ 13 BauNVO ermöglicht **freien Berufen** die berufliche Nutzung von Räumen bzw. **278** Gebäuden in allen Baugebieten. Die Bestimmung stellt diesen Berufsgruppen diejenigen Gewerbetreibenden gleich, die ihren Beruf in ähnlicher Art ausüben, also insbesondere in unabhängiger Stellung auf der Grundlage geistiger Leistungen oder persönlicher Fertigkeiten individuelle Eigenleistungen für einen unbegrenzten Kreis von Interessenten erbringen. Die Privilegierung erfolgt mit Blick darauf, dass Dienstleistungen von freien Berufen ihrem Herkommen nach regelhaft in allen Wohngebieten angeboten werden und sich **wohnartig** ausnehmen, das heißt insbesondere keine weitergehenden Anforderungen an die Räumlichkeiten stellen (vgl. zur Wohnartigkeit: OVG NRW, B.v. 7.7.2010 – 7 A 1277/09 –, nrwe, und B.v. 24.10.1998 – 7 B 2333/97 –, juris) und vom Störungsgrad und der Störempfindlichkeit im Grundsatz in allen Wohngebieten verträglich sind. Zu den freiberuflichen Tätigkeiten gehören insbesondere die selbstständig ausgeübte wissenschaftliche, künstlerische, schriftstellerische, unterrichtende oder erzieherische Tätigkeit, die selbstständige Berufstätigkeit der Ärzte, Zahnärzte, Tierärzte, Rechtsanwälte, Notare, Patentanwälte, Vermessungsingenieure, Ingenieure, Architekten, Wirtschaftsprüfer, Steuerberater, der beratenden Volks- und Betriebswirte, der vereidigten Buchprüfer, Steuerbevollmächtigten, Heilpraktiker, Dentisten, Krankengymnasten, Journalisten, Dolmetscher und ähnlicher Berufe.

Im Hinblick auf die Zulässigkeit in allen Gebieten ist ein eher restriktives Verständnis **279** geboten. Deshalb scheidet die Anwendung des § 13 BauNVO für Betriebe oder Betriebsteile des Handels, des Handwerks oder gar der Industrie von vornherein aus. Außerdem bestehen **qualitative Anforderungen** an eine freiberufliche oder freiberufsähnliche Tätigkeit im Sinne dieser Vorschrift. Nach OVG NRW NVwZ-RR 2012, 132, setzt die Annahme einer solchen Tätigkeit zwar nicht zwingend voraus, dass sie auf der Grundlage einer besonders qualifizierten Ausbildung betrieben wird, wird aber herkömmlich mit dem Begriff des freien Berufs verbunden.

Der in § 13 BauNVO nicht definierte Begriff des „**Gebäudes**" ist identisch mit dem **280** allgemeinen Begriff, wie er für das Bauordnungsrecht gilt (vgl. § 2 Abs. 2 BauO NRW 2000/2016). Entscheidendes Kriterium ist die von sonstigen baulichen Anlagen unabhängige, selbstständige Benutzbarkeit; unselbstständige Teile einer baulichen Anlage können kein Gebäude sein. Durch eine etwaige bauliche Verbindung mit anderen Gebäuden oder Anlagen wird die funktionale Selbstständigkeit nicht in Frage gestellt. Unerheblich ist, welches äußere Erscheinungsbild mehrere Gebäude abgeben; auch wenn der Eindruck von Haupt- und Anbau hervorgerufen wird, handelt es sich um verschiedene Gebäude, sofern jedes von ihnen unabhängig vom anderen zugänglich ist.

Damit der Wohncharakter von Wohngebieten nicht beeinträchtigt wird, verlangt das **281** BVerwG (BVerwGE 68, 324 und NVwZ 2001, 128), dass, selbst wenn es sich nur um die Nutzung von Räumen handelt, **weniger als die Hälfte des Gebäudes** für freiberufliche Zwecke genutzt wird. Das gilt zum einen für die Zahl der Nutzungseinheiten und zum anderen für die Größe der genutzten Flächen. Zu berücksichtigen sind dabei aber nur die Flächen von Räumen, die als Aufenthaltsräume genutzt werden können (OVG Nds. NVwZ-RR 2008, 22; s. auch OVG NRW BRS 81 Nr. 83). Daraus folgt, dass z.B. ein reines „Ärztehaus" in einem reinen und allgemeinen Wohngebiet nicht nach § 13 BauNVO zugelassen werden kann (BVerwGE 102, 351).

(3) Ferienwohnungen (§ 13a BauNVO)

282 **Ferienwohnungen** sind nach der Legaldefinition des § 13a BauNVO „Räume oder Gebäude, die einem ständig wechselnden Kreis von Gästen gegen Entgelt vorübergehend zur Unterkunft zur Verfügung gestellt werden und die zur Begründung einer eigenen Häuslichkeit geeignet und bestimmt sind". Sie stehen gewissermaßen zwischen den Nutzungsarten „Wohnen" und **„Beherbergungsgewerbe"**. Mit der ersten haben sie das Merkmal der eigenen Häuslichkeit gemeinsam, unterscheiden sich von ihr aber darin, dass die Häuslichkeit nur vorübergehender Art ist. Mit der zweiten haben sie gemeinsam, dass fremde Räume oder Gebäude gegen Entgelt zum Aufenthalt zur Verfügung gestellt werden, unterscheiden sich von ihr in der Begründung der Häuslichkeit, die für ein Beherbergungsgewerbe gerade nicht typisch ist.

Um einem Bedürfnis nach Rechtssicherheit im Hinblick auf den Rechtscharakter von Ferienwohnungen Rechnung zu tragen und um sie aus Gebieten fernzuhalten, in denen sie aus städtebaulichen Gründen unerwünscht sind, hat der Gesetzgeber die entsprechenden Gebäude und Räume folgendermaßen in die Nutzungsarten der BauNVO eingeordnet:

Ferienwohnungen gehören nach § 13a S. 1 BauNVO „in der Regel" in (festgesetzten oder faktischen)

– Kleinsiedlungsgebieten und allgemeinen Wohngebieten zu den nicht störenden Gewerbebetrieben, die dort ausnahmsweise zulässig sind, und
– Dorfgebieten, Mischgebieten, urbanen Gebieten und Kerngebieten zu den Gewerbebetrieben, die dort (mit Einschränkungen) regelmäßig zulässig sind.

§ 13a S. 2 BauNVO ergänzt die Regelung dahin gehend, dass abweichend von Satz 1 Räume nach Satz 1 „in den übrigen Fällen", insbesondere bei einer baulich untergeordneten Bedeutung gegenüber der in dem Gebäude vorherrschenden Hauptnutzung, zu den Betrieben des Beherbergungsgewerbes gehören, und zwar in (festgesetzten oder faktischen)

– reinen Wohngebieten zu den kleinen Beherbergungsbetriebe, die dort ausnahmsweise zulässig sind,
– allgemeinen Wohngebieten zu den Beherbergungsbetrieben, die dort ausnahmsweise zulässig sind, und
– besonderen Wohngebieten, Dorfgebieten, Mischgebieten, urbanen Gebieten und Kerngebieten zu den Beherbergungsbetrieben, die dort regelmäßig zulässig sind.

(4) Nebenanlagen (§ 14 BauNVO)

283 **Nebenanlagen** i.S.d. § 14 BauNVO sind solche bodenrechtlich relevanten baulichen Anlagen, die sowohl in ihrer Funktion als auch räumlich-gegenständlich dem primären Nutzungszweck der Hauptanlage dienend zu- und **untergeordnet** sind (Bönker/ Bischopink, BauNVO, § 20 Rn. 51). Dies können Gebäude oder andere bauliche Anlagen sein. Hierzu zählen z.B. Gartenhäuser, private Spielplätze und eine private Schwimmhalle. Terrassen, Balkone und Loggien zählen, wie der Systematik des § 20 Abs. 4 BauNVO zu entnehmen ist, nicht dazu; sie sind Teil des Hauptgebäudes (vgl. dazu BayVGH, B.v. 8.2.2017 – 1 ZB 15.2215 –, juris).

(a) Unterordnung

Eine **einem Grundstück dienende Nebenanlage** im Sinne von § 14 Abs. 1 S. 1 **284** BauNVO muss zum einen in ihrer Funktion und zum anderen räumlich-gegenständlich (optisch) dem primären Nutzungszweck der in dem Baugebiet gelegenen Grundstücke sowie der diesem Nutzungszweck entsprechenden Bebauung (wie Zubehör) dienend zugeordnet und untergeordnet sein (BVerwG BauR 2011, 1789). In funktioneller Hinsicht muss sie ihre „Daseins-Berechtigung" aus der Existenz einer anderen Anlage, nämlich der Hauptanlage, beziehen, gleichsam eine von dem Hauptvorhaben „ausgelagerte" Nutzungsweise sein. Bei einem Betrieb ergibt sich die funktionale Zuordnung aus dessen Betriebskonzept.

Beispiele (nach VGH Bad.-Württ. BauR 2016, 1744): Ein Betrieb bietet Reparatur- und Servicearbeiten für an Wohnmobilen installierte Satellitenanlagen an und stellt den aus einem größeren Einzugsbereich anreisenden Kunden 17 Wohnmobil-Stellplätze zum Abstellen ihrer Fahrzeuge sowie zum Aufenthalt und zum Übernachten in den Fahrzeugen während der Dauer der Reparatur- bzw. Serviceleistungen zur Verfügung.

Weiteres Beispiel (nach (OVG Nds. BRS 65 Nr. 72): Eine Traglufthalle für ein privates Schwimmbad ist eine Nebenanlage zu einem Wohnhaus (s. auch BVerwG NVwZ 2004, 1244).

Ob eine Anlage untergeordnet (aber baulich selbstständig) ist, hängt in erster Linie **285** davon ab, in welchem Größenverhältnis sie zu der Hauptanlage auf dem Grundstück steht. An einer erkennbaren **räumlich-gegenständlichen Unterordnung** fehlt es, wenn die Nebenanlage aufgrund ihrer Abmessungen als der Hauptanlage gleichwertig erscheint oder diese sogar optisch verdrängt (BVerwG NJW 1983, 2713).

Beispiel (nach: OVG NRW B. v 17.12.2015 – 10 B 1150/15 –, juris): Die Grundflächen eines Hundehauses und einer Voliere betragen insgesamt circa 85 qm und damit deutlich mehr als Hälfte der Grundfläche des Wohnhauses (circa 130 qm). Hinzu kommen ein großer, eingezäunter Hundeauslauf sowie eine befestigte Freifläche zwischen der Voliere und der Nachbargrenze, die der Beschäftigung mit den Tieren und damit ihrer Haltung dient. Im Verhältnis zu dem auf dem Grundstück aufstehenden Wohnhaus kommt den Nebenanlagen deshalb nicht eine nur nebensächliche, sondern eine im Erscheinungsbild annähernd gleichwertige Bedeutung zu. Sie ist sind unzulässig. (Siehe auch BayVGH, B. v. 24.2.2005 – 1 ZB 04.276 –, juris, zu einem sich nicht unterordnenden Werbepylon mit einer Höhe von insgesamt 36 m und drei in etwa 30 m Höhe angebrachten, weit ausladenden, jeweils 13,70 m langen und 6 m hohen Werbetafeln.)

Die Zu- und Unterordnung kann auch gegeben sein, wenn das Bezugsobjekt auf **286** einem anderen Grundstück als das Hauptgebäude steht.

Beispiel (nach OVG Saar BRS 79 Nr. 91): Ein Brennholz-Lager für drei Häuser in einem reinen Wohngebiet ist auch auf einem benachbarten, nicht bebauten Grundstück als Nebenanlage zu diesen Häusern zulässig.

(b) Kleintierhaltung

Nebenanlagen zur **Kleintierhaltung** i.S.d. § 14 Abs. 1 S. 2 BauNVO sind in einem rei- **287** nen Wohngebiet nur zulässig, wenn die Tierhaltung, der sie dienen, in dem betreffenden Baugebiet üblich und ungefährlich ist und den Rahmen der für eine Wohnnutzung typischen Freizeitbetätigung nicht sprengt (BVerwG BauR 2000, 73). Dabei ist eine **typisierende Betrachtung** maßgeblich, die neben der Art der in den Nebenanlagen gehaltenen Tiere auch deren Zahl und das damit jeweils verbundene Störpotenzial berücksichtigt. Im Einzelfall kann unter Umständen die Üblichkeit der Kleintierhaltung abweichend von der typisierenden Betrachtung bejaht werden, wenn eine konkrete Betrachtung ergibt, dass in der Nachbarschaft vergleichbare Nutzungen vorhanden sind und sich die Bewohner des Baugebiets damit abgefunden haben. Aber auch dann darf die Kleintierhaltung nach Art und Anzahl der Tiere und ihrer Unterbringung das in dem Baugebiet nach der Verkehrsauffassung übliche Maß nicht überschreiten (Bönker/Bischopink § 14 BauNVO Rn. 25). Ein kleines Gebäude zur Unterbringung von Brieftauben ist eine Nebenanlage zum Wohnhaus (OVG NRW BRS 65 Nr. 73).

288 In reinen und allgemeinen Wohngebieten, die (vorwiegend) dem Wohnen dienen (§ 3 Abs. 1 BauNVO und § 4 Abs. 1 BauNVO), ist die freizeitgemäße Kleintierhaltung nur in einem den Wohnbedürfnissen gerecht werdenden Umfang **gebietsverträglich**. Dazu gehört, innerhalb und außerhalb der Wohngebäude vor Beeinträchtigungen durch unzumutbare Außengeräusche geschützt zu sein. Deshalb kann die Haltung von Kleintieren (auch) im Freien und die damit einhergehenden Geruchs- oder Geräuschbelästigungen dem Interesse an einem möglichst störungsfreien Wohnen zuwiderlaufen.

Beispiel (nach OVG Rh.-Pf., B.v. 2.10.2006 – 8 B 11048/06 –, juris): Die Haltung von mehr als 20 Hühnern mit mehr als einem Hahn sprengt den Rahmen einer für die Wohnnutzung typischen Freizeitbetätigung.

(c) Mobilfunksendeanlagen

289 Eine **Mobilfunksendeanlage**, die, bezogen auf das gesamte infrastrukturelle Versorgungsnetz, eine untergeordnete Funktion hat, ist nach der Rechtsprechung des BVerwG (NVwZ 2012, 579) eine fernmeldetechnische Nebenanlage im Sinne von § 14 Abs. 2 S. 2 BauNVO. Dies ist deshalb problematisch, weil Mobilfunksendeanlagen regelmäßig nur in geringem Umfang (allein) dem Nutzungszweck eines Baugrundstücks oder Baugebiets dienen und deshalb in aller Regel keine baugrundstücks- und baugebietsbezogenen Nebenanlagen sind. Das steht jedoch nach der Rechtsprechung des BVerwG ihrer Einstufung als Nebenanlagen i.S.d. § 14 Abs. 2 S. 2 BauNVO nicht entgegen. Denn mit dieser Bestimmung sollte eine Spezialregelung geschaffen werden, die dazu dient, diesen speziellen Infrastruktursystemen einen erleichterten Zugang zu allen Baugebieten zu verschaffen. In diesem Zusammenhang hat der Begriff der Nebenanlage somit in erster Linie einen instrumentellrechtstechnischen Zweck, der mit dem Begriffsinhalt, der ihm sonst in der BauNVO zukommt, nicht übereinstimmt (s. dazu auch: BayVGH BauR 2014, 1115).

ee) Nicht allgemein zulässige Vorhaben (Ausnahme, Befreiung)

290 Ist ein Vorhaben nach den Bestimmungen der BauNVO über die Art der baulichen Nutzung nicht allgemein zulässig, ist dennoch aus bauplanungsrechtlicher Sicht eine Genehmigungsfähigkeit gegeben, wenn hierfür eine **Ausnahme**, eine Befreiung oder eine Abweichung ausgesprochen werden kann. Dabei ist die Aufgabenverteilung zu beachten: Die Gemeinde erlässt zur städtebaulichen Lenkung von Bauvorhaben Bebauungspläne, die sie aus dem Flächennutzungsplan entwickelt (§ 8 Abs. 2 S. 1 BauGB). Sie hat durch die Festsetzungsmöglichkeit und die ab Rn. 217 dargestellte Möglichkeit der Feingliederung unmittelbaren Einfluss auf das Planungsrecht. Die Ausführung erfolgt allerdings durch die Genehmigungsbehörde, die diese satzungsrechtlichen Vorgaben zu beachten hat.

(1) Ausnahme zur Art der baulichen Nutzung

291 Die Bestimmungen der BauNVO über die zulässigen Nutzungen in den Baugebieten nach den §§ 2 bis 9 BauNVO regeln in ihren Absätzen 3, welche Ausnahmen (§ 31 Abs. 1 BauGB) zulässig sind. Die Erteilung einer **Ausnahme** setzt allerdings stets voraus, dass der Bebauungsplan die Ausnahme dem Grunde nach zulässt, diese also nicht ausgeschlossen hat (s. dazu oben Rn. 218).

Die Zulassung einer Ausnahme setzt nicht das Vorliegen eines Sonderfalls voraus. **292** Es ist jedoch im Wege einer ergänzenden Prüfung nach der **Gebietsverträglichkeit** (s. dazu ab Rn. 225) der jeweiligen Nutzung zu fragen. Das Erfordernis der Gebietsverträglichkeit gilt nach der Rechtsprechung des BVerwG auch und insbesondere für die ausnahmsweise Zulassung von Vorhaben. Denn: *„Zwischen der jeweiligen spezifischen Zweckbestimmung des Baugebietstypus und dem jeweils zugeordneten Ausnahmekatalog besteht ein gewollter funktionaler Zusammenhang. Das bedeutet: Die normierte allgemeine Zweckbestimmung ist auch für Auslegung und Anwendung der tatbestandlich normierten Ausnahmen bestimmend.“* (BVerwG NVwZ 2008, 786)

In diesem Zusammenhang sind die Anforderungen des jeweiligen Vorhabens an ein **293** Gebiet, die Auswirkungen des Vorhabens auf ein Gebiet und die Erfüllung des spezifischen Gebietsbedarfs von besonderer Bedeutung. Entscheidend ist, ob ein Vorhaben dieser Art generell geeignet ist, ein „bodenrechtlich beachtliches Störpotenzial“ zu entfalten, das sich mit der **Zweckbestimmung** des Baugebiets nicht verträgt. Im Rahmen dieser Beurteilung kommt es nicht auf die konkrete Bebauung in der Nachbarschaft an.

Eine Aufnahmeeinrichtung, Gemeinschaftsunterkunft oder sonstige Unterkunft für **294** **Flüchtlinge** oder **Asylbegehrende** wäre als Anlage für soziale Zwecke (s.o. Rn. 262) in einem Gewerbegebiet ausnahmsweise zulässig (§ 8 Abs. 3 Nr. 2 BauNVO). Aus der Wohnähnlichkeit ihrer Nutzung folgt jedoch, dass eine Gemeinschaftsunterkunft für **Asylbewerber** u.Ä. in einem Gewerbegebiet mangels ihrer Gebietsverträglichkeit „eigentlich“ nicht ausnahmsweise zulässig ist (ausführlich: VGH Bad.-Württ. DVBl 2013, 7953). Diese Rechtslage ändert § 246 Abs. 11 BauGB für den Zeitraum bis zum 31.12.2019 dahin, dass solche Unterbringungseinrichtungen überall dort, wo Anlagen für soziale Zwecke als Ausnahme zugelassen werden können (also auch nicht durch Festsetzung ausgeschlossen sind) in der Regel zugelassen werden sollen.

Eine ausnahmsweise Zulassung einer Aufnahmeeinrichtung, Gemeinschaftsunterkunft oder sonstigen Unterkunft für Flüchtlinge oder Asylbegehrende in Baugebieten nach den §§ 2 bis 7 BauNVO ist typischerweise unproblematisch. Für diese Baugebiete ändert § 246 Abs. 11 BauGB für den Zeitraum bis zum 31.12.2019 den Maßstab für die Ermessensentscheidung dahin, dass solche Unterbringungseinrichtungen überall dort, wo Anlagen für soziale Zwecke als Ausnahme zugelassen werden können (also auch nicht durch Festsetzung ausgeschlossen sind) in der Regel zugelassen werden sollen (vgl. dazu Rn. 317).

Eine **Ausnahme** darf nicht zugelassen werden, wenn das Vorhaben nicht mit § 15 **295** Abs. 1 BauNVO vereinbar ist. Diese Bestimmung gilt nicht nur für Vorhaben, die den Festsetzungen des Bebauungsplans nicht widersprechen, sondern – erst recht – für Vorhaben, die nur im Wege einer Ausnahme zugelassen werden können (BVerwGE 128, 118).

(2) Befreiung hinsichtlich der Art der baulichen Nutzung

Während die Frage der Zulassung einer Ausnahme dem Rechtssetzungsakt der Ge- **296** meinde zuzuordnen ist und der Verwaltung auf der Ebene des Verwaltungsvollzugs diesbezüglich nur wenig Gestaltungsraum bleibt, kann die Baugenehmigungsbehörde durch eine einzelfallbezogene **Befreiung** etwaigen Besonderheiten im Einzelfall

Rechnung tragen. Dies ist veranlasst, wenn eine schematische Anwendung der Festsetzungen in dem Bebauungsplan zu Ergebnissen führen würde, die in dieser Form mit dem Willen des Satzungsgebers nicht vereinbar wären. Einer Atypik bedarf es dabei allerdings nicht (BVerwG NVwZ 1999, 1110; BayVGH, B.v. 11.4.2017 – 1 ZB 14.2723 –, juris)

297 Anders als dies bei Ausnahmen der Fall ist, kann die Gemeinde, ist der Bebauungsplan erst einmal erlassen, auf die Möglichkeit von Befreiungen **keinen Einfluss mehr nehmen.** Weil die Möglichkeit einer Befreiung von gesetzlichen Voraussetzungen abhängig ist und der Satzungsgeber sich nicht über das Gesetz stellen kann, kann in dem Bebauungsplan die Zulassung von Befreiungen weder ausgeschlossen noch generell (im Sinne einer großzügigen Handhabung) erlaubt werden. Mittelbare Einflussmöglichkeiten bestehen allerdings insofern, als die Gemeinde in der Begründung des Bebauungsplans ihren Planungswillen zum Ausdruck bringen kann und damit, je nach Sachlage, der Genehmigungsbehörde den Weg zur Bejahung des Merkmals „die Grundzüge der Planung werden nicht berührt" (§ 31 Abs. 1, 1. Hs. BauGB) erleichtern oder erschweren kann. Eine darüber hinausgehende Einflussnahme auf die Zulassung oder Verweigerung von Befreiungen seitens der Genehmigungsbehörde ist nicht möglich; einschränkende oder lenkende Zusätze wie „soll" oder „kann" verbieten sich im Zusammenhang mit planerischen Festsetzungen.

(a) Bewahrung der Grundzüge der Planung

298 Sinn des Kriteriums der Bewahrung der **Grundzüge der Planung** ist es, eine Einhaltung des Bebauungsplans nicht auch dort zu erzwingen, wo die Beachtung dieser Festsetzung wegen der besonderen Situation sinnlos wäre. Deshalb müssen nur die wesentlichen Festsetzungen des Bebauungsplans eingehalten werden, während die weniger gewichtigen Festsetzungen weitgehend zur Disposition der Baugenehmigungsbehörde stehen. Eine exakte Grenzziehung zwischen wesentlichen und unwesentlichen Festsetzungen ist allerdings kaum möglich. Jedenfalls gilt: *„Je tiefer die Befreiung in das Interessengeflecht der Planung eingreift, desto eher liegt der Schluss auf eine Änderung in der Planungskonzeption nahe, die nur im Wege der (Um-)Planung möglich ist."* (BVerwGE 56, 71; BVerwG NVwZ 1999, 1110)

299 Mit dem Begriff der Grundzüge der Planung bezeichnet das Gesetz die durch die Hauptziele der Planung bestimmte **Grundkonzeption eines Bauleitplans.** Beim Bebauungsplan manifestieren sich die Grundzüge in den seine Hauptziele umsetzenden Festsetzungen. Was zum planerischen Grundkonzept zählt, beurteilt sich jeweils nach dem im Bebauungsplan zum Ausdruck kommenden Planungswillen der Gemeinde. Eine Befreiung ist ausgeschlossen, wenn das Vorhaben in seine Umgebung Spannungen hineinträgt oder erhöht, die nur durch eine Planung zu bewältigen sind. Was den Bebauungsplan in seinen „Grundzügen" betrifft, was seine „Planungskonzeption" verändert, lässt sich nur durch (Um-)Planung ermöglichen und darf nicht durch einen einzelfallbezogenen Verwaltungsakt der Baugenehmigungsbehörde zugelassen werden. Denn die Änderung eines Bebauungsplans obliegt nach § 2 BauGB der Gemeinde und nicht der Bauaufsichtsbehörde (so BVerwGE 142, 1). Insbesondere von einer Festsetzung, die **„im Angesicht des Falles"** getroffen worden ist, kann keine Befreiung erteilt werden (BVerwGE 40, 268; diese Entscheidung ist zwar zu einer früheren Fassung des § 31 Abs. 2 BauGB ergangen, hat aber auch für die aktuelle Fassung Bedeutung, vgl. OVG Nds. BauR 2017, 512).

300 Von Bedeutung für die Beurteilung, ob die Zulassung eines Vorhabens im Wege der Befreiung die Grundzüge der Planung berührt, können auch Auswirkungen des Vorhabens im Hinblick auf mögliche **Vorbild- und Folgewirkungen** für die Umgebung sein (vgl. BVerwG BRS 73 Nr. 68). Eine Befreiung von einer Festsetzung, die für die Planung tragend ist, darf nicht aus Gründen erteilt werden, die sich in einer Vielzahl gleichgelagerter Fälle oder gar für alle von einer bestimmten Festsetzung betroffenen Grundstücke anführen ließen (vgl. BayVGH, U.v. 8.12.2015 – 15 B 14.1840 –, juris). Denn dann bestünde die Gefahr, dass die planungsrechtliche Lage auf Dauer „kippt". In diesen Fällen ist ohne eine Änderung des Bebauungsplans eine Genehmigung nicht möglich (BVerwG NVwZ 1990, 556).

Das Erkennen der Grundzüge der Planung setzt eine **Auslegung des Plans** voraus. **301** Hierfür ist vornehmlich auf den Inhalt, so wie er sich aus der Planurkunde ergibt, abzustellen. Aus den textlichen Festsetzungen und den Planzeichen ist darauf zu schließen, welche Planungsabsichten den Ortsgesetzgeber veranlasst haben, die eine oder andere Festsetzung zu treffen. Ergänzend sind die Aufstellungsvorgänge und etwaige andere Erkenntnismittel hinzuzuziehen, sofern sie verlässlichen Aufschluss über die Grundzüge der Planung vermitteln.

Im Rahmen der Einzelfallprüfung kann bedeutsam sein, ob der Plangeber das Bau- **302** gebiet „kompromisslos" gestalten wollte, z.B. ein festgesetztes reines Wohngebiet von allen gewerblichen und sonstigen Nutzungen freihalten wollte. Eine solche Annahme liegt insbesondere nahe, wenn der Plangeber von der Möglichkeit Gebrauch gemacht hat, gemäß § 1 Abs. 6 Nr. 1 BauNVO sämtliche der in § 3 Abs. 3 BauNVO vorgesehenen ausnahmsweise zulässigen Nutzungen auszuschließen. In einem solchen Fall kann z.B. schon die Errichtung einer einzelnen gewerblichen Anlage unter Berücksichtigung ihrer Auswirkungen auf die nähere Umgebung, die Grundzüge der Planung berühren (BVerwG BauR 2009, 78; BayVGH BRS 71 Nr. 76; OVG NRW, U.v. 17.12.2008 – 10 A 3000/07 –, nrwe).

Bei der Frage, ob die Grundzüge der Planung i.S.d. § 31 Abs. 2 BauGB „berührt" werden, ist nicht auf den **Zeitpunkt der Abwägungsentscheidung** abzustellen, sondern es ist die tatsächliche Entwicklung des Baugebiets in den Blick zu nehmen (BVerwGE 138, 166).

(b) Gründe des Wohls der Allgemeinheit

Gründe des Wohls der Allgemeinheit im Sinne von § 31 Abs. 2 Nr. 1 BauGB erfordern **303** nach der Rechtsprechung des BVerwG (BVerwGE 56, 71; BRS 67 Nr. 86) dann eine Befreiung, wenn **vernünftigerweise eine Abweichung vom Bebauungsplan geboten** ist. Eine unabweisbare Notwendigkeit ist nicht erforderlich.

(c) Städtebauliche Vereinbarkeit

Die Regelung des § 31 Abs. 2 Nr. 2 BauGB, nach der eine Befreiung zulässig ist, **304** „wenn ein Abweichen vom Bebauungsplan städtebaulich vertretbar ist", soll nach dem Willen des Gesetzgebers (BT-Drucksache 10/4630, 85) „Einengungen bei den Befreiungsmöglichkeiten beseitigen, die durch die bisherige Rechtsprechung entstanden sind". Vertretbar ist grundsätzlich jede Bebauung, die gemäß den Grundsätzen des § 1 Abs. 5 bis 7 BauGB im Bebauungsplan **hätte festgesetzt werden können** (BVerwGE 117, 50).

(d) Nicht beabsichtigte Härte

Eine Befreiung wegen offensichtlich nicht beabsichtigter Härte nach § 31 Abs. 2 Nr. 3 **305** BauGB ist zulässig, wenn das Grundstück **wegen seiner besonderen Verhältnisse** bei Einhaltung des Bebauungsplans nicht oder nur schwer bebaut werden kann und diese Beschränkung nicht durch die Zielsetzung des Bebauungsplans gefordert wird (BVerwGE 56, 71). Für die Zulässigkeit einer Befreiung sind nur objektive, grundstücksbezogene Umstände bedeutungsvoll, nicht dagegen die persönlichen oder wirtschaftlichen Verhältnisse des jeweiligen Bauherrn (BVerwG NJW 1991, 2783).

Ob eine offensichtlich nicht beabsichtigte Härte vorliegt, unterliegt voller verwaltungsgerichtlicher Kontrolle (BVerwGE 56, 71).

(e) Würdigung nachbarlicher Interessen und Vereinbarkeit mit öffentlichen Belangen

306 Alle drei Alternativen des § 31 Abs. 2 BauGB erlauben nur dann eine Befreiung, wenn die Abweichung auch unter Würdigung nachbarlicher Interessen mit den öffentlichen Belangen vereinbar ist. Die nachbarlichen Interessen sind „zu würdigen", d.h. gerecht mit- und gegeneinander abzuwägen. Sie stehen einer Befreiung nicht von vornherein entgegen. Daher kommt eine Befreiung auch dann in Betracht, wenn der Nachbar durch die Abweichung stärker beeinträchtigt wird als durch ein dem Bebauungsplan entsprechendes Bauvorhaben. Der Interessenausgleich zwischen Bauherrn und Nachbarn hat unter Berücksichtigung der Grundsätze zum **Rücksichtnahmegebot** (s. dazu ab Rn. 318, 809) zu erfolgen (BVerwG NVwZ 1987, 409).

Eine Beeinträchtigung öffentlicher Belange durch das geplante Vorhaben kann nur im Rahmen einer Bebauungsplanänderung durch Abwägung aller betroffener Belange gelöst werden, nicht durch eine Einzelentscheidung nach § 31 Abs. 2 BauGB.

(f) Befreiung und Gebietsverträglichkeit

307 Auch und gerade für Befreiungen gilt das Gebot der Beachtung der **Gebietsverträglichkeit**. Gerade weil ein Vorhaben in Rede steht, das vom Verordnungsgeber weder als allgemein noch als ausnahmsweise zulässig eingestuft wurde, ist die Gefahr besonders groß, dass auf dem Wege einer Befreiung ein Fremdkörper in das Baugebiet hineingetragen wird.

Beispiel: Bauvorhaben, die – außerhalb des Anwendungsbereichs des § 8 Abs. 3 Nr. 1 BauNVO (Wohnungen für Aufsichts- und Bereitschaftspersonen sowie für Betriebsinhaber und -leiter) – einer Wohn- oder wohnähnlichen Nutzung zu dienen bestimmt sind, sind mit dem Charakter eines Gewerbegebiets unvereinbar. Eine Befreiung darf nicht erfolgen.

(3) Die Sonderregelungen in § 246 Abs. 10, 12 und 14 BauGB

308 Für Aufnahmeeinrichtungen, Gemeinschaftsunterkünfte oder sonstige Unterkünfte für **Flüchtlinge** oder **Asylbegehrende** in einem Gewerbegebiet hat der Gesetzgeber mit § 246 Abs. 10 und Abs. 12 BauGB Sonderregelungen für Befreiungen getroffen.

Er hat mit § 246 Abs. 10 BauGB (im Falle der Zulässigkeit einer Anlage für soziale Zwecke in dem Baugebiet, sei es im Wege einer **Ausnahme** oder allgemein) für solche Vorhaben die Möglichkeit einer Befreiung eröffnet, die ansonsten zumeist an der fehlenden Gebietsverträglichkeit gescheitert wären.

309 Während § 246 Abs. 10 BauGB „für" die genannten Einrichtungen Befreiungen erlaubt, also auch die Errichtung stationärer Gebäude in Gewerbegebieten im Blick hat, spricht § 246 Abs. 12 BauGB lediglich die **Errichtung mobiler Unterkünfte und Nutzungsänderungen** an. Die Bestimmung stellt dies aber einerseits nicht unter die Voraussetzung der Zulassung von Anlagen für soziale Zwecke in diesem Gebiet und lässt sie andererseits in Gewerbe- und Industriegebieten und Sondergebieten nach den §§ 8 bis 11 BauNVO zu. Unter mobilen Unterkünften sind nach der Gesetzesbegründung zu § 246 Abs. 12 BauGB Behelfsunterkünfte wie insbesondere Wohncontainer und Zelte zu verstehen (siehe BT-Drucksache 18/6185 S. 54). Ihr charakteristisches Merkmal ist, dass die wesentlichen Elemente nach einem Rückbau an anderer Stelle wieder verwendet werden können (so OVG Hamburg DVBl 2016, 858).

Gemeinsam ist den Regelungen der Absätze 10 und 12, dass das Vorhaben „auch **310** unter Würdigung nachbarlicher Interessen mit öffentlichen Belangen vereinbar" sein muss. Angesichts des enormen Drucks, der auf den staatlichen Stellen ruht, und der auch von der Bevölkerung zu tragenden Pflicht, an der Lösung der Probleme mitzuwirken, ist bei der Aufgabe der Flüchtlingsunterbringung den Nachbarn auch ein „Mehr an Beeinträchtigungen zuzumuten" (BT-Drucksache 18/6185, S. 74 f.).

Eine gesonderte Prüfung, ob durch die Zulassung des Vorhabens **Grundzüge der** **311** **Planung** berührt werden, ist nicht erforderlich (OVG Hamburg DVBl 2016, 858; Ewer/Mutschler-Siebert, NJW 2016, 11; Ernst/Zinkahn/Bielenberg, BauGB, § 246 Rn. 76 f.; Battis/Mitschang/Reidt, NVwZ 2015, 1636). Denn es war gerade der Wille des Gesetzgebers, eine Befreiung nach § 246 Abs. 12 BauGB auch dann zu ermöglichen, wenn die Grundzüge der Planung berührt werden (BT-Drucksache 18/6185 S. 54). Dies wird auch darin deutlich, dass der Gesetzgeber als öffentliche Belange in seiner Begründung nur „gesunde Wohn- und Arbeitsverhältnisse" hervorgehoben hat.

Die in § 246 Abs. 14 BauGB gebotene Möglichkeit, unter den beschriebenen Voraus- **312** setzungen „von den Vorschriften dieses Gesetzbuchs oder den aufgrund dieses Gesetzbuchs erlassenen Vorschriften in erforderlichem Umfang" abzuweichen, gibt der zuständigen Stelle eine bemerkenswerte und außergewöhnliche Freiheit. Die Regelung hat aber in der gerichtlichen Praxis bislang eine geringe Rolle gespielt.

(4) Ermessensentscheidung über eine Ausnahme und eine Befreiung

Die Entscheidung der Baugenehmigungsbehörde über die Erteilung der Ausnahme **313** liegt in ihrem pflichtgemäßen Ermessen. Das besagt, dass auch bei Vorliegen der Voraussetzungen für eine Ausnahme die Behörde die rechtliche Befugnis hat, die Erteilung der Ausnahme abzulehnen. Der Bauherr hat nur einen Anspruch auf **ermessensfehlerfreie Entscheidung.**

Die **Begründung des Bebauungsplans** kann nicht als Leitlinie für die Ausübung des **314** Ermessens dienen. Denn die Begründung ist nicht Teil des Bebauungsplans und nimmt nicht an dessen Charakter als Satzung teil und ist deshalb nicht verbindlich. Sie vermag aus diesem Grund auch nicht zur Bestimmtheit einer in ihrer Aussage zweifelhaften Festsetzung beizutragen (BVerwG, B.v. 15.12.2016 – 4 BN 21/16 -, juris).

Die Behörde muss bei ihrer Entscheidung die allgemeinen verwaltungsrechtlich aner- **315** kannten Grundsätze über die Ermessensausübung berücksichtigen: Sie muss zunächst von dem richtigen tatsächlichen Sachverhalt ausgehen. Ferner muss sie den **Gleichbehandlungsgrundsatz** beachten: Der Bauherr hat einen Anspruch auf die Erteilung der Ausnahme bzw. Befreiung, wenn die Behörde sich durch die Erteilung von Ausnahmen bzw. Befreiungen in anderen, gleich gelagerten Fällen so sehr gebunden hat, dass die diesmalige Ablehnung gegen den Gleichheitsgrundsatz verstoßen würde.

Die Behörde muss ferner bei ihrer Entscheidung in einer dem Zweck der Ermächti- **316** gung entsprechenden Weise Gebrauch machen: Mit Blick auf die sich aus Art. 14 GG folgende Baufreiheit darf die Versagung darf nur aus gewichtigen städtebaulichen Gründen erfolgen (BVerwGE 117, 50). Dabei reicht es nicht aus, dass die Gemeinde bestimmte dem Vorhaben entgegenstehende Planungsabsichten hat. Denn um diese zu sichern stehen der Gemeinde andere Instrumente zur Verfügung, insbesondere die Zurückstellung von Baugesuchen und die Veränderungssperre. Schließlich muss sie nach § 39 Abs. 1 S. 3 VwVfG eine Begründung fertigen, die die Gesichtspunkte erkennen lässt, von denen sie bei der Ausübung ihres Ermessens ausgegangen ist.

317 Für die Erteilung einer Ausnahme nach § 246 Abs. 11 BauGB oder einer Befreiung nach § 246 Abs. 10 oder 12 BauGB besteht ein **intendiertes Ermessen** (BT-Dr. 18/6185, S. 74). Das heißt, das Ermessen ist in Richtung auf Erteilung einer Genehmigung unter Einschluss einer Ausnahme auszuüben, wenn nicht besondere Umstände vorliegen, die es als nicht mehr vertretbar erscheinen lassen, das Vorhaben zuzulassen; insoweit kommen insbesondere erhebliche Gesundheitsbeeinträchtigungen durch gewerbliche Nutzungen in Betracht.

ff) Rücksichtnahmegebot nach § 15 BauNVO

318 Zum Schutz der Umgebung oder sonstiger öffentlicher Belange bestimmt § 15 BauNVO, dass grundsätzlich nach §§ 2 bis 14 BauNVO zulässige Anlagen im Einzelfall unzulässig sind, wenn sie der Eigenart des Baugebiets widersprechen oder unzumutbare Störungen der Umgebung hervorrufen bzw. selbst solchen Störungen ausgesetzt sind. Die Eigenart des Baugebiets ergibt sich dabei aus der vorhandenen Bebauung im Baugebiet (BVerwGE 79, 308; VGH Bad.-Württ. NVwZ-RR 2010, 45; OVG Hamburg BauR 2009, 1556). § 15 BauNVO ist letztlich eine gesetzliche Ausgestaltung des allgemein geltenden baurechtlichen **Rücksichtnahmegebots** (BVerwGE 98, 235, 379).

319 Die Bestimmung bezieht sich nur auf §§ 2 ff. BauNVO (also die **Art der baulichen Nutzung**), nicht auf §§ 16 ff. BauNVO (also das Maß der baulichen Nutzung), auch wenn in Abs. 1 vom Umfang des Bauvorhabens die Rede ist (BVerwG NVwZ 1995, 899). Damit wird lediglich darauf abgestellt, dass bei einigen Vorhaben, z.B. Vergnügungsstätten, auch die Größe für die Zulässigkeit in bestimmten Baugebieten maßgeblich ist.

320 Ob sich ein Vorhaben unzumutbar auswirkt, ist unter Berücksichtigung aller maßgeblichen Umstände des Einzelfalls, insbesondere der tatsächlichen und rechtlichen **Vorbelastung** der Grundstücke und des Gebiets, der tatsächlichen und rechtlichen Schutzwürdigkeiten und Schutzbedürftigkeit des Bauherrn und des Nachbarn sowie der Art und Intensität aller in Betracht kommenden städtebaulich relevanten Nachteile zu beurteilen (vgl. BVerwG NJW BRS 60 Nr. 182; BVerwG BRS 73 Nr. 82; VGH Bad.-Württ. VBlBW 2008, 147).

Beispiel (nach BVerwG NVwZ 1999, 298): Ein in einem allgemeinen Wohngebiet als Nebenanlage nach § 14 BauNVO grundsätzlich zulässiger Altglas-Container kann im Einzelfall wegen der Störung der Wohnruhe unzulässig sein.

321 Zur Ermittlung der nicht mehr zumutbaren Störungen kann auf die **immissionsschutzrechtlichen Regelungen** zurückgegriffen werden (BVerwG BauR 2000, 234), die die Zumutbarkeitsgrenze nach § 15 BauNVO zwar nicht abschließend festlegen, aber als Orientierungswerte auch im Baurecht heranzuziehen sind (BVerwG NVwZ 1999, 298).

322 Soweit Lärmimmissionen in Rede stehen, werden zur Beurteilung, ob ein gewerbliches Vorhaben **schädliche Umwelteinwirkungen** im Sinne von § 3 Abs. 1 BImSchG

und § 22 Abs. 1 BImSchG hervorruft und damit die Schwelle der Zumutbarkeit überschreitet, die Anforderungen der Technischen Anleitung zum Schutz gegen Lärm - **TA Lärm** - vom 26.8.1998 (GMBl S. 503) herangezogen (BVerwGE 145, 145). Als normkonkretisierender Verwaltungsvorschrift kommt der TA Lärm, soweit sie für Geräusche den unbestimmten Rechtsbegriff der schädlichen Umwelteinwirkungen konkretisiert, eine im gerichtlichen Verfahren zu beachtende Bindungswirkung zu. Die normative Konkretisierung des gesetzlichen Maßstabs für die Schädlichkeit von Geräuschen ist jedenfalls insoweit abschließend, als sie bestimmte Gebietsarten und Tageszeiten entsprechend ihrer Schutzbedürftigkeit bestimmten Immissionsrichtwerten zuordnet und das Verfahren der Ermittlung und Beurteilung der Geräuschimmissionen vorschreibt. Für eine einzelfallbezogene Beurteilung der Schädlichkeitsgrenze aufgrund tatrichterlicher Würdigung lässt das Regelungskonzept der TA Lärm nur insoweit Raum, als es insbesondere durch Kann-Vorschriften (z.B. Nr. 6.5 S. 3 und Nr. 7.2) und Bewertungsspannen (z.B. A.2.5.3) Spielräume eröffnet (BVerwGE 129, 209). Diese Bindungswirkung gilt insbesondere auch in Bezug auf Nachbarkonflikte. Denn das Bundes-Immissionsschutzrecht und damit auch die TA Lärm legen die Grenze der Zumutbarkeit von Umwelteinwirkungen für den Nachbarn und damit das Maß der gebotenen Rücksichtnahme mit Wirkung auch für das Baurecht im Umfang seines Regelungsbereichs grundsätzlich allgemein fest (vgl. BVerwGE 109, 314; vgl. dazu insbesondere auch: VGH Bad.-Württ. NVwZ 2014, 1393).

§ 15 BauNVO ist als **Feinkorrektur des Bebauungsplans** bestimmt, kann also die **323** Festsetzungen nur ergänzen. Dagegen ist die Vorschrift kein Mittel, um eine planerische Fehlentscheidung zu korrigieren (BVerwG NVwZ 1993, 987).

Beispiel (nach BVerwG BauR 1989, 306): Ein Bebauungsplan, der unter Missachtung des Rücksichtnahmegebotes neben einer vorhandenen Wohnbebauung einen großen Hotelkomplex mit Parkhaus vorsieht, kann nicht dadurch „gerettet" werden, dass die Genehmigung des Parkhauses wegen § 15 BauNVO abgelehnt wird. Vielmehr ist in einem solchen Fall die Gültigkeit des Bebauungsplans in Frage zu stellen.

b) Maß der baulichen Nutzung (§§ 16 bis 21a BauNVO)

Während die §§ 2 ff. BauNVO durch die Festsetzung von Baugebieten die Art der **324** baulichen Nutzung unmittelbar bestimmen, wenden sich die §§ 16 ff. BauNVO mit ihren Regelungen über das zulässige Maß der baulichen Nutzung zunächst an den Bebauungsplan-Normgeber, d.h. den Gemeinderat. Dieser kann nach § 16 Abs. 2 BauNVO durch die Festsetzung der **Gebäudehöhe**, der Zahl der **Vollgeschosse**, der **Grundflächenzahl** und der **Geschossflächenzahl** sowie – nur in Industriegebieten – der **Baumassenzahl** die bauliche Nutzung der Grundstücke im Geltungsbereich eines Bebauungsplans beschränken und damit die Bebauungsdichte regeln.

Als zusätzliches Instrument hierfür ist das **urbane Gebiet** mit besonderen Obergren- **325** zen in § 17 BauNVO geschaffen worden. Für dieses Gebiet hat der Gesetzgeber für die Ermöglichung einer stärkeren Bebauungsdichte die Obergrenzen an **Grundflächenzahl** und Geschossflächenzahl deutlich gegenüber den „verwandten" Baugebieten besonderen Wohngebiet (§ 4a BauNVO) und Mischgebiet (§ 6 BauNVO) angehoben.

Im Einzelnen:

Gebäudehöhe   326

Die Gebäudehöhe kann als **Firsthöhe** (Höhe des Daches) oder **Traufhöhe** (Schnittpunkt der Außenwand mit dem Dach) festgesetzt werden. Dabei muss der **untere**

Bezugspunkt festgesetzt werden, sonst ist die Festsetzung mangels Bestimmtheit unwirksam (OVG NRW U. v. 6.11.2013 – 7 D 16/12.NE -, nrwe).

327 Zahl der höchstzulässigen Vollgeschosse

Wann ein Geschoss als **Vollgeschoss** gilt, ergibt sich nach § 20 Abs. 1 BauNVO aus den landesrechtlichen Vorschriften, in Nordrhein-Westfalen aus § 2 Abs. 5 BauO NRW 2000/§ 2 Abs. 6 BauO NRW 2016

328 Grundflächenzahl (GRZ)

Die **Grundflächenzahl** ergibt sich nach § 19 BauNVO aus dem Verhältnis zwischen überbauter Grundstücksfläche (Grundriss des Gebäudes) und Grundstücksfläche. Sie besagt, wieviel Grundfläche in Relation zur Grundstücksfläche überbaut werden darf.

Darauf werden nach § 19 Abs. 4 BauNVO auch die Flächen angerechnet, die mit Garagen und Stellplätzen einschließlich deren Zufahrten, Nebenanlagen i.S.d. § 14 BauNVO und Unterbauungen des Grundstücks (z.B. Tiefgaragen) bebaut sind. Insofern sind allerdings Überschreitungen und abweichende Regelungen im Plan möglich.

Die Gemeinde ist bei der Festsetzung an die Höchstwerte der Tabelle in § 17 Abs. 1 BauNVO gebunden; sie kann also z.B. nicht in einem Wohngebiet eine Grundflächenzahl von 0,5 festsetzen. Eine Ausnahme hiervon ist nach § 17 Abs. 2 BauNVO nur zulässig, wenn besondere städtebauliche Gründe dieses erfordern. Dieses ist der Fall, wenn ein Überschreiten der Obergrenze vernünftigerweise geboten ist (BVerwG BauR 2000, 690; BVerwG NVwZ 2001, 560), z.B. die Planungskonzeption sonst nicht realisiert werden kann (VGH Bad.-Württ. VBlBW 1996, 141). Es muss sich um eine städtebauliche Ausnahmesituation handeln. Reguläre städtebauliche Gründe in einer Standardsituation reichen nicht aus (BVerwG BRS 63 Nr. 1; BVerwG BRS 62 Nr. 26).

Geschossflächenzahl (GFZ)

329 Die **Geschossflächenzahl** nach § 20 Abs. 2 BauNVO gibt an, wieviel Geschossfläche (d.i. die Grundfläche aller Vollgeschosse) in Relation zur Grundstücksfläche zulässig ist. Dabei können Aufenthaltsräume im Unter- oder Dachgeschoss nach § 20 Abs. 3 S. 2 BauNVO mitgezählt werden, nicht aber die Fläche von Nebenanlagen und Garagen (§ 20 Abs. 4 BauNVO). Die in alten Bebauungsplänen früher häufig anzutreffende Festsetzung eines zusätzlichen ausbaufähigen Dachgeschosses (+D) ist unzulässig (so BVerwG NVwZ 1997, 896).

Baumassenzahl (BMZ)

Die **Baumassenzahl** gibt (in Gewerbe-, Industrie- und sonstigen Sondergebieten) an, wieviel Baumasse (Rauminhalt) in Relation zur Grundstücksfläche zulässig ist (§ 21 BauNVO).

c) Bauweise (§ 22 BauNVO)

330 Das Bauplanungsrecht kennt die offene, die geschlossene und die **abweichende** Bauweise. Bei der geschlossenen Bauweise werden die Gebäude ohne seitlichen Grenzabstand, also auf der Grenze errichtet (§ 22 Abs. 3 BauNVO). In der offenen Bauweise wird zwischen Einzelhäusern, Doppelhäusern und Hausgruppen unterschieden (§ 22 Abs. 2 BauNVO). Einzelhäuser halten zu allen Seiten einen seitlichen Grenzabstand ein, Doppelhäuser nur zur einen Seite, während sie zur anderen an die andere Doppelhaushälfte angebaut sind. Bei Hausgruppen, die nicht länger als 50 m

sein dürfen, halten die beiden die Gruppe abschließenden Gebäude an der äußeren Seite einen Grenzabstand ein, während sie zur anderen, nach innen gelegenen Seite keinen Grenzabstand aufweisen, ebenso wie etwaige andere von ihnen eingeschlossene Gebäude.

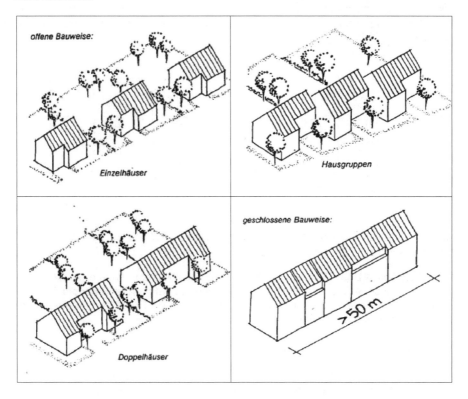

Die Bewertung, ob ein Haus noch ein **Doppelhaus** darstellt oder doch zwei Häuser, **331** die aneinandergebaut sind, ist oft schwierig. Die Rechtsprechung hierzu besagt: Ein Doppelhaus darf ausnahmsweise auf zwei Grundstücken ohne seitlichen Grenzabstand errichtet werden, sofern die Haushälften in „wechselseitig verträglicher und abgestimmter Weise" aneinandergebaut werden (BVerwG NVwZ 2000, 1055). Die Gebäude müssen derart zusammengebaut werden, dass sie einen Gesamtbaukörper bilden (ein Haus, zwei Gebäude). Dabei lässt sich weder abstrakt-generell noch mathematisch-prozentual festlegen, in welchem Umfang die beiden Haushälften an der Grenze zusammengebaut sein müssen. Es genügt nicht, dass die Häuser über mehrere Meter grenzständig aneinandergebaut sind. Vielmehr enthält das Erfordernis der baulichen Einheit neben dem quantitativen auch ein qualitatives Element. Aufeinander abgestimmt sind die Hälften eines Doppelhauses, wenn sie sich in ihrer Grenzbebauung noch als „gleichgewichtig" und „im richtigen Verhältnis zueinander" und daher als harmonisches Ganzes darstellen, ohne disproportional, als zufällig an der Grundstücksgrenze zusammengefügte Einzelhäuser ohne hinreichende räumliche Verbindung zu erscheinen. Deshalb muss ein Haus, soll es Teil eines Doppelhauses sein, ein Mindestmaß an Übereinstimmung mit dem zugehörigen Nachbarhaus aufweisen, indem es zumindest einzelne der ihm Proportionen und Gestalt gebenden baulichen Elemente aufgreift. Allerdings geben regelmäßig Höhe, Breite und Tiefe, sowie die Zahl der Geschosse und die Dachform einem Haus seine maßgebliche Gestalt. Auch Übereinstimmungen oder Abweichungen in der Kubatur der Häuser infolge hervortretender Bauteile, wie Dachterrassen, Gauben oder Anbauten können mitentscheidend für die Beantwortung der Frage sein, ob noch von einer baulichen Einheit und damit von einem Doppelhaus die Rede sein kann (BVerwG NVwZ 2015, 1769).

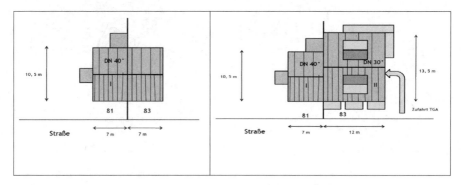

Alt-Zustand und geplanter Neubau des rechten Gebäudes; nach Verwirklichung des Vorhabens besteht kein Doppelhaus mehr

332   Nach § 22 Abs. 4 BauNVO kann im Bebauungsplan auch eine andere als die offene oder geschlossene Bauweise festgesetzt werden (**abweichende Bauweise**); in der Praxis spielt vor allem die sog. halboffene Bauweise eine Rolle, bei der die Grundstücke nur einseitig bis an die Grenze bebaut werden.

d) Überbaubare Grundstücksfläche (§ 23 BauNVO)

333   Während die bauliche Nutzung der Grundstücke im Geltungsbereich eines Bebauungsplans durch die Festsetzung von Grund- und Geschossflächenzahlen nur abstrakt, d.h. nicht auf das einzelne Grundstück bezogen geregelt wird, kann die Gemeinde durch die Festsetzung von **Baulinien** und Baugrenzen (§ 23 BauNVO) die Bebauung jedes einzelnen Grundstücks bis ins Detail festlegen. Baulinien (§ 23 Abs. 2 BauNVO) zwingen den Bauherrn dazu, exakt auf dieser Linie zu bauen. Dabei ist die Baulinie grundsätzlich in allen Geschossen einzuhalten (vgl. Fickert/Fieseler, BauNVO, § 23 Rn. 12).

334   Ist eine **Baugrenze** festgesetzt, dürfen Gebäude und Gebäudeteile diese nicht überschreiten, das Bauvorhaben darf aber dahinter zurückbleiben; ein Vortreten von Gebäudeteilen in geringfügigem Ausmaß kann zugelassen werden (§ 23 Abs. 3 BauNVO). Die Vorschrift ist nicht nur auf Gebäude und Gebäudeteile im engeren Sinne anwendbar (etwa i.S.d. § 2 Abs. 2 BauO NRW 2000/§ 2 Abs. 2 S. 1 BauO NRW 2016, wonach Gebäude nur solche baulichen Anlagen sind, die von Menschen betreten werden können), sondern auf jede selbstständige bauliche Anlage (vgl. BVerwG, U. v. 7.6.2001 – 4 C 1/01 -, juris). Dies findet seine Begründung unter anderem im Umkehrschluss aus § 23 Abs. 5 S. 1 BauNVO. Der Verordnungsgeber wollte bauliche Anlagen außerhalb der Baugrenzen nur zulassen, soweit es sich um zur Hauptnutzung gehörige und dieser untergeordnete Nebenanlagen handelt. Eine solche liegt etwa bei einer Werbeanlage nicht vor, wenn sie für Fremdwerbung gedacht und somit als eigenständige bauliche Anlage zu bewerten ist (VG Ansbach, U.v. 28.11.2016 – AN 9 K 16.00072 -, juris).

Nach § 23 Abs. 5 BauNVO können **Nebenanlagen** sowie Anlagen, die in den Ab- **335** standflächen zulässig sind, auch außerhalb der überbaubaren Flächen zugelassen werden. Die Bestimmung gibt dem Bauherrn jedoch grundsätzlich keinen Rechtsanspruch auf Zulassung der Anlage auf den nicht überbaubaren Grundstücksflächen, sondern eröffnet der Baugenehmigungsbehörde einen tendenziell weiten Ermessensspielraum, innerhalb dessen etwa entgegenstehende öffentliche Belange und nachbarliche Interessen mit den Belangen des Bauherrn abzuwägen sind. Als öffentliche Belange können insbesondere städtebauliche Folgen einer Zulassung von Nebenanlagen außerhalb der überbaubaren Grundstücksflächen zu berücksichtigen sein (OVG NRW, U.v. 21.6.2016 – 2 A 853/14 -, nrwe).

4. Bauvorhaben im unbeplanten Innenbereich (§ 34 BauGB)

Die Zulässigkeit von Vorhaben, die innerhalb der im Zusammenhang bebauten, aber **336** nicht beplanten Ortsteile liegen, ist in § 34 BauGB geregelt. Nach dessen Abs. 1 ist ein Vorhaben zulässig, „wenn es sich nach Art und Maß der baulichen Nutzung, der Bauweise und der Grundstücksfläche, die überbaut werden soll, in die Eigenart der näheren Umgebung einfügt und die Erschließung gesichert ist. Die Anforderungen an gesunde Wohn- und Arbeitsverhältnisse müssen gewahrt bleiben; das Ortsbild darf nicht beeinträchtigt werden."

Durch § 34 BauGB wird das Faktische zum Maßstab für die Zulässigkeit weiterer **337** Vorhaben. Man kann deshalb davon sprechen, dass das Faktische normative Kraft erlangt. Die auf den Rechtstheoretiker Georg Jellinek zurückgehende Wendung „Die normative Kraft des Faktischen" beschreibt den Umstand, dass die soziale Wirklichkeit den Rechtsetzungsprozess beeinflusst und auch das Recht sich an ihr und den sie prägenden Wertvorstellungen bewähren muss. In Anerkennung dieses Phänomens hat der Gesetzgeber in § 34 Abs. 1 BauGB ausdrücklich die soziale Wirklichkeit, der der Satzungsgeber nicht gegengesteuert hat, zum Rechtssatz erhoben.

a) Anwendungsbereich des § 34 BauGB

Die Bestimmung des § 34 BauGB findet nur dort Anwendung, wo Bebauung vorhan- **338** den ist, die ein solches Gewicht hat, dass sie einen städtebaulichen Ordnungsfaktor für zukünftige Bauvorhaben darstellt und so die städtebaulichen Belange des § 1 Abs. 5 BauGB gewahrt bleiben. § 34 BauGB ist kein **Ersatzplan** anstelle eines Bebauungsplans, sondern lediglich ein **Planersatz**, solange ein Bebauungsplan noch nicht aufgestellt worden ist (BVerwGE 62, 151; BVerwG NVwZ 1999, 527, und 2000, 1169). Diese Gesichtspunkte haben Bedeutung für die Bewertung, ob ein im Zusammenhang bebauter Ortsteil vorliegt.

aa) Abgrenzung beplanter / unbeplanter Innenbereich

Für die Abgrenzung des beplanten vom unbeplanten Innenbereich ist die **Gültigkeit** **339** **des Bebauungsplans** ausschlaggebend. Ist der Bebauungsplan nicht gültig, richtet sich die materielle Legalität einer baulichen Anlage nach § 34 BauGB, es sei denn, zuvor galt ein anderer Bebauungsplan, der allerdings gegebenenfalls ebenfalls einer Gültigkeitsüberprüfung unterzogen werden muss.

bb) Abgrenzung beplanter Innenbereich / Außenbereich

340 Das soeben Gesagte gilt auch, wenn ein bisheriger Außenbereich mit einer Bauleitplanung überzogen werden soll und sich die Frage stellt, ob der Bebauungsplan
wirksam ist. Ist er es nicht, bleibt der Bereich Außenbereich und die materielle Legalität eines Vorhabens in bauplanerischer Hinsicht richtet sich nach § 35 BauGB; dazu
ab Rn. 386)

cc) Abgrenzung unbeplanter Innenbereich / Außenbereich

341 Die Abgrenzung des unbeplanten Innenbereichs vom Außenbereich ist oftmals eine
Wertungsfrage und kann zumeist nur nach einer sorgfältigen Untersuchung vor Ort
zuverlässig beantwortet werden. In der Rechtsprechung haben sich folgende Grundsätze für die Abgrenzung herausgebildet:

(1) Allgemein gültige Grundsätze für die Abgrenzung

342 Bauwerke, die nicht **dem ständigen Aufenthalt von Menschen dienen**, werden
nicht berücksichtigt. Denn zur Bebauung i.S.d. § 34 Abs. 1 S. 1 BauGB gehören nur
bauliche Anlagen, die geeignet sind, dem Gebiet ein bestimmtes städtebauliches
Gepräge zu verleihen. Auch Betriebsgebäude für landwirtschaftliche Zwecke und
Gewächshäuser für einen Gartenbaubetrieb dienen in der Regel nur dem vorübergehenden Aufenthalt von Menschen. Gegenteilige Wertungen sind allerdings denkbar
(OVG NRW BauR 2016, 1748).

343 Die Bebauung muss Ausdruck und Teil einer **organischen Siedlungsstruktur** sein.
Das erfordert aber nicht, dass es sich um eine nach Art und Zweckbestimmung einheitliche Bebauung handelt. Auf die Entstehungsweise der vorhandenen Bebauung
kommt es nicht an. Die (be-)wertende Betrachtung der konkreten tatsächlichen Verhältnisse richtet sich allein nach optisch wahrnehmbaren Merkmalen. Da es bei der
Grenzziehung zwischen Innen- und Außenbereich nur darum geht, inwieweit ein
Grundstück zur Bebauung ansteht und ob sich aus dem tatsächlich Vorhandenen
ein hinreichend verlässlicher Maßstab für die Zulassung weiterer Bebauung nach Art
und Maß der baulichen Nutzung, der Bauweise und der überbaubaren Grundstücksfläche gewinnen lässt, sind **Rechtsfragen** – etwa die Frage der rechtlichen Zulässigkeit des Vorhandenen - **ohne Bedeutung**, ebenso wenig wie die **Entstehungsweise
der vorhandenen Bebauung**. Deshalb sind nicht etwa ansonsten berücksichti-
gungsfähige bauliche Anlagen allein deshalb auszublenden, weil sie ohne Genehmigung oder genehmigungswidrig entstanden sind. Etwas anderes kann allerdings
dann gelten, wenn von ihrem Fortbestand nicht ausgegangen werden kann, weil ihre
Beseitigung behördlicherseits ernsthaft in Angriff genommen worden ist (vgl. zu allem: BVerwG, NVwZ 1993, 985: „Zu berücksichtigen ist (...) jede vorhandene Bebauung, soweit sie nur in einer Weise geduldet wird, die keinen Zweifel daran lässt, dass
sich die zuständigen Behörden mit dem Vorhandensein der Bauten abgefunden haben".)

344 Unter Umständen kann auch ein nicht (mehr) vorhandenes Gebäude berücksichti-
gungsfähig sein (OVG NRW, B.v. 6.5.2017 – 10 B 29/11 -, nrwe, sog. **nachprägende
Wirkung** eines beseitigten Gebäudes). In der verwaltungsgerichtlichen Rechtsprechung ist anerkannt, dass ein Altbestand, der vernichtet worden ist, nicht automa-
tisch die prägende Kraft verliert, von der § 34 Abs. 1 BauGB es abhängen lässt, wie
weit der Bezugsrahmen reicht (BVerwG NVwZ 1999, 523). Die Prägung dauert jedoch nur solange fort, wie mit der Wiederbebauung oder einer Wiederaufnahme der
bisherigen Nutzung zu rechnen ist (BayVGH BayVBl 2016, 680). Dabei muss aller-

dings ein gewisser zeitlicher Zusammenhang zwischen dem Untergang des alten Bauwerks und dem Neubau bestehen (BVerwG BauR 1987, 52; BVerwG NVwZ 1999, 524; OVG NRW BauR 2006, 959).

Der **Bebauungszusammenhang** endet stets an der Gemeindegrenze, bebaute **345** Grundstücke auf der Nachbargemarkung bleiben unberücksichtigt (BVerwGE 27, 137, und 28, 268).

(2) Schwierige Abgrenzungsfälle

Das BVerwG hat in seiner Grundsatzentscheidung vom 1.12.1972 (BVerwGE 41, **346** 227) ausgeführt, die Festlegung des Außenbereichs folge aus dem, was er nicht ist. Die Schwierigkeiten der deshalb gebotenen Abgrenzung treten in den nachfolgenden Fallkonstellationen zu Tage: Bei der Frage, ob eine gewisse Anzahl baulicher Anlagen die Annahme rechtfertigt, es handle sich um einen im Zusammenhang bebauten Ortsteil, bei der Frage, wo die Grenze zwischen dem unbestreitbaren Innenbereich und dem unbestreitbaren Außenbereich verläuft, und bei der Frage, wann ein bislang unbebauter Bereich sich als **Baulücke** darstellt und wann ein sog. Außenbereich im Innenbereich vorliegt.

(a) Abgrenzung Splittersiedlung – Ortsteil

Bei Beantwortung der Frage, ob eine gewisse Anzahl baulicher Anlagen die Annah- **347** me rechtfertigt, es handle sich um einen im Zusammenhang bebauten Ortsteil, kann zunächst auf § 35 Abs. 3 S. 1 Nr. 7 BauGB zurückgegriffen werden, nach dem eine Beeinträchtigung öffentlicher Belange insbesondere vorliegt, wenn das Vorhaben die Entstehung, Verfestigung oder Erweiterung einer **Splittersiedlung** befürchten lässt. Denn hieraus folgt, dass eine Splittersiedlung noch keinen im Zusammenhang bebauten Ortsteil bildet, sonst wäre nämlich diese Regelung in § 35 BauGB (Außenbereich) unsinnig.

Im Rahmen der Abgrenzung einer Splittersiedlung von einem Ortsteil sind folgende **348** Grundsätze zu beachten:

Ein im Zusammenhang bebauter Ortsteil i.S.d. § 34 Abs. 1 BauGB ist ein Bebauungskomplex im Gebiet einer Gemeinde, der nach der Zahl der vorhandenen Bauten ein gewisses Gewicht besitzt und Ausdruck einer organischen Siedlungsstruktur ist. Er vermittelt das **Gefühl der Zusammengehörigkeit** (BVerwG BRS 20, 62) und ist Ansatzpunkt für eine nach der Siedlungsstruktur angemessene Bebauung innerhalb des gegebenen Bereichs (BVerwGE 31, 22). Der Ortsteil braucht sich nicht als ein Schwerpunkt der baulichen Entwicklung eines Gemeinwesens darzustellen. Das ist für das Vorliegen eines Ortsteiles lediglich ausreichend, nicht dagegen notwendig. Auch wenn es daran fehlt, kann ein – nach der Zahl seiner Bauten nicht ungewichtiger – **Bebauungszusammenhang** Ausdruck einer organischen Siedlungsstruktur sein.

Da die Angabe von Mindestzahlen nur Missverständnisse und Fehlgewichtungen **349** hervorrufen kann, wird hier darauf verzichtet, vielmehr werden nur Beispiele aus der Rechtsprechung wiedergegeben.

Das BVerwG hat z.B. bei vier Gebäuden einen im Zusammenhang bebauten Ortsteil verneint (BauR 1977, 396; 1994, 495), ebenso bei sechs Gebäuden in einem dünn besiedelten Gebiet (NVwZ-RR 1994, 371). Der VGH Bad.-Württ. hat bei sieben teils für Wohnzwecke, teils für landwirtschaftliche Zwecke genutzten Gebäuden eine Anwendung des § 34 BauGB abgelehnt (VGH Bad.-Württ. NuR 1993, 322), bei fünf

Wohn- und fünf landwirtschaftlichen Gebäuden sowie einem Gasthaus dagegen bejaht (VGH Bad.-Württ. BauR 1984, 496), ebenso bei zwölf Wohngebäuden (VGH Bad.-Württ. BauR 1987, 59), andererseits aber bei elf Wohngebäuden einen Ortsteil verneint (VGH Bad.-Württ. VBlBW 1997, 342).

Die angeführten Beispiele verdeutlichen, dass die „quantitative Schwelle" für einen Ortsteil bei etwa zehn bis zwölf Gebäuden liegt, wobei dieser Wert lediglich einen groben Anhaltspunkt darstellen kann. Rechtliche Vorgaben durch die Verwaltung sind ohne Belang.

Beispiel: In Bayern gilt gemäß der Entschließung des Bayerischen Staatsministeriums des Innern vom 18.10.1950 (Nr. I B1 – 68a 1) grundsätzlich jede Ansiedlung mit zehn oder mehr Wohngebäuden, die keine Stadt ist, als Dorf. Solche Fiktionen sind bauplanungsrechtlich unbeachtlich. Umgekehrt kann allerdings sicher davon ausgegangen werden, dass „Weiler" (nach der Entschließung des Bayerischen Staatsministeriums jede Ansiedlung mit drei bis neun Wohngebäuden) wohl kaum den Charakter eines im Zusammenhang bebauten Ortsteils erreichen können.

350   In jedem Fall ist aber Voraussetzung für § 34 BauGB, dass die Bebauung nicht völlig regel- und systemlos erfolgt sein darf, sondern eine funktionsbedingte, **organische Siedlungsstruktur** vorhanden ist. Das BVerwG hat z.B. 30 wahllos in die Landschaft gestreute Gebäude nicht als im Zusammenhang bebauten Ortsteil angesehen (BVerwG BauR 1976, 185); das gleiche gilt für 19 Gebäude entlang einer Straße (BVerwG ZfBR 1984, 151; OVG NRW BauR 1996, 688).

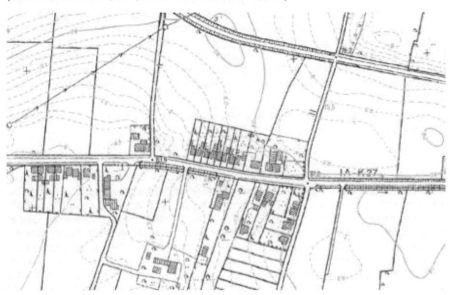

Eine regel- und systemlos entstandene Splittersiedlung im Außenbereich

(b) Grenzverlauf zwischen Innenbereich und Außenbereich

351   Die Außengrenze eines im Zusammenhang bebauten Ortsteils und damit die Grenze zwischen Innen- und Außenbereich verläuft grundsätzlich an der hinteren Wand des letzten Gebäudes. Hausgärten, Nebenanlagen und insbesondere Grundstücksgrenzen können den **Bebauungszusammenhang** nicht nach außen hin verlagern.

Von diesem Grundsatz macht die Rechtsprechung allerdings eine Ausnahme: **Topo-** 352
graphische Gegebenheiten können dazu führen, dass der Bebauungszusammenhang weiter reicht als das letzte Gebäude. Er kann durch Geländehindernisse, Erhe-
bungen oder Einschnitte (Dämme, Böschungen, Flüsse und dergleichen) beeinflusst
werden (BVerwGE 31, 26, und 75, 34). Die Berücksichtigung solcher äußerlich er-
kennbarer Umstände kann dazu führen, dass der Bebauungszusammenhang im Einzelfall noch ein oder mehrere unbebaute Grundstücke bis zu einer sich aus der örtlichen Situation ergebenden natürlichen Grenze mit einschließt. Auch Straßen oder
Wege können in dieser Hinsicht von Bedeutung sein. Ob sie geeignet sind, einen
Bebauungszusammenhang herzustellen oder eine trennende Funktion erfüllen oder
für die Abgrenzung von Innen- und Außenbereich ohne jegliche Aussagekraft sind,
kann stets nur das Ergebnis einer Wertung und Bewertung des konkreten Sachverhalts sein. Das BVerwG (BRS 83 Nr. 78) hat klargestellt: Bloße Baumreihen oder Hecken, selbst wenn sie optisch markant in Erscheinung treten und/oder ihr Bestand
dauerhaft gesichert sein sollte, sind nicht geeignet, den Eindruck der Geschlossenheit und Zugehörigkeit einer Fläche zum Bebauungszusammenhang zu erzeugen.

Oftmals endet der Bebauungszusammenhang an einer **Straße**. Ist z.B. südlich einer 353
Straße ein im Zusammenhang bebauter Ortsteil feststellbar und stehen nördlich nur
vereinzelte Gebäude, ist entscheidend, ob die Straße für die Frage des Vorhanden-
seins eines Bebauungszusammenhangs eine verbindende oder – im Gegensatz dazu – trennende Wirkung zukommt oder ob die Straße diesbezüglich keinerlei Wirkungen zu entfalten vermag (s. dazu: BVerwG BRS 59 Nr. 75). Für eine trennende Wirkung kann der Ausbauzustand der Straße sprechen, ferner ihre Lage außerhalb der
geschlossenen Ortslage - was mit entsprechend hohen Geschwindigkeiten der sie
befahrenden Kraftfahrzeuge einhergeht (VG Gelsenkirchen, U.v. 7.3.2016 – 9 K
4905/14 -, nrwe).

(c) Baulücke oder Außenbereich im Innenbereich?

Schließlich stellt sich oftmals die Frage, ob eine unbebaute Fläche eine **Baulücke** 354
darstellt (mit der Folge, dass sie Bauland ist) oder sich als dem Außenbereich zuge-
hörig darstellt. Ist eine allseits von Bebauung umgebene Freifläche so groß, dass
sich ihre Bebauung nicht mehr als zwanglose Fortsetzung der vorhandenen Bebauung aufdrängt und sie deshalb nicht als Baulücke erscheint, liegt sie nicht mehr innerhalb eines Bebauungszusammenhangs i.S.d. § 34 Abs. 1 BauGB; sie ist damit
bebauungsrechtlich Außenbereich (BVerwG BRS 69 Nr. 95). Bei einer sehr großen
umbauten Fläche kann ein sog. **Außenbereich im Innenbereich** vorliegen.

Wie eng die **Aufeinanderfolge von Baulichkeiten** sein muss, um sich selbst noch 355
als zusammenhängende Bebauung darzustellen, ist nicht nach geographisch- ma-
thematischen Maßstäben, sondern auf Grund einer umfassenden Bewertung des im
Einzelfall vorliegenden konkreten Sachverhalts zu entscheiden, so die ständige
Rechtsprechung. Grundlage und Ausgangspunkt der bewertenden Beurteilung sind
auch hier die tatsächlichen örtlichen Gegebenheiten (BVerwG BRS 52 Nr. 146). In
einem Gebiet mit großzügig geschnittenen Grundstücken, in dem der Abstand zwischen den Gebäuden auf benachbarten Grundstücken überdurchschnittlich groß ist,
wird die Annahme einer Baulücke bei deutlich größerem Abstand der Baukörper
rund um das unbebaute Grundstück erlaubt sein, als dies bei einer kleinteiligen Par-
zellierung und Bebauung der Fall wäre. Auf jeden Fall gilt: Je homogener die Nach-
barbebauung ist, umso leichter lässt sich die Frage nach der Bejahung einer Baulücke in der einen oder anderen Richtung beantworten. Jedenfalls wird ein einziges

nicht bebautes Grundstück, das annähernd die gleiche Größe wie die bebauten Nachbargrundstücke aufweist, regelmäßig eine Baulücke darstellen.

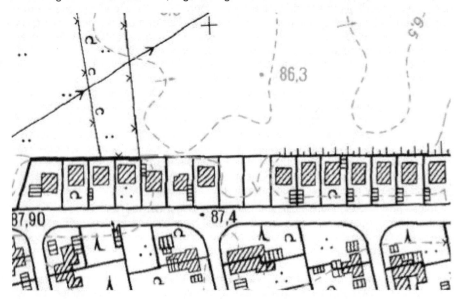

Die beiden in der Mitte des Bildes gelegenen unbebauten Grundstücke stellen eine Baulücke dar.

(3) Abgrenzungssatzung / Klarstellungssatzung

356 Um Zweifel darüber auszuräumen, wo der im Zusammenhang bebaute Ortsteil endet, wenn die Bebauung nach außen hin allmählich ausläuft, können die Gemeinden nach § 34 Abs. 4 Nr. 1 BauGB die Abgrenzung durch Satzung regeln. Eine solche **Abgrenzungssatzung (Klarstellungssatzung)** hat nur deklaratorische Bedeutung, begründet also nicht die Innen- bzw. Außenbereichsqualität eines Grundstücks (BVerwG BauR 1990, 451). Maßgeblich ist letztlich die jeweilige tatsächliche Grundstückssituation. Die Satzung ist zu unterscheiden von der Entwicklungssatzung (§ 34 Abs. 4 S. 1 Nr. 2 BauGB, s. dazu Rn. 382) und der Ergänzungssatzung (§ 34 Abs. 4 S. 1 Nr. 3 BauGB, s. dazu Rn. 383).

b) Einfügungsgebot

357 Für die objektiv-rechtliche Zulässigkeit eines Bauvorhabens im unbeplanten Innenbereich ist in planungsrechtlicher Sicht maßgeblich, ob es sich hinsichtlich der im Gesetz genannten Merkmale in die **nähere Umgebung** einfügt. Da kein Bebauungsplan existiert, folgt die Antwort auf die Frage, was mit Blick auf Art und Maß der baulichen Nutzung, **Bauweise** und Grundstücksfläche, die überbaut werden soll, planungsrechtlich zulässig ist, aus einer Ableitung aus dem Faktischen und einer hypothetischen Verwirklichung des zur Genehmigung gestellten Vorhabens.

aa) Die maßgebliche Umgebung

358 Im Rahmen der Prüfung, ob ein Vorhaben im unbeplanten Innenbereich unter den Gesichtspunkten Art der baulichen Nutzung, Maß der baulichen Nutzung, Bauweise und Grundstücksfläche, die überbaut werden soll, materiell rechtmäßig ist, ist zunächst der maßgebliche Bereich festzustellen. Das ist die **„nähere Umgebung"**. Dabei erfolgt die objektiv-rechtliche Prüfung nicht etwa in der Weise, dass zunächst „allgemein" der Umgebungsrahmen abgesteckt wird und sodann anhand der Gegebenheiten und für jedes der Merkmale des Vorhabens nach dem Sich-Einfügen in diesen einheitlichen Umgebungsbereich gefragt wird. Denn die nach § 34 Abs. 1 BauGB maßgebliche Umgebung ist nicht für alle Tatbestandsmerkmale der Bestimmung die gleiche.

Vielmehr ist für **jedes der Merkmale** der Umgebungsrahmen gesondert festzulegen **359** und erst hiernach festzustellen, ob das Vorhaben sich in diese Umgebung einfügt. Welcher Bereich als nähere Umgebung im Sinn des § 34 Abs. 1 BauGB maßgebend ist, hängt nämlich davon ab, inwieweit sich einerseits die Ausführung des geplanten Vorhabens auf die benachbarte Bebauung und andererseits diese Bebauung auf den bodenrechtlichen Charakter des Baugrundstücks prägend auswirken; diese Auswirkungen können je nach dem Merkmal sehr unterschiedlich sein (BVerwG ZfBR 1998, 164). So ist bei der überbaubaren Grundstücksfläche der maßgebliche Bereich in der Regel (deutlich) enger zu begrenzen als bei der Art der baulichen Nutzung. Denn die **Prägung**, die von der für die Bestimmung der überbaubaren Grundstücksflächen maßgeblichen Stellung der Gebäude auf den Grundstücken ausgeht, reicht im Allgemeinen (deutlich) weniger weit etwa als die Wirkungen der Art der baulichen Nutzung (OVG Sachs.-Anh. BRS 79 Nr. 101; BayVGH, U.v. 7.3.2011 – 1 B 10.3042 –, juris; Sächs. OVG, B.v. 29.12.2010 – 1 A 710/09 –, juris; OVG NRW, U.v. 9.9.2010 – 2 A 508/09 –, nrwe; VGH Bad.-Württ. VBlBW 2006, 191).

bb) Die Ermittlung des Umgebungscharakters

Zur Vorgehensweise bei der Ermittlung des maßgeblichen **Umgebungscharakters** – **360** gesondert für jedes einzelne der Merkmale – hat das BVerwG (BVerwGE 84, 322) herausgearbeitet:

„Das bedeutet (…), dass – gleichsam auf der ersten Stufe der Betrachtung – alles an Bebauung in den Blick zu nehmen ist, was in der näheren Umgebung tatsächlich vorhanden ist. Eine Beschränkung auf das, was von der vorhandenen Bebauung städtebaulich wünschenswert oder auch nur vertretbar ist, darf insoweit nicht vorgenommen werden. Auch eine städtebaulich unerwünschte Bebauung darf bei der Bildung des Maßstabs "nicht einfach... von vornherein vernachlässigt werden (…). Nicht jegliche vorhandene Bebauung in der näheren Umgebung bestimmt jedoch ihren Charakter. Vielmehr muss die Betrachtung – zweitens – auf das Wesentliche zurückgeführt werden. Es muss alles außer Acht gelassen werden, was die vorhandene Bebauung nicht prägt oder in ihr gar als Fremdkörper erscheint. (…) Auszusondern sind zum einen solche baulichen Anlagen, die von ihrem quantitativen Erscheinungsbild (Ausdehnung, Höhe, Zahl usw.) nicht die Kraft haben, die Eigenart der näheren Umgebung zu beeinflussen, die der Betrachter also nicht oder nur am Rande wahrnimmt. Ihre Aussonderung hat mit dem Begriff „Fremdkörper" nichts zu tun, sondern ist Ergebnis einer Beschränkung auf das Wesentliche. Schon diese Beschränkung ist zwar nicht ganz frei von wertenden Elementen; sie knüpft aber noch stärker an die Feststellung des tatsächlich Gegebenen an. Zum anderen können auch solche Anlagen aus der Bestimmung der Eigenart der näheren Umgebung auszusondern sein, die zwar quantitativ die Erheblichkeitsschwelle überschreiten, aber nach ihrer Qualität völlig aus dem Rahmen der sonst in der näheren Umgebung anzutreffenden Bebauung herausfallen. Das wird namentlich dann anzunehmen sein, wenn eine singuläre Anlage in einem auffälligen Kontrast zur übrigen Bebauung steht. In Betracht kommen insbesondere solche baulichen Anlagen, die nach ihrer – auch äußerlich er-

kennbaren – Zweckbestimmung in der näheren Umgebung einzigartig sind. Sie erlangen die Stellung eines „Unikats" umso eher, je einheitlicher die nähere Umgebung im übrigen baulich genutzt ist. Trotz ihrer deutlich in Erscheinung tretenden Größe und ihres nicht zu übersehenden Gewichts in der näheren Umgebung bestimmen sie nicht deren Eigenart, weil sie wegen ihrer mehr oder weniger ausgeprägt vom übrigen Charakter der Umgebung abweichenden Struktur gleichsam isoliert dastehen. Grundlage für ein solches Ausklammern ist zwar auch das tatsächlich Festgestellte; als Ergebnis beruht es aber auf einer überwiegend wertenden Betrachtung. Derartige Anlagen dürfen bei der Bestimmung der Eigenart der näheren Umgebung aber nur dann als „Fremdkörper" ausgeklammert werden, wenn sie wegen ihrer Andersartigkeit und Einzigartigkeit den Charakter ihrer Umgebung letztlich nicht beeinflussen können. Ob dies der Fall ist, muss – auf einer dritten Stufe – unter Würdigung des tatsächlich Vorhandenen ermittelt werden. Ausschlaggebend kann erneut die Größe der andersartigen Anlage sein. Einzelne bauliche Anlagen von stark abweichendem Charakter können nach Ausdehnung, Zahl und anderen Quantitätsmerkmalen ein solches Gewicht enthalten, dass sie trotz ihrer herausstechenden Andersartigkeit in einer abweichend und verhältnismäßig einheitlich strukturierten Umgebung ihrerseits tonangebend wirken. Dafür kommen neben der Größe des Gebäudes auch die Ausstrahlungswirkungen (Immissionen) einer einzelnen baulichen Anlage auf die nähere Umgebung in Betracht. Auf diesem Wege kann sogar ein einzelner Gewerbebetrieb in einem im Übrigen einheitlich strukturierten Wohngebiet die Eigenschaft eines außer Betracht zu lassenden Fremdkörpers verlieren und seinerseits die Eigenart der Umgebung mitbestimmen. Wann dies im Einzelfall anzunehmen ist, lässt sich allerdings nicht allgemein formulieren. Allein aus dem Umstand, dass ein Gewerbebetrieb seine Umgebung stört, folgt noch nicht, dass er den Gebietscharakter mitprägt."

361 Die Feststellung des Vorhandenen nimmt die **von außen wahrnehmbare Erscheinung** der jeweiligen baulichen Anlage im Verhältnis zu seiner Umgebung in den Blick. Vorrangig ist auf diejenigen Merkmale abzustellen, in denen die prägende Wirkung besonders zum Ausdruck kommt.

362 Eine widerruflich oder befristet genehmigte Bebauung, bei der die zuständige Behörde zum Ausdruck gebracht hat, dass sie sie nicht auf Dauer genehmigen oder auch nur dulden werde, ist nicht als vorhandene Bebauung zu berücksichtigen, die die Eigenart der näheren Umgebung prägt, wenn es um die Beurteilung der Zulässigkeit eben dieser Bebauung nach Fristablauf geht (BVerwG NVwZ-RR 1999, 364). Andererseits kann auch eine aufgegebene Nutzung noch fortwirken. Der Zeitraum der **Fortwirkung** ist bei einer nur teilweisen Einschränkung der Nutzung größer zu bemessen als bei einer vollständigen Nutzungsaufgabe (BayVGH, B.v. 24.4.2012 – 2 ZB 10.2894 –, juris). Erst wenn eine Wiederaufnahme der Nutzung als ausgeschlossen erscheint, kann davon ausgegangen werden, dass sich der Gebietscharakter geändert hat (BVerwG NVwZ 2001, 1055; BayVGH BayVBl 2016, 680)

cc) Das Sich-Einfügen nach den Merkmalen

363 In grundsätzlicher Hinsicht fügt sich ein Vorhaben in die Eigenart der näheren Umgebung ein, das sich innerhalb des aus seiner näheren Umgebung hervorgehenden Rahmens hält, es sei denn, es lässt die gebotene Rücksicht auf die in der unmittelbaren Umgebung vorhandene Bebauung fehlen (BVerwG NVwZ 2017, 717).

(1) Art der baulichen Nutzung

Die Zulässigkeit eines Vorhabens nach der Art der baulichen Nutzung richtet sich zu- **364** nächst danach, ob die **nähere Umgebung**, in der es verwirklicht werden soll, einem der Gebiete der BauNVO entspricht oder nicht (§ 34 Abs. 2 BauGB).

Entspricht die Eigenart der näheren Umgebung einem der Baugebiete, beurteilt sich **365** die Zulässigkeit danach, was nach den **Baugebietstypen der BauNVO** in diesen Gebieten zulässig ist. Die vorzunehmende Beurteilung der bauplanungsrechtlichen Zulässigkeit der Art der baulichen Nutzung nach folgt demselben Schema wie im beplanten Gebiet. Dabei sind nicht nur die baulichen Anlagen in den Blick zu neh-men, die in dem jeweiligen Baugebiet allgemein zulässig sind; denn der zu bestim-mende Gebietscharakter wird auch durch bauliche Nutzungen gebildet, die nach den Bestimmungen der BauNVO nur ausnahmsweise oder durch eine Befreiung zu-gelassen werden können.

In dem Fall, dass die nähere Umgebung Merkmale mehrerer Baugebiete aufweist **366** und deshalb eine bestimmte Zuordnung nicht möglich ist, liegt eine sog. **Gemenge-lage** vor. Dort ist die Frage des Einfügens konkret und fallbezogen ohne Zuhilfenah-me der BauNVO zu prüfen (§ 34 Abs. 1 BauGB).

In Gemengelagen kommt dem **Rücksichtnahmegebot** besondere Bedeutung zu. **367** Ein Bauvorhaben, das auf die vorhandene Umgebung nicht die gebotene Rücksicht nimmt, fügt sich nicht i.S.d. § 34 Abs. 1 BauGB ein, auch wenn im Übrigen alle oben angegebenen Merkmale des Einfügens gegeben sind (BVerwG NVwZ-RR 1997, 516; BVerwG NVwZ 1999, 524). Die Pflicht zur Rücksichtnahme bedeutet z.B. bei einem Nebeneinander von Wohnnutzung und gewerblicher Nutzung, dass der Inhaber ei-nes Wohnhauses einerseits höhere Immissionen und sonstige Beeinträchtigungen hinnehmen muss als in Wohngebieten, andererseits der Gewerbetreibende sich wei-tergehende Einschränkungen gefallen lassen muss als in einem Gewerbe- oder so-gar Industriegebiet (BVerwG NVwZ 1984, 511 und 646). Vergleichbare Probleme, die durch eine Heranziehung des Rücksichtnahmegebotes gelöst werden müssen, ent-stehen bei der Nachbarschaft von Wohnbebauung und Sportanlagen (s. dazu BVerwGE 81, 197, und 109, 246) sowie bei der Nachbarschaft von Wohnbebauung und Intensiv-Tierhaltung (s. dazu BVerwG NJW 1981, 319; BVerwG NVwZ 1987, 884; BVerwG DVBl 1993, 652). Maßstab können insoweit Regelungswerke wie die **TA Lärm**, die **LAI-Freizeitlärm-Richtlinie** und die 18. BImSchV (**Sportanlagenlärm-schutzverordnung**) sein (vgl. dazu Schulte Beerbühl, Öffentliches Baunachbarrecht, ab Rn. 508).

(2) Einfügen nach dem Maß der baulichen Nutzung

Bedeutsam für das Einfügen in die Eigenart der näheren Umgebung nach dem Maß **368** der baulichen Nutzung sind nach der Rechtsprechung des BVerwG solche Maße, die **nach außen wahrnehmbar** in Erscheinung treten und anhand derer sich die vor-handenen Gebäude in der näheren Umgebung leicht in Beziehung zueinander set-zen lassen. Ihre absolute Größe nach Grundfläche, Geschosszahl und Höhe, bei of-fener Bebauung zusätzlich auch ihr Verhältnis zur Freifläche, prägen das Bild der maßgeblichen Umgebung und bieten sich deshalb vorrangig als Bezugsgrößen zur Ermittlung des Maßes der baulichen Nutzung an (BVerwGE 95, 277 und BVerwG ZfBR 2014, 493).

Die Merkmale des § 16 BauNVO für das Maß der baulichen Nutzung sind auch für **369** § 34 Abs. 1 BauGB relevant. Auch insofern kann auf die BauNVO als sachverständige Konkretisierung städtebaulicher Planungsgrundsätze abgestellt werden (so BVerwGE 32, 31; BVerwG NVwZ 1987, 884 und 1995, 698). Dem abstrakten, nach Geschossflächenzahl und Grundflächenzahl bemessenen Maß der baulichen Nutzung kommt allerdings im Rahmen des § 34 Abs. 1 BauGB keine Bedeutung zu. Denn entscheidend sind nicht die Grundstücksgrenzen, sondern die optisch wahrnehmbaren Umstände, der tatsächliche Gesamteindruck (BVerwG BauR 1989, 60; NVwZ 1987, 1080), etwa die Größe des Gebäudes im Verhältnis zur umgebenden Bebauung (BVerwG NVwZ 1994, 1006; BVerwG BauR 1996, 823; BVerwG NVwZ-RR 1997, 519; BVerwG BauR 2007, 514; OVG Nds. NVwZ-RR 2006, 526). Dabei sind auch die Höchstwerte des § 17 BauNVO nicht maßgeblich (Hess. VGH BauR 1989, 66). Ebenso wenig ist hinsichtlich des Sich-Einfügens nach der Zahl der Vollgeschosse die objektive Zahl der (Voll-)Geschosse maßgeblich, sondern das **äußere Erscheinungsbild** für den Betrachter, wie es sich im Verhältnis zu seiner Umgebungsbebauung darstellt. Nicht wahrnehmbare Vollgeschosse können das Bild der maßgeblichen Umgebung nicht prägen (BVerwG BauR 2011, 1789). Die Zahl der Wohnungen ist für § 34 Abs. 1 BauGB irrelevant (OVG Rh.-Pf. NVwZ 1994, 699). Der Ausbau des Dachgeschosses spielt für das Einfügen keine Rolle. Anders ist es aber, wenn durch Dachaufbauten (Dachgiebel) das Maß der baulichen Nutzung in einer nach außen sichtbaren Weise erhöht wird (BVerwG NVwZ 1994, 1006; OVG Nds. NVwZ-RR 2006, 526, VGH Bad.-Württ. VBIBW 2001, 60).

370   Für die Ermittlung des in der Umgebungsbebauung vorhandenen Höhenmaßes der Bebauung kommt es auf die Höhe der Gebäude bezogen auf die Geländehöhe der jeweiligen Grundstücke an. Dies ist insbesondere dann von Bedeutung, wenn das Gelände hängig ist. Hinsichtlich der Firsthöhe bemisst sich das in der Umgebungsbebauung vorhandene Maß nach dem Abstand des Firstes zu der im Lot darunter befindlichen Geländeoberfläche (OVG Rh.-Pf., U.v. 8.3.2017 – 8 A 10695/16 –, juris).

371   Einfügen nach dem Maß der baulichen Nutzung bedeutet, dass das Bauvorhaben den durch die vorhandene Bebauung gebildeten Rahmen nicht überschreiten, aber auch hinter der Umgebungsbebauung **nicht zurückbleiben** darf (BVerwGE 55, 369; 67, 23; BVerwG NVwZ 1995, 698 und 1999, 524; OVG NRW, B.v. 1.12.2010 - 7 A 2904/09 -, n.v.).

Beispiel: Ist in der Umgebung eine zwei- bis viergeschossige Bebauung vorhanden, dann kann das zu errichtende Bauwerk 2, 3 oder 4 Geschosse aufweisen, ein eingeschossiges oder fünfgeschossiges Gebäude ist demgegenüber unzulässig.

(3) Einfügen nach der Grundstücksfläche, die überbaut werden soll, und der Bauweise

372   Für die Beantwortung der Frage, ob ein Vorhaben sich hinsichtlich der **Grundstücksfläche, die überbaut werden soll**, in die nähere Umgebung einfügt, ist von Belang, ob in der Örtlichkeit eine faktische vordere bzw. hintere Baugrenze vorhanden ist. Allein aus der Tatsache, dass die existierenden Gebäude eine gewisse Grenze nicht überschreiten, kann dies nicht abgeleitet werden; denn es genügt nicht, dass die Grenze ein „Zufallsprodukt" ist. Vielmehr muss das Einhalten der Grenze als Ausdruck einer Akzeptanz des städtebaulichen Erscheinungsbildes wirken. Umgekehrt ist ein vereinzeltes Ausbrechen aus der ansonsten gegebenen Einheitlichkeit unschädlich; s. dazu den nachfolgenden Planauszug.

Der Anbau bewirkt nicht, dass die - faktische - hintere Baugrenze für die Nachbargrundstücke in den Gartenbereich hinein verschoben wird. Er ist ein „Ausreißer", der die Umgebung nicht prägt.

Entsprechendes gilt für die **Bauweise.**

(4) Keine „städtebaulichen Spannungen"

Das aufgrund der vorgenannten Kriterien gewonnene Ergebnis kann nach der Recht- **373** sprechung unter dem Gesichtspunkt des **Rücksichtnahmegebotes** korrekturbedürftig sein: Bei der Prüfung des Gebotes der Rücksichtnahme kann sowohl ein den vorgefundenen Rahmen überschreitendes Vorhaben ausnahmsweise zulässig sein, wenn es trotz der Überschreitung keine **städtebaulichen Spannungen** hervorruft, als auch umgekehrt ein den Rahmen wahrendes Vorhaben ausnahmsweise unzulässig sein, wenn es nicht die gebotene Rücksicht auf die Bebauung in der Nachbarschaft nimmt (BVerwG NVwZ 2014, 370; BayVGH, B.v. 19.3.2015 – 9 CS 14.2441 – juris):

So ist z.B. ein Überschreiten des durch die Umgebungsbebauung gebildeten Rah- **374** mens durch die Zulassung eines weiteren Einfamilienhauses nach der Rechtsprechung ausnahmsweise dann unschädlich, wenn dadurch die „**städtebauliche Harmonie**" nicht beeinträchtigt wird, d.h. keine städtebaulichen Spannungen begründet oder vorhandene Spannungen verstärkt werden (BVerwG NVwZ 1999, 524; BVerwG NVwZ-RR 1996, 275). Diese gesetzlich nicht ausdrücklich geregelte, aber in der Rechtsprechung anerkannte Ausnahme betrifft ganz wesentlich – aber nicht nur - den Fall der Hinterlandbebauung und damit das Merkmal „Grundstücksfläche, die überbaut werden soll". In diesem Zusammenhang kommt es darauf an, ob - erstens - im Hintergelände Bebauung auf den Baugrundstücken tatsächlich vorhanden ist und - zweitens - die Zulassung des Bauvorhabens zu weiteren bodenrechtlichen Spannungen führen würde. Ist das nicht der Fall, wäre nämlich nicht zu besorgen, dass die Überschreitung des Rahmens bei Zulassung des Bauvorhabens die Gefahr nach sich zieht, dass der vorhandene Bauzustand in negativer Hinsicht städtebaulich in Bewegung und damit in Unordnung gerät (vgl. OVG NRW, U.v. 1.3.2017 – 2 A 46/16 -, nrwe).

Umgekehrt kann trotz des Einhaltens des Rahmens die städtebauliche Harmonie ge- **375** stört werden („Unruhe stiften" oder „die vorgegebene Situation belasten, stören oder verschlechtern"), so etwa wenn bei zwei- bis viergeschossiger Bauweise ein viergeschossiges Gebäude errichtet wird, das statt der üblichen 2,70 m pro Geschoss eine Geschosshöhe von 3,50 m aufweist. Das Gleiche gilt, wenn das Vorhaben sich – noch – einfügt, aber eine sog. negative **Vorbildwirkung** entfaltet, indem es andere gleichartige Vorhaben nach sich zieht und so die Situation „zum Umkippen" bringt (BVerwGE 44, 302).

Beispiel (nach BVerwG NJW 1981, 139): Die Errichtung einer Schweinemastanstalt kann in einem Dorfgebiet unzulässig sein, wenn zu erwarten ist, dass weitere Landwirte diesem Beispiel folgen werden.

Weiteres Beispiel (nach BVerwG NVwZ 1995, 698): Eine Spielhalle fügt sich in einen bisher mit Wohn- und Geschäftshäusern bebauten Bereich nicht ein, wenn mit der Ansiedlung weiterer Spielhallen und dadurch mit dem sog. trading-down-Effekt zu rechnen ist.

c) Gesunde Wohn- und Arbeitsverhältnisse, keine Ortsbildbeeinträchtigung

376 § 34 Abs. 1 BauGB verlangt ferner, dass die Anforderungen an gesunde Wohn- und Arbeitsverhältnisse (s. dazu § 136 Abs. 3 BauGB) gewahrt bleiben und das Ortsbild nicht beeinträchtigt wird. Diese Anforderungen haben eine selbstständige Bedeutung neben dem Einfügen in die vorhandene Bebauung (BVerwG NVwZ 1991, 51; VGH Bad.-Württ. DÖV 1990, 160; Hess. VGH BauR 2009, 1260).

Eine Beeinträchtigung des **Ortsbilds** ist insbesondere gegeben, wenn ein Gebäude sich hinsichtlich seiner äußeren Gestaltung deutlich von der Umgebung unterscheidet und deren Erscheinungsbild negativ beeinflusst, wobei der maßgebliche Bereich weiter reicht als beim Einfügen (BVerwG NVwZ 2000, 1169).

Gesunde Wohn- und Arbeitsverhältnisse sind nicht mehr gegeben, wenn das Gebäude städtebauliche Missstände aufweist. Hierbei können nur Mindestanforderungen verlangt werden. Das Überschreiten der Immissionsgrenzwerte reicht dafür nicht aus (Hess. VGH BauR 2009, 1260).

d) Schutz zentraler Versorgungsbereiche

377 Durch das EAG Bau 2004 wurde § 34 Abs. 3 BauGB neu geschaffen. Die Vorschrift untersagt im Wege einer negativen Tatbestandsvoraussetzung die Errichtung von Vorhaben, die schädliche Auswirkungen auf **zentrale Versorgungsbereiche** in der Gemeinde selbst oder in Nachbargemeinden erwarten lassen (s. dazu BVerwGE 129, 307; BVerwG NVwZ 2010, 587 u. 590; Uechtritz, NVwZ 2007, 660). Sie hat vor allem Bedeutung für **Einkaufszentren** und **großflächige Einzelhandelsbetriebe** und stellt eine § 11 Abs. 3 BauNVO (s. dazu Rn. 275) vergleichbare Regelung dar.

378 Zweck der Vorschrift ist es, die sog. Fernwirkungen von Einkaufszentren und großflächigen Einzelhandelsbetrieben auf die Infrastruktur der Gemeinde selbst oder der Nachbargemeinden zu berücksichtigen. Diese Belange werden durch das Einfügungsgebot des § 34 Abs. 1 BauGB nicht erfasst, weil diese Vorschrift nur auf die nähere Umgebung abstellt. Unter den Begriff des zentralen Versorgungsbereichs fallen nicht nur tatsächlich vorhandene Bereiche dieser Art, sondern auch solche, die in Bauleitplänen als solche Bereiche ausgewiesen sind (BVerwGE 129, 307; BVerwG NVwZ 2009, 781). Ein zentraler Versorgungsbereich ist ein räumlich abgegrenzter Bereich mit Einzelhandelsbetrieben, Dienstleistungsbetrieben und Gaststätten mit einer über den unmittelbaren Nahbereich hinausgehenden **Versorgungsfunktion** (BVerwGE 129, 307; BVerwG NVwZ 2010, 590).

379 Eine Beeinträchtigung eines zentralen Versorgungsbereichs ist anzunehmen, wenn die Versorgungsfunktion nicht oder nur noch eingeschränkt wahrgenommen werden kann (BVerwGE 129, 307; BVerwG NVwZ 2009, 779 und 2010, 587 und 590). Ob dies der Fall ist, wird i.d.R. durch ein **Marktgutachten**, in dem der Kaufkraftverlust prognostiziert wird, ermittelt (BVerwGE 129, 307, 308; NVwZ 2010, 587 und 590). Daneben kann auch ein Vergleich der Verkaufsfläche im zentralen Versorgungsbereich mit der Verkaufsfläche des geplanten Einzelhandelsbetriebs ein Indiz für schädliche Auswirkungen sein. Ferner kann auf die räumliche Entfernung, die Preisgestaltung und sogar auf die Parkmöglichkeiten abgestellt werden (OVG NRW BauR 2009, 1701). Schädliche Auswirkungen sind auch dann zu erwarten, wenn schon vorhandene Einzelhandelsbetriebe den Versorgungsbereich schädigen und die Schädigung durch einen neu hinzutretenden Einzelhandelsbetrieb verstärkt wird (BVerwG BauR 2017, 869).

e) Sonderregelung für Gewerbebetriebe und Wohngebäude (§ 34 Abs. 3a BauGB)

§ 34 Abs. 3a BauGB gestattet bestimmte Baumaßnahmen an Anlagen, auch wenn **380** diese sich nicht i.S.d. § 34 Abs. 1 BauGB in die nähere Umgebung einfügen. Der Anwendungsbereich der Norm ist aber beschränkt auf die Erweiterung, Änderung, Nutzungsänderung oder Erneuerung eines **zulässigerweise errichteten** Gewerbe- oder Handwerksbetriebs, die Erweiterung, Änderung oder Erneuerung eines zulässigerweise errichteten, Wohnzwecken dienenden Gebäudes oder die Nutzungsänderung einer zulässigerweise errichteten baulichen Anlage zu Wohnzwecken, einschließlich einer erforderlichen Änderung oder Erneuerung. Mit dem Begriff „zulässigerweise errichtet" knüpft das Gesetz an Gesichtspunkte des **Bestandsschutzes** an. Ist das Vorhandene nicht genehmigt (hierzu zählt auch, dass abweichend von einer Genehmigung gebaut und/oder genutzt worden ist) und nie genehmigungsfähig gewesen ist, ist die Vorschrift nicht anwendbar.

Die Regelung stellt materiellrechtlich einen Befreiungstatbestand dar (BVerwGE 84, 322 zu § 34 Abs. 3 BauGB 1987) und trägt dem Umstand Rechnung, dass der Bestandsschutz nur den bestehenden Betrieb erfasst, aber keine Veränderungen erlaubt, die über eine Instandhaltung hinausgehen (s. dazu ab Rn. 710). § 34 Abs. 3a BauGB ermöglicht es, bestehende Gewerbe- oder Handwerksbetriebe zu erweitern oder auf sonstige Weise zu verändern, wenn das sowohl mit den nachbarlichen Interessen als auch mit den öffentlichen Belangen vereinbar ist. Die Bestimmung kommt vor allem Gewerbebetrieben in Gemengelagen zugute.

f) Abgrenzungs-, Entwicklungs- und Ergänzungssatzungen (§ 34 Abs. 4 u. 5 BauGB)

§ 34 Abs. 4 und 5 BauGB ermächtigt die Gemeinde zum Erlass von **Abgrenzungs-** **381** **satzung**en/Klarstellungssatzungen, Nr. 1, Entwicklungssatzungen, Nr. 2 und **Ergänzungssatzungen**, Nr. 3 (s. dazu Stüer, Handbuch des Bau- und Fachplanungsrechts, ab Rn. 2811). Während durch eine Abgrenzungssatzung lediglich die Grenze zwischen Innenbereich und Außenbereich normativ festgelegt wird, aber kein neues Baugelände entsteht, wird durch eine Entwicklungs- und Ergänzungssatzung ein bisher zum Außenbereich zählendes Gelände dem Innenbereich zugeordnet und erhält damit Baulandqualität.

Entwicklungssatzungen nach § 34 Abs. 4 S. 1 Nr. 2 BauGB können bereits bebaute **382** Bereiche im Außenbereich zum Innenbereich erklären, sofern die von der Satzung erfasste Fläche im Flächennutzungsplan als Baufläche ausgewiesen ist. Die Gemeinde erhält damit die Möglichkeit, vorhandene Bebauungsansätze im Außenbereich (Splittersiedlungen i.S.d. § 35 Abs. 3 BauGB) zu Ortsteilen i.S.d. § 34 Abs. 1 BauGB zu entwickeln (OVG Schl.-H. NVwZ-RR 2002, 485).

Ergänzungssatzungen nach § 34 Abs. 4 S. 1 Nr. 3 BauGB ermöglichen es, den Ver- **383** lauf des Ortsrands bei Erlass einer Satzung nach § 34 Abs. 4 Nr. 1 oder 2 BauGB durch Einbeziehung bisher unbebauter Flächen in den im Zusammenhang bebauten Ortsteil abzurunden bzw. zu begradigen. Anders als bei den sog. Abrundungssatzungen nach § 34 Abs. 4 Nr. 3 BauGB 1987 ist eine Ergänzungssatzung nach § 34 Abs. 4 Nr. 3 BauGB 1998 nicht darauf beschränkt, die vorhandene Bebauung abzurunden, sondern kann auch außerhalb der bisherigen Bebauung liegende Flächen in den Innenbereich einbeziehen, z.b. bei einer nur einseitigen Bebauung einer Straße auch die Grundstücke auf der anderen Seite der Straße zum Innenbereich erklären, sofern diese Flächen durch die angrenzende Bebauung im Innenbereich geprägt werden (BVerwG BauR 2009, 617). Eine Ergänzungssatzung erlaubt aber nur die Ergänzung der bisherigen Bauflächen, nicht die Schaffung neuer Baugebiete; hierfür bedarf es eines Bebauungsplans (ebenso OVG NRW BRS 65 Nr. 89).

384 § 34 Abs. 5 S. 2 BauGB erlaubt ferner, einzelne Festsetzungen nach § 9 BauGB in die Satzung aufzunehmen; in Betracht kommen insoweit vor allem Bestimmungen über die Art der baulichen Nutzung und die überbaubare Grundstücksfläche. Wie die Worte „einzelne Festsetzungen" zeigen, kann in der Satzung aber keine umfassende Regelung der zulässigen baulichen Nutzung getroffen werden. Denn eine Satzung nach § 34 Abs. 4 BauGB stellt keinen Bebauungsplan-Ersatz dar. Wenn die Gemeinde dies für nötig hält, muss sie einen Bebauungsplan aufstellen (OVG NRW BauR 2003, 665).

385 Satzungen nach § 34 Abs. 4 S. 1 Nr. 2 und 3 BauGB müssen gemäß § 34 Abs. 5 S. Nr. 1 BauGB mit der **geordneten städtebaulichen Entwicklung** vereinbar sein. Dieses ist dann der Fall, wenn die Satzung nicht im Widerspruch zum Flächennutzungsplan steht. Ferner darf weder eine Umweltverträglichkeitsprüfung erforderlich sein, noch ein FFH-Gebiet beeinträchtigt werden (§ 34 Abs. 5 Nr. 2 und 3 BauGB). Wenn durch die Schaffung neuer Bauplätze städtebauliche Spannungen ausgelöst oder verstärkt werden, muss der Ausgleich der widerstreitenden Interessen durch die Aufstellung eines Bebauungsplans bewirkt werden (OVG Saar NVwZ 1982, 125; BayVGH BauR 1989, 309).

Das Verfahren zum Erlass von Satzungen nach § 34 Abs. 4 BauGB ist in § 34 Abs. 6 BauGB geregelt; diese Vorschrift verweist im Wesentlichen auf das vereinfachte Verfahren nach § 13 BauGB.

5. Bauvorhaben im Außenbereich (§ 35 BauGB)

386 Bei der Frage der Zulässigkeit von Bauvorhaben im Außenbereich (zur Abgrenzung Innenbereich – Außenbereich s. ab Rn. 340) ist zu unterscheiden zwischen den **privilegierten Vorhaben** des § 35 Abs. 1 BauGB und den **nichtprivilegierten Vorhaben** des § 35 Abs. 2 BauGB. Privilegierte Vorhaben sind im Außenbereich generell zulässig, wenn öffentliche Belange nach § 35 Abs. 3 BauGB „**nicht entgegenstehen**" und die Erschließung gesichert ist. Nichtprivilegierte („sonstige") Vorhaben können dagegen nur im Einzelfall genehmigt werden, wenn ihre Ausführung oder Benutzung öffentliche Belange „**nicht beeinträchtigt**" und ihre Erschließung gesichert ist. Dieser Unterschied bezüglich der Berücksichtigung öffentlicher Belange bedeutet nach der Rechtsprechung des BVerwG (BVerwGE 28, 148; 48, 109; 68, 311), dass bei der Abwägung zwischen dem Bauvorhaben und den davon betroffenen öffentlichen Belangen die gesetzliche Privilegierung des § 35 Abs. 1 BauGB besonders berücksichtigt werden muss. Tendenziell werden öffentliche Belange deutlich eher bereits beeinträchtigt, als dass sie entgegenstehen, was aber ein Entgegenstehen auch bei privilegierten Vorhaben nicht ausschließt.

387 Unter Umständen müssen auch Vorhaben, die an sich im Außenbereich privilegiert sind, ein Bauleitverfahren durchlaufen. So ist anerkannt, dass - über den Gesetzeswortlaut des § 35 Abs. 1 Nr. 4 BauGB hinaus - in Ausnahmefällen einem im Außenbereich privilegierten Vorhaben die Erforderlichkeit einer vorhergehenden förmlichen Bauleitplanung als **„unbenannter" öffentlicher Belang** entgegengehalten werden kann. Zwar ist in den gesetzlich geregelten Fällen eigentlich kein Raum für planerische Erwägungen. Jedoch ist z.b. bei einem raumbedeutsamen Vorhaben mit komplexen und schwer zu beherrschenden Umweltauswirkungen in der Nähe zu bereits vorhandener Wohnbebauung eine planerische Abstimmung des Vorhabens in die Umgebung dringend erforderlich.

Das in allen Fällen verlangte **Erschlossensein** ist vorhabenbezogen zu verstehen **388** (BVerwG NJW 1976, 1855). So können die Anforderungen an die sichere Erreichbarkeit einer Jagdhütte geringer sein als für eine Biogasanlage.

a) Privilegierte Vorhaben

aa) Privilegierung nach § 35 Abs. 1 Nr. 1 BauGB

Die Privilegierung nach Nr. 1 setzt voraus, dass das Vorhaben einem **land- oder 389 forstwirtschaftlichen Betrieb dient** und nur einen **untergeordneten Teil der Betriebsfläche** einnimmt.

Die Sinnhaftigkeit der Privilegierung nach § 35 Abs. 1 Nr. 1 BauGB ist offenkundig: Zum einen wäre eine landwirtschaftliche Betriebsstätte nur selten innerhalb eines anderweitig genutzten Baugebiets zumutbar und zum anderen würde die Entfernung zu den Ländereien zu unzumutbaren Belastungen für den Landwirt und die Öffentlichkeit führen. Deshalb dürfen die baulichen Anlagen eines Landwirts – einschließlich seines Wohnhauses – ausnahmsweise im Außenbereich errichtet und genutzt werden. Andererseits gilt es, durch eine strikt an dem Gesetzeszweck orientierte Handhabung der Bestimmung solche angeblich landwirtschaftlichen Betriebe und Anlagen von der Privilegierung auszuschließen, die nur zum Schein unterhalten werden, um ein sonst nach § 35 Abs. 2 BauGB eigentlich nicht zulässiges Bauvorhaben im Außenbereich zu verwirklichen (BVerwG NVwZ 1986, 916). Der Wunsch, im Außenbereich zu wohnen, und die in der Praxis immer wieder sichtbar werdende Tendenz, einen der Privilegierungsfälle als Alibi zu verwenden, haben, gleichsam als Gegenreaktion, zu einer besonders strengen Rechtsprechung geführt. In deren Folge sind den Begriffen in § 35 Abs. 1 Nr. 1 BauGB Inhalte beizulegen, die sich zum Teil weit von dem entfernt haben, was umgangssprachlich hierunter verstanden wird.

Der Begriff der **Landwirtschaft** ist in § 201 BauGB gesetzlich definiert. Diese Be- **390** griffsbestimmung ist auch für § 35 Abs. 1 Nr. 1 BauGB maßgebend. Weil nach der Legaldefinition Tierhaltung nur dann und nur in dem Umfang zu Landwirtschaft zählt, soweit das Futter überwiegend auf den zum landwirtschaftlichen Betrieb gehörenden, landwirtschaftlich genutzten Flächen erzeugt werden kann, ist eine große Schweinemastanstalt kein landwirtschaftlicher, aber eventuell ein nach § 35 Abs. 1 Nr. 4 BauGB privilegiert zulässiger Betrieb. Die Pferdezucht zählt zur Landwirtschaft, ebenso die mit der Pferdezucht verbundene reiterliche Erstausbildung der Jungpferde. Eine bloße Pensionspferdehaltung ist nur dann Landwirtschaft, wenn sie als „**bodenrechtliche Nebensache**" zu dem landwirtschaftlichen Betrieb auf der Grundlage der eigenen Bodenertragsnutzung erfolgt" (BVerwG NVwZ-RR 1999, 106).

Nach der Rechtsprechung der Verwaltungsgerichte stellt nicht jede landwirtschaftli- **391** che Betätigung einen **landwirtschaftlichen Betrieb** i.S.d. § 35 Abs. 1 Nr. 1 BauGB dar. (Die nachfolgenden Ausführungen zum Begriff des Betriebs gelten auch für Betriebe im Sinne von Nr. 2 und Nr. 4.) Nur kurzfristige land- oder forstwirtschaftliche Tätigkeit kann die Zulassung von Bauten im Außenbereich nicht rechtfertigen. Auch eine landwirtschaftliche Betätigung, die nur aus Liebhaberei betrieben wird, ist nicht privilegiert. Vielmehr ist Voraussetzung, dass es sich um einen ernsthaften, auf Dauer angelegten Betrieb handelt, der dazu bestimmt ist, mit seinem Ertrag einen Beitrag zum Lebensunterhalt des Betriebsinhabers zu leisten, also seine Existenz auf Dauer zu sichern (BVerwGE 26, 161; NVwZ 1986, 916; BauR 2005, 1174; OVG NRW NVwZ-RR 2000, 347). Dabei ist nicht für entscheidend, ob tatsächlich ein Gewinn erwirtschaftet wird (BVerwG NVwZ 1986, 916). Maßgeblich für die Privilegierung ist vielmehr die Absicht der **Gewinnerzielung**, sofern diese nicht unrealistisch ist. Zur Gewinnerzielung zählt es auch, wenn die erzeugten Produkte im Haushalt des Grundstückseigentümers verbraucht werden, weil dadurch der Kauf entsprechender Produkte erspart wird (VGH Bad.-Württ. VBlBW 2010, 111). Insbesondere bei Nebenerwerbsbetrieben kommt der Gewinnerzielung eine erhebliche indizielle Bedeutung für einen Betrieb i.S.d. § 35 Abs. 1 Nr. 1 BauGB zu (OVG NRW NVwZ-RR 2000, 347). Daneben spielen aber auch die Betriebsgröße, die Ausstattung mit Maschinen und die landwirtschaftliche Erfahrung des Betriebsinhabers eine maßgebliche Rolle (BVerwGE 26, 121). Entscheidend ist, ob bei einer Gesamtwürdigung aller Umstände davon auszugehen ist, dass die landwirtschaftliche Betätigung zu Erwerbszwecken und nicht etwa aus sonstigen Gründen erfolgt.

392 Sog. **Mischbetrieb**e, die sich aus verschiedenen Betriebszweigen zusammensetzen, sind als Nebenerwerbsbetriebe zulässig. Denn im Rahmen der Gewinnerzielungsabsicht sind alle landwirtschaftlichen Betätigungen in den Blick zu nehmen, die das Unternehmen ausmachen. Es ist einem Landwirt nicht verwehrt, Überschüsse aus profitablen Betriebszweigen zur **„Quersubventionierung"** einer weniger rentablen Sparte zu verwenden (BVerwGE 122, 308, Ziegler, DÖV 2017, 110). Allerdings muss gerade auch in diesen Fällen der Nebenerwerb darauf ausgerichtet sein, dem Betriebsinhaber neben seinem Hauptberuf weitere Einnahmen zu verschaffen, um damit seine Existenz zusätzlich wirtschaftlich abzusichern. Dafür ist es notwendig, dass Arbeits- und Kapitaleinsatz in einem vernünftigen Verhältnis zum erwirtschafteten Erfolg stehen (VG Münster, U.v. 5.4.2017 – 2 K 627/15 -, n.v.).

393 Eine landwirtschaftliche Betätigung allein auf **gepachtetem** Grund und Boden ist in der Regel nicht privilegiert. Etwas anderes kann gelten, wenn nur ein Teil des bewirtschafteten Grund und Bodens langfristig hinzu gepachtet ist. Auch kann nach Ansicht des BVerwG bei entsprechender **Sicherung** die Anwendung des § 35 Abs. 1 Nr. 1 BauGB dort bejaht werden, wo Gegenstand des Pachtvertrags nicht allein der zu bewirtschaftende Grund und Boden, sondern ein bereits bestehender landwirtschaftlicher Betrieb ist. Schließlich sind Ausnahmefälle denkbar, in denen sich der Bauherr für das Vorhandensein eines Betriebes einzig auf gepachteten Grund und Boden berufen kann (BVerwGE 41, 138). Das sind jedoch Ausnahmefälle (vgl. zu einem solchen Fall VG Köln, U.v. 1.3.2015 – 8 K 3306/15 -, nrwe).

394 Schließlich muss das Bauvorhaben dem Landwirtschaftsbetrieb **„dienen"**. Ein Vorhaben dient einem Betrieb nicht schon dann, wenn die Benutzung des Vorhabens die Bewirtschaftung des Betriebs erleichtert oder irgendwie fördert. Nicht erforderlich ist eine zwingende Notwendigkeit des Vorhabens, erst recht keine objektive Unentbehrlichkeit. Es ist nicht entscheidend, ob ein Betrieb sich auch ohne das Vorhaben sachgerecht betreiben ließe. Auch eine nach betriebswirtschaftlichen Erkenntnissen an sich nicht erforderliche Sache kann je nach der individuellen Betriebsweise tatsächlich dem Betrieb dienlich sein. Ausreichend ist, dass sie nach der individuellen Betriebsweise tatsächlich dem Betrieb gewidmet und durch diese Widmung auch gekennzeichnet ist. Für das Merkmal des Dienens muss darauf abgestellt werden, ob ein vernünftiger Landwirt auch und gerade unter Berücksichtigung des Gebotes größtmöglicher Schonung des Außenbereichs das Bauvorhaben mit etwa gleichem Verwendungszweck und mit etwa gleicher Gestaltung und Ausstattung für einen entsprechenden Betrieb errichten würde (BVerwG NVwZ-RR 1992, 400).

Beispiel (nach BVerwG NVwZ-RR 1992, 400): Der Neuerrichtung eines Betriebsleiterwohnhauses Betriebsnachfolger bedarf es nicht, wenn der Land- oder Forstwirt bereits über ausreichenden Wohnraum in dem betriebsnahen Wohnhaus (des bisherigen Betriebsleiters) verfügen oder sich solchen jedenfalls schaffen kann.

Auch solche Vorhaben sind nach § 35 Abs. 1 Nr. 1 BauGB privilegiert, die zwar selbst **395** keine landwirtschaftliche Nutzung darstellen, aber mit dieser Nutzung in unmittelbarem Zusammenhang stehen – sog. **mitgezogener Betriebsteil** (BVerwG BRS 60 Nr. 89, und NVwZ 1986, 200 ff.). Ein nach § 35 Abs. 1 Nr. 1 BauGB als „Anhängsel" privilegiert mitgezogener Betriebsteil liegt nicht vor, wenn es sich um einen zweiten Betrieb neben dem Landwirtschaftsbetrieb handelt, der nach Umfang und Einkommen dem Landwirtschaftsbetrieb in etwa gleichkommt (BVerwG BRS 57 Nr. 102). Ein mitgezogener Betriebsteil kann z.b. vorliegen bei

– einer Winzerstube eines Weinbaubetriebs (BVerwG NJW 1989, 576), der sog. Straußenwirtschaft (VG Karlsruhe VBlBW 2000, 372),
– der Vermietung von Fremdenzimmern – Ferien auf dem Bauernhof (BayVGH BayVBl. 1984, 567; Ziegler, DVBl. 1986, 454) oder
– dem Selbstverkauf landwirtschaftlicher Produkte (OVG NRW BauR 2000, 245),
– nicht aber bei einem Campingplatz (BayVGH BauR 2006, 2021).

Auch für die Privilegierung eines **forstwirtschaftlichen Betriebs** ist eine spezifische **396** betriebliche Organisation, eine gewisse Nachhaltigkeit im Sinne eines auf Dauer gedachten lebensfähigen Unternehmens, ein Mindestumfang an forstwirtschaftlicher Betätigung sowie eine spezifische Organisation erforderlich. Die von dem Vorhaben in Anspruch genommene Fläche darf nur einen untergeordneten Teil der Betriebsfläche in Anspruch nehmen. Das heißt, sie muss im Verhältnis zur Freifläche, die weiterhin der Bodennutzung dient, kaum ins Gewicht fallen, sie muss als unwesentlich erscheinen.

bb) Privilegierung nach § 35 Abs. 1 Nr. 2 BauGB

Die **gartenbauliche Erzeugung** dient der Gewinnung pflanzlicher Erzeugnisse über **397** den Eigenbedarf hinaus. Eine unmittelbare Bodenertragsnutzung ist nicht Voraussetzung. Deshalb ist der Begriff der gartenbaulichen Erzeugung auch erfüllt bei Erzeugung von Tisch- oder Hydrokulturen, bei denen die Wurzeln nicht in den Boden eindringen. Hinsichtlich der Erfordernisse an das Dienen und den Betrieb gelten die zu § 35 Abs. 1 Nr. 1 BauGB dargestellten Grundsätze.

cc) Privilegierung nach § 35 Abs. 1 Nr. 3 BauGB

§ 35 Abs. 1 Nr. 3 BauGB privilegiert unter anderem **öffentliche Versorgungsbetrie- 398 be**. Bei diesen kommt es nicht darauf an, dass der Betreiber ein Unternehmen der öffentlichen Hand ist. Entscheidend ist, dass die Versorgungsleistung der Allgemeinheit zugutekommt, was z.B. auch bei einem privaten Elektrizitätswerk der Fall sein kann, wenn der erzeugte Strom in das öffentliche Netz eingespeist wird (BVerwGE 96, 95). Auch Mobilfunkanlagen sind nach § 35 Abs. 1 Nr. 3 BauGB privilegiert.

Ein **ortsgebundener Betrieb** i.S.d. § 35 Abs. 1 Nr. 3 BauGB liegt vor, wenn das Ge- **399** werbe nach seinem Gegenstand und seinem Wesen ausschließlich an der fraglichen Stelle betrieben werden kann. Erforderlich ist hierfür, dass der Betrieb auf die geographische oder die geologische Eigenart der Stelle angewiesen ist, weil er an einem anderen Ort seinen Zweck verfehlen würde (BVerwGE 147, 37). Dabei handelt es sich i.d.R. um Anlagen zur Gewinnung von Bodenschätzen, z.b. eine Kiesgrube (BVerwGE 51, 346 und 77, 300), einen Steinbruch (BVerwG DVBl. 1983, 893; VGH Bad.-Württ. BRS 24 Nr. 63) oder einen Gipsabbau (BVerwG ZfBR 1990, 41). Grundsätzlich ist eine restriktive Anwendung dieser Vorschrift geboten.

400 Nach der Rechtsprechung des BVerwG (BVerwGE 96, 95) ist auch bei den in § 35 Abs. 1 Nr. 3 BauGB zuerst (vor dem Wort „oder") genannten Anlagen Voraussetzung für eine Privilegierung, dass die jeweilige Anlage ortsgebunden ist. Dies steht zwar in einem gewissen Widerspruch zum Wortlaut, wird aber nach Ansicht des Gerichts durch den Grundsatz des Gebots der Schonung des Außenbereichs gerechtfertigt. Trotz der bisweilen an dieser Rechtsprechung geübten Kritik hat das BVerwG stets daran festgehalten.

Beispiel (nach BVerwG NVwZ 2012, 1631): Die Betreiberin einer Schiffswerft an der Nordsee beantragt die Erteilung einer Baugenehmigung zur Nutzung einer wenige hundert Meter im Außenbereich gelegenen Bootslagerhalle als Parkhaus für ca. 250 Kraftfahrzeuge. Ferner plant sie den Bau von schotterunterlegten Parkplätzen für ca. 750 Kraftfahrzeuge auf der Freifläche zwischen der Halle und einem Hafenschutzdamm. Die geplanten Stellplätze sind hauptsächlich für die Fahrzeuge von Gästen vorgelagerter Inseln gedacht, die beabsichtigen, mit den im Hafen ablegenden Fährschiffen überzusetzen und ihre Fahrzeuge auf dem Festland zurückzulassen. Das Vorhaben ist nicht privilegiert genehmigungsfähig. Denn das Vorhaben ist kein ortsgebundener gewerblicher Betrieb. Hierfür genügt nicht, dass sich der Standort aus Gründen der Rentabilität anbietet oder gar aufdrängt. Ein solcher Betrieb könnte auch andernorts, insbesondere auch im Innenbereich angesiedelt werden.

dd) Privilegierung nach § 35 Abs. 1 Nr. 4 BauGB

401 Der Privilegierungstatbestand des § 35 Abs. 1 Nr. 4 BauGB erfasst Anlagen, die wegen ihrer Eigenart, insbesondere wegen ihrer der Allgemeinheit dienenden Funktion oder wegen immissionsschutzrechtlicher Probleme, nur im Außenbereich errichtet werden sollen, sog. **gesollte Vorhaben** (s. dazu BVerwGE 96,95). Anders als bei § 35 Abs. 1 Nr. 1 bis 3 BauGB handelt es sich dabei um die verschiedensten Anlagen mit den unterschiedlichsten Funktionen. Insofern hat die Bestimmung den Charakter eines Auffangtatbestandes.

Besondere Anforderungen an die Umgebung stellen Vorhaben, die ihrer Natur nach bestimmte Eigenarten ihrer Umgebung fordern, wie z.B. Thermalbäder (Brügelmann, BauGB, § 35 Rn. 58).

402 Zu den Anlagen, die so nachteilige Wirkung auf die Umgebung haben, dass sie deswegen nur im Außenbereich ausgeführt werden sollen, zählen insbesondere Betriebe, durch deren Emissionen die in der Umgebung befindlichen Menschen geschädigt oder belästigt werden können. Das sind etwa Schweinemastanlagen, andere Anlagen der **Intensivtierhaltung** und viele sonstige nach § 4 BImSchG zu beurteilende Anlagen.

Eine besondere Zweckbestimmung weisen z.B. Berg- und Skihütten und Jagdhütten auf. Denn im Innenbereich machen sie wenig Sinn. Ebenfalls gilt diese Privilegierung für Autobahnraststätten und –tankstellen.

403 Die Privilegierung scheidet aus, wenn das Vorhaben auf einen **Standort im Innenbereich** verwiesen werden kann (BVerwG BauR 2011, 1299). Hierbei kommt es nicht auf die Beschaffenheit von Innenbereichen im Allgemeinen an, sondern auf den Innenbereich in der jeweiligen Gemeinde (BVerwG BRS 82 Nr. 105), ob also für das Vorhaben ein Innenbereichsstandort dieser Gemeinde zur Verfügung steht.

Stets bleibt zu prüfen, ob das Vorhaben im Außenbereich errichtet werden „soll". Die **404** Weite des Tatbestands des § 35 Abs. 1 Nr. 4 BauGB muss durch eine einschränkende Auslegung dieses Tatbestandsmerkmals ausgeglichen werden (BVerwGE 96, 95). Nicht alles, was wegen seiner Anforderungen oder Belastungen in Bezug auf die Umwelt nicht im Innenbereich verwirklicht werden kann, soll allein deshalb im Außenbereich gebaut werden. Sonst wäre der Außenbereich weniger geschützt als der Innenbereich. Es muss „nach Lage der Dinge geboten sein, das in Rede stehende Vorhaben gerade im Außenbereich auszuführen" (BVerwGE 67, 33). Das setzt voraus, dass die Errichtung im Außenbereich **bauplanungsrechtlich billigenswert** ist und es auch unter Berücksichtigung der städtebaulichen Funktion des Außenbereichs gerechtfertigt ist, es bevorzugt im Außenbereich zuzulassen.

Nicht billigenswert i.s. dieser Rechtsprechung sind Bauvorhaben, auf deren Errich- **405** tung im Außenbereich verzichtet werden kann.

Beispiel (nach BayVGH NVwZ 2013, 311): Ein Gaststättenbetrieb in Ski- und Wandergebieten kann nur insoweit erforderlich sein, als es um die gastronomische Grundversorgung der Skifahrer und Wanderer geht. Für diese ist es nicht erforderlich, dass sie in kurzen zeitlichen Abständen eine Einkehrmöglichkeit vorfinden.

Die Privilegierung muss als Bevorzugung unter dem Blickwinkel des **Gleichheitssat-** **406** **zes** gerechtfertigt sein (BVerwG BRS 52 Nr. 76). Es muss ein öffentliches Interesse an der Anlage bestehen. Dieses besteht nicht, wenn die Anlage lediglich der individuellen Erholung dient und damit im Widerspruch zur Funktion des Außenbereichs als Erholungsgebiet für die Allgemeinheit steht (BVerwG BauR 1992, 52). Das öffentliche Interesse lässt sich nicht schon mit dem Umstand begründen, dass die zu errichtende Anlage jedermann gegen entsprechende Bezahlung zugänglich sein soll.

Beispiel (nach BVerwGE 48, 109): Ein Zeltplatz für Dauercamping „soll" im Außenbereich nicht errichtet werden, weil er nur der Erholung derjenigen dient, die dort einen Standplatz für ihren Wohnwagen haben.

Schließlich „sollen" nicht Anlagen im Außenbereich errichtet werden, die (jedenfalls **407** in ihrer gedachten Vielzahl) den Außenbereich belasten, weil sie bei einer Privilegierung grundsätzlich überall im Außenbereich errichtet werden könnten (BVerwG NVwZ 2000, 678). § 35 Abs. 1 Nr. 4 BauGB erfasst keine Vorhaben, die eine **Vorbild-** **wirkung** für gleichartige Bauvorhaben hätten (so auch BayVGH, B.v. 11.1.2011 - 15 ZB 8.1565 -, juris).

Beispiel (nach BayVGH, B.v. 24.1.2017 – 1 ZB 14.1205 –, juris): Eine landwirtschaftlich-tiertherapeutische Einrichtung zählt nicht zu den Vorhaben, die im Außenbereich ausgeführt werden sollen, auch wenn die Einrichtung im Außenbereich „besonders gut" zu verwirklichen ist. Unter Berücksichtigung der sich aus dem Therapiekonzept ergebenden Zweckbestimmung des Vorhabens, insbesondere die Mobilität der pflegebedürftigen Personen zu fördern sowie u.a. die Lebensqualität zu verbessern und den Einsatz von Psychopharmaka zu reduzieren sowie des in den Blick genommenen Bildungszwecks u.a. für Schüler wird nach Ansicht des Gerichts deutlich, dass eine Vielzahl von Vorhaben dieser oder ähnlicher Art privilegiert sein müssten, wenn man eine Privilegierung des Vorhabens anerkennen müsste. Dies würde jedoch zu einer dem Gesetzeszweck widersprechenden Ausweitung des Privilegierungstatbestands des § 35 Abs. 1 Nr. 4 BauGB auf dann bevorrechtigte Erholungsstätten für einen bestimmungsgemäß mehr oder weniger begrenzten Personenkreis führen.

Beispiele, bei denen die Voraussetzungen bejaht wurden:
– Jagdhütten, soweit sie im Jagdbezirk liegen und sich größenmäßig auf die Bedürfnisse der Jagdausübung beschränken (BVerwGE 58, 124; BauR 1996, 374 u. 829);
– Schutzhütten (BVerwG NVwZ 2000, 678);

– Bienenhäuser (BVerwG BauR 1975, 104) und ähnliche kleinere Anlagen (VGH Bad.-Württ. VBlBW 1982, 295);
– der Erholung der Allgemeinheit dienende Anlagen (gemeindlicher Grillplatz, VGH Bad.-Württ. VBlBW 1994, 920);
– eine Hühnermastanstalt (BVerwG NVwZ 1984, 169; OVG NRW BauR 2009, 1565);
– eine Schweinemastanlage (OVG Nds. NVwZ-RR 2010, 91).

Grundsätzlich zulässige Vorhaben nach § 35 Abs. 1 Nr. 4 BauGB müssen sich auf das Erforderliche beschränken.

408 Die Einschränkung „es sei denn, es handelt sich um die Errichtung, Änderung oder Erweiterung einer baulichen Anlage zur Tierhaltung, die dem Anwendungsbereich der Nummer 1 nicht unterfällt und die einer Pflicht zur Durchführung einer standortbezogenen oder allgemeinen Vorprüfung oder einer Umweltverträglichkeitsprüfung nach dem **Gesetz über die Umweltverträglichkeitsprüfung** unterliegt" betrifft zum einen nicht landwirtschaftliche Betriebe. In landwirtschaftlichen Betrieben werden die Tiere auf der Grundlage von „überwiegend auf den zum landwirtschaftlichen Betrieb gehörenden, landwirtschaftlich genutzten Flächen" erzeugten Futter gehalten (§ 201 BauGB); die in Nr. 4 angesprochenen Anlagen sind hingegen gewerbliche Anlagen, bei denen das Futter überwiegend hinzugekauft wird. Zum anderen werden aus der Privilegierung solche Anlagen der Intensivtierhaltung herausgehalten, die einer standortbezogenen oder allgemeinen Vorprüfung oder einer Umweltverträglichkeitsprüfung unterzogen werden müssen. Maßgeblich sind die Tierarten und Größenordnungen, die sich aus den §§ 3b ff. UVPG und der Anlage 1 (Liste „UVP-pflichtiger Vorhaben") Nrn. 7.1 bis 7.11 Sp. 1 und Sp. 2 sowie der Anlage 2 (Kriterien für die Vorprüfung des Einzelfalls) zum UVPG ergeben (vgl. Ernst/Zinkahn/Bielenberg, BauGB, § 35 Rn. 57b). **Nutzungsänderungen** sind nach dem eindeutigen Wortlaut von der Einschränkung nicht erfasst.

409 Der weitere Zusatz zu kumulierenden Vorhaben „wobei bei kumulierenden Vorhaben für die Annahme eines engen Zusammenhangs diejenigen Tierhaltungsanlagen zu berücksichtigen sind, die auf demselben Betriebs- oder Baugelände liegen und mit gemeinsamen betrieblichen oder baulichen Einrichtungen verbunden sind" greift eine Regelung in § 3b UVPG auf. Nach dessen Abs. 2 S. 1 sind **kumulierende Vorhaben** „mehrere Vorhaben derselben Art, die gleichzeitig von demselben oder mehreren Trägern verwirklicht werden sollen und in einem engen Zusammenhang stehen (kumulierende Vorhaben), zusammen die maßgeblichen Größen- oder Leistungswerte erreichen oder überschreiten". Ein enger Zusammenhang ist nach S. 2 gegeben, wenn diese Vorhaben entweder (1.) als technische oder sonstige Anlagen auf demselben Betriebs- oder Baugelände liegen und mit gemeinsamen betrieblichen oder baulichen Einrichtungen verbunden sind oder (2.) als sonstige in Natur und Landschaft eingreifende Maßnahmen in einem engen räumlichen Zusammenhang stehen und wenn sie einem vergleichbaren Zweck dienen.

ee) Privilegierung nach § 35 Abs. 1 Nr. 5 BauGB

410 § 35 Abs. 1 Nr. 5 BauGB privilegiert der Erforschung, Entwicklung oder Nutzung der Wind- oder Wasserenergie dienende Vorhaben. Dieser Privilegierungstatbestand wurde eingeführt, weil derartige Anlagen im Regelfall nicht standortgebunden sind und damit nicht von § 35 Abs. 1 Nr. 3 BauGB erfasst werden (BVerwGE 90, 95). Die Privilegierung bedeutet aber nicht, dass **Windenergieanlagen** überall in der freien Landschaft errichtet werden können. Eine Errichtung in Natur- oder Landschaftsschutzgebieten scheitert in der Regel an den Bestimmungen der naturschutzrechtlichen Verordnungen (BVerwG BauR 2000, 1311; OVG NRW BauR 2006, 1715). Aber auch in anderen Gebieten, die nicht unter Schutz gestellt sind, kann die Genehmigung abgelehnt werden, wenn es sich um besonders reizvolle Landschaften handelt, sodass die Windenergieanlage einen Eingriff in Natur und Landschaft i.S.d. § 14 BNatSchG darstellt (BVerwG BauR 2002, 1059), gegen den Artenschutz (OVG Rh.-Pf. NVwZ-RR 2010, 310) oder das Rücksichtnahmegebot (s. ab Rn. 809) verstößt (BVerwG BauR 2007, 674) oder § 35 Abs. 3 S. 1 Nr. 3 BauGB entgegensteht, z.B. weil sie unzumutbare Lärmimmissionen verursacht oder eine optisch bedrängende oder **erdrückende Wirkung** auf die Nachbarschaft hat oder (s. dazu Rn. 817).

Das BVerwG hat konkrete Anforderungen für die Feststellung eines der Erforschung **411** und Entwicklung dienenden Vorhabens aufgestellt (NVwZ 2009, 918). Eine Anerkennung eines **Forschungs- und Entwicklungsvorhabens** ist danach nur dann möglich, wenn der Planer anhand eines Konzepts plausibel darlegt, dass die von ihm konstruierte Anlage nach gegenwärtigem Erkenntnisstand geeignet ist, die privilegierte Nutzung mehr als nur unerheblich zu verbessern, die Anlage aber praktisch noch erprobt werden muss.

ff) Privilegierung nach § 35 Abs. 1 Nr. 6 BauGB

Nach § 35 Abs. 1 Nr. 6 BauGB sind **Biogasanlage**n privilegiert. Die Anlage muss von **412** einem oder mehreren benachbarten Landwirten betrieben werden (BVerwG NVwZ 2009, 585). Je Hof darf nur eine Biogasanlage betrieben werden.

Das Merkmal „im Rahmen eines Betriebs" bedeutet, dass die Biogasanlage nur im Anschluss an eine bereits bestehende privilegierte Anlage im Außenbereich errichtet und betrieben werden darf. Der Eingriff in den Außenbereich soll nicht in Form eines solitär stehenden Vorhabens erfolgen. Vielmehr muss an einen schon vorhandenen landwirtschaftlichen Betrieb (Nr. 1), an einen Gartenbaubetrieb (Nr. 2) oder an einen Tierhaltungsbetrieb (Nr. 4) angeknüpft und eine bereits bestehende Bebauung lediglich erweitert werden. Die Biogasanlage muss nicht untergeordnet sein, sie muss dem anderen Betrieb nicht dienen und der landwirtschaftliche Betrieb darf ausschließlich auf die Produktion von Biomasse ausgerichtet sein. All das hat das BVerwG (BVerwGE 132, 372) aus dem Wortlaut der Bestimmung und der Entstehungsgeschichte der Norm abgeleitet.

Die für den Betrieb der Anlage erforderliche Biomasse muss überwiegend, also **zu 413 mehr als 50 %**, aus dem eigenen Betrieb oder aus diesem und aus nahe gelegenen Betrieben stammen. Damit sind die Kooperationsmöglichkeiten auf den näheren Umkreis begrenzt. Einer überwiegend überregionalen Anlieferung des benötigten Rohmaterials wird aus ökologischen und volkswirtschaftlichen Gründen Grenzen gesetzt, um „Biomasse- bzw. Gülletourismus" zu unterbinden (BT-Drucksache 15/2250 S. 55). Die Genehmigungsbehörde muss die immissionsschutzrechtliche Genehmigung versagen, wenn der Antragsteller nicht nachweisen kann, dass die Biomasse überwiegend entweder von eigenen oder aber von eigenen und nahe gelegenen Betriebsflächen der Kooperationspartner stammt und ihr Bezug zumindest mittelfristig gesichert ist. Die Behörde muss diese einschränkenden Tatbestandsmerkmale selbst prüfen und darf sich nicht auf eine prognostische Abschätzung verlassen (BVerwGE 132, 372).

gg) Privilegierung nach § 35 Abs. 1 Nr. 7 BauGB

Durch die Änderung des BauGB durch Gesetz vom 22.7.2011 (BGBl. I 1509) hat der **414** Gesetzgeber die bisherige Privilegierung von **Kernenergieanlagen** reduziert. Weiterhin ist ein Vorhaben privilegiert zulässig, das der Erforschung, Entwicklung oder Nutzung der Kernenergie zu friedlichen Zwecken oder der Entsorgung radioaktiver Abfälle dient, mit Ausnahme der Neuerrichtung von Anlagen zur Spaltung von Kernbrennstoffen zur gewerblichen Erzeugung von Elektrizität.

hh) Privilegierung nach § 35 Abs. 1 Nr. 8 BauGB

415 Die Privilegierung von Vorhaben, die der Nutzung **solarer Strahlungsenergie** in, an und auf Dach- und Außenwandflächen von zulässigerweise genutzten Gebäuden dienen, wenn die Anlage dem Gebäude baulich untergeordnet ist, betrifft Gebäude, für die entweder eine (noch) wirksame Nutzungsgenehmigung vorliegt oder die **materiell legal** genutzt werden. Eine Scheune ist nicht materiell legal, wenn ein vernünftiger Landwirt sie gerade an dem gewählten Standort und in dieser Ausgestaltung unter Berücksichtigung der wirtschaftlichen Aspekte und des Gebots der größtmöglichen Schonung des Außenbereichs nicht errichten würde (s. Rn. 394).

ii) Kein Entgegenstehen öffentlicher Belange

416 Die nach § 35 Abs. 1 BauGB privilegierten Vorhaben sind grundsätzlich im Außenbereich zulässig, sofern ihnen nicht im Einzelfall **öffentliche Belange entgegenstehen**. Eine Kollision zwischen dem Privilegierungstatbestand und öffentlichen Belangen muss durch eine Abwägung der betroffenen privaten und öffentlichen Interessen bewältigt werden (BVerwGE 48, 109; 77, 300; 124, 132). Dabei handelt es sich um eine sog. **nachvollziehende Abwägung**. Zu den öffentlichen Belangen zählen insbesondere die in § 35 Abs. 3 BauGB angeführten Belange (BVerwG BauR 97, 444; OVG NRW BauR 2007, 677), wobei dem Vorhaben aufgrund der Privilegierung ein starker Vorrang einzuräumen ist.

jj) Bedeutung des Flächennutzungsplans und sonstiger Pläne

417 Nach § 35 Abs. 3 S. 3 BauGB hat der Flächennutzungsplan insbesondere insoweit Bedeutung, als privilegierte Vorhaben nicht errichtet werden dürfen, wenn hierfür im Flächennutzungsplan **besondere Standorte** dargestellt sind (s. dazu BVerwG NVwZ 2010, 1561):

418 Die Gemeinden können z.B. eine Steuerung der Standorte für **Windenergieanlagen** durch die Ausweisung von sog. **Konzentrationszone**n im Flächennutzungsplan vornehmen. Es ist den Gemeinden grundsätzlich möglich, im Rahmen eines schlüssigen Plankonzeptes anhand pauschalierend festgelegter Kriterien Windenergieanlagen an bestimmten Stellen des Gemeindegebietes zu konzentrieren und sie so an anderen Stellen des Gemeindegebietes auszuschließen. Allerdings darf das kommunale Planungskonzept nicht auf eine bloße **Verhinderungsplanung** hinauslaufen, etwa einen völlig ungeeigneten Standort ausweisen oder einen Standort, an dem nur eine relativ geringe Anzahl von Windenergieanlagen möglich ist. Auch muss der Ausschluss bestimmter Nutzungen auf einem Gesamtkonzept beruhen, das auch Raum für diese Nutzungen lässt (BVerwGE 122, 109; BVerwG BauR 2008, 951). Ein genereller Ausschluss von Windkraftanlagen im Flächennutzungsplan ist daher unzulässig (BVerwGE 122, 109; BVerwG NVwZ 2008, 559; BVerwGE 118, 33).

419 Sehen die Kommunen von einer qualifizierten **Standortausweisung** der Windenergieanlagen in ihrem Flächennutzungsplan oder in dem Gebietsentwicklungsplan ab, sind solche Anlagen im Außenbereich grundsätzlich privilegiert zulässig, es sei denn, sie verunstalten die Landschaft oder lösen durch Schattenwurf oder Lärm erhebliche Belästigungen aus (§ 35 Abs. 3 S. 1 Nr. 3 BauGB).

Der Ausschluss nach § 35 Abs. 3 S. 3 BauGB tritt nur „in der Regel" ein. Bei besonderen Verhältnissen kann daher eine privilegierte Anlage auch außerhalb einer Konzentrationszone errichtet werden (BVerwGE 117, 287). Zur Sicherung erst geplanter Darstellungen eines Flächennutzungsplans nach § 35 Abs. 3 S. 3 BauGB kann ein Bauantrag gemäß § 15 Abs. 3 BauGB maximal ein Jahr lang zurückgestellt werden.

Vergleichbare Grundsätze gelten gemäß § 35 Abs. 3 S. 2 BauGB für die **Ziele der** 420 **Raumordnung und Landesplanung.** Nach § 35 Abs. 3 S. 2 Hs. 1 BauGB dürfen **raumbedeutsame** Vorhaben den Zielen der Raumordnung (§ 3 Abs. 1 Nr. 2 ROG) nicht widersprechen. Die Vorschrift normiert also einen generellen Vorrang der **Ziele der Raumordnung** gegenüber der Privilegierung eines Vorhabens nach § 35 Abs. 1 BauGB (VGH Bad.-Württ. UPR 2000, 79). Soweit raumbedeutsame Vorhaben (§ 3 Abs. 1 ROG; vgl. auch BVerwGE 45, 47; BVerwG NVwZ 2003, 738) in einem solchen Plan enthalten sind, steht damit zugleich nach § 35 Abs. 3 S. 2 Hs. 2 BauGB fest, dass öffentliche Belange dem Vorhaben nicht entgegenstehen. Diese Regelung beruht auf der Erwägung, dass die betroffenen öffentlichen Belange bereits bei der Aufstellung des Plans zu berücksichtigen waren (BVerwG NVwZ 2003, 1261).

kk) Folge der Nutzungsaufgabe

Wird die nach § 35 Abs. 1 BauGB zur privilegierten Zulässigkeit der Anlage im Au- 421 ßenbereich führende **Nutzung eines Gebäudes aufgegeben**, stellt dies regelmäßig auch eine **Änderung der Anlage** i.S.d. Bauplanungsrechts und des Bauordnungsrechts dar. Denn in aller Regel kann eine Baugenehmigung für eine konkrete bauliche Substanz nur mit einer dieser Substanz zugleich zugeordneten konkreten Nutzung erteilt werden. Da Bausubstanz sowie deren Nutzung bei Vorhaben im Außenbereich in der Regel in einem untrennbaren rechtlichen Zusammenhang stehen, wirkt sich die Aufgabe der Nutzung auch auf die Zulässigkeit der Bausubstanz jedenfalls dann aus, wenn durch die Aufgabe der Nutzung auch die Privilegierung nach § 35 Abs. 1 BauGB entfällt.

Anders als innerhalb des Geltungsbereichs eines qualifizierten Bebauungsplans 422 (§ 30 Abs. 1 und 2 BauGB) oder eines im Zusammenhang bebauten Ortsteils (§ 34 BauGB) geht von einer ungenutzten Anlage im Außenbereich im Regelfall eine Störung der Rechtsordnung aus, die nur durch die Beseitigung (auch) der Bausubstanz behoben werden kann. Anders kann es nur in den eher seltenen Fällen sein, in denen ein sonstiges Vorhaben i.S.v. § 35 Abs. 2 BauGB zulässig ist oder sich die Zulässigkeit eines Außenbereichsvorhabens aus § 35 Abs. 4 BauGB oder einer Satzung der Gemeinde nach § 35 Abs. 6 BauGB ergibt. Fällt die Funktion der Anlage endgültig weg oder wird eine privilegierte Anlage jenseits dieses rechtlichen Rahmens umgenutzt, so entfällt auch die Legitimation für den Erhalt der Bausubstanz (Sächs. OVG, B.v. 29.6.2012 – 1 A 68/11 -, juris).

b) Nichtprivilegierte Vorhaben (§ 35 Abs. 2 und 3 BauGB)

Nichtprivilegierte Vorhaben können nach § 35 Abs. 2 BauGB zugelassen werden, 423 wenn ihre Ausführung oder Benutzung öffentliche Belange nicht beeinträchtigt und die Erschließung gesichert ist.

Im Unterschied zu den privilegierten Vorhaben nach § 35 Abs. 1 BauGB (wenn öffentliche Belange nicht „entgegenstehen") führt bei nicht privilegierten Vorhaben bereits eine bloße „Beeinträchtigung" öffentlicher Belange zur Unzulässigkeit des Vorhabens.

Der Umfang der erforderlichen Erschließung richtet sich nach den Erfordernissen, die das Vorhaben auslöst.

424 § 35 Abs. 3 S. 1 BauGB enthält eine – allerdings nicht erschöpfende – Aufzählung der öffentlichen Belange, bei deren Beeinträchtigung ein nichtprivilegiertes Vorhaben nicht errichtet werden darf. Trotz des Wortes „können" besteht nach allgemeiner Ansicht (BVerwGE 18, 247) wegen des auch im **Außenbereich geltenden Grundsatzes der Baufreiheit ein** Rechtsanspruch auf eine Baugenehmigung, sofern die gesetzlichen Voraussetzungen erfüllt sind (vgl. auch § 75 Abs. 1 BauO NRW 2000/§ 77 Abs. 1 S. 1 BauO NRW 2016).

Folgende öffentliche Belange sind in der Praxis am bedeutsamsten:

aa) Widerspruch zu den Darstellungen des Flächennutzungsplans (§ 35 Abs. 3 S. 1 Nr. 1 BauGB)

425 Die gesetzliche Regelung der Nr. 1 beruht darauf, dass im Flächennutzungsplan die Planungskonzeption der Gemeinde zum Ausdruck kommt (BVerwG BauR 1991, 179). Die gesetzliche Wirkung tritt indes nur bei einem gültigen Flächennutzungsplan ein. Ist ein solcher Plan von vornherein ungültig oder ungültig geworden, etwa weil er **funktionslos** geworden ist, kann er die Wirkung nicht entfalten. Von einem Funktionsloswerden eines Flächennutzungsplans kann dann gesprochen werden, wenn die tatsächliche Entwicklung den Darstellungen des Flächennutzungsplans in einem qualitativ und quantitativ so erheblichen Maße zuwiderläuft, dass in ihre Fortgeltung kein Vertrauen gesetzt werden kann (BVerwG BRS 60 Nr. 4; OVG NRW, B.v. 14.3.2014 - 2 A 2276/13 -, nrwe).

bb) Widerspruch zu Plänen des Umweltrechts (§ 35 Abs. 3 S. 1 Nr. 2 BauGB)

426 Der Belang des Widerspruchs zu **Darstellungen** eines Landschaftsplans oder sonstigen Plans, insbesondere des Wasser-, Abfall- oder Immissionsschutzrechts, kommt nur zum Tragen, wenn der entsprechende Plan in Kraft – ein Entwurf genügt nicht – und materiell wirksam ist. Ob ein Widerspruch vorliegt, richtet sich nach dem Inhalt, nicht nach den Erläuterungen. Wenn es sich um eine relevante tatsächliche Gegebenheit handelt, kann im Regelfall angenommen werden, dass mit ihm umweltbezogene Belange verdeutlicht werden. Aber auch wenn die angestrebte Entwicklung und die dafür vorgesehenen Maßnahmen dargestellt sind, haben diese Bedeutung für die öffentlichen Belange (Ernst/Zinkahn/Bielenberg, BauGB, § 35 Rn. 82).

cc) Schädliche Umwelteinwirkungen (§ 35 Abs. 3 S. 1 Nr. 3 BauGB)

427 Kann das Bauvorhaben **schädliche Umwelteinwirkungen** hervorrufen oder ist es solchen ausgesetzt, stellt dies einen öffentlichen Belang dar. Die Definition des Begriffs der schädlichen Umwelteinwirkungen in § 3 Abs. 1 BImSchG gilt auch für § 35 Abs. 3 S. 1 Nr. 3 BauGB (BVerwGE 52, 122). Die Bestimmung soll verhindern, dass der Außenbereich mit Immissionen belastet wird, soweit ein Vorhaben nicht nach § 35 Abs. 1 Nr. 3 oder 4 BauGB privilegiert ist (BVerwGE 55, 118). Andererseits soll sie aber auch die Inhaber privilegierter Betriebe vor immissionsschutzrechtlichen Abwehransprüchen schützen. Deshalb wird aus ihr ein Abwehrrecht gegen sog. „**heranrückende Wohnbebauung**" abgeleitet (s. dazu Rn. 685). § 35 Abs. 3 S. 1 Nr. 3 BauGB ist in seiner nachbarrechtlichen Funktion eine Kodifizierung des Gebots der Rücksichtnahme (s. Schulte Beerbühl, Öffentliches Baunachbarrecht, ab Rn. 424).

dd) Belange des Naturschutzes, des Denkmalschutzes, der Landschaftspflege und des Ortsbildes (§ 35 Abs. 3 S. 1 Nr. 5 BauGB)

Bei § 35 Abs. 3 S. 1 Nr. 5 BauGB ist zu differenzieren zwischen Natur- und Land- **428** schaftsschutzgebieten einerseits und sonstigen Außenbereichsgebieten andererseits. Bei festgesetzten Schutzgebieten ist bereits eine Beeinträchtigung naturschutzrechtlicher Belange unzulässig. Bei sonstigen Gebieten werden öffentliche Belange erst bei einer **Verunstaltung** des Landschaftsbilds beeinträchtigt; dies ist der Fall bei einer Bebauung, die von dem Betrachter als grob unangemessen empfunden wird (BVerwG NVwZ 1991, 64; OVG NRW BauR 2001, 223).

Beispiel (nach BVerwG NJW 1995, 2648): Eine 13 m hohe Monumentalfigur mitten im Wald kann wegen Verunstaltung des Landschaftsbildes unzulässig sein, auch wenn sie ein Kunstwerk i.S.d. Art. 5 GG darstellt.

Das **Verbot einer Beeinträchtigung** der natürlichen Eigenart der Landschaft oder **429** ihrer Aufgabe als Erholungsgebiet für die Allgemeinheit dient dem funktionellen Naturschutz. Bei diesem kommt es nicht auf das Maß der optischen Beeinträchtigung an. Die natürliche Eigenart der Landschaft wird gekennzeichnet durch die vorhandene Bodennutzung. Bauliche Anlagen, deren Zweckbestimmung in keinem Zusammenhang mit dieser Funktion stehen und auch nicht der allgemeinen Erholung dienen, stellen deshalb eine Beeinträchtigung der natürlichen Eigenart der Landschaft dar (BVerwGE 26, 111).

Für die Beurteilung der Beeinträchtigung der natürlichen Eigenart der Landschaft ist **430** nur auf die **objektive Nutzungsmöglichkeit** der Anlage, nicht auf seine augenblickliche Verwendung abzustellen (VGH Bad.-Württ. VBlBW 1987, 274; OVG Nds. NVwZ-RR 1994, 493). Ein als Wochenendhaus geeignetes Gebäude wird daher nicht dadurch zulässig, dass es nur zur Aufbewahrung von landwirtschaftlichen Geräten genutzt wird. Es kommt auch nicht darauf an, ob das Gebäude deutlich sichtbar oder – etwa durch Bepflanzung – verborgen ist. Maßgebend ist allein der Widerspruch zwischen der objektiven Zweckbestimmung des Gebäudes und der in seiner Umgebung vorhandenen Bodennutzung (BVerwG NJW 1970, 346).

ee) Entstehung, Verfestigung, Erweiterung einer Splittersiedlung (§ 35 Abs. 3 S. 1 Nr. 6 BauGB)

§ 35 Abs. 3 S. 1 Nr. 7 BauGB will verhindern, dass der Außenbereich durch die Ent- **431** stehung, Verfestigung oder Erweiterung einer **Splittersiedlung** planlos zersiedelt wird (BVerwGE 27, 137, und 54, 74; BVerwG NVwZ 2004, 982; OVG NRW NVwZ-RR 2008, 682). Eine Bebauung des Außenbereichs mit Wohngebäuden oder Wochenendhäusern stellt in der Regel eine Zersiedelung des Außenbereichs dar und beeinträchtigt damit öffentliche Belange. Denn es ist zu befürchten, dass ein solches Bauvorhaben weitere gleichartige Bauwünsche nach sich zieht und damit „**Vorbildwirkung**" entfaltet (BVerwGE 54, 74; BVerwG NVwZ 1989, 667; BVerwG BauR 2000, 1173; BVerwG NVwZ 2006, 1289). Eine ungeplante Zersiedelung des Außenbereichs ist auch bei der sog. Anschlussbebauung zu befürchten, wenn nämlich im Anschluss an den Ortsrand weitere bauliche Anlagen errichtet werden, was dazu führt, dass die Ortschaft sich planlos in den Außenbereich ausdehnt (BVerwGE 27, 139; BVerwG BauR 1991, 55; BVerwG NVwZ 1985, 747).

Dies gilt jedoch nicht, wenn sich ein Wohnbauvorhaben der vorhandenen Bebauung **432** unterordnet und keine weitreichende oder nicht genau übersehbare Vorbildwirkung hat (OVG NRW NVwZ-RR 2008, 682). Entsprechendes gilt, wenn eine bereits vorhandene Splittersiedlung abgerundet, d.h. eine **Baulücke** zwischen den vorhandenen Gebäuden bebaut wird (BVerwGE 54, 74; BVerwG NVwZ 2006, 1289; OVG NRW BauR 1996, 688). Es muss sich aber um die Schließung einer (letzten) Baulücke innerhalb einer Splittersiedlung handeln. Dagegen werden öffentliche Belange berührt, wenn eine Splittersiedlung so erweitert wird, dass sie zu einem Ortsteil i.S.d. § 34 Abs. 1 BauGB wird, weil eine derartige Ausweitung der Bebauung im Außenbereich eine planerische Entscheidung der Gemeinde (Bebauungsplan, **Entwicklungssatzung** nach § 34 Abs. 4 Nr. 2 BauGB) voraussetzt (BVerwG BauR 2000, 1175). Auch einer zeitlichen Umnutzung einer im Außenbereich gelegenen, nicht privilegierten Halle stehen öffentliche Belange entgegen. Denn auch dadurch ist die Verfestigung einer Splittersiedlung zu befürchten, da auch sie die unerwünschte Wirkung entfalten kann, etwa dadurch, dass ein Berufungsfall geschaffen wird (BVerwG NVwZ 2012, 163).

ff) Weitere Belange

433 Die Aufzählung öffentlicher Belange in § 35 Abs. 3 BauGB ist nicht abschließend, wie das Wort „**insbesondere**" zeigt (BVerwG NVwZ 1998, 58). So stellt das allgemeine Gebot der Rücksichtnahme einen sonstigen öffentlichen Belang i.S.d. § 35 Abs. 3 BauGB dar (BVerwG BauR 1990, 689; BVerwG NVwZ 2007, 336). Ferner erkennt das BVerwG (BVerwGE 117, 25) das Bedürfnis nach vorheriger Planung als uneingeschränkten öffentlichen Belang an.

gg) Widerspruch zu Zielen der Raumordnung

434 § 35 Abs. 3 Sätze 2 und 3 BauGB erzeugen eine Wirkung der Festlegung von **Zielen der Raumordnung**. Durch diese Bestimmung erhalten sie über ihre Bedeutung im Bauleitverfahren hinaus auch Aussagekraft für Vorhaben im Außenbereich, wie sie sich im beplanten und unbeplanten Innenbereich nicht haben.

Im Sinne des Satzes 2 liegt ein Widerspruch vor, wenn es sich erstens um ein raumbedeutsames Vorhaben handelt und zweitens bei seiner Verwirklichung das Raumordnungsziel nicht mehr oder jedenfalls nicht mehr in dem raumordnerisch angestrebten Umfang erreicht werden kann. **Raumbedeutsam** ist eine Maßnahme dann, wenn nach den Umständen des Einzelfalls durch sie „Raum in Anspruch genommen" wird, was regelmäßig eine größere Fläche voraussetzt, ferner, dass sie, z.B. durch ihre Höhe, die von ihr ausgehende Beeinflussung des Landschaftsbildes und ihres Immissionsverhaltens, über ihren Standort hinausgehende Auswirkungen hat (BVerwGE 118, 33).

435 § 8 Abs. 1 ROG gibt den Ländern auf, einen Raumordnungsplan für das Landesgebiet (landesweiter Raumordnungsplan) und Raumordnungspläne für die Teilräume der Länder (Regionalpläne) aufzustellen. Die Regionalpläne sind aus dem Raumordnungsplan für das Landesgebiet zu entwickeln; dabei sind die Flächennutzungspläne und die Ergebnisse der von Gemeinden beschlossenen sonstigen städtebaulichen Planungen berücksichtigen (Abs. 2). Nach § 8 Abs. 7 ROG sollen die in den Raumordnungsplänen vorgenommenen Festlegungen auch Gebiete bezeichnen, (1.) die für bestimmte raumbedeutsame Funktionen oder Nutzungen vorgesehen sind und andere raumbedeutsame Nutzungen in diesem Gebiet ausschließen, soweit diese mit den vorrangigen Funktionen oder Nutzungen nicht vereinbar sind (Vorranggebiete), (2.) in denen bestimmten raumbedeutsamen Funktionen oder Nutzungen bei der Abwägung mit konkurrierenden raumbedeutsamen Nutzungen besonderes Gewicht beizumessen ist (Vorbehaltsgebiete) und/oder (3.) in denen bestimmten raumbedeutsamen Maßnahmen oder Nutzungen, die städtebaulich nach § 35 BauGB zu beurteilen sind, andere raumbedeutsame Belange nicht entgegenstehen, wobei diese Maßnahmen oder Nutzungen an anderer Stelle im Planungsraum ausgeschlossen sind (Eignungsgebiete). Bei Vorranggebieten für raumbedeutsame Nutzungen kann festgelegt werden, dass sie zugleich die Wirkung von Eignungsgebieten für raumbedeutsame Maßnahmen oder Nutzungen haben.

Das Verbot der Beeinträchtigung der Ziele der Raumordnung gilt strikt und für privilegierte und nicht privilegierte Vorhaben gleichermaßen, allerdings mit der Einschränkung für Vorhaben nach § 35 Abs. 1 BauGB, dass es nicht gilt, soweit die Belange bei der Darstellung dieser Vorhaben als Ziele der Raumordnung abgewogen worden sind.

Die Regelung in § 35 Abs. 3 S. 2 BauGB wendet einen rechtstechnischen „Trick" an, **436** der auf die Entscheidung des BVerwG zum sog. **Nassauskiesungskonzept** zurückgeht (BVerwGE 77, 300). Das Gericht hatte seinerzeit entschieden: Ist der Kiesabbau im Außenbereich einer Gemeinde überwiegend möglich und hat die Gemeinde zur räumlichen Konzentration im Flächennutzungsplan - entsprechendes gilt für einen Bebauungsplan - Kiesabbauflächen dargestellt, kann dies im Sinne einer negativen Aussage als öffentlicher Belang einem (ansonsten privilegierten) Kiesabbau an anderer Stelle des Gemeindegebietes, für die der Plan eine andere Nutzungsart darstellt, entgegengehalten werden. § 35 Abs. 3 S. 3 BauGB regelt eine solche Ausschlusswirkung für Darstellungen im Flächennutzungsplan oder als Ziele der Raumordnung und bezieht sie ausschließlich (und nur „in der Regel") auf Vorhaben nach § 35 Abs. 1 Nr. 2 bis 6 BauGB, also auch für Windkraftanlagen. Eine ausschließlich negativ wirkende „**Verhinderungsplanung**" ohne eine gleichzeitige positive Ausweisung geeigneter Standorte im Plangebiet ist unzulässig.

Das OVG NRW hat in seinem Urteil vom 22.9.2015, ZfBR 2016, 52, (bestätigt durch **437** BVerwG BauR 2016, 1445) im Anschluss an das Urteil des BVerwG vom 13.12.2012 (BVerwGE 145, 231), den insoweit gebotenen Abwägungsvorgang wie folgt beschrieben: „*Die Ausarbeitung eines Planungskonzepts ist nach der Rechtsprechung des BVerwG auf der Ebene des Abwägungsvorgangs angesiedelt. Sie vollzieht sich abschnittsweise. Im ersten Abschnitt sind diejenigen Bereiche als Tabuzonen zu ermitteln, die sich für die Nutzung der Windenergie nicht eignen. Die Tabuzonen lassen sich in zwei Kategorien einteilen, nämlich in Zonen, in denen die Errichtung und der Betrieb von Windenergieanlagen aus tatsächlichen und/oder rechtlichen Gründen schlechthin ausgeschlossen sind (harte Tabuzonen), und in Zonen, in denen die Errichtung und der Betrieb von Windenergieanlagen zwar tatsächlich und rechtlich möglich sind, in denen nach den städtebaulichen Vorstellungen, die die Gemeinde anhand eigener Kriterien entwickeln darf, aber keine Windenergieanlagen aufgestellt werden sollen (weiche Tabuzonen).*" Bei der Planung von **Konzentrationszonen** für die Windenergienutzung verlange das Abwägungsgebot nach der Rechtsprechung des BVerwG die Entwicklung eines schlüssigen Gesamtkonzepts, das sich auf den gesamten Außenbereich des Gemeindegebietes erstrecke. Die planerische Entscheidung müsse auch deutlich machen, welche Gründe es rechtfertigen, den übrigen Planungsraum von Windenergieanlagen freizuhalten.

Als Konzentrationszonen für die Windenergienutzung nach § 35 Abs. 3 S. 3 BauGB darf Wald dann in Anspruch genommen werden, wenn sonst der Windenergienutzung nicht substanziell Raum gegeben werden kann (OVG NRW ZfBR 2016, 52)).

c) § 35 Abs. 4 BauGB („begünstigte Vorhaben")

438 Die in § 35 Abs. 1 bis 3 BauGB getroffenen Regelungen würden zu überaus harten Ergebnissen führen, gäbe es nicht die Ergänzungen in Abs. 4. In diesem Absatz hat der Gesetzgeber abschließende (BVerwGE 84, 322, und 106, 228) Bestimmungen in das Gesetz eingefügt, die es dem Bauherrn im Rahmen dieser Regelungen ermöglichen, bestehende bauliche Anlagen weiter zu nutzen, zu erweitern oder sogar zu ersetzen. Der gesetzgeberische Weg liegt darin, dass den bezeichneten Vorhaben unter den dort genannten Voraussetzungen einzelne der in Abs. 3 S. 1 genannten öffentlichen Belange nicht entgegengehalten werden können. Diese sind: dass sie den Darstellungen des Flächennutzungsplans oder eines Landschaftsplans widersprechen, die natürliche Eigenart der Landschaft beeinträchtigen oder die Entstehung, Verfestigung oder Erweiterung einer Splittersiedlung befürchten lassen. Diese Belange sind aufgrund der gesetzlichen Regelung **überwindbar**, die sonstigen öffentlichen Belange des § 35 Abs. 2 und 3 BauGB werden dagegen von § 35 Abs. 4 BauGB nicht berührt. Falls sie beeinträchtigt werden, kann auch ein nach § 35 Abs. 4 BauGB beschriebenes Vorhaben nicht zugelassen werden.

439 Die einzelnen Tatbestände des § 35 Abs. 4 S. 1 BauGB sind nicht durch eine **Kombination** der verschiedenen Privilegierungen beliebig erweiterbar (BVerwG NVwZ 1998, 842). Weder aus dem Wortlaut noch aus dem Sinn und Zweck der Vorschrift ergibt sich aber, dass es untersagt ist, verschiedene Privilegierungsfälle – gleichzeitig oder nacheinander – in Anspruch zu nehmen, wenn denn (bei einer isolierten Betrachtung) jeweils die Voraussetzungen erfüllt sind.

440 Die Fallgruppen setzen, abgesehen von Nr. 4, wo dies nicht aufgeführt ist, entweder ausdrücklich oder sinngemäß voraus, dass die bisherige bauliche Anlage „zulässigerweise errichtet" ist. In diesen Fällen wird oft von „überwirkendem Bestandsschutz" gesprochen (z.B. BayVGH NVwZ-RR 2004, 94). Diese Bezeichnung ist allerdings insoweit wenig geglückt, als sie suggeriert, eine früher einmal entstandene **schutzwürdige Position** bedürfe des besonderen Schutzes, der es ihr erlaube, die Existenz oder Nutzung der Anlage aufrechtzuerhalten, obwohl – was zum Wesen des Bestandsschutzes gehört – die Rechtslage sich nachteilig verändert hat (s. dazu ab Rn. 705). Das ist aber nicht vorausgesetzt.

aa) § 35 Abs. 4 S. 1 Nr. 1 BauGB

441 Nach § 35 Abs. 4 S. 1 Nr. 1 BauGB kann einer Änderung der Nutzung eines vor mehr als sieben Jahren **zulässigerweise errichteten** und nach § 35 Abs. 1 Nr. 1 BauGB privilegierten Gebäudes unter den weiteren in der Bestimmung genannten Voraussetzungen nicht entgegengehalten werden, dass sie die angeführten öffentlichen Belange beeinträchtige. Sinn und Zweck dieser Regelung ist es, landwirtschaftlich genutzte Gebäude (hierzu zählen nach der Rechtsprechung des OVG NRW (NWVBl 2016, 497) - entgegen dem scheinbar eindeutigen Wortlaut, aber aus historischen Gründen - auch Betriebe der gartenbaulichen Erzeugung), die wegen Aufgabe oder Einschränkung der Landwirtschaft nicht mehr in der bisherigen Weise genutzt werden, einer sinnvollen Nutzung zuführen zu können, um so den erforderlichen **Strukturwandel in der Landwirtschaft** zu fördern.

442 Das Verbot einer wesentlichen Änderung beschränkt sich auf das Äußere des Gebäudes; im Inneren ist sogar die sog. Entkernung, also die vollständige Änderung des Gebäudeinneren bei Erhalt der Außenwände, zulässig (OVG NRW, B.v. 17.10.2011 - 2 A 2794/10 -, nrwe). Allerdings dürfen die **formelle Legalität** bzw.

die durch die Genehmigungsfähigkeit erzeugte **materielle Legalität** nicht untergehen, weshalb ein Eingriff in die Statik nicht erfolgen darf.

§ 35 Abs. 4 S. 1 Nr. 1 BauGB verlangt unter anderem eine **zweckmäßige Verwen-** **443** **dung** erhaltenswerter Bausubstanz sowie einen **räumlich-funktionalen Zusammenhang** des Gebäudes mit der Hofstelle eines landwirtschaftlichen Betriebes (BVerwG BauR 2006, 1103). Eine von der Hofstelle entfernt gelegene Feldscheune kann nicht unter Berufung auf § 35 Abs. 4 S. 1 Nr. 1 BauGB umgenutzt werden (BVerwG DÖV 2001, 959). Nach der Rspr. des BVerwG können Gebäude, die einem landwirtschaftlichen Betrieb dienen, nur dann eine „Hofstelle" im Sinne der Norm bilden, wenn jedenfalls eines der Gebäude ein landwirtschaftliches Wohngebäude ist (NVwZ 2006, 696).

Außerdem darf nach dem Wortlaut des § 35 Abs. 4 S. 1 Nr. 1 Buchst. c BauGB die **444** Aufgabe der Nutzung nicht länger als sieben Jahre zurückliegen. Zur Einhaltung der **Frist** kommt es auf den Antrag auf Genehmigung der Nutzungsänderung und nicht etwa auf die – in der Regel nicht nachweisbare – tatsächliche Nutzungsänderung an (BVerwG NVwZ-RR 2003, 173). In Nordrhein-Westfalen ist diese Frist als Voraussetzung für die Zulässigkeit der Änderung der Nutzung eines Gebäudes einer Hofstelle im Außenbereich durch § 1 BauGB-AG NRW) vom 5.2.2015 derzeit ausgesetzt; das Gesetz tritt – nach derzeitiger Rechtslage – mit Ablauf des 31.12.2018 außer Kraft; es ist aber damit zu rechnen, dass es wie in der Vergangenheit verlängert wird.

Soweit ein bisher landwirtschaftlichen Zwecken dienendes Gebäude in ein Wohnge- **445** bäude umgewandelt wird, dürfen maximal drei Wohnungen pro Hofstelle (ohne die nach § 35 Abs. 1 Nr. 1 BauGB privilegierten Wohnungen) entstehen.

§ 35 Abs. 4 S. 2 BauGB erweitert diese Privilegierung noch: In begründeten Einzelfäl- **446** len gilt die Rechtsfolge des § 35 Abs. 4 S 1 BauGB nicht nur für die Umnutzung, sondern auch für die **Neuerrichtung** eines ehemd landwirtschaftlichen Gebäudes, dem eine andere Nutzung zugewiesen werden soll, wenn das ursprüngliche Gebäude vom äußeren Erscheinungsbild auch zur Wahrung der Kulturlandschaft erhaltenswert ist, keine stärkere Belastung des Außenbereichs zu erwarten ist als in Fällen des Satzes 1 und die Neuerrichtung auch mit nachbarlichen Interessen vereinbar ist. Dabei sind gemäß S. 2 geringfügige Erweiterungen des neuen Gebäudes gegenüber dem beseitigten Gebäude sowie geringfügige Abweichungen vom bisherigen Standort des Gebäudes zulässig.

bb) § 35 Abs. 4 S. 1 Nr. 2 BauGB

Nach § 35 Abs. 4 S. 1 Nr. 2 BauGB kann ein **zulässigerweise errichtetes** (zu dem **447** Begriff s. ab Rn. 699), aber nunmehr **Missstände** oder Mängel aufweisendes (sog. abgängiges) Wohngebäude abgerissen und an seiner Stelle ein **gleichartiges** Wohngebäude errichtet werden (vgl. hierzu und zu den nachfolgend angesprochenen Tatbestandsmerkmalen insbesondere OVG NRW, U.v. 6.2.2015 – 2 A 1394/13 -, nrwe). Vorhergehender Abriss und Neuerrichtung müssen einen einheitlichen Lebenssachverhalt bilden, zwischen beidem darf keine zeitliche Zäsur eingetreten sein. Voraussetzung ist ferner, dass das zerstörte Gebäude baurechtlich zulässig war. Das setzt voraus, dass das Gebäude entweder bauaufsichtlich genehmigt wurde oder im Zeitpunkt der Errichtung oder später während eines nennenswerten Zeitraums hätte genehmigt werden müssen. In diesem Zusammenhang ist, sofern seinerzeit keine Genehmigung erteilt worden war, zu prüfen, ob nach der Rechtslage im Zeitpunkt der Genehmigung oder später die Genehmigungsvoraussetzungen objektiv vorlagen.

448 Ferner muss das alte Haus seit längerer Zeit **vom Eigentümer selbst bewohnt worden** sein und das neue Haus ebenfalls dem Eigentümer und seiner Familie **als Wohnung dienen** (VGH Bad.-Württ. BauR 2006, 975). Die Regelung soll verhindern, dass wohlhabende Personen baufällige Wohngebäude im Außenbereich aufkaufen und sich damit die Möglichkeit verschaffen, im Außenbereich nach dem Abbruch des alten Hauses ein modernes Wohngebäude zu errichten.

449 Dafür, dass das vorhandene Gebäude „seit längerer Zeit vom Eigentümer selbst genutzt" worden ist, genügt nicht, dass das vorhandene Gebäude lediglich seit längerer Zeit im Eigentum des Bauherrn steht. Erforderlich ist eine Kontinuität der **Eigennutzung** bis zur Neuerrichtung. Denn die Erleichterung soll denjenigen zugutekommen, die sich längere Zeit mit den beengten Wohnverhältnissen abgefunden und damit unter Beweis gestellt haben, dass dieses Wohnhaus für sie im Familienleben eine bedeutende Rolle spielt. Der „längere Zeitraum" ist so zu bemessen, dass ein Aufkaufen alter Gebäude zum Zweck des alsbaldigen Abrisses ausgeschlossen wird und dies auch nicht durch ein vorübergehendes Bewohnen umgangen wird; ein Eigennutzungszeitraum von weniger als zwei Jahren ist zu kurz (OVG NRW, U.v. 6.2.2015 – 2 A 1394/13 -, nrwe). Bei der Frage nach der künftigen Eigenbedarfsnutzung des Ersatzgebäudes handelt es sich um eine Prognoseentscheidung. Besteht begründeter Verdacht, dass der Neubau veräußert oder an familienfremde Personen vermietet werden soll, ist es Sache des Bauherrn darzutun, dass er das Gebäude für den Eigenbedarf bzw. für seine Familie benutzen wird. Ggf. kann der Baugenehmigung eine Nebenbestimmung beigefügt werden, dass das Ersatzgebäude auch in Zukunft von dem Eigentümer selbst genutzt werden muss.

450 Wer zum **Haushalt** gehört, richtet sich nach § 18 Abs. 2 Wohnraumförderungsgesetz. Zum Haushalt rechnen danach neben dem Bauherrn als Eigentümer der Ehegatte, der Lebenspartner und der Partner einer sonstigen auf Dauer angelegten Lebensgemeinschaft sowie deren Verwandte in gerader Linie und zweiten Grades in der Seitenlinie, Verschwägerte in gerader Linie und zweiten Grades in der Seitenlinie, Pflegekinder ohne Rücksicht auf ihr Alter und Pflegeeltern. Zum Haushalt zählen die genannten Personen auch, wenn sie erst alsbald in den Haushalt aufgenommen werden sollen.

451 An das Merkmal „Tatsachen rechtfertigen die Annahme, dass das neu errichtete Gebäude für den Eigenbedarf des bisherigen Eigentümers oder seiner Familie genutzt wird" sind keine allzu hohen Anforderungen zu stellen, da die Vorstellungen kaum nachweisbar sind. Das Vorhaben ist unzulässig bei objektiven Anhaltspunkten dafür, dass es nicht für den Eigenbedarf geplant ist, weil es etwa nach Zuschnitt und Größe dafür nicht geeignet ist. Zweifel gehen zulasten des Bauherrn (vgl. Brügelmann, BauGB, § 35 BauGB, Rn. 138).

452 Die Bestimmung setzt nicht den vollständigen Abriss des alten Bauwerks voraus. Es ist also auch zulässig, dass einzelne Teile stehen bleiben, etwa weil sie in das neue Bauwerk integriert werden können (Ernst/Zinkahn/Bielenberg, BauGB, § 35 BauGB Rn. 147).

453 Mit „**Wohngebäude**" ist nur ein Gebäude gemeint, das zum nicht nur vorübergehenden Aufenthalt (für Eigentümer/Besitzer) sowie seine Familie bestimmt ist, also nicht Wochenend-/Ferienhäuser (BVerwG NJW 1982, 2512; BVerwG BauR 2002, 1059).

„**Gleichartigkeit**" des Wohngebäudes bedeutet Gleichartigkeit im Standort, im Bauvolumen, in der Nutzung und in der Funktion. Gemeint ist eine Übereinstimmung des alten und des neuen Gebäudes in bodenrechtlicher Hinsicht. Entscheidend für die Gleichartigkeit ist nicht das quantitative Verhältnis zwischen dem ursprünglich vorhanden gewesenen Gebäude und dem Ersatzbau, sondern vielmehr, wie sich die Erweiterung auf die vom Ersatzbau betroffenen öffentlichen Belange auswirkt. Allerdings sind gemäß § 35 Abs. 4 S. 2 BauGB geringfügige Erweiterungen des neuen Gebäudes gegenüber dem beseitigten Gebäude sowie geringfügige Abweichungen vom bisherigen Standort des Gebäudes zulässig.

Missstände liegen nach § 177 Abs. 2 BauGB insbesondere vor, wenn die bauliche **454** Anlage nicht den allgemeinen Anforderungen an gesunde Wohn- und Arbeitsverhältnisse entspricht. Mängel (§ 177 Abs. 3 BauGB) bestehen insbesondere dann, wenn durch Abnutzung, Alterung, Witterungseinflüsse oder Einwirkungen Dritter die bestimmungsgemäße Nutzung der baulichen Anlage nicht nur unerheblich beeinträchtigt wird, die bauliche Anlage nach ihrer äußeren Beschaffenheit das Straßen- oder Ortsbild nicht nur unerheblich beeinträchtigt oder die bauliche Anlage erneuerungsbedürftig ist.

cc) § 35 Abs. 4 S. 1 Nr. 3 BauGB

§ 35 Abs. 4 S. 1 Nr. 3 BauGB erlaubt den alsbaldigen Wiederaufbau eines im Außen- **455** bereich **zulässigerweise errichteten** (zu dem Begriff s. ab Rn. 699), durch Brand, Naturereignisse oder andere außergewöhnliche Ereignisse zerstörten Gebäudes.

Die Zerstörung muss durch ein **„außergewöhnliches" Ereignis** (hierzu zählt auch **456** die mutwillige Zerstörung von Menschenhand, sofern diese „von außen" kommt (BVerwG BauR 1983, 55) erfolgt sein. Ein eigener Eingriff oder menschliches Versagen oder eine Zerstörung durch natürlichen Verfall infolge mangelhafter Pflege reichen nicht aus (BVerwGE 62, 32).

Der Wiederaufbau muss „alsbald" erfolgen. Der Bauherr muss seine Absicht des **457** Wiederaufbaus (mit einem Genehmigungsantrag oder einer gleichwertigen Erklärung) zu einem Zeitpunkt zu erkennen geben, in dem die bodenrechtliche Situation des Grundstücks infolge nachwirkender Prägung durch das zerstörte Gebäude für den Wiederaufbau noch gegeben war (BVerwGE 58, 124). Das BVerwG (NJW 1982, 400) hat hierfür folgende Zeitspanne zwischen der Vernichtung des alten Gebäudes und der eindeutigen Offenbarung der Absicht des Wiederaufbaus angenommen: Bei einem Zeitraum bis zu einem Jahr ist stets ein alsbaldiger Aufbau zu bejahen; bei ein bis zwei Jahren ist dieses in der Regel der Fall; bei mehr als zwei Jahren kann dagegen nur bei besonderer Fallgestaltung noch von einem alsbaldigen Wiederaufbau gesprochen werden (sog. **Zeitmodell** des BVerwG, vgl. dazu auch Rn. 715).

Gemäß § 35 Abs. 4 S. 2 BauGB sind auch hier geringfügige Erweiterungen des neuen Gebäudes gegenüber dem zerstörten Gebäude sowie geringfügige Abweichungen vom bisherigen Standort des Gebäudes zulässig.

dd) § 35 Abs. 4 S. 1 Nr. 4 BauGB

Privilegiert ist auch „die Änderung oder Nutzungsänderung von erhaltenswerten, das **458** Bild der Kulturlandschaft prägenden Gebäuden, auch wenn sie aufgegeben sind, wenn das Vorhaben einer **zweckmäßigen Verwendung** der Gebäude und der Erhaltung des Gestaltwerts dient". Es muss sich um ein „Gebäude" handeln; sonstige bauliche Anlagen fallen nicht unter die Bestimmung. Unerheblich ist, welchem Zweck es dient und ob es sich um ein privilegiertes Gebäude oder ein sonstiges Gebäude handelt. Das Gebäude muss das Bild der Kulturlandschaft prägen. Das ist der Fall, wenn es nach seinem äußeren (optischen) Erscheinungsbild für die Baugestaltung und Baukultur einer Epoche aussagekräftig und für den Charakter der es um-

gebenden **Kulturlandschaft** typisch ist. Zwischen dem Bauwerk und der Kulturlandschaft muss eine erkennbare Wechselbeziehung in dem Sinne bestehen, dass die
Kulturlandschaft ihre besondere Eigenart auch durch das Bauwerk erhält (OVG NRW
BRS 62 Nr. 113). Bei Gebäuden, die unter Denkmalschutz stehen, ist das zumeist
gegeben. Das ist aber nicht zwingend, da auch Gebäude, die einen Fremdkörper in
der Landschaft darstellen und deshalb nicht unter Nr. 4 fallen, unter Denkmalschutz
stehen können (OVG Rh.-Pf. NVwZ 1983, 682). Der Sinn dieser Regelung ist es, dem
drohenden Verfall von Baudenkmälern und anderen kulturell bedeutsamen Bauwer-
ken vorzubeugen.

459 Zwar ist die Vorschrift nicht auf unwesentliche Änderungen oder Nutzungsänderungen beschränkt. Ausgeschlossen sind indes Veränderungen bei einem das Bild der
Kulturlandschaft prägenden Gebäude, die einer Neuerrichtung oder Erweiterung
i.S.d. § 35 Abs. 4 S. 1 Nrn. 2, 3, 5 und 6 BauGB gleichkommen. Die Erweiterung
einer baulichen Anlage ist vielmehr an die Voraussetzungen der Nummern 5 und 6
geknüpft (VG Münster, U.v. 5.4.2017 – 2 K 893/15 -, nrwe, unter Hinweis auf BVerwG
BRS 55 Nr. 77 und BRS 81 Nr. 214). Zwar schließt der Begünstigungstatbestand
nach § 35 Abs. 4 S. 1 Nr. 4 BauGB eine erneute Änderung oder Nutzungsänderung
bei Vorliegen der genannten Voraussetzungen nicht aus (Ernst/Zinkahn/Bielenberg,
BauGB, § 35 Rn. 157 a. E.); anders als § 29 Abs. 1 BauGB, bei dem unter den Begriff
der „Änderung" baulicher Anlagen jegliche Umgestaltungen städtebaulich relevanter
Art wie „Erweiterungen" fallen (BVerwG, U.v. 14.4.2000 - 4 C 5/99 -, juris) erlaubt
§ 35 Abs. 4 S. 1 Nr. 4 BauGB jedoch unter dem Begriff der „Änderung" keine Erweiterung im Sinne einer Vergrößerung. Dies folgt aus dem Umstand, dass die Privilegierung nach Nr. 4 in § 35 Abs. 4 S. 3 BauGB nicht genannt wird (VG Münster,
U.v. 5.4.2017 – 2 K 893/15 -, nrwe).

460 Das Vorhaben muss einer zweckmäßigen Verwendung des Gebäudes und der Erhaltung des Gestaltwerts dienen. Der Zweck muss nicht in der Erhaltung des Gebäudes
liegen, sondern darf ein wirtschaftlicher sein (Ernst/Zinkahn/Bielenberg, BauGB, § 35
BauGB Rn. 156).

ee) § 35 Abs. 4 S. 1 Nr. 5 BauGB

461 Nach § 35 Abs. 4 S. 1 Nr. 5 BauGB kann ein **zulässigerweise errichtetes** (zu dem
Begriff s. ab Rn. 699) Wohngebäude – die Vorschrift gilt nicht für Ferienhäuser
(BVerwG NVwZ 1995, 700) – auf bis zu höchstens zwei Wohnungen **erweitert** werden, soweit dieses zur Befriedigung der Wohnbedürfnisse angemessen ist und bei
einer Errichtung einer weiteren Wohnung Tatsachen die Annahme rechtfertigen, dass
das Gebäude vom bisherigen Eigentümer oder seiner Familie selbst genutzt wird.
Das Gebäude darf aber nach der Erweiterung nur maximal zwei Wohnungen aufweisen (s. dazu BVerwG NVwZ-RR 1995, 295). Der Anbau darf kein selbstständig nutz-
bares Gebäude sein. Eine solche Baumaßnahme wäre keine nach § 35 Abs. 4 S. 1
Nr. 5 BauGB allein genehmigungsfähige Erweiterung eines Wohngebäudes, sondern
die Errichtung eines weiteren Wohngebäudes; das stünde nicht nur in klarem Widerspruch zum Wortlaut des Gesetzes, sondern würde einer vom Gesetzgeber missbil-
ligten Zersiedelung des Außenbereichs Vorschub leisten (BVerwG BauR 2004, 358).
Selbstständig benutzbar ist ein Gebäude, das tatsächlich unabhängig von sonstigen
baulichen Anlagen genutzt werden kann. Durch eine bauliche Verbindung mit anderen Gebäuden oder Anlagen wird die funktionale Selbstständigkeit nicht in Frage gestellt (BVerwG BRS 57 Nr. 79). Die Erweiterung darf insgesamt die bauliche **Identität**
des Altbaus nicht in Frage stellen, dieser muss „die **Hauptsache** bleiben" (OVG
Nds. NVwZ-RR 1996, 6).

Ein **Doppelhaus** ist nach der Rechtsprechung des BVerwG (BRS 60 Nr. 92; vgl. auch **462** Brügelmann, BauGB, § 35 Rn. 152) grundsätzlich als „ein Wohngebäude" i.S.d. § 35 Abs. 4 S. 1 Nr. 5 BauGB anzusehen. Durch diese spezifisch bauplanungsrechtliche, eher restriktive Auslegung des Wohngebäudebegriffs soll vermieden werden, dass jede Doppelhaushälfte unter Inanspruchnahme der Vergünstigung nochmals um eine Wohnung erweitert werden kann. Die im Außenbereich an sich unzulässige bauliche Erweiterung von Wohngebäuden soll die Möglichkeit einer angemessenen Versorgung des Eigentümers und seiner Familie mit Wohnraum erleichtern, zugleich aber auch Grenzen für die Erleichterung zu setzen. Nach dem Ansatz des BVerwG ist es deshalb ohne Belang, ob das in Rede stehende Bauwerk bauordnungsrechtlich oder etwa im Sinne der BauNVO zwei Gebäude darstellt (s. dazu auch: OVG NRW, B.v. 20.7.2010 - 10 A 1420/09 -, nrwe).

Eine zweite Wohnung darf nur eingerichtet werden, wenn das gesamte Gebäude **463** vom Eigentümer und seiner Familie bewohnt wird (s. dazu BVerwG NVwZ 1989, 355); damit soll das sozialpolitisch erwünschte Zusammenleben von zwei Generationen unter einem Dach ermöglicht werden.

ff) § 35 Abs. 4 S. 1 Nr. 6 BauGB

§ 35 Abs. 4 S. 1 Nr. 6 BauGB erlaubt die angemessene Erweiterung eines bestehen- **464** den, **zulässigerweise errichteten** (zu dem Begriff s. ab Rn. 699) Gewerbebetriebs. Dabei darf der Betrieb nicht im Wege der „**Salamitaktik**" mehrmals unter dem Deckmantel der Angemessenheit erweitert werden, wenn dadurch eine insgesamt im Verhältnis zum Ursprungsbestand nicht mehr angemessene Vergrößerung erreicht wird (BVerwG NVwZ-RR 1993, 176; 1994, 371). Die Erweiterung muss in zweifacher Hinsicht angemessen sein: zum einen in Bezug auf das vorhandene Gebäude, zum anderen in Bezug auf den vorhandenen Betrieb (BVerwG NVwZ-RR 1994, 371).

Mit Gewerbe sind alle „klassischen" Gewerbe gemeint, auch ein Landhandel oder **465** ein Handwerksbetrieb (vgl. dazu BVerwG NVwZ-RR 1994, 371), aber auch die freien Berufe (vgl. zu diesem Begriff § 13 BauNVO). Hierzu zählt aber nicht die Erweiterung der Landwirtschaft um landwirtschaftsfremde Betriebsbereiche; diese können aber evtl. als mitgezogene Privilegierung zulässig sein.

Der Begriff der Erweiterung umfasst alle betrieblich-baulichen Tätigkeiten an dieser **466** Stelle, auch die Erweiterung von Lager- und Stellplätzen, aber nicht die Errichtung eines gesamten neuen Betriebes. Privilegiert ist auch die teilweise Erneuerung von Anlagen, z.B. der Abriss einer alten und Wiederaufbau einer größeren neuen Maschinenhalle (BayVGH BRS 44, Nr. 92).

gg) Schonungsgebot und Verpflichtungserklärung

Die nach § 35 Abs. 1 bis 4 BauGB zulässigen Vorhaben müssen nach § 35 Abs. 5 **467** BauGB in flächensparender und den Außenbereich schonender Weise ausgeführt werden (zum sog. **Schonungsgebot** s. BVerwG BauR 1991, 579; OVG Nds. NVwZ-RR 1996).

Ferner ist für Vorhaben nach § 35 Abs. 1 Nr. 2 bis 6 BauGB als weitere Zulässigkeitsvoraussetzung eine **Verpflichtungserklärung** abzugeben, das Vorhaben nach dauerhafter Aufgabe der zulässigen Nutzung zurückzubauen und Bodenversiegelungen zu beseitigen. Die Baugenehmigungsbehörde soll die Einhaltung der Verpflichtungen durch nach Landesrecht vorgesehene Baulast oder in anderer Weise sicherstellen.

d) Außenbereichssatzung

468 Durch § 35 Abs. 6 BauGB wird die Möglichkeit geschaffen, dass die Gemeinde durch eine Satzung für vorhandene Splittersiedlungen im Außenbereich eine Bebauung mit Wohngebäuden sowie mit kleinen Handwerks- oder Gewerbebetrieben vorsieht (s. dazu BVerwG NVwZ 2006, 1289; BayVGH BauR 2004, 51). Die **Außenbereichssatzung** unterscheidet sich von einer Innenbereichssatzung nach § 34 Abs. 4 BauGB vor allem dadurch, dass nicht die Schaffung bzw. Erweiterung eines Ortsteils i.S.d. § 34 Abs. 1 BauGB bezweckt wird, sondern die von der Außenbereichssatzung erfasste Fläche weiterhin zum Außenbereich gehört; sie erlaubt auch nicht die Erweiterung einer Splittersiedlung zu einem Ortsteil i.S.d. § 34 BauGB (BVerwG BauR 2000, 1175; OVG Nds. NVwZ-RR 2001, 368), sondern hat nur eine Lückenschließungsfunktion (BVerwG NVwZ 2006, 1289).

6. Bauen im Vorgriff auf einen Bebauungsplan (§ 33 BauGB)

469 § 33 BauGB findet auf alle Fälle der §§ 30, 34 und 35 BauGB Anwendung, sofern sich ein **Bebauungsplan in der Aufstellung** befindet. Die Vorschrift bezweckt, eine Bebauung gemäß einem Bebauungsplan bereits in dem Zeitraum zwischen dessen endgültiger Konzeption und dem Inkrafttreten nach § 10 BauGB zuzulassen; der bauwillige Bürger soll nicht darunter leiden, dass sich das Bebauungsplanverfahren noch eine gewisse Zeit hinzieht (BVerwG BauR 2003, 55).

470 Voraussetzung für eine Genehmigung nach § 33 BauGB ist deshalb, dass das Verfahren zur Aufstellung eines Bebauungsplans bereits so weit fortgeschritten ist, dass mit der Realisierung der vorliegenden Plankonzeption konkret zu rechnen ist – **materielle Planreife** (BVerwG BRS 23 Nr. 33; VGH Bad.-Württ. 2008, 385; OVG NRW NVwZ-RR 2001, 568). Zumindest die Auslegung nach § 3 BauGB und die Beteiligung der Träger öffentlicher Belange nach § 4 BauGB müssen in der Regel abgeschlossen sein – formelle Planreife (§ 33 Abs. 1 Nr. 1 BauGB); hiervon ist aber nach § 33 Abs. 2 BauGB eine Ausnahme möglich (OVG NRW NVwZ 1992, 278). Die Erteilung einer Baugenehmigung auf der Grundlage des § 33 BauGB scheidet aus, wenn die Genehmigungsbehörde zu erkennen gibt, dass sie den Bebauungsplan in dieser Form nicht genehmigen wird (BVerwG BRS 15 Nr. 13; VGH Bad.-Württ. BRS 27 Nr. 39), wenn beachtliche Bürgereinwendungen vorliegen (BVerwG NVwZ 1993, 1205) oder wenn der Bebauungsplan inhaltliche Mängel aufweist, insbesondere im Hinblick auf § 1 Abs. 5 bis 7 BauGB bedenklich ist (Hess. VGH BRS 27 Nr. 20 und 28 Nr. 25). Formelle Planreife setzt ferner voraus, dass das Verfahren zur Aufstellung des Bebauungsplans nicht „stecken geblieben ist", also kontinuierlich weiter betrieben wird (BVerwGE 117, 25).

471 § 33 BauGB ermöglicht nur die Erteilung einer Genehmigung eines Bauvorhabens, das sonst vor Inkrafttreten des Bebauungsplans nicht genehmigt werden könnte. § 33 BauGB kann dagegen nicht die Errichtung eines Bauvorhabens verhindern, das nach der derzeitigen Rechtslage zulässig, nach dem zukünftigen Bebauungsplan aber unzulässig wäre. Denn § 33 BauGB dient nicht der Sicherung der Bauleitplanung während der Planaufstellung, hierfür sieht das BauGB vielmehr eine Veränderungssperre nach §§ 14 ff. BauGB vor.

7. Einvernehmen nach § 36 BauGB

472 Da durch die Genehmigung von Bauvorhaben, die nicht auf einem Bebauungsplan beruhen, die **Planungshoheit** der Gemeinde beeinträchtigt werden kann, dürfen

Baugenehmigungen nach §§ 31, 33, 34 und 35 BauGB nur im Einvernehmen mit der Gemeinde erteilt werden. Das Einvernehmen wird nur verwaltungsintern erklärt, nach außen hin (gegenüber dem Bauherrn) ergeht nur eine Entscheidung der Bauaufsichtsbehörde (BVerwGE 22, 342; NVwZ-RR 1992, 529).

Die Gemeinde muss über die Erteilung des Einvernehmens innerhalb von zwei Mo- **473** naten entscheiden, sonst gilt das Einvernehmen als erteilt (§ 36 Abs. 2 S. 2 BauGB). Die Frist beginnt aber erst nach Vorlage der vollständigen Planunterlagen, deren Unvollständigkeit die betroffene Gemeinde als Obliegenheit rügen muss, um ihre Rechte zu wahren (OVG NRW BRS 76 Nr. 149); andernfalls läuft die **Zwei-Monats-Frist** auch bei unvollständigen Unterlagen ab (BVerwG NVwZ 2008, 1347; OVG NRW NWVBl. 2008, 228). Die Gemeinde kann die Frist dazu nutzen, ein nicht erwünschtes Bauvorhaben, das aber nach der bestehenden Rechtslage zugelassen werden müsste, durch einen Beschluss zur Aufstellung eines Bebauungsplans nach § 2 Abs. 1 BauGB sowie eine Veränderungssperre nach § 14 Abs. 1 BauGB zur **Sicherung** dieser Planung zu verhindern (BVerwG NVwZ 1986, 566; BauR 1988, 695).

Über die Erteilung des Einvernehmens entscheidet der Gemeinderat (bzw. ein Gemeinderatsausschuss) und nicht der Bürgermeister, da der Gemeinderat Inhaber der Planungshoheit ist.

Das Einvernehmen darf nur aus den sich aus §§ 31 bis 35 BauGB ergebenden Grün- **474** den versagt werden (BVerwG NVwZ 1990, 657). Die Gemeinde kann sich bei der Versagung des Einvernehmens auf alle in den Bestimmungen genannten Versagungsgründe stützen, also auch auf solche, die nicht dem Schutz ihrer Planungshoheit dienen, z.B. die in § 35 Abs. 3 S. 1 Nr. 5 BauGB angeführten Belange des Naturschutzes und der Landschaftspflege oder der fehlenden Erschließung (BVerwG BRS 76 Nr. 107; BVerwG NVwZ 2010, 1561). Aus bauordnungsrechtlichen Gründen darf das Einvernehmen nicht versagt werden.

Wird das Einvernehmen der Gemeinde nicht erteilt, muss die Bauaufsichtsbehörde **475** die Baugenehmigung ablehnen, auch wenn sie selbst das Bauvorhaben für genehmigungsfähig hält, oder aber sie muss das Einvernehmen ersetzen (§ 36 Abs. 2 S. 3 BauGB). Von der durch § 36 Abs. 2 S. 3 BauGB eröffneten Möglichkeit, dass eine durch Landesrecht zu bestimmende Behörde das Einvernehmen ersetzen kann, wenn eine Gemeinde ihr nach § 36 Abs. 1 S. 1 und 2 BauGB erforderliches Einvernehmen rechtswidrig versagt hat, hat das Land NRW in § 73 Abs. 1 BauO NRW 2016 Gebrauch gemacht. Nach § 73 Abs. 3 BauO NRW 2016 gilt die Genehmigung zugleich gegenüber der Gemeinde als **Ersatzvornahme** i.S.d. § 123 GO NRW und ist zu begründen. Die Gemeinde kann abweichend von § 123 GO NRW nicht gesondert gegen die Baugenehmigung klagen, soweit diese als Ersatzvornahme gilt. Der Gemeinde ist vor Erlass der Zustimmung Gelegenheit zu geben, binnen angemessener Frist erneut über das gemeindliche Einvernehmen zu entscheiden (Abs. 4).

Ist das Einvernehmen für einen Bauvorbescheid erteilt oder ersetzt worden, bedarf es keines erneuten Einvernehmens oder einer entsprechenden Ablehnung bei der Baugenehmigung, wenn das zum Gegenstand des Bauantrags gemachte Vorhaben unter planungsrechtlichen Aspekten mit dem im Vorbescheid erfassten Vorhaben identisch ist (OVG NRW, B.v. 18.12.2002 - 7 B 811/02 -, nrwe). Ändert der Bauherr das Vorhaben – etwa durch Verlegung des Standortes –, muss die Gemeinde erneut nach ihrem Einvernehmen gefragt werden (OVG NRW NWVBl 2008, 228).

In § 36 Abs. 2 BauGB wird § 14 BauGB nicht als Versagungsgrund angeführt. Hierbei **476** handelt es sich um ein Redaktionsversehen, da das Erfordernis des Einvernehmens gerade dazu dient, der Gemeinde die Möglichkeit zu eröffnen, zur Verhinderung des

Vorhabens eine Veränderungssperre zu erlassen und eine Ausnahme von der Veränderungssperre nach § 14 Abs. 2 S. 2 BauGB nur im Einvernehmen mit der Gemeinde erteilt werden darf.

477 Der Bauantragsteller darf darauf vertrauen, dass über eine Teilfrage des Genehmigungsverfahrens innerhalb der Zwei-Monats-Frist Klarheit geschaffen wird. Deshalb kann die Erteilung des Einvernehmens nach Ablauf der Frist nicht widerrufen oder zurückgenommen werden; denn dies würde dem Sinn der Vorschrift widersprechen, innerhalb der Frist klare Verhältnisse über die Einvernehmenserklärung der Gemeinde zu schaffen (vgl. BVerwG NVwZ 2004, 858; Ernst/Zinkahn/Bielenberg, BauGB, § 36 Rn. 32). Dagegen kann die Gemeinde vor Ablauf der Zwei-Monats-Frist gegenüber der Bauaufsichtsbehörde das Einvernehmen auch dann noch versagen, wenn sie verwaltungsintern zuvor das Einvernehmen bereits erteilt hat. Denn Zweck des Einvernehmenserfordernisses ist der Schutz der durch Art. 28 Abs. 2 S. 1 GG gewährleisteten **Planungshoheit der Gemeinde**, die das Recht der Gemeinde als Selbstverwaltungskörperschaft auf Planung und Regelung der Bodennutzungen in ihrem Gebiet umfasst (OVG Berl.-Brdbg., B.v. 6.5.2016 - OVG 10 S 16.15 -, juris). Vor Ablauf der Frist konnte der Bauherr nicht darauf vertrauen, dass über das Einvernehmen als Teilfrage des Genehmigungsverfahrens endgültig Klarheit geschaffen worden ist.

478 Die Baugenehmigungsbehörde ist an eine Erteilung des Einvernehmens nicht gebunden, sondern kann den Bauantrag gleichwohl ablehnen (BVerwG NVwZ-RR 1993, 529; NVwZ 1997, 700).

Erteilt die Bauaufsichtsbehörde trotz fehlenden Einvernehmens der Gemeinde die Baugenehmigung (s.o. Rn. 475), kann die Gemeinde wegen Verletzung ihrer Planungshoheit gegen die erteilte Genehmigung Klage erheben (BVerwGE 22, 248; BVerwG BauR 2010, 1737). Ebenso kann die Gemeinde auf Aufhebung der Genehmigung klagen, wenn die Bauaufsichtsbehörde eine Baugenehmigung unter Missachtung eines Bebauungsplans erteilt, ohne eine einvernehmensbedürftige Befreiung zu erteilen (BVerwG NVwZ 1982, 310).

479 Da das Einvernehmen ein **verwaltungsinterner Vorgang** und damit kein Verwaltungsakt ist, muss bei einem versagten Einvernehmen der Bauherr auf Erteilung der Baugenehmigung und nicht etwa auf Erteilung des Einvernehmens klagen (BVerwGE 28, 145). Beklagter ist demnach die Baugenehmigungsbehörde; die Gemeinde ist aber beizuladen (BVerwG NVwZ 1986, 556).

8. Öffentliche Bauten, Vorhaben der Landesverteidigung

480 Bauvorhaben des Bundes oder der Länder mit besonderer **öffentlicher Zweckbestimmung** können nach § 37 BauGB auch abweichend von §§ 30 bis 36 BauGB errichtet werden. Der Sinn dieser Vorschrift liegt darin, dass notwendige öffentliche Bauten, insbesondere technische Anlagen wie Fernsehtürme, Fernmeldeeinrichtungen, Forschungsvorhaben, aber auch Strafanstalten, psychiatrische Landeskrankenhäuser u.Ä., die wegen ihrer besonderen Eigenarten und Auswirkungen nicht nach §§ 30, 34, 35 BauGB genehmigungsfähig sind, gleichwohl errichtet werden können. § 37 BauGB stellt somit materiellrechtlich eine Befreiungsregelung dar (BVerwG NVwZ 1993, 892; OVG NRW BauR 2004, 463).

481 Die Zustimmung ist ein Verwaltungsakt, bei dem zwischen den Belangen des öffentlichen Bauherrn und den städtebaulichen Interessen an der Einhaltung der §§ 30 ff.

BauGB abzuwägen ist und mit dem die Zulässigkeit des öffentlichen Bauvorhabens verbindlich festgestellt wird (BVerwG NVwZ 1993, 892; Hess. VGH NVwZ 2001, 823).

Erteilt die Gemeinde ihr nach § 36 BauGB erforderliches Einvernehmen zu einem **482** Bauvorhaben des Bundes oder Landes nicht, wird dieses nach § 37 Abs. 1 BauGB bei Vorhaben mit besonderer öffentlicher Zweckbestimmung durch eine Entscheidung der höheren Verwaltungsbehörde ersetzt.

Für Vorhaben der **Landesverteidigung**, die nach § 80 Abs. 4 BauO NRW 2000/§ 81 **483** Abs. 3 BauO NRW 2016 weder einer Genehmigung noch einer Zustimmung bedürfen, aber der Bauaufsichtsbehörde in geeigneter Weise zur Kenntnis gebracht werden müssen, enthält § 37 Abs. 2 BauGB eine Sonderregelung. Derartige Vorhaben können sogar gegen den Willen der Gemeinde und der höheren Verwaltungsbehörde errichtet werden (s. dazu BVerwG NVwZ 1993, 892; OVG Nds. NuR 2000, 527). Erforderlich ist aber eine konsensuale Entscheidung des betroffenen Bundesministeriums im Einvernehmen mit anderen zu beteiligenden Bundesministerien und der zuständigen obersten Landesbehörde.

9. Erschließung des Bauvorhabens

Nach allen Tatbeständen der §§ 30 ff. BauGB darf eine Baugenehmigung nur erteilt **484** werden, wenn die Erschließung gesichert ist. Unter Erschließung ist der Anschluss an die Straße, die Abwasserbeseitigung sowie die Wasserversorgung zu verstehen (BVerwG BauR 1974, 398; NJW 1975, 402). Eine **gesicherte Erschließung** setzt voraus, dass im Zeitpunkt der Bezugsfertigkeit des Gebäudes die erforderlichen Erschließungsanlagen hergestellt und benutzbar sind (BVerwGE 64, 186; NVwZ 2010, 1561).

Die wegemäßige Erschließung ist als gesichert anzusehen, wenn das Bauvorhaben mit öffentlichen Fahrzeugen (Müllabfuhr, Feuerwehr, Krankenwagen, Post) erreicht werden kann und der zu erwartende Verkehr nicht zu einer Überbelastung der Straße führt (BVerwGE 64, 186). Hierfür reicht es bei Wohngebäuden aus, dass Großfahrzeuge in die Nähe des Gebäudes gelangen können und kleinere Fahrzeuge (Krankenwagen) über einen kurzen **Wohnweg** (vgl. BVerwG NVwZ 1994, 1910; NVwZ-RR 1998, 13) notfalls unmittelbar bis zum Grundstück fahren können; ein Stichweg von nur knapp 3 m Breite kann daher ausreichen (BVerwGE 92, 304; einschränkend aber BVerwG BauR 2000, 1173).

In den Fällen des § 35 BauGB ist ausreichend, wenn die bauordnungsrechtlichen **485** Anforderungen an die Abwasserbeseitigung und die Wasserversorgung erfüllt sind und eine den jeweiligen Anforderungen entsprechende Zufahrt vorhanden ist (BVerwGE 74, 19). Ein öffentlicher Feldweg oder Wirtschaftsweg ist zur Erschließung eines landwirtschaftlichen Anwesens nur geeignet, wenn er über die gesamte Zufahrtsstrecke so breit ist, dass die Zufahrt von Personenkraftwagen, kleineren Kraftfahrzeugen der Polizei, der Feuerwehr, des Rettungswesens und der Ver- und Entsorgung sowie kleineren landwirtschaftlichen Fahrzeugen tatsächlich möglich ist. Bei Jagdhäusern, Gartenhäusern und ähnlichen Bauvorhaben kann eine Erschließung durch eine befestigte Straße nicht verlangt werden (VGH Bad.-Württ. BRS 15 Nr. 70). Bei **nichtprivilegierten** Wohngebäuden sind dagegen an die Erschließung keine geringeren Anforderungen zu stellen als im Innenbereich (BVerwGE 74, 19; VGH Bad.-Württ. VBlBW 1988, 23: Fahrbahnbreite von 2,50 m nicht ausreichend).

Eine **ordnungsgemäße Abwasserbeseitigung** ist in der Regel nur durch einen An- **486** schluss an eine Kanalisation gewährleistet (VGH Bad.-Württ. VBlBW 1981, 52). Ist dies nicht möglich, kann eine gesicherte Erschließung nur angenommen werden, wenn eine anderweitige Abwasserbeseitigung wasserrechtlich zugelassen worden ist (VGH Bad.-Württ. a.a.O.). Zu den Anforderungen an die Erschließung s. im Einzelnen Brügelmann, BauGB, § 30 Rn. 13 ff.

487 In den Fällen der §§ 30, 34 BauGB muss gewährleistet sein, dass die Erschließungsanlagen jedenfalls **bei Fertigstellung des Bauvorhabens** vorhanden sind (BVerwG NJW 1977, 405; NVwZ 1986, 38 und 646; 1994, 281). Dieses ist der Fall, wenn die Gemeinde sich selbst zur Durchführung der Erschließung bereit erklärt hat oder aber einen Erschließungsvertrag mit einem Dritten geschlossen hat (BVerwG NJW 1977, 405; NVwZ 1986, 36).

488 Ferner hat die Rechtsprechung trotz der Regelung des § 123 Abs. 3 BauGB, wonach kein Anspruch auf die Erschließung besteht, in bestimmten Fällen einen solchen Anspruch angenommen, wenn nämlich das Erschließungsermessen der Gemeinde auf Null reduziert ist (BVerwG NVwZ 1993, 1102; OVG Nds. NVwZ-RR 2000, 486). So kann z.B. aus der Aufstellung eines Bebauungsplans ein Anspruch des Eigentümers eines vom Bebauungsplan erfassten Grundstücks auf den Bau der Erschließungsanlagen innerhalb eines angemessenen Zeitraums folgen, sofern das Grundstück durch den Bebauungsplan eine zuvor vorhandene Erschließung verliert (BVerwGE 92, 8; 88, 166; BauR 2000, 247). Das Gleiche gilt, wenn das Grundstück mit Zustimmung der Gemeinde bereits bebaut wurde (BVerwGE 88, 166; BVerwGE 92, 8). Schließlich muss die Gemeinde in der Regel auf das Angebot eines Dritten eingehen, die notwendigen Erschließungsanlagen auf eigene Kosten zu bauen (BVerwGE 92, 8; BVerwG BauR 2000, 247; BVerwG NVwZ 2010, 1561). Dieser Grundsatz gilt aber nur bei Angeboten, deren Verwirklichung zu erwarten ist (BVerwG NVwZ-RR 2002, 413).

C. Bauordnungsrecht

I. Allgemeines

1. Überblick über die Rechtsquellen

489 Das Bauordnungsrecht hat sich aus dem früheren Baupolizeirecht entwickelt und gehört zum Recht der **Gefahrenabwehr**. Als spezialgesetzliche Materie geht es dem allgemeinen Ordnungsrecht vor, das jedoch subsidiär zur Anwendung kommt, z.B. bei den Fragen der Verhältnismäßigkeit (§ 15 OBG NRW) und der Störerhaftung (§§ 17 bis 20 OBG NRW).

In Nordrhein-Westfalen ist das Bauordnungsrecht im Wesentlichen in der Landesbauordnung geregelt. Ergänzt wird sie durch verschiedene Rechtsverordnungen und Verwaltungsvorschriften nach § 85 BauO NRW 2000/§ 86 BauO NRW 2016 (z.B. die Verordnung über Bau und Betrieb von Sonderbauten (Sonderbauverordnung) vom 2.12.2016 (GV.NRW. 2017 S. 2) oder die Bauprüfverordnung vom 6.12.1995 (GVBl S. 1241) und örtliche Bauvorschriften, die als kommunale Satzungen erlassen werden (z.B. **Gestaltungssatzung**en, § 86 BauO NRW 2000/§ 88 BauO NRW 2016).

§ 90 Abs. 1 S. 1 BauO NRW in der am 15.12.2016 beschlossenen Fassung bestimmt, dass einzelne Bestimmungen über Bauprodukte sechs Monate nach der am 28.12.2016 erfolgten Verkündung in Kraft traten. Diese Regelungen wurden durch spätere gesetzgeberische Handlungen nicht berührt. Die weitere Regelung in § 90 Abs. 1 S. 3 BauO NRW 2016, nach der das Gesetz im übrigen 12 Monate nach seiner Verkündung in Kraft treten sollte, ist geändert worden: Nunmehr tritt das Gesetz zum 1.1.2019 in Kraft. Die Regelung zu § 51 BauO NRW 2000 bzw. § 50 BauO NRW 2016 tritt zum 1.1.2020 außer Kraft bzw. in Kraft.

2. Abgrenzung zum Privatrecht

Das Bauordnungsrecht regelt die öffentlich-rechtlichen Beziehungen eines Bauvor- **490** habens und die daraus entstehenden Pflichten der Beteiligten gegenüber der Öffentlichkeit, deren Interessen die Bauaufsichtsbehörde wahrnimmt. Demgegenüber betrifft das private Baurecht die Beziehungen von **Privatpersonen untereinander**. Dabei kann es etwa um die Beziehungen der am Bau beteiligten Parteien untereinander gehen (zum Beispiel Mängelhaftung) oder um „Streitigkeiten über den Gartenzaun", soweit sie dem privaten Nachbarrecht unterfallen (s. zur Abgrenzung Schulte Beerbühl, Öffentliches Baunachbarrecht, ab Rn. 9).

3. Begriff der baulichen Anlage

Bauliche Anlagen sind nach § 2 Abs. 1 S. 1 BauO NRW 2000/2016 „mit dem Erdbo- **491** den verbundene, aus Bauprodukten hergestellte Anlagen". Die Verbindung der baulichen Anlage mit dem Erdboden muss nicht in direkter Weise erfolgen. Es genügt eine indirekte Verbindung durch Befestigung an eine bereits vorhandene bauliche Anlage, die ihrerseits mit dem Erdboden verbunden ist, z.B. eine Parabolantenne auf dem Dach.

Ein Materialcontainer oder eine Hundehütte, die nicht im Boden verankert und des- **492** halb nicht in einem engeren Sinne mit dem Erdboden verbunden sind, sind kraft der gesetzlichen Regelung in § 2 Abs. 1 S. 2 BauO NRW 2000/2016 dennoch als mit dem Erdboden verbunden anzusehen, wenn und weil sie durch **eigene Schwere** auf dem Erdboden ruhen (OVG NRW, B.v. 4.5.2010 - 10 B 418/10 -, n.v.). Allerdings wird nicht jeder Gegenstand, der durch seine Schwere auf dem Erdboden ruht, hierdurch zu einer baulichen Anlage. Nach der Rechtsprechung des OVG NRW (NVwZ-RR 2011, 970) setzt dies ein spezifisches, funktionsbezogenes „Verharren" des Gegenstands voraus. Dies fehlt bei Gegenständen, die leicht beweglich und jederzeit ortsveränderlich sind. Was hingegen erst durch den Einsatz technischer Mittel von der Stelle bewegt werden kann oder erst in seine Bestandteile zerlegt werden muss, um bewegt werden zu können, unterliegt der Landesbauordnung.

Dieselbe Rechtsfolge tritt ein, wenn die Anlage auf ortsfesten Bahnen begrenzt be- **493** weglich ist oder nach ihrem Verwendungszweck dazu bestimmt ist, überwiegend ortsfest benutzt zu werden. Fahrzeuge oder Anhänger, an denen Werbemittel angebracht sind, können nach der Rechtsprechung des OVG NRW (BRS 76 Nr. 138) als – baugenehmigungsbedürftige – ortsfeste Werbeanlagen gelten, wenn sie das Merkmal der **Ortsfestigkeit** erfüllen. Dies hängt maßgeblich davon ab, „ob die Gesamtumstände den Schluss rechtfertigen, dass die Teilnahme des Anhängers am Straßenverkehr – jedenfalls vorübergehend – beendet ist und die an ihm angebrachten Werbemittel an einem günstigen Standort ihrem erkennbaren Bestimmungszweck nach ihre Werbewirkung entfalten sollen" (OVG NRW BRS 76 Nr. 138).

Beispiel: Ein Anhänger wird über einen Zeitraum von mehreren Tagen so abgestellt und auf eine stark befahrene Kreuzung ausgerichtet, dass seine Werbeflächen, auf denen auf einen Antikmarkt hingewiesen wird, vom öffentlichen Verkehrsraum her deutlich sichtbar sind. An diesem Standort kann er seine Werbewirkung besonders gut entfalten.

Die in § 2 Abs. 1 S. 3 BauO NRW 2000/2016 aufgeführten Anlagen werden zum Teil **494** nur in Folge der Fiktion als bauliche Anlagen behandelt. Das trifft z.B. für Aufschüttungen, Abgrabungen und Lageplätze zu, die nicht zwingend aus Bauprodukten hergestellt werden müssen.

495 Werbeanlagen (Werbeplakate, Schaukästen) und Warenautomaten erfüllen in der Regel die Voraussetzungen einer baulichen Anlage. Soweit sie - wie Bemalungen oder Beschriftungen - keine baulichen Anlagen sind, gilt die Bauordnung dennoch für sie. Denn an sie hat die Bauordnung in § 13 BauO NRW 2000/§ 10 BauO NRW 2016 besondere Anforderungen gestellt (§ 1 Abs. 1 S. 2 BauO NRW 2000/2016).

4. Präventives Verbot mit Erlaubnisvorbehalt

496 Nach seinem Normgefüge ist das Bauordnungsrecht in der Weise ausgestaltet, dass in weiten Bereichen ein grundsätzliches Bauverbot besteht. Nur bestimmte, vom Gesetzgeber als nicht „kontrollbedürftig" (weil tendenziell ungefährlich) angesehene Vorhaben sind hiervon ausgenommen (z.B. Anlagen der Gartengestaltung). Wenn dem zur Genehmigung gestellten Bauvorhaben keine von der Baugenehmigungsbehörde zu prüfenden öffentlich-rechtlichen Vorschriften entgegenstehen, besteht ein Anspruch auf die Baugenehmigung (§ 75 Abs. 1 S. 1 BauO NRW 2000/§ 77 Abs. 1 S. 1 BauO NRW 2016). Erst wenn die Genehmigung erteilt ist, darf mit der Bauausführung begonnen werden (§ 75 Abs. 5 BauO NRW 2000/§ 77 Abs. 6 BauO NRW 2016). Die Baugenehmigung beseitigt dadurch die bis dahin bestehende formelle Sperre. Insofern steht das Bauen – von den bezeichneten Ausnahmen abgesehen – unter einem **präventiven Verbot mit Erlaubnisvorbehalt** (OVG NRW NVwZ-RR 2008, 757).

5. Bauordnungsrechtlicher Vorhabenbegriff

a) Weitgehende Gleichstellung der Vorhabenarten

497 Soweit in der Bauordnung NRW und in der vorliegenden Darstellung des Bauordnungsrechts von „**Bauen**" die Rede ist, ist dieser Begriff nicht allein in dem umgangssprachlichen Sinn eines Errichtens durch Zusammenfügen von Bauteilen zu verstehen. Die Bauordnung bestimmt vielmehr, dass auch andere bauordnungsrechtlich relevante Vorgänge einer bauaufsichtlichen Kontrolle unterworfen sind (§ 61 Abs. 1 S. 1 BauO NRW 2000/2016: **Errichtung, Änderung, Abbruch, Nutzung, Nutzungsänderung, Instandhaltung von Anlagen**). Auch regelt § 63 Abs. 1 S. 1 BauO NRW 2000/§ 62 Abs. 1 BauO NRW 2016, dass die Errichtung, die Nutzungsänderung und der Abbruch (grundsätzlich) genehmigungsbedürftig sind. Andererseits differenziert das Gesetz oft nicht zwischen „Bauen" und „Nutzen" und anderen bauordnungsrechtlich relevanten Vorgängen. Soweit nichts anderes offenkundig ist, meint der Gesetzgeber, wenn er vom Bauen spricht, gleichzeitig auch die anderen Vorgänge. Ein typisches Beispiel hierfür ist § 75 Abs. 5 BauO NRW 2000/§ 77 Abs. 6 BauO NRW 2016: Danach darf vor Zugang der „Baugenehmigung" mit der „Bauausführung" nicht begonnen werden (womit selbstverständlich nur genehmigungsbedürftige Anlagen und Einrichtungen gemeint sind). Die Regelung ist nicht nur auf die Errichtung, sondern auch auf Nutzungsänderungen und Abbruchmaßnahmen zu beziehen.

b) Die Nutzungsänderung

498 Grundsätzlich genehmigungsbedürftig ist nicht nur die erstmalige Nutzungsaufnahme einer baulichen Anlage, sondern auch die **(wesentliche) Änderung der Nutzung**. Dabei ist bei der Frage, ob eine (wesentliche) Nutzungsänderung vorliegt auf

den letzten genehmigten Zustand abzustellen. Etwaige spätere ungenehmigte Änderungen haben außer Betracht zu bleiben.

Gegenüber der bisherigen Genehmigungslage stellt sich eine Änderung als baulich **499** relevante Nutzungsänderung dar, wenn sich die neue Nutzung von der bisherigen dergestalt unterscheidet, dass sie anderen oder weitergehenden Anforderungen bauordnungs- oder bauplanungsrechtlicher Art unterworfen ist oder unterworfen werden kann, d.h. schon dann, wenn die Möglichkeit besteht, dass die Zulässigkeit des geänderten Vorhabens nach den Bauvorschriften anders beurteilt werden kann (std. Rspr., vgl. OVG NRW NVwZ-RR 2007, 661). Diese Begriffsbestimmung hat ihre Rechtfertigung in dem Charakter des Baugenehmigungsverfahrens als eines **präventiven Prüfverfahrens**. Die Änderung der Zweckbestimmung einer baulichen Anlage oder ihrer Teile muss bereits dann präventiv geprüft werden können, wenn die Möglichkeit besteht, dass eine andere Beurteilung nach den in Betracht kommenden öffentlich-rechtlichen Vorschriften erfolgen kann. Nicht erforderlich ist hingegen, dass eine andere Beurteilung auch tatsächlich erfolgt; eine derartige Erkenntnis kann Ergebnis der Prüfung, nicht aber ihre Voraussetzung sein.

Beispiele, in denen eine Nutzungsänderung anzunehmen ist: **500**

– Bisherige Nutzung: **Wohnhaus**; neue Nutzung: **Unterbringung von zehn pflegebedürftigen Personen**, von denen mehrere bettlägerig sind. Begründung für die Annahme einer Nutzungsänderung: Es bedarf der Prüfung, ob die Einrichtung als Sonderbau besonderen Brandschutzvorschriften unterworfen ist (OVG NRW, B.v. 23.9.2009 - 7 B 1065/09 -, n.v.).

– Bisherige Nutzung: **Wochenendhaus**; neue Nutzung: **dauerhaftes Wohnen**. Begründung für die Annahme einer Nutzungsänderung: Das Nutzen eines Gebäudes zu dauerhaftem Wohnen stellt eine andere Art der Nutzung im Sinne der BauNVO dar (OVG NRW BRS 74 Nr. 147, s. Rn. 232).

– Bisherige Nutzung: **Ladengeschäft**; neue Nutzung: **Wettbüro**. Begründung für die Annahme einer Nutzungsänderung: Ein Wettbüro ist eine Nutzungsart, die auf keinen feststehenden Betriebstyp zutrifft und sich in verschiedenen Formen betreiben lässt, die sich unter Zulässigkeitsgesichtspunkten deutlich voneinander abheben und deshalb zur Nutzung eines Ladengeschäfts, in dem typischerweise Waren verkauft werden, wesentliche Unterschiede aufweisen kann (OVG NRW, B.v. 9.4.2009 - 7 B 378/09 -, n.v.).

– Bisherige Nutzung: Elektroeinzelhandelsbetrieb mit Anlieferung von Waren **nur tagsüber**; neue Nutzung: Anlieferung **auch nachts**. Begründung für die Annahme einer Nutzungsänderung: Mit der Aufnahme des Nachtbetriebs geht eine Änderung der Emissionsverhältnisse des gewerblichen Betriebs des Antragstellers einher, die der bauaufsichtlichen Prüfung auf der Grundlage immissionsschutzrechtlicher Vorgaben bedarf.

– Jede Änderung, die eine **Neuberechnung der erforderlichen Stellplätze** veranlasst, ist eine Nutzungsänderung (OVG NRW NWVBl 1992, 178).

Beispiele, in denen keine Nutzungsänderung anzunehmen ist:

– Änderungen in der **Raumverteilung** eines Gebäudes (z.B. eines Wohnhauses: bisheriges Kinderzimmer wird Arbeitszimmer; bisheriges Wohnzimmer wird Schlafzimmer) stellen grundsätzlich keine Nutzungsänderung dar, sofern nicht an die neue Nutzung besondere rechtliche Anforderungen gestellt werden.

– Eine bloße **Nutzungsintensivierung** ist keine Nutzungsänderung (BVerwG BRS 64 Nr. 73; vgl. aber OVG NRW, B.v. 23.11.2010 - 7 A 2535/09 -, nrwe, zum bauplanungsrechtlichen Vorhabenbegriff und zur Frage der städtebaulichen Relevanz der Änderung eines Dreifamilienhauses in ein Fünffamilienhaus).

6. Die Verfahrensarten

501 Nach § 63 Abs. 1 S. 1 BauO NRW 2000/§ 62 Abs. 1 BauO NRW bedürfen die Errichtung, die Änderung, die Nutzungsänderung und der Abbruch baulicher Anlagen sowie anderer Anlagen und Einrichtungen i.S.d. § 1 Abs. 1 S. 2 BauO NRW 2000/2016 einer **Baugenehmigung**, soweit in den §§ 65 bis 67, 79 und 80 BauO NRW 2000/§§ 64, 65, 80 und 81 BauO NRW 2016 nichts anderes bestimmt ist.

In den §§ 65 und 66 BauO NRW 2000/§§ 64 und 65 BauO NRW 2016 sind **genehmigungsfreie Vorhaben** aufgezählt. So ist z.B. nach § 65 Abs. 1 Nr. 13 BauO NRW 2000/§ 64 Abs. 1 Nr. 20 BauO NRW 2016 die Errichtung von Einfriedigungen bis zu 2 m, an öffentlichen Verkehrsflächen bis zu 1 m Höhe über der Geländeoberfläche genehmigungsfrei, im Außenbereich allerdings nur bei Grundstücken, die bebaut sind oder deren Bebauung genehmigt ist. Genehmigungsfreiheit und die Beschränkung der bauaufsichtlichen Prüfung entbinden allerdings nicht von der Verpflichtung zur Einhaltung der Anforderungen, die durch öffentlich-rechtliche Vorschriften an Anlagen gestellt werden, und lässt die bauaufsichtlichen Eingriffsbefugnisse unberührt (§ 65 Abs. 4 BauO NRW 2000/§ 62 Abs. 2 BauO NRW 2016).

502 Sog. **Fliegende Bauten** (bauliche Anlagen, die geeignet und bestimmt sind, an verschiedenen Orten wiederholt aufgestellt und zerlegt zu werden) bedürfen, (nur) bevor sie erstmals aufgestellt und in Gebrauch genommen werden, einer Ausführungsgenehmigung (§ 79 BauO NRW 2000/§ 80 BauO NRW 2016).

Schließlich bedürfen bauliche Anlagen sowie andere **Anlagen und Einrichtungen Öffentlicher Bauherren** unter den in § 80 BauO NRW 2000/§ 81 BauO NRW 2016 genannten Voraussetzungen keiner Baugenehmigung.

503 Im Jahr 1984 wurde das „vereinfachte Genehmigungsverfahren" eingeführt (seinerzeit § 64 BauO 1984). Es wurde unter anderem durchgeführt für Wohngebäude geringer Höhe mit nicht mehr als zwei Wohnungen und nicht gewerblich genutzte Gebäude bis zu 300 m³ (soweit es kein Sonderbau war). Ferner wurde das vereinfachte Genehmigungsverfahren auch dann durchgeführt, wenn der Bauherr dies gemäß § 67 Abs. 1 S. 3 BauO NRW 2000 beantragte. Der Prüfungsrahmen war – vereinfacht beschrieben – beschränkt auf die §§ 29 bis 38 BauGB und ausgewählte Vorschriften aus der BauO NRW 2000 (z.B. über Zugänge, Abstandflächen, Stellplätze, Gestaltungssatzungen und Gestaltung). Im Jahr 2000 wurde das „vereinfachte Genehmigungsverfahren" grundsätzlich auf alle Bauvorhaben erstreckt (§ 68 BauO NRW 2000); ausgenommen waren lediglich die im Gesetz ausdrücklich genannten „großen Sonderbauten" (§ 68 Abs. 1 S. 4 BauO NRW 2000).

504 Das mit der am 15.12.2016 beschlossenen Fassung der Landesbauordnung eingeführte sog. **„einfache Genehmigungsverfahren"** (§ 67 BauO NRW 2016) unterscheidet wie zuvor zwischen baulichen Anlagen, die keine Sonderbauten sind, **„kleinen Sonderbauten"** und **„großen Sonderbauten"**, wobei im Unterschied zu sonstigen Anlagen „kleine Sonderbauten" alle bauliche Anlagen und Räume besonderer Art und Nutzung (§ 53 Abs. 1 S. 1 BauO NRW 2016) sind und „große Sonderbauten" diejenigen, die in § 53 Abs. 3 Nr. 1 bis 20 BauO NRW 2016 enumerativ aufgeführt sind. Nur für die letztgenannten wird das einfache Genehmigungsverfahren nicht durchgeführt.

Im Jahr 1995 war das „**Freistellungsverfahren**" eingeführt worden, bei dem die Ge- **505**
meinde einen Monat Zeit hatte, auf eine Anzeige des Vorhabens durch den Bauherrn
diesem gegenüber zu erklären, dass sie die Durchführung eines Baugenehmigungsverfahrens wünscht, und ihm gleichzeitig damit die vorgelegten Bauvorlagen zurück-
zureichen. Gab die Gemeinde innerhalb dieser Frist keine Erklärung ab, konnte der
Bauherr ohne weiteres mit der Durchführung des Bauvorhabens beginnen. Das Freistellungsverfahren bezog sich auf Vorhaben im Geltungsbereich eines Bebauungsplans und betraf Wohngebäude „geringer und mittlerer Höhe" - diese Typologie ist
mittlerweile entfallen -, wenn das Vorhaben den Festsetzungen des Bebauungsplans
entsprach. Später wurde das Freistellungsverfahren mit Blick auf Wohngebäude geändert: Es wurde die Möglichkeit eingeräumt, ein Baugenehmigungsverfahren
durchzuführen. Es hatte sich nämlich herausgestellt, dass oftmals zur Rechtssicherheit eine Genehmigung gewünscht wurde und allein zu diesem Zweck Abweichungen vom Bebauungsplan geplant wurden.

Die am 15. Dezember 2016 beschlossene Fassung schafft das Freistellungsverfahren (zuvor in § 67 BauO NRW 2000 geregelt) wieder ganz ab. Aufgrund von Erklärungen der neuen Landesregierung ist davon auszugehen, dass das Freistellungsverfahren beibehalten bleibt. Die genaue Ausgestaltung der gesetzlichen Regelung ist
bei Drucklegung nicht absehbar.

7. Die Grundstruktur des Baugenehmigungsverfahrens

Eine Baugenehmigung ergeht nur auf Antrag (§ 69 Abs. 1 BauO NRW 2000/2016), **506**
sie ist damit ein „**mitwirkungsbedürftiger Verwaltungsakt**". Dies hat seinen Grund
darin, dass nicht die Behörde bestimmen kann, ob und was an baulichen Anlagen
errichtet werden soll, sondern dieses Recht allein dem Bauherrn zusteht. Es liegt allein in seiner, auf Art. 14 Abs. 1 S. 1 GG beruhenden Dispositionsbefugnis zu entscheiden, ob er bauen will. Hat er sich zu diesem grundsätzlichen Schritt entschieden, beschreibt er dieses Vorhaben in seinem Antrag an die Genehmigungsbehörde,
die über die Genehmigungsfähigkeit des Vorhabens befindet. Ist es in dieser von ihm
geplanten Form nicht genehmigungsfähig, kann er das gesamte Vorhaben aufgeben
oder es so umplanen, dass es genehmigungsfähig ist. Auf Antrag beginnt eine bauaufsichtliche Prüfung dieses neuen Bauantrags. Es ist nicht Aufgabe und nicht einmal das Recht der Baugenehmigungsbehörde, das Bauvorhaben so zu ändern, dass
es genehmigungsfähig ist. Die Befugnis der Behörde, durch geeignete Nebenbestimmungen dafür Sorge zu tragen, dass das beantragte und genehmigte Vorhaben
nicht gegen Rechtsvorschriften verstößt, insbesondere keine Gefahren oder Störungen der Öffentlichkeit oder konkreter Dritter verursacht (s. dazu ab Rn. 591), bleibt
davon unberührt. Die Baugenehmigungspraxis stellt sich mitunter anders dar: So
werden der Baugenehmigung Texte hinzugefügt, die oft undifferenzierte und verwir-
rende Überschriften tragen und materiellrechtliche Änderungen des Vorhabens darstellen.

Der **Vorbescheid** (§ 71 BauO NRW 2000/2016) beantwortet eine vom Bauherrn an **507**
die Genehmigungsbehörde herangetragene Frage („**Bauvoranfrage**") aus dem Baugenehmigungsverfahren. Mit seiner Wirkung entspricht er einem Ausschnitt aus dem
feststellenden Teil der Baugenehmigung (s. dazu Rn. 622). Seine für drei Jahre (nach
§ 71 Abs. 1 S. 2 BauO NRW 2000 zwei Jahre) bestehende Bindungswirkung (§ 71
Abs. 1 S. 2 BauO NRW 2016) bedeutet, dass in einem späteren Genehmigungsverfahren die zuvor zugunsten des Bauherrn beantwortete Frage nicht nunmehr zu seinen Lasten beantwortet werden kann.

8. vereinfachtes/einfaches und umfassendes Genehmigungsverfahren

a) vereinfachtes/einfaches Genehmigungsverfahren (§ 68 BauO NRW 2000/§ 67 BauO NRW)

508   Das „vereinfachte Genehmigungsverfahren"/„einfache Genehmigungsverfahren", das nach § 68 Abs. 1 S. 4 BauO NRW 2000/§ 67 Abs. 1 BauO NRW 2016 bei der Errichtung und Änderung von baulichen Anlagen sowie anderen Anlagen und Einrichtungen i.S.d. § 1 Abs. 1 S. 2 BauO NRW 2000/2016, die keine großen Sonderbauten sind, durchgeführt wird, ist das Regelgenehmigungsverfahren. Es wird auch durchgeführt, wenn durch eine Nutzungsänderung eine bauliche Anlage entsteht, die kein großer Sonderbau ist (§ 68 Abs. 1 S. 5 BauO NRW 2000/§ 67 Abs. 1 S. 3 BauO NRW 2016).

509   Im vereinfachten/einfachen Genehmigungsverfahren prüft die Bauaufsichtsbehörde gemäß § 68 Abs. 1 S. 4 BauO NRW 2000/§ 67 Abs. 1 S. 1 BauO NRW 2016 nur die Vereinbarkeit des Vorhabens mit den Vorschriften der §§ 29 bis 38 BauGB, den §§ 4, 6, 7, 9 Abs. 2, 12, 13, 51 und 55 BauO NRW 2000/§§ 4, 6, 8 Abs. 2, §§ 9, 10, 48 Abs. 2, 5 und 6 und den §§ 50 und 54 BauO NRW 2016, bei Sonderbauten auch mit den **Brandschutzvorschriften**, den örtlichen Bauvorschriften nach § 86 BauO NRW 2000/§ 88 BauO NRW 2016 und anderen öffentlich-rechtlichen Vorschriften, deren Einhaltung nicht in einem anderen Genehmigungs-, Erlaubnis- oder sonstigen Zulassungsverfahren geprüft wird; die Vorschriften über die Anforderungen des baulichen Arbeitsschutzes sind ausgenommen.

510   Zwar beschränkt § 68 Abs. 1 S. 4 BauO NRW 2000/§ 67 Abs. 1 S. 1 BauO NRW 2016 die präventive bauaufsichtliche Prüfung im vereinfachten/einfachen Genehmigungsverfahren auf die Vereinbarkeit des Vorhabens mit den in dieser Norm ausdrücklich aufgeführten Vorschriften. So sind dort brandschutzrechtliche Bestimmungen - mit Ausnahme der Prüfung von Sonderbauten - nicht aufgeführt. Dennoch ist die Bauaufsichtsbehörde grundsätzlich befugt, Brandschutzbelange zu prüfen, wenn sie Rechtsverstöße erkennt, die außerhalb ihrer **obligatorischen Prüfungspflicht** liegen. Sie ist hierzu sogar verpflichtet, wenn die Gefährdung hochwertiger Rechtsgüter wie Leben oder Gesundheit von Menschen droht oder brandschutzrechtlich relevante Maßnahmen alleiniger Genehmigungsgegenstand sind. *„Es besteht nämlich kein Anspruch auf die Erteilung einer Baugenehmigung, bei deren Ausnutzung offenkundig ein Verstoß gegen Vorschriften des öffentlichen Baurechts eintreten würde und dessen Verwirklichung daher sofort mit einer Baueinstellungsverfügung, einem Nutzungsverbot oder einer Beseitigungsverfügung repressiv unterbunden werden müsste"* (OVG NRW NWVBl 2009, 262).

511   Dieser Grundsatz ist auch in anderen Bundesländern anerkannt: *„Auch im vereinfachten Baugenehmigungsverfahren gilt (...) der allgemeine Grundsatz, dass eine Behörde einen Antrag ohne Rücksicht auf die jeweiligen Genehmigungsvoraussetzungen wegen des Fehlens eines Sachbescheidungsinteresses ablehnen darf, wenn der Antragsteller aus Gründen, die jenseits des Verfahrensgegenstands liegen, von der beantragten Baugenehmigung keinen Gebrauch machen darf. Das gilt unabhängig davon, ob sich diese Gründe aus dem öffentlichen Recht oder aus dem Zivilrecht ergeben. Erforderlich ist jedoch, dass es sich um ein Hindernis handelt, das sich „schlechthin" nicht ausräumen lässt* (BVerwG, Urt. v. 24.10.1980 - 4 C 3.78 - BVerwGE 61, 128; Beschl. v. 20.7.1993 - 4 B 110.93 - NVwZ 1994, 482). *Die Baurechtsbehörde kann dementsprechend auch im vereinfachten Baugenehmigungsverfahren die Erteilung der beantragten Baugenehmigung wegen des Fehlens eines Sachbescheidungsinteresses versagen, wenn das Bauvorhaben im Widerspruch zu*

Anforderungen steht, die nicht Gegenstand des eingeschränkten Prüfungsprogramms sind, und dieser Widerspruch nicht behoben werden kann. Das entspricht, soweit ersichtlich, der ganz überwiegenden Meinung in Rechtsprechung und Literatur (vgl. u.a. OVG Sachsen, Urt. v. 9.11.2015 - 1 A 317/14 - SächsVBl 2016, 148; HessVGH, Beschl. v. 1.10.2010 - 4 A 1907/10.Z - BauR 2011, 993; OVG Rheinland-Pfalz, Urt. v. 22.10.2008 - 8 A 10942/08 - BauR 2009, 799; Sauter, a.a.O., Rn. 27)." (VGH Bad.-Württ., U.v. 21.2.2017 – 3 S 1748/14)

Beispiel (nach OVG NRW NWVBl 2009, 262): Ein Bauherr beantragt im einfachen Genehmigungsverfahren die Genehmigung zur Errichtung eines Wohnhauses; die Fenster im 2. Obergeschoss, die als zweiter Rettungsweg dienen müssen, sind für diesen Zweck zu gering dimensioniert. Das Bauamt darf und muss die Genehmigung verweigern.

b) umfassendes Genehmigungsverfahren (§ 68 Abs. 1 S. 3 BauO NRW 2000/§ 66 BauO NRW 2016)

Das **umfassende Genehmigungsverfahren** wird bei den sog. **großen Sonderbau-** **512** **ten** durchgeführt (§ 68 Abs. 1 S. 3 BauO NRW 2000/§ 66 S. 1 BauO NRW 2016). Diese sind in § 68 Abs. 1 S. 3 BauO NRW 2000/§ 53 Abs. 3 BauO NRW BauO NRW 2016 enumerativ aufgeführt. Hier ist das gesamte, in § 66 S. 1 BauO NRW 2016 nunmehr beschriebene umfassende **Prüfprogramm** abzuarbeiten; die Vorschriften über die Anforderungen des baulichen Arbeitsschutzes sind allerdings ausgenommen.

II. Anspruch auf Erteilung einer Baugenehmigung / eines Vorbescheides

1. Formelle Voraussetzungen

a) Sachbescheidungsinteresse

Wie für jeden begünstigenden Verwaltungsakt bedarf der Bauherr für eine Bauge- **513** nehmigung eines **Sachbescheidungsinteresses**. Denn es ist nicht Aufgabe der Baugenehmigungsbehörde, unter Umständen schwierige Rechtsfragen zu beantworten, wenn die Antwort dem Antragsteller – außer der Kenntnis der Auffassung der Behörde über die Rechtslage, wofür er aber in der Regel kein schutzwürdiges Interesse hat – keinen Nutzen bringt. Das Sachbescheidungsinteresse fehlt insbesondere dann, wenn die Baugenehmigung oder der Bauvorbescheid wegen rechtlicher oder tatsächlicher Hindernisse nicht ausnutzbar sind.

Beispiel (nach VG Köln, U.v. 6.8.2013 – 2 K 4151/12 -, nrwe): Die beantragte Werbeanlage ragt in den öffentlichen Straßenraum und die Stadt lässt die Überbauung nicht zu.

aa) Fehlendes privates Recht

Ist der Bauherr nicht **Eigentümer** des Grundstücks, ist das grundsätzlich kein zwin- **514** gender Grund für das Verneinen seines Sachbescheidungsinteresses. Denn nach § 75 Abs. 3 S. 3 BauO NRW 2000/§ 77 Abs. 3 S. 1 BauO NRW 2016 wird die Baugenehmigung „unbeschadet der privaten Rechte Dritter erteilt". Das bedeutet auch, dass die Genehmigungsbehörde nicht der Frage nachzugehen braucht, ob privatrechtliche Gründe, etwa eine zivilrechtliche Vereinbarung mit einem Nachbarn, der Verwirklichung des Bauvorhabens entgegenstehen. Auch ist unter bauordnungsrechtlichen Gesichtspunkten ein Nichteigentümer berechtigt, einen Bauantrag für ein Grundstück zu stellen. Das Recht zu bauen folgt nämlich nicht nur aus Art. 14 GG, sondern auch aus der allgemeinen Handlungsfreiheit, Art. 2 Abs. 1 GG (OVG NRW NWVBl 2009, 262).

515 Hat die Genehmigungsbehörde allerdings **begründete Zweifel** daran, dass der Eigentümer mit der Bebauung des Grundstücks (überhaupt oder mit einer Bebauung in dieser Weise) einverstanden ist, ist sie nach § 69 Abs. 2 S. 3 BauO NRW 2000/2016 berechtigt, nach pflichtgemäßem Ermessen die Zustimmung des Eigentümers einzufordern (OVG NRW NWVBl 2009, 262). Auch wenn der Bauherr lediglich der Erbbauberechtigte ist und zur baulichen Veränderung der Zustimmung des Grundstückseigentümers bedarf und dieser die Zustimmung verweigert, ist die Verwirklichung des Bauvorhabens ersichtlich ausgeschlossen und die Baugenehmigung für den Bauherrn nutzlos.

> Beispiel (abgewandelt nach BayVGH, U.v. 27.1.2017 – 15 B 16.1834): Der Erbbauberechtigte beabsichtigt, auf dem einer Kirchengemeinde gehörenden Grundstück ein Bordell zu errichten. Die Eigentümerin verwahrt sich gegen dieses Ansinnen. Da der Erbbauberechtigte keinen Anspruch gegen sie auf Zustimmung zu dem Vorhaben hat und deshalb die Verwirklichung ausgeschlossen erscheint, fehlt dem Antrag das Sachbescheidungsinteresse. Er ist ablehnen.

bb) Besonderheiten bei einem Vorbescheid

516 Das Sachbescheidungsinteresse für einen **Vorbescheid** (§ 71 BauO NRW 2000/2016) ist über die genannten Gründe hinaus dem Antragsteller abzusprechen, wenn bereits feststeht, dass er unter keinen Voraussetzungen in einem späteren Verfahren die Baugenehmigung erlangen kann. Hierzu zählt, dass er die erforderliche Zustimmung einer anderen Stelle offensichtlich nicht erreichen kann.

> Beispiel (nach OVG NRW, B.v. 30.8.2011 - 2 A 1476/09 -, n.v.): Ein Bauherr begehrt mit einer Bauvoranfrage die Feststellung, dass er auf einem bestimmten Grundstück einen Lebensmittelmarkt errichten darf. Weil das Vorhaben über eine bislang nicht bestehende Zufahrt an eine Landstraße außerhalb der Ortsdurchfahrt angeschlossen werden soll, bedarf er zur Genehmigung und Realisierung seines Bauvorhabens der Zustimmung der Straßenbaubehörde nach § 25 Abs. 1 Nr. 2 StrWG NRW. Ist ausgeschlossen, dass die Zustimmung erteilt wird, kann das letztlich geplante Vorhaben nicht realisiert werden; eine positive Beantwortung seiner Frage ist für ihn nicht nützlich. Deshalb muss die Frage nach der möglichen Zustimmung bereits jetzt beantwortet und im Falle der Verneinung der Vorbescheid verweigert werden.

b) Formelle Antragsvoraussetzungen

517 Ein Bauantrag ist nur dann genehmigungsfähig, wenn er den formellen Antragsvoraussetzungen entspricht. Erfüllt er die Anforderungen nicht, kann das unter Umständen nachgeholt werden.

In der Person des Entwurfsverfassers müssen die gesetzlich vorgeschriebenen Voraussetzungen erfüllt sein: Im Grundsatz gilt, dass die Vorlagen für die Errichtung und Änderung von Gebäuden von einem „**bauvorlageberechtigten**" Entwurfsverfasser durch Unterschrift anerkannt sein müssen (§ 70 Abs. 1 S. 1 BauO NRW 2000/2016). Bauvorlageberechtigt ist – vereinfacht ausgedrückt –, wer Architekt, Bauingenieur, Innenarchitekt mit einer Zusatzausbildung ist oder die Befähigung zum höheren oder gehobenen bautechnischen Verwaltungsdienst besitzt (nur für die dienstliche Tätigkeit); wegen der Einzelheiten siehe § 70 Abs. 3 BauO NRW 2000/2016.

518 Aufgrund des (idealtypischen) Bildes eines Bauantrags, über den entweder mit der Stattgabe oder der Ablehnung entschieden werden könnte, versteht sich von selbst, dass der Antrag so präzise zu stellen ist, dass das Vorhaben umfassend beurteilt und der Bauantrag sachgerecht bearbeitet werden kann (zur Unvollständigkeit: OVG NRW, B.v. 6.10.2014 – 2 A 434/13 -, nrwe; VG Köln, U.v. 31.10.2012 – 23 K 2670/12 -, nrwe). Widersprüchliche Angaben in den Bauzeichnungen, etwa über die Höhe von Bauteilen in verschiedenen Ansichtszeichnungen, müssen erforderlichenfalls auf Nachfrage klargestellt werden. Bleiben sie widersprüchlich, ist der Bauantrag (und

bei Stattgabe die Baugenehmigung) in ihrer Aussage unbestimmt. Die **Bestimmtheit** muss sich auch auf die beabsichtigte Nutzungsart beziehen.

Die hinreichende Bestimmtheit ist auch bei der **Bauvoranfrage** (§ 71 BauO NRW   **519** 2000/2016) von großer Bedeutung. Weil der **Vorbescheid** eine feststellende, die Genehmigungsbehörde bindende Wirkung hat, ist sowohl bei der Stellung der Frage als auch bei ihrer Beantwortung große Präzision vonnöten. Eine nur vage Frage, die wesentliche Gesichtspunkte letztlich offen lässt, vermag für das sich anschließende Genehmigungsverfahren keine klare Aussage darüber treffen, welche Genehmigungsvoraussetzung „abgearbeitet" worden ist. Eine Voranfrage ist zudem sachlich nicht bescheidungsfähig, wenn mit ihr Teile eines Vorhabens aus der Fragestellung so ausgeklammert werden, dass eine verbindliche bauplanungs- oder bauordnungsrechtliche Beurteilung nicht möglich ist.

Beispiel (nach OVG NRW NVwZ-RR 2003, 823): Der Bauherr stellt einen Antrag auf Erteilung eines bauordnungsrechtlichen Vorbescheides für eine Dia-Projektionswerbeanlage unter Ausklammerung des exakten Anbringungsortes und der exakten Maße der Werbeanlage, aber unter Bezugnahme auf die Skizze im Maßstab 1<50 über den ungefähren Anbringungsort und die ungefähre Größe der Projektionsfläche. Der Vorbescheid ist mangels hinreichender Bestimmtheit – der Anbringungsort ist für die Beurteilung der Zulässigkeit von wesentlicher Bedeutung – auf der Grundlage der Bauordnung ausgeschlossen.

Was zu den **Bauvorlagen** zählt, ergibt sich insbesondere aus der Bauprüfverord-   **520** nung. Zu den einzureichenden Bauvorlagen gehört bei manchen Bauvorhaben ein Brandschutzkonzept, das unter Umständen von Gesetzes wegen erforderlich ist, bei Sonderbauten aber auch von der Behörde als besondere Anforderung verlangt werden kann (§ 54 Abs. 2 Nr. 19 BauO NRW 2000/§ 53 Abs. 2 Nr. 19 BauO NRW 2016). Daneben enthält die Sonderbauverordnung weitere Vorgaben.

Nach § 72 Abs. 1 S. 2 BauO NRW 2000/2016 soll die Bauaufsichtsbehörde den Bau-   **521** antrag zurückweisen, wenn die Bauvorlagen unvollständig sind oder erhebliche Mängel aufweisen. Soll ein Vorhaben umgeplant werden und wird deshalb ein sog. **Nachtrag** (zum Begriff s. Rn. 639) gestellt, kann es erforderlich werden, nunmehr (oder erneut) ein (geändertes) Brandschutzkonzept vorzulegen (OVG NRW NWVBI 2009, 262).

2. Materielle Genehmigungsfähigkeit

Alleinige **Anspruchsgrundlage** für Baugenehmigungen in Nordrhein-Westfalen ist   **522** § 75 Abs. 1 BauO NRW 2000/§ 77 Abs. 1 S. 1 BauO NRW 2016. Danach ist die Baugenehmigung zu erteilen, „wenn dem Vorhaben öffentlich-rechtliche Vorschriften nicht entgegenstehen". Diese Bestimmung ist gemäß § 71 Abs. 2 BauO NRW 2000/2016 auf **Vorbescheide** entsprechend anwendbar, so dass der Bauherr einen Anspruch auf den beantragten Vorbescheid hat, wenn die an die Genehmigungsbehörde herangetragene Frage bejaht werden kann, weil ihr öffentlich-rechtliche Vorschriften nicht entgegenstehen.

Mit dem Gebot der Prüfung öffentlich-rechtlicher Vorschriften bezieht sich § 75   **523** Abs. 1 S. 1 BauO NRW 2000/§ 77 Abs. 1 S. 1 BauO NRW 2016 zwar primär auf solche des Bauplanungs- und des Bauordnungsrechts. Die Prüfungspflicht erstreckt sich aber darüber hinaus auch auf einige andere öffentlich-rechtliche Bestimmungen. Das bedeutet allerdings nicht, dass die Genehmigungsbehörde beliebig in Aufgabenbereiche anderer Fachbehörden eingreifen darf oder muss. Es bleibt grundsätzlich deren Kompetenz, die ihnen zugewiesenen Fragen zu beantworten. Ob die Baugenehmigungsbehörde in ihrer abschließenden Entscheidung verbindlich über

Rechtsfragen aus anderen als bauordnungs- oder bauplanungsrechtlichen Bestimmungen befinden darf, hängt davon ab, ob ihr diese Kompetenz ausdrücklich zugewiesen worden ist.

524   In einigen Bereichen steht der Genehmigungsbehörde eine **autonome Prüfung** auch nicht baurechtlicher Fragen zu. Zu den ihr zugewiesenen Aufgaben gehört z.B. die Prüfung, ob eine Anlage, die zwar immissionsrechtlich beachtlich ist, aber nicht nach dem Bundes-Immissionsschutzgesetz genehmigungsbedürftig ist (§ 22 BImSchG), baurechtlich genehmigt werden kann. Soweit die Behörden hierbei „fremdes Gebiet" betreten, müssen sie sich dafür die notwendige Sachkunde verschaffen, indem sie andere Ämter und/oder Behörden beteiligen.

525   Ein eigenes Prüfungsrecht steht der Bauaufsichtsbehörde hingegen in solchen Bereichen nicht zu, in denen aufgrund der besonderen Bedeutung der zu entscheidenden Fragen ein **gesondertes** Genehmigungs-, Bewilligungs-, Erlaubnis- oder Zustimmungsverfahren rechtlich ausgebildet worden ist. Dann ist sie im Sinne von § 72 Abs. 1 S. 1 Nr. 2 BauO NRW 2000/2016 von dieser Entscheidung der anderen Behörde „abhängig" und muss deren Ausgang abwarten. Das ist z.B. der Fall für die erforderliche Zustimmung der Straßenbaubehörde, wenn im Bereich eines straßenrechtlichen Anbauverbots an einer klassifizierten Straße eine Baugenehmigung für eine Anlage im straßenrechtlichen Sinn (etwa eine Grundstückszufahrt) errichtet werden soll. In einem solchen Fall bleibt die Straßenbaubehörde für die Zustimmung zuständig (vgl. § 9 Abs. 2 FStrG und § 25 Abs. 1 StrWG NRW). Gleiches gilt für das Denkmalrecht: Bevor eine Baugenehmigung betreffend ein in die Denkmalliste eingetragenes Denkmal erteilt wird, die eine denkmalrechtliche Erlaubnis einschließt, ist das „Benehmen" der Landschaftsbehörde einzuholen (§ 9 Abs. 3 i.V.m. § 21 Abs. 4 DSchG NRW).

526   In den vorbezeichneten Fällen hat die Baugenehmigungsbehörde, gegebenenfalls nach Eingang der Stellungnahmen, im Falle der Vereinbarkeit mit den öffentlich-rechtlichen Vorschriften die Baugenehmigung im Sinne eines „**Schlusspunktes**" des sternförmigen Prüfungsverfahrens zu erteilen (OVG NRW BRS 66 Nr. 159).

527   Von den beschriebenen Fällen sind diejenigen zu unterscheiden, in denen eine **Sonderordnungsbehörde** – ohne in ein baurechtliches Genehmigungsverfahren eingebunden zu sein – in eigener Zuständigkeit mit Außenwirkung im Verhältnis zu dem Bürger eine Verwaltungsentscheidung zu treffen hat. Denn dann hat die Baugenehmigungsbehörde weder ein originäres Prüfungsrecht – dies ist der anderen Behörde zugewiesen – noch ist sie von der Entscheidung der anderen Behörde abhängig. Vielmehr ergehen in verschiedenen Verwaltungsverfahren zwei voneinander unabhängige Entscheidungen. Das trifft etwa für gewerberechtliche Erlaubnisse zu.

528   Der Schwerpunkt der Prüfung der Genehmigungsfähigkeit eines Bauvorhabens liegt auf den Gebieten des Bauplanungsrechts und des Bauordnungsrechts. Hinsichtlich der von der Genehmigungsbehörde zu prüfenden Fragen aus dem Bereich des Bauplanungsrechts wird auf die Ausführungen im Kapitel II verwiesen. Im Folgenden sollen die typischerweise problematischen materiellrechtlichen Fragen aus dem Bauordnungsrecht angesprochen werden.

a) Erschlossensein

529   Gemäß § 4 Abs. 1 Nr. 1 BauO NRW 2000/2016 dürfen Gebäude nur errichtet werden, wenn gesichert ist, dass das Baugrundstück bis zu seiner Benutzung in angemessener Breite an einer befahrbaren öffentlichen Verkehrsfläche liegt oder das Grundstück eine befahrbare, öffentlich-rechtlich gesicherte Zufahrt zu einer befahrbaren

öffentlichen Verkehrsfläche hat. Nach Sinn und Zweck der Vorschrift muss die Verkehrsfläche selbst, und zwar in ihrem gesamten Verlauf bis zum Grundstück hin, eine angemessene Breite aufweisen. Abzustellen ist dabei auf ein **durchschnittliches Kraftfahrzeug.** Das Grundstück muss auch von Fahrzeugen erreicht werden können, die ggf. im öffentlichen Interesse auf das Grundstück gelangen müssen, wie z.B. Kraftfahrzeuge der Feuerwehr und der Polizei (OVG NRW BRS 74 Nr. 132).

Die in Ermangelung einer öffentlichen Verkehrsfläche alternativ ausreichende öffent- **530** lich-rechtliche **Sicherung** einer privaten Verkehrsfläche erfolgt durch die Eintragung einer Baulast (**Erschließungsbaulast**, vgl. Rn. 615). Diese enthält die Verpflichtung des Eigentümers (oder sonst dinglich Berechtigten) des belasteten Grundstücks, dass geduldet wird, dass ein bestimmtes Grundstück oder auch nur ein Teil davon als Zufahrt zu einer bestimmten öffentlichen Verkehrsfläche benutzt wird. Zur Bestimmung der Fläche bietet sich eine farbliche Hervorhebung der betroffenen Fläche in einem Lageplan an. Sinnvoller Weise wird auch geregelt, dass sie von dem Begünstigten unterhalten wird. Entfällt das Bedürfnis nachträglich, kommt ein Anspruch auf Löschung der Baulast in Betracht (s. ab Rn. 618).

Andere Sicherungsmittel sind nicht geeignet, die Erschließung zu gewährleisten. **531** Auch eine entsprechende Festsetzung in einem Bebauungsplan – Geh- und Fahrrecht – genügt nicht, da aus der Festsetzung selbst noch kein Anspruch auf die Benutzung folgt. Ein dinglich gesichertes Wegerecht nach §§ 1018, 1019 BGB reicht ebenso wenig wie die Einräumung eines **Notwegerechts** nach § 917 BGB (OVG NRW BRS 74 Nr. 132 m.w.N.). Der Nachbar kann vielmehr ein Abwehrrecht haben, wenn eine rechtswidrige Baugenehmigung dadurch in sein durch Art. 14 GG geschütztes Eigentumsrecht eingreift, dass sie wegen Fehlens einer anderweitigen Erschließung den Zwang zur Duldung eines Notwegerechts bewirkt (BVerwG NJW-RR 1999, 165).

Der in § 4 Abs. 1 Nr. 1 BauO NRW 2000/2016 ausgesprochene Verzicht auf das Er- **532** fordernis der Befahrbarkeit bezieht sich nur auf **Wohnwege.** Das sind dem Anliegerverkehr gewidmete Wege, an denen ausschließlich Wohngrundstücke liegen oder zulässig sind. Grundstücke jenseits einer Entfernung von 50 m sind nicht erschlossen und deshalb nicht bebaubar. Das gilt auch dann, wenn sie in einem Bebauungsplan als Bauland ausgewiesen sind (BVerwG NVwZ-RR 1996, 463).

b) Abstandflächen

Das in § 6 BauO NRW 2000/2016 normierte nordrhein-westfälische **Abstandflä- 533 chenrecht** soll einen gerechten Ausgleich zwischen den Interessen der Bauherrn einerseits und den öffentlichen und den nachbarlichen Interessen andererseits schaffen.

aa) Schutzziele

Die Abstandfläche hat unter anderem die Aufgabe, eine ausreichende Besonnung, **534** Belichtung, Belüftung und einen effektiven Brandschutz des Nachbargrundstücks und seiner Bebauung zu gewährleisten. Die Vorschrift soll durch *„Mindestabstände die Gefahr der Brandübertragung, der Beeinträchtigung der Belichtung und der Belüftung, der unangemessenen optischen Beengung oder der Störung des Wohnfriedens vorbeugen und ganz allgemein vermeiden, dass die Lebensäußerungen der in der Nachbarschaft wohnenden und arbeitenden Menschen zu intensiv aufeinander einwirken"* (sog. **Sozialabstand,** vgl. OVG NRW BRS 73 Nr. 128).

Daneben haben die Abstandflächenvorschriften die städtebauliche Aufgabe, einer geordneten Bebauung im Interesse gesunder Wohn- und Arbeitsverhältnisse zu dienen (s. dazu Reichel/Schulte, Handbuch Bauordnungsrecht, 3. Kapitel, Rn. 40).

bb) Regelung der Zumutbarkeit und Gewährleistung von Planungsrecht

535 Vorrangig legt das Planungsrecht durch Bebauungspläne und, soweit solche nicht bestehen, durch das Faktische (§ 34 Abs. 1 BauGB) mithilfe von Aussagen über die zulässige Bauweise fest, was dem jeweils benachbarten Grundstückseigentümer an Nähe zuzumuten ist. Die Abstandflächenvorschriften regeln in dem vom Planungsrecht für bauordnungsrechtliche Regelungen gelassenen Spielraum in ihrer Zielrichtung nicht, wie weit der Bauherr seine Anlagen an die Nachbargrenze heranbauen darf, sondern legen fest, welches Heranbauen (d.h. in welchem Umfang und bei welchen Anlagen) **der Nachbar zu dulden verpflichtet ist.** Wenn beide Aspekte sich auch bedingen und zwei Seiten derselben Münze darstellen, ist doch diese Erkenntnis bedeutsam für den Charakter der Abstandflächenvorschriften und die in ihnen enthaltenen Ausnahmen und Privilegierungen und die Folgen von Verstößen gegen sie.

536 Auszugehen ist von dem Grundsatz, dass ein möglichst großer Abstand wünschenswert wäre, um Gefahren und Störungen jeglicher Art zu vermeiden. Indem das Gesetz dem Bauherrn und der Baugenehmigungsbehörde die Einhaltung exakt berechenbarer Maße der Tiefe der Abstandflächen und die Fernhaltung nicht privilegierter Anlagen gebietet, kommt die grundsätzliche Wertung des Gesetzes zum Ausdruck, dass die Nichteinhaltung der gebotenen Abstände abstrakt-generell auch unmittelbar die geschützten Nachbarinteressen an einem effektiven Brandschutz, einer ausreichenden Licht- und Luftzufuhr und allgemein einem einzuhaltenden **Sozialabstand** beeinträchtigt (OVG NRW, B.v. 18.5.2015 – 2 A 126/15 -, nrwe). Sind nicht alle Voraussetzungen einer (weitergehenden) Privilegierung erfüllt, gilt folglich die grundsätzliche Aussage des Verbots und gleichzeitig der Nachbarrechtsverletzung.

cc) Vorrang des Planungsrechts

537 Als landesrechtliche Vorschriften treten die Regelungen in § 6 BauO NRW 2000/2016 hinter bundesrechtliche Normen zurück und tragen dem **Vorrang des Planungsrechts** Rechnung: Soweit eine planungsrechtliche (und damit bundesrechtliche) Regelung die Frage nach der erforderlichen Abstandfläche beantwortet, trifft § 6 BauO NRW 2000/2016 keine Aussage. Das wird besonders deutlich in § 6 Abs. 1 S. 2 Nr. 1 und 2 BauO NRW 2000/2016:

538 Nach § 6 Abs. 1 S. 2 Nr. 1 BauO NRW 2000/2016 ist innerhalb der überbaubaren Grundstücksfläche eine Abstandfläche nicht erforderlich gegenüber solchen Grundstückgrenzen, gegenüber denen nach planungsrechtlichen Vorschriften ohne Grenzabstand oder mit geringerem Abstand als nach den Absätzen 5 und 6 **gebaut werden muss.** Ergibt sich also aus Bauplanungsrecht – insoweit sind nur Vorschriften über die Bauweise (§ 22 BauNVO) gemeint (OVG NRW, B.v. 15.3.2011 - 7 A 753/10 -, nrwe) –, dass keine oder eine geringere Abstandfläche als ansonsten gesetzlich vorgeschrieben einzuhalten ist, braucht sie (selbstverständlich) auch nicht nach § 6 BauO NRW 2000/2016 eingehalten zu werden. Ob die vorgenannte Rechtslage sich aus Planungsrecht ergibt, ist anhand der Festsetzung des qualifizierten Bebauungsplans über die zulässige Bauweise (§ 9 Abs. 1 Nr. 2 BauGB i.V.m. § 22 BauNVO) oder, wenn eine solche nicht existiert, nach der Umgebungsbebauung (§ 34 Abs. 1 BauGB) zu ermitteln.

Ferner ist nach § 6 Abs. 1 S. 2 Nr. 2 BauO NRW 2000/2016 innerhalb der überbauba- **539** ren Grundstücksfläche eine Abstandfläche nicht erforderlich gegenüber Grundstücksgrenzen, gegenüber denen nach planungsrechtlichen Vorschriften ohne Grenzabstand **gebaut werden darf** (aber nicht muss), wenn gesichert ist, dass auf dem Nachbargrundstück ohne Grenzabstand gebaut wird. Das Dürfen folgt auch hier aus dem Planungsrecht, und zwar aus dem Bebauungsplan oder dem Faktischen als **Planersatz**. Eine verbindliche geschlossene Bauweise schließt die Möglichkeit der Nr. 2 aus. Infrage kommt dieses Dürfen insbesondere bei Festsetzung einer offenen Bauweise, aber auch bei einer abweichenden Bauweise (§ 22 Abs. 1 bis 3 bzw. Abs. 4 BauNVO).

Als Sicherungsmittel kommt zunächst eine rechtliche **Sicherung** in Frage, die nicht **540** öffentlich-rechtlicher Art sein muss. Es ist eine Vereinbarung erforderlich, die bis zur Erteilung der Baugenehmigung widerrufen werden kann. Insbesondere ist aber eine Baulast nach § 83 BauO NRW 2000/§ 84 BauO NRW 2016 geeignet, als rechtliche Sicherung zu dienen.

In der Rechtsprechung ist anerkannt, dass die Sicherungsfunktion auch durch eine hinreichend gewichtige, tatsächlich vorhandene Bebauung übernommen werden kann, die aufgrund der **faktischen Verhältnisse** gewährleistet, dass auf Dauer keine rechtswidrigen Zustände entstehen. Es muss eine Bebauung auf dem Nachbargrundstück vorhanden sein, die nach Dimensionierung, Substanz und Funktion geeignet ist, als dauerhafte Anbausicherung zu dienen. Nicht jede bauliche Anlage, die selbst Abstandflächen auslöst, hat das hierfür erforderliche Gewicht. Eine Überdachung, die relativ leicht zu beseitigen ist, kann deshalb nicht als einer öffentlich-rechtlichen Sicherung gleichwertig erachtet werden (OVG NRW, U.v. 20.2.2006 - 7 A 1358/04 -, nrwe). Etwas anders kann aber für einen massiven Wintergarten gelten (OVG NRW, B.v. 15.4.2009 - 10 A 358/09 -, n.v.).

dd) Bezugsobjekte der Abstandflächenregelung

Bezugsobjekte der Abstandflächenregelung sind zunächst **Gebäude**. Der Begriff des **541** Gebäudes wird in § 2 Abs. 2 BauO NRW 2000/2016 gesetzlich definiert.

(1) Anlagen nach § 6 Abs. 10 BauO NRW 2000/2016

§ 6 Abs. 10 BauO NRW 2000/2016 erweitert den Anwendungsbereich einzelner dort **542** genannter Bestimmungen auf andere Anlagen, die nicht Gebäude sind: Die Bestimmungen gelten auch für solche Anlagen, die höher als 2 m über der Geländeoberfläche sind und von denen Wirkungen wie von Gebäuden ("**gebäudegleiche Wirkung**") ausgehen (S. 1 Nr. 1). Soweit das Höhenmaß auf die Geländeoberfläche Bezug nimmt, ist nach § 2 Abs. 4 BauO NRW 2000/2016 die Fläche maßgeblich, die sich aus der Baugenehmigung oder den Festsetzungen des Bebauungsplans ergibt, im Übrigen die natürliche Geländeoberfläche. Die Beurteilung, ob von der Anlage gebäudegleiche Wirkungen ausgehen, hat anhand des Gebäudetypischen zu erfolgen; hierbei sind die unter Rn. 534 bezeichneten Schutzziele der Abstandflächenvorschriften heranzuziehen. Das kann etwa bei einem Freisitz, einer Schallschutzwand oder einer großen Werbetafel zu bejahen sein.

§ 6 Abs. 10 S. 1 Nr. 1 BauO NRW 2000/2016 erfasst nur **selbstständige bauliche** **543** **Anlagen**, die keine Gebäude sind, nicht hingegen Gebäude oder Teile von Gebäuden, die bautechnisch und funktional untrennbarer Teil dieses Gebäudes sind. Unselbstständige Teile von Gebäuden teilen auch mit Blick auf das Abstandflächenrecht ohnehin das Schicksal der Gebäude; auf sie ist gegebenenfalls Abs. 7 anwendbar. Außerdem lässt sich nur für selbstständige bauliche Anlagen sinnvollerweise die Frage aufwerfen, ob von ihnen Wirkungen wie von Gebäuden ausgehen (OVG NRW NVwZ-RR 2011, 970).

Beispiel: Eine an ein Gebäude angebrachte Sichtschutzwand ist unselbstständiger Bestandteil des Gebäudes; sie löst über § 6 Abs. 1 BauO NRW 2000/2016 als Teil des Gebäudes Abstandflächen aus.

544   Nach § 6 Abs. 10 S. 1 Nr. 2 BauO NRW 2000/2016 sind einzelne Absätze des § 6 BauO NRW 2000/2016 auch auf Anlagen anwendbar, die keine Gebäude sind, aber höher als 1 m über der Geländeoberfläche sind und dazu geeignet sind, von Menschen betreten zu werden. Bei diesen Anlagen wird aufgrund der Möglichkeit, dass Menschen sie betreten können, und wegen der erhöhten Lage vermutet, dass sie nachteilige Wirkungen auf den Sozialfrieden haben können.

(2) Anlagen nach § 6 Abs. 11 BauO NRW 2000/2016

545   In § 6 Abs. 11 BauO NRW 2000/2016 bestimmt der Gesetzgeber, dass die dort genannten Gebäude von dem Gebot, Abstandflächen freizuhalten, und von dem Verbot, in der Abstandfläche errichtet zu werden, ausgenommen sind. Die Regelung spricht aus rechtspolitischen Gründen eine **Privilegierung** aus und ist deshalb nicht analog auf andere als die beschriebenen Anlagen anwendbar. Liegt auch nur eine der Privilegierungsvoraussetzungen nicht vor, ist die Anlage in der Abstandfläche objektiv rechtswidrig. Die **Nachbarzustimmung** ist zur Beurteilung der Rechtslage ohne Bedeutung (OVG NRW, B.v. 21.9.2012 – 7 A 796/11 -, nrwe).

546   Der „Urfassung" dieser Bestimmung (§ 7 Abs. 4 BauO NRW vom 25.6.1962, GVBl S. 373) lag das verkehrspolitische Ziel zugrunde, den Straßenraum von abgestellten Kraftfahrzeugen zu entlasten. Weil wegen der geringen Größe der meisten Grundstücke Garagen außerhalb der Abstandflächen der Wohngebäude nicht realisierbar sind und ihre Existenz an der Nachbargrenze für zumutbar gehalten wird, sind sie für dort zulässig erklärt worden, ferner – in der Neufassung wieder ausdrücklich aufgeführt – überdachte Stellplätze, also auch Carports. Von der Privilegierung sind auch Gebäude umfasst, die bis zu 30 m³ Brutto-Rauminhalt aufweisen und als Gewächshaus oder zu Abstellzwecken genutzt werden.

547   Ob noch von einer abstandflächenrechtlich privilegierten „**Garage**" gesprochen werden kann, wenn eine weitgehende bautechnische Einbeziehung in das Wohnhaus erfolgt ist, verlangt eine Wertung und wirft in der Praxis erhebliche Fragen auf. Hierfür ist von Bedeutung, ob bei natürlicher Betrachtungsweise, in die die baukonstruktiven Merkmale der Bauausführung sowie das Erscheinungsbild und die Funktion der betrachteten Bauteile einzubeziehen sind, das grenzständig errichtete Gebäude und das (Haupt-)Gebäude als zwei voneinander unabhängige Gebäude erscheinen oder ob das grenzständige Gebäude nur den Eindruck eines grenzständigen Anbaus an das (Haupt-)Gebäude vermittelt (OVG NRW, B.v. 7.9.2010 - 10 B 846/10 -, nrwe).

(a) Die Maximalmaße

548   Die Gebäude nach § 6 Abs. 11 BauO NRW 2000/2016 sind nur mit einer mittleren Wandhöhe bis zu 3 m über der Geländeoberfläche an der Grenze zulässig. Ist das Dach stärker geneigt als 30 Grad, ist der höchste Punkt der Giebelfläche maßgeblich.

549   Die Anlage darf an einer benachbarten Grundstücksgrenze **nicht länger als 9 m** sein; stehen privilegierte Anlagen an mehreren Nachbargrenzen, darf ihre Länge auf

einem Grundstück zu allen Nachbargrenzen **insgesamt 15 m** nicht überschreiten. Die genannten 15 m sind das Maß dessen, was allen unmittelbaren Nachbarn eines Grundstücks an privilegierter Grenzbebauung abstandflächenrechtlich zuzumuten ist. Wird die Gesamtlänge solcher (im Grundsatz privilegierter) Anlagen überschritten, entfällt die Privilegierung, und zwar für jede der Anlagen. Infolge dessen kann sich jeder Nachbar, an dessen Grenze eine dieser Anlagen steht, gegen eine Genehmigung zur Wehr setzen bzw. deren Beseitigung verlangen, ohne dass es auf die Länge der Grenzbebauung an seiner Seite ankommt. Dabei ist auch unerheblich, ob sich die anderen Grenznachbarn mit der Überschreitung des Zulässigen an ihrer Seite abgefunden haben (OVG NRW, B.v. 7.9.2010 – 10 B 846/10 -, nrwe).

Die Frage, ob **eine oder mehrere Nachbargrenzen** vorliegen, ist aus der Sicht des **550** Baugrundstücks zu beantworten. Bei einem leichten Verschwenken der Grenze wird zumeist noch von „einer" Grundstücksgrenze auszugehen sein. In der Praxis und der Rechtsprechung wird dies bisweilen bis zu einem Verschwenken von 135 Grad (= Hälfte zwischen 90 Grad und 180 Grad) angenommen (vgl. dazu VG Köln, B.v. 3.2.2016 – 2 L 61/16 -, nrwe, mit Hinweis auf die Rspr. des OVG NRW zu dieser Frage).

Außerdem dürfen die der Nachbargrenze **zugekehrten Wände** keine Öffnungen auf- **551** weisen. Ein „Zukehren" ist bei einem Winkel von 90 Grad und mehr nicht mehr gegeben, wohl aber bei einem darunter liegenden Winkelmaß (VG Gelsenkirchen, B.v. 20.11.2013 – 9 L 1169/13 -, nrwe).

(b) Entprivilegierung

Wird auf dem Dach einer Grenzgarage eine andere Anlage errichtet, kann die Garage **552** dadurch ihren privilegierten Charakter verlieren. So führt z.B. - eigentlich - die Nutzung des Dachs der Garage (auch) als **Dachterrasse** zur Einstufung des gesamten Baukörpers als sonstiges, Abstandflächen auslösendes Gebäude. Bis zu der am 15.12.2016 beschlossenen Fassung des § 6 Abs. 11 BauO NRW galt dies auch dann, wenn bei einem mehr als 3 m breiten Garagenkörper, etwa einer Doppelgarage, die Dachterrasse einen Grenzabstand von 3 m einhält. Mit der Neufassung der Bestimmung hat der Gesetzgeber dieses rechtstechnisch schwer zu behandelnde Problem gelöst: Gebäude bleiben nach § 6 Abs. 11 S. 6 BauO NRW 2016 auch dann ohne eigene Abstandflächen und in den Abstandflächen eines Gebäudes zulässig, wenn auf ihnen Dachterrassen, Balkone und Altane errichtet werden, die einen Abstand von mindestens 3 m zur Grundstücksgrenze einhalten. Diese Regelung gilt aber nur für die genannten Anlagen und nicht für andere Aufbauten. Damit eine missbräuchliche Nutzung des Dachs im Bereich zwischen 0 und 3 m ausgeschlossen ist, ist eine Umwehrung des begehbaren Teils des Dachs vorzunehmen (Satz 7), die nach § 39 Abs. 4 Nr. 1 BauO NRW 2016 eine Höhe von mindestens 1,00 m (§ 41 Abs. 4 Nr. 1 BauO NRW 2000: 0,90 m) haben muss.

Die Privilegierung nach Abs. 11 kann auch dadurch entfallen, dass in dem Gebäude **553** in nicht unerheblichem Umfang eine **andere Nutzung** als die genehmigte stattfindet. Ist die privilegierte Nutzung erkennbar dauerhaft aufgegeben, verliert das Gebäude seine Berechtigung, an der Grenze zu stehen. Das OVG NRW hat bislang die Frage offen gelassen, inwieweit eine Grenzgarage neben dem Abstellen von Kraftfahrzeugen (vgl. § 2 Abs. 8 BauO NRW 2000/2016) auch anderen Zwecken dienen darf. Jedenfalls müssen sich Nebennutzungen – ihre grundsätzliche Zulässigkeit unterstellt – in grenzständig errichteten Garagen im Hinblick auf die Privilegierung des § 6

Abs. 11 BauO NRW 2000/2016 der Hauptnutzung nach Art und Umfang deutlich unterordnen.

Beispiel (nach OVG NRW, B.v. 27.7.2004 - 7 A 755/03 -, nrwe): Eine mit der Funktion einer Grenzgarage unvereinbare Nutzung liegt vor, wenn das gesamte Gebäude für einen nicht unerheblichen Zeitraum als Brennholzlager genutzt wird und dadurch das Abstellen eines Kraftfahrzeugs unmöglich wird.

554 Als Folge der vorstehend skizzierten Verstöße sind nicht nur z.b. der auf das Dach aufgebrachte Baukörper oder die andersartige Nutzung formell und materiell baurechtswidrig, sondern das Gebäude selbst verliert seine **bauliche Rechtfertigung**. Denn es leitete ursprünglich seine Privilegierung aus der erlaubten Nutzung und der an den gesetzlichen Maximalmaßen orientierten Größe ab. Der Nachbar braucht den Verstoß gegen das auch seine Interessen schützende Gebot der Freihaltung der Abstandfläche nicht hinzunehmen und kann die Beseitigung verlangen.

(3) Vorgänge an bestehenden Gebäuden

555 In § 6 Abs. 15 BauO NRW 2000/2016 nimmt das Gesetz bestimmte Vorgänge an „**bestehenden Gebäuden**" von dem Gebot zur Einhaltung der Abstandfläche ganz oder teilweise aus. Mit dieser Regelung hat der Gesetzgeber praktischen Gründen Rechnung tragen wollen und gleichzeitig auf die Rechtsprechung zur Frage der Einhaltung von Abstandflächen im Falle von Nutzungsänderungen und baulichen Änderungen bei bestandsgeschützten Gebäuden reagiert. Mit dem Begriff „bestehend" meint der Gesetzgeber nämlich nichts anderes als „**rechtmäßig bestehend**" (vgl. OVG NRW BRS 79 Nr. 129). Das ist anzunehmen, wenn die Errichtung der Anlage entweder **formell legal** (d.h. durch eine Genehmigung gedeckt) oder **materiell legal** (d.h. in Übereinstimmung mit den materiellrechtlichen Vorschriften) errichtet worden ist. (Wegen des Entstehens und Fortbestandes der in § 6 Abs. 15 BauO NRW 2000/2016 vorausgesetzten schutzwürdigen Position wird auf die Ausführungen ab Rn. 699 verwiesen.)

556 Liegt keiner der Privilegierungsfälle des § 6 Abs. 15 S. 1 BauO NRW 2000/2016 vor, kommt eine **Ermessensentscheidung** nach Satz 2 in Betracht. In Fällen einer Nutzungsänderung ist zu berücksichtigen, in welchem Maße die Belange des Nachbarn durch eine neue Nutzung betroffen werden und wie berechtigt sein Interesse ist, dass eine solche nur aufgenommen wird, wenn die Mindestanforderungen an die Abstandflächen eingehalten werden, wie sie der Gesetzgeber z.B. in § 6 Abs. 15 S. 1 Nr. 2 BauO NRW 2000/2016 bei bestehenden Gebäuden für den Regelfall als Mindestmaß vorschreibt. Auf der anderen Seite ist zu berücksichtigen, wie berechtigt das Interesse des Bauherrn daran ist, die vorhandene Bausubstanz nutzen zu können, auch wenn dies zu gewissen tatsächlichen Beeinträchtigungen des Nachbarn führen wird. Die Frage ist also nicht, ob der betroffene Nachbar bauplanungsrechtlich mit einer bestimmten Art der Nutzung im Grundsatz rechnen muss, sondern ob sein Interesse an der Einhaltung der abstandrechtlichen Mindestvorgaben gegenüber dem Interesse des Bauherrn an der (sinnvollen) Nutzung seiner vorhandenen Bausubstanz (ausnahmsweise) zurücktritt.

Beispiel (nach OVG NRW, B.v. 28.4.2010 - 7 A 2065/08 -, nrwe): Der Abstand des Gebäudes zur Grenze beträgt nur 0,50 m. Der Bauherr begehrt die Genehmigung zur Nutzungsänderung von einer Nutzung als Vereinsgeschäftsstelle zur gastronomischen Nutzung täglich, einschließlich Sonn- und Feiertagen, bis in die sog. Kernzeit der Nacht (24.00 Uhr bis 5.00 Uhr). Das Interesse des Nachbarn ist vorrangig; dessen Rechtsmittel gegen die Genehmigung hat Erfolg.

ee) Berechnung der erforderlichen Abstandfläche

Die Abstandfläche bemisst sich nach der **Wandhöhe**; diese wird von der Gelände- **557** oberfläche (unterer Bezugspunkt) bis zur Schnittlinie der Wand mit der Dachhaut oder bis zum oberen Abschluss der Wand (oberer Bezugspunkt) gemessen. Bei geneigter Geländeoberfläche ist die im Mittel gemessene Wandhöhe maßgebend.

§ 6 Abs. 4 BauO NRW 2000/2016 erklärt, wie die Höhe zu ermitteln ist; § 6 Abs. 4 **558** S. 6 BauO NRW 2000/§ 6 Abs. 4 Satz 8 BauO NRW 2016 besagt, unter welchen Voraussetzungen Dächer, Dachteile und Giebelflächen hinzugerechnet werden. § 6 Abs. 4 S. 8 Nr. 1 BauO NRW 2016 knüpft an eine Dachneigung von mehr als 70 Grad an. § 6 Abs. 4 Satz 8 Nr. 2 b) BauO NRW 2016 trifft eine Regelung zu („positiven") Unterbrechungen der geneigten Dachfläche: Dächer mit **Dachgauben** oder **Dachaufbauten**, deren Gesamtlänge je Dachfläche mehr als die Hälfte der darunter liegenden Gebäudewand beträgt, werden zu einem Drittel zur Wandhöhe hinzugerechnet. In diesem Sinne sind „Dachgauben" solche Dachaufbauten für stehende Fenster, die in allen Teilen auf dem Dach angebracht sind und nicht ganz oder teilweise vor oder auf einer Außenwand - und sei es auch nur wenige Zentimeter hinter dieser - errichtet sind.

„**Zwerchhäuser**" sind solche Dachaufbauten, die in der senkrechten Flucht einer **559** Außenwand errichtet werden, also statisch auf ihr ruhen. Das gilt auch, wenn die Außenwand nach vorn verspringt (s. zu Zwerchhäusern die Sonderregelung in § 6 Abs. 8 BauO NRW 2016, die nicht die Wandhöhe, sondern das etwaige Auslösen einer seitlichen Abstandfläche betrifft).

Die Absätze 5 und 6 geben vor, wie die rechtlich erforderliche Tiefe der Abstandflä- **560** che zu berechnen ist. Dabei differenziert das Gesetz zum einen zwischen öffentlichen Verkehrsflächen, öffentlichen Grünflächen und öffentlichen Wasserflächen und sonstigen (insbesondere privaten) Grundstücksflächen sowie zum anderen zwischen Kerngebieten, Gewerbe- und Industriegebieten, Sondergebieten und sonstigen Gebieten. In allen Fällen muss die Tiefe der Abstandflächen mindestens 3 m betragen.

§ 6 Abs. 7 BauO NRW 2000/2016 trifft insoweit Einschränkungen, als die dort ge- **561** nannten Gebäudeteile bei der Berechnung unberücksichtigt bleiben, sofern sie nach § 6 Abs. 7 BauO NRW 2000 nicht mehr als 1,50 m/nach § 6 Abs. 7 S. 1 BauO NRW 2016 nicht mehr als 1,60 m vor die Außenwand treten. Das Gesetz enthält Sonderregelungen für das Erd- und Kellergeschoss erschließende Hauseingangstreppen, sofern sie von den gegenüberliegenden Nachbargrenzen mindestens 1,60 m (BauO NRW 2000) bzw. mindestens 1,50 m (BauO NRW 2016) entfernt sind, sowie im Einzelnen aufgeführte untergeordnete Bauteile, wobei § 6 Abs. 7 S. 3 BauO NRW 2016 den Begriff „**untergeordnet**" für Vorbauten dahingehend definiert, dass sie insgesamt nicht mehr als ein Drittel der Länge der jeweiligen Außenwand in Anspruch nehmen, hierfür gilt ein Mindestabstand zur Nachbargrenze von 3 m (BasuO NRW 200 2000) bzw. 2 m (BauO NRW 2016).

§ 6 Abs. 14 BauO NRW 2000/2016 enthält eine (abschließende) Bestimmung zur Ab- **562** standfläche für die nachträgliche Bekleidung oder Verblendung von Außenwänden zur Verbesserung des Wärmeschutzes. Die Regelung gilt sowohl für Wände, die vor der Baumaßnahme die gesetzliche Abstandfläche einhielten, als auch für solche, die das nicht taten (Satz 3). Kann eine geringere Tiefe der Abstandfläche unter den dort genannten Voraussetzungen zugelassen werden, erfüllt das Gebäude die bauaufsichtlichen Anforderungen und ist damit allgemein zulässig. Eine besondere, hierauf bezogene (Gestattungs-)Entscheidung ist nicht erforderlich. In seinem Ausmaß ist der zugelassene Eingriff in die Abstandfläche allerdings beschränkt: Soweit es um die Dämmung des Daches geht und deshalb die Dachhaut angehoben werden soll, darf grundsätzlich (Satz 1) eine Erhöhung um 0,25 m nicht überschritten werden; das ist deshalb bedeutsam, weil die Länge der Abstandfläche sich maßgeblich nach der Wandhöhe richtet (§ 6 Abs. 5 und 6 BauO NRW 2000/2016) und diese sich durch die Aufbringung der Dämmung verlängert. Soweit es um die dem Nachbargrundstück zugewandte Wand geht, muss ein Mindestabstand von 2,50 m eingehalten bleiben. Satz 2 lässt Abweichungen über die in Satz 1 genannten Maße zu, verlangt dafür aber, dass dies „unter Würdigung nachbarlicher Belange und der Belange des Brandschutzes" gestattet werden kann.

563   Schließlich gewährt § 6 Abs. 16 BauO NRW 2000/2016 das Recht, aus städtebauli-chen Gründen geringere als die gesetzlich vorgesehenen Abstandflächen zu gestat-ten oder zu verlangen (vgl. dazu: OVG NRW, B.v. 5.7.2015 – 7 B 420/15 -, nrwe).

c) Garagen und Stellplätze für KFZ und Fahrräder

aa) Herstellungspflicht und Ablösung

564   Zur Entlastung der öffentlichen Verkehrsflächen mit abgestellten Kraftfahrzeugen und Fahrrädern war seit Jahren in der Landesbauordnung geregelt, dass bei der Er-richtung von baulichen Anlagen KFZ-Stellplätze **im erforderlichen Umfang** herge-stellt werden müssen. § 51 Abs. 1 BauO NRW 2000 nennt die Voraussetzungen für das Bestehen einer Stellplatzpflicht. Die Bestimmung enthält auch Vorgaben für Ab-lösemöglichkeiten und die Verwendung des Geldbetrages. Die Neufassung in § 50 BauO NRW 2016 enthält keine landeseinheitlichen Vorgaben für die Errichtung von Stellplätzen und Abstellplätzen für Fahrräder mehr und verschiebt die Entscheidung in die Verantwortung der Gemeinden. Diese Entscheidungen müssen nach der be-schlossenen Neufassung getroffen werden:

565   Die Gemeinden müssen entscheiden, ob sie „durch Satzung regeln, dass bei Errich-tung, Änderung oder Nutzungsänderung baulicher Anlagen, bei denen ein Zu- und Abgangsverkehr mittels Kraftfahrzeug oder Fahrrad zu erwarten ist, Stellplätze oder Garagen und Abstellplätze für Fahrräder hergestellt werden müssen".

566   Die Gemeinden müssen, falls sie eine Herstellungspflicht dem Grunde nach begrün-den, in der Satzung auch entscheiden, ob „an Stelle der Stellplätze oder Garagen ein Geldbetrag an die Gemeinde zu zahlen ist, wenn die Herstellung notwendiger Stellplätze oder Garagen nicht oder nur unter großen Schwierigkeiten möglich ist oder aus städtebaulichen Gründen untersagt wurde". Die Erhebung eines Ablösebe-trags („**Stellplatzablösung**") ist also von Voraussetzungen abhängig und darf nicht in jedem Fall an Stelle eines Stellplatzes gefordert werden.

567   Weiterhin muss, wenn eine Herstellungspflicht dem Grunde nach begründet wird, geregelt werden, in welchem Umfang die Abstellplätze hergestellt werden müssen. Eine vor Jahrzehnten erstellte **Richtzahlentabelle** (Anlage zu Nr. 51.11 der nicht mehr gültigen Verwaltungsvorschriften zur Landesbauordnung) hatte für die ver-schiedenen Arten von Gebäuden die Zahl der zu fordernden Stellplätze vorgegeben. Mit der Novellierung der Landesbauordnung 1995 wurde von dem Prinzip der sche-matischen Vorgabe von Stellplatzzahlen abgewichen. Stattdessen wurde es den Bauaufsichtsbehörden auferlegt, jeweils im Einzelfall den Bedarf an notwendigen Stellplätzen zu ermitteln und dabei vor allem die Erreichbarkeit des jeweiligen Ge-bäudes mit Mitteln des öffentlichen Personenverkehrs zu berücksichtigen.

Auch diese Aufgabe wird nunmehr den Gemeinden übertragen. Sie müssen diese **568** Entscheidung in Ausübung ihres Satzungsermessens einzelfallbezogen und unter Berücksichtigung des Individualverkehrs und des öffentlichen Personennahverkehrs treffen. Eine grobe Orientierung an der Stellplatz-Richtzahlentabelle mag allerdings weiterhin sinnvoll sein (vgl. VG Düsseldorf, U.v. 19.11.2012 – 2058/11 -, nrwe; s. aber VG Münster, U.v. 22.2.2011 - 2 K 1372/10 -, n.v.).

Selbstverständlich entscheiden die Gemeinden auch darüber, wie sie die Ablösebe- **569** träge einsetzen. Sie unterliegen dabei allerdings den von der Rechtsprechung entwickelten Grundsätzen über die **gruppennützige Verwendung von Sonderabgaben**.

bb) Anordnung von Stellplätzen und Garagen

§ 51 Abs. 7 BauO NRW 2000 sieht vor, dass Stellplätze und Garagen so angeordnet **570** und ausgeführt werden müssen, dass ihre Benutzung die Gesundheit nicht schädigt und Lärm oder Gerüche das Arbeiten und Wohnen, die Ruhe und die Erholung in der Umgebung **nicht über das zumutbare Maß hinaus** stören. Diese Bestimmung ist in der Neufassung § 50 BauO NRW 2016) gestrichen. Diesen Weg waren zuvor schon andere Landesbauordnungen gegangen. In rechtlicher Hinsicht hat sich dadurch indes nichts geändert. Denn nunmehr ist das Gebot aus dem Planungsrecht abzuleiten. (Ohnehin stimmten schon zuvor die Vorgaben des **Rücksichtnahmegebotes** und der landesrechtlichen Bestimmung überein, soweit sie gebieten, dass von Stellplätzen keine unzumutbaren Beeinträchtigungen für die Nachbarschaft ausgehen dürfen, BVerwG NVwZ 2001, 813, und BRS 70 Nr. 78.)

Die Pflicht zur Rücksicht nehmenden Anordnung ergibt sich unter Geltung der Neu- **571** fassung allein aus dem Rücksichtnahmegebot, das bei einem Standort in einem im Zusammenhang bebauten Ortsteil in dem **Einfügungsgebot** des § 34 Abs. 1 BauGB enthalten und im Geltungsbereich eines Bebauungsplans in § 15 BauNVO ausdrücklich angesprochen ist. Insoweit gilt: § 12 Abs. 1 BauNVO bestimmt, dass Stellplätze und Garagen in allen Baugebieten zulässig sind, soweit sich aus den Absätzen 2 bis 6 nichts anderes ergibt. Deshalb sind das mit der zulässigen Nutzung eines Grundstücks verbundene Abstellen von Kraftfahrzeugen auf dem Grundstück und die normalerweise sich daraus ergebenden Störungen von den Anwohnern grundsätzlich hinzunehmen (VG Cottbus, B.v. 16.2.2016 – 3 L 193/15 –, juris; vgl. auch BVerwG NVwZ 2013, 1516; BayVGH, U.v. 29.2.2012 – 9 B 09.2502 –, juris). Insbesondere stellen sich in einem (reinen oder allgemeinen) Wohngebiet ein Stellplatz, ein Carport oder eine Garage, die zum Abstellen des eigenen Pkw des Bauherrn dienen, als „Zubehör zum Wohnen" zu der Nutzungsart dar (VG Bremen, U.v. 13.5.2015 – 1 K 798/12 –, juris; Ernst/Zinkahn/Bielenberg, BauGB, § 12 BauNVO Rn. 57). Auch aus deren allgemeiner Gebietsverträglichkeit folgt, dass die typischerweise mit solchen Anlagen verbundenen Störungen grundsätzlich hinzunehmen sind (VG Bremen, B.v. 2.5.2013 – 1 V 2110/12 –, juris; BVerwG NVwZ 2007, 585). Der Verordnungsgeber der BauNVO mutet deshalb den Anwohnern auch in reinen und allgemeinen Wohngebieten zu, das mit einer zulässigen Nutzung verbundene Abstellen und Einparken von Kraftfahrzeugen und das damit einhergehende Lärmaufkommen als sozialadäquat hinzunehmen.

Dessen ungeachtet ist stets eine **Einzelfallprüfung** geboten, wenn Stellplätze oder **572** Garagen in Ruhebereichen angeordnet werden sollen. Dabei spielt der Umfang einer etwaigen **Vorbelastung** (durch andere Anlagen dieser Art, durch Verkehrsanlagen oder durch Gewerbebetriebe) eine wesentliche Rolle.

573 Zu den Prüfungsmaßstäben hinsichtlich der durch Garagen und Stellplätzen verursachten Belästigungen und Störungen hat das BVerwG (NVwZ 2003, 1516) ausgeführt:

„Sie sind vor allem dann unzulässig, wenn ihre Nutzung zu unzumutbaren Beeinträchtigungen für die Nachbarschaft führt. Dabei kommt der Zufahrt eine besondere Bedeutung zu, weil – jedenfalls bei Wohnbebauung – der Zu- und Abgangsverkehr die Nachbarschaft regelmäßig am stärksten belastet. Demgemäß begegnen Garagen und Stellplätze in ruhigen rückwärtigen Gartenbereichen hinter Wohnhäusern oft rechtlichen Bedenken. Ob sie im Sinne des § 15 Abs. 1 Satz 2 BauNVO unzumutbar sind, richtet sich gleichwohl nach der Eigenart des Baugebiets. Eine generelle, für alle Standorte von Stellplätzen im rückwärtigen (Wohn-)Bereich geltende Beurteilung ist nicht möglich; sie hängt immer von den Umständen des jeweiligen Einzelfalls ab. Daraus folgt, dass die Nachbarn die von den Stellplätzen einer rechtlich zulässigen Wohnbebauung ausgehenden Emissionen im Regelfall hinzunehmen haben, dass aber besondere örtliche Verhältnisse auch zu dem Ergebnis führen können, dass die Errichtung von Stellplätzen auf dem Baugrundstück nicht oder nur mit Einschränkungen genehmigt werden kann. Dabei ist der in § 12 Abs. 2 BauNVO enthaltenen Grundentscheidung Rechnung zu tragen. Dies entbindet das Tatsachengericht jedoch nicht von der Prüfung, ob im Einzelfall unzumutbare Beeinträchtigungen zu erwarten sind. Die besonderen Umstände des Einzelfalls können es (…) erforderlich machen, die Beeinträchtigung der Nachbarschaft auf das ihr entsprechend der Eigenart des Gebiets zumutbare Maß zu mindern. Hierfür kommen beispielsweise die bauliche Gestaltung der Stellplätze und ihrer Zufahrt, eine Anordnung, die eine Massierung vermeidet, der Verzicht auf Stellplätze zugunsten einer Tiefgarage oder Lärmschutzmaßnahmen an der Grundstücksgrenze in Betracht. Im Übrigen müssen selbst notwendige Stellplätze nach allgemeinen bauordnungsrechtlichen Grundsätzen nicht auf dem Baugrundstück selbst errichtet werden (vgl. das Senatsurteil vom 16. September 1993 – BVerwG 4 C 28.91 – BVerwGE 94, 151 <162> = BRS 55 Nr. 110)."

(Beispiele für stattgebende und ablehnende Entscheidungen über Nachbarklagen im Zusammenhang mit Garagen und Stellplätzen bei Schulte Beerbühl, Öffentliches Baunachbarrecht, ab Rn. 709).

d) Standsicherheit

574 Nach § 15 Abs. 1 BauO NRW 2000/§ 12 Abs. 1 S. 1 BauO NRW 2016 muss jede bauliche Anlage im Ganzen und in ihren Teilen sowie für sich allein standsicher sein. Die **Standsicherheit** anderer baulicher Anlagen und die Tragfähigkeit des Baugrundes des Nachbargrundstücks darf nicht gefährdet werden, Abs. 2. Dies ist auch bei der Bauausführung sicher zu stellen.

Der Gesetzgeber hat damit der Erkenntnis Rechnung getragen, dass Mängel einer baulichen Anlage, die die Standsicherheit betreffen, zu einem vollständigen oder jedenfalls teilweisen Einsturz der baulichen Anlage führen können und damit eine erhebliche **Gefahr** für Leben und Gesundheit darstellen. Hieraus folgt, dass bereits die fehlende Standsicherheit nur eines Gebäudeteils dazu führt, dass die in Rede stehende bauliche Anlage grundsätzlich insgesamt nicht mehr als standsicher angesehen werden kann (VG Düsseldorf, B.v. 20.7.2015 – 11 L 2249/15 -, nrwe). Wenn die Standsicherheit eines Gebäudes nur durch behelfsmäßige Abstützmaßnahmen bewirkt werden kann, ist dem gesetzlichen Gebot nicht Genüge getan (vgl. Boeddinghaus/Hahn/Schulte, Bauordnung NRW, § 15 Rn. 6).

e) Brandschutz

Der **vorbeugende Brandschutz** hat im Bauordnungsrecht eine überragende Bedeu- 575
tung. Auslöser für das verschärfte Bewusstsein ist unter anderem die Brandkatastrophe am Düsseldorfer Flughafen im Jahr 1996 gewesen. Durch die Neufassung sind
die Bestimmungen neu strukturiert worden. Da davon ausgegangen werden darf,
dass diese Neuregelungen der BauO NRW 2016 weitgehend unangetastet bleiben,
wird im Folgenden diese Rechtslage dargestellt.

Während § 17 BauO NRW 2000 neben einer allgemeinen Regelung in Absatz 1 in
den folgenden Absätzen insbesondere die Anforderungen an **Rettungswege** dar-
stellte, enthält § 14 BauO NRW 2016 nun nur noch die „Generalklausel" des vorbeugenden Brandschutzes sowie das Erfordernis einer zur Brandbekämpfung ausreichenden Wassermenge. Nach Abs. 1 sind bauliche Anlagen sowie andere Anlagen
und Einrichtungen i.S.d. § 1 Abs. 1 S. 2 BauO NRW 2000/2016 so anzuordnen, zu errichten, zu ändern und instand zu halten, dass der Entstehung eines Brandes und
der Ausbreitung von Feuer und Rauch (Brandausbreitung) vorgebeugt wird und bei
einem Brand die Rettung von Menschen und Tieren sowie wirksame Löscharbeiten
möglich sind. Die Konkretisierung der Anforderungen findet sich in den Vorschriften
der Bauordnung zu Wänden, Decken, Dächern, Treppen, Aufzügen, Fenstern, Türen,
Lichtschächten etc. In die Sonderbauverordnung vom 2.12.2016 (GVBl 2017, 2) mit
ihren auf die dort genannten Anlagen anzuwendenden Vorschriften sind die jahrelan-
gen Erfahrungen der im vorbeugenden und abwehrenden Brandschutz Tätigen ein-
geflossen. Sind diese besonderen Vorschriften nicht einschlägig, ist auf die allgemeine Regelung der Generalklausel § 14 Abs. 1 BauO NRW 2016 zurückzugreifen.

aa) Brandschutz und Gebäudeklassen

Die neue Landesbauordnung teilt in § 2 Abs. 3 S. 1 BauO NRW 2016 die Gebäude in 576
Gebäudeklassen ein. Die Einteilung ersetzt die Einteilung in Gebäude geringer Höhe, Gebäude mittlerer Höhe und Hochhäuser (§ 2 Abs. 3 BauO NRW 2000). Die neue
Einteilung dient insbesondere als systematische Grundlage für die Brandschutzanforderungen. Letztere richten sich nach der Gebäudehöhe und der Zahl und Größe
von Nutzungseinheiten. Darüber hinaus werden Baustoffe gemäß § 26 Abs. 1 BauO
NRW 2016 nach den Anforderungen an ihr Brandverhalten unterschieden in nicht-
brennbar, schwerentflammbar und normalentflammbar. Baustoffe, die nicht mindestens normalentflammbar sind (leichtentflammbare Baustoffe), dürfen nicht verwendet
werden; dies gilt nicht, wenn sie in Verbindung mit anderen Baustoffen nicht leicht-
entflammbar sind. Bauteile werden nach den Anforderungen an ihre Feuerwider-
standsfähigkeit unterschieden in feuerbeständig, hochfeuerhemmend und feuerhem-
mend (§ 26 Abs. 2 S. 1 BauO NRW 2016). Schließlich werden Bauteile zusätzlich
nach dem Brandverhalten ihrer Baustoffe unterschieden in Bauteile aus nichtbrennbaren Baustoffen, Bauteile, deren tragende und aussteifende Teile aus nichtbrennbaren Baustoffen bestehen und die bei raumabschließenden Bauteilen zusätzlich eine
in Bauteilebene durchgehende Schicht aus nichtbrennbaren Baustoffen haben sowie
Bauteile, deren tragende und aussteifende Teile aus brennbaren Baustoffen bestehen und die allseitig eine brandschutztechnisch wirksame Bekleidung aus nichtbrennbaren Baustoffen (Brandschutzbekleidung) und Dämmstoffe aus nichtbrennbaren Baustoffen haben und Bauteile aus brennbaren Baustoffen (§ 26 Abs. 2 S. 3
BauO NRW 2016). Soweit nichts anderes bestimmt ist, müssen Bauteile, die feuerbeständig sein müssen, mindestens den Anforderungen des Satzes 3 Nummer 2
und Bauteile, die hochfeuerhemmend sein müssen, mindestens den Anforderungen

des Satzes 3 Nummer 3 entsprechen. Diese Einteilung ist grundlegend für die detaillierten Regelungen in den §§ 27 BauO NRW 2016 ff.

bb) Rettungswege

577   Die Vorschriften über die Schaffung von **Rettungswegen** dienen dem Schutz besonders hochrangiger Rechtsgüter wie Leben und Gesundheit der Bewohner und Besucher eines Gebäudes, aber auch dem Schutz der Rettungskräfte. Sie enthalten ein System von gesetzlich mit dem Anspruch auf Allgemeinverbindlichkeit festgelegten Mindestanforderungen, die aufeinander abgestimmt sind und im Fall eines Brandes eine Selbstrettung oder eine Rettung durch die Feuerwehr gewährleisten sollen (OVG NRW NWVBl 2009, 262). Dabei müssen sie die ihnen zugedachte Funktion sicher erfüllen können. Fluchtwege sind hierzu nicht geeignet, wenn ihre Benutzung gefährlich ist, z.B. weil sie über unübersichtliche fremde Gebäudeteile führen oder bei Nässe Absturzgefahr besteht (s. § 6 Abs. 2 S. 4 SBauVO NRW zu Rettungswegen bei Versammlungsstätten: „Rettungswege dürfen über Balkone, Dachterrassen und Außentreppen auf das Grundstück führen, wenn sie im Brandfall sicher begehbar sind."). Fenster, die als zweiter Rettungsweg dienen sollen, müssen die in § 38 Abs. 5 BauO NRW 2016 (entspricht § 40 Abs. 4 BauO NRW 2000) genannten Mindestmaße aufweisen (s. dazu Rn. 608). Sie können die ihnen zugedachte Funktion nicht erfüllen, wenn sie zwar in den genehmigten Bauzeichnungen als öffenbar gekennzeichnet und entsprechend genehmigt sind, aber tatsächlich durch konstruktive Details eingeschränkt sind (Schönenbroicher/Kamp, BauO NRW, § 40 Rn. 5; Boeddinghaus/Hahn/Schulte, Bauordnung NRW, § 40 Rn. 20). Das **Öffnungsmaß** muss vollständig erreicht werden können; in der Öffnung befindliche Pfosten oder ein horizontales oder vertikales Schwingen des Fensters stehen dem Gebot entgegen. Ist das Fenster (oder die Tür) als Einbruchschutz von innen durch einen Schließmechanismus gesichert, der nur durch einen Schlüssel zu entriegeln ist, ist die Öffnung nur dann als Rettungsweg geeignet, wenn der Schlüssel so deponiert wird, dass er im Notfall von dem Benutzer schnell und sicher erreicht und eingesetzt werden kann. Denn ein Fenster, das verschlossen und nicht (schnell genug) geöffnet werden kann, ist wie ein als zweiter Rettungsweg ungeeignetes feststehendes Fenster anzusehen.

cc) Besondere Anforderungen für Sonderbauten

578   § 53 Abs. 1 S. 1 BauO NRW 2016 (entspricht § 54 Abs. 1 S. 1 BauO NRW 2000) ermächtigt die Bauaufsichtsbehörden, an bauliche **Anlagen besonderer Art oder Nutzung** im Einzelfall besondere Anforderungen zu stellen, um in Verwirklichung der allgemeinen Anforderungen des § 3 Abs. 1 S. 1 BauO NRW 2000/2016 und unter Berücksichtigung der allgemeinen materiellen Anforderungen der BauO NRW **Gefahren** für die öffentliche Sicherheit und Ordnung zu verhindern. Die Anforderungen können sich dabei insbesondere auch auf Brandschutzeinrichtungen und Brandschutzvorkehrungen erstrecken (§ 53 Abs. 2 Nr. 5 BauO NRW 2016), die Bestellung und die Qualifikation einer oder eines Brandschutzbeauftragten (Nr. 18), die Pflicht, ein Brandschutzkonzept vorzulegen und dessen Inhalt (Nr. 19), Nachweise über die Nutzbarkeit der Rettungswege im Brandfall (Nr. 20) sowie Gebäudefunkanlagen für die Feuerwehr (Nr. 24).

579   Die Anforderungen und Erleichterungen können sich auf „**Sonderbauten**" beziehen. Dabei wird zwischen „großen Sonderbauten" und „kleinen Sonderbauten" unterschieden: Große Sonderbauten sind diejenigen, die in § 53 Abs. 3 BauO NRW 2016 (entspricht § 54 Abs. 3 i.V.m. § 68 Abs. 1 S. 3 BauO NRW 2000) genannt sind. Kleine

Sonderbauten sind solche Bauten, die eigentlich „normale" bauliche Anlagen wären, die aber wegen ihrer besonderen Art oder Nutzung besonderer Betrachtung bedürfen und an die deswegen Anforderungen und Erleichterungen gestellt werden dürfen. Diese Sonderbauten unterscheiden sich von dem „Normalfall" eines Gebäudes über rechteckigem Grundriss insbesondere durch Schwierigkeiten der Brandbekämpfung, häufig wechselnden Benutzer- oder Besucherkreis, Besonderheiten der körperlichen oder geistigen Leistungsfähigkeit von Benutzern oder Besuchern, besonderes Gefahrenpotential, hohen Verschleiß der für die Standsicherheit wesentlichen Bauteile, besondere Nutzungsformen oder die Größe des Vorhabens (OVG NRW NVwZ-RR 2008, 521). Bei der Beurteilung sind nicht nur die Bauzeichnungen heranzuziehen, sondern es ist eine verständige Würdigung des gesamten Sachverhalts vorzunehmen. Diese kann ergeben, dass wegen der genannten Gründe besondere Anforderungen an die bauliche Ausgestaltung gestellt werden müssen.

f) Barrierefreiheit

Mit der Neufassung der Landesbauordnung hat der Gesetzgeber die Vorgaben des **580** Bundesbehindertengleichstellungsgesetzes umgesetzt. Dabei bedeutet „**barrierefrei**" nach der neu eingeführten Legaldefinition, dass die Anlage „für alle Menschen ihrem Zweck entsprechend in der allgemein üblichen Weise, ohne besondere Erschwernis und grundsätzlich ohne fremde Hilfe auffindbar, zugänglich und nutzbar" ist (§ 2 Abs. 11 BauO NRW 2016). Ob die am 15.12.2016 vom Landtag beschlossene Fassung der Bestimmungen mit diesem Inhalt in Kraft treten wird, ist in besonderem Maße ungewiss.

Für **Wohngebäude** (§ 49 BauO NRW 2000/§ 48 BauO NRW 2016) ist eine Pflicht zur Herstellung barrierefrei nutzbarer Wohnungen oder uneingeschränkt rollstuhlnutzbarer Wohnungen begründet worden, die sich nach der - im Gesetzgebungsverfahren höchst umstrittenen - Anzahl der Geschosse richtet. Bei der Änderung oder Nutzungsänderung können Abweichungen von den Anforderungen zugelassen werden, soweit die Anforderungen nur mit unverhältnismäßigem Aufwand erfüllt werden können (§ 48 Abs. 2 S. 5 BauO NRW 2016). Für **öffentlich zugängliche bauliche Anlagen und bauliche Anlagen für alte Menschen, Personen mit Kleinkindern und für Menschen mit Behinderungen** (§ 55 BauO NRW 2000/§ 54 BauO NRW 2016) gilt nach der Neufassung, dass diese „im erforderlichen Umfang" barrierefrei sein müssen. Auch hier können für **rechtmäßig bestehende** bauliche Anlagen und für den Fall einer Nutzungsänderung Abweichungen von den Anforderungen zugelassen werden, wenn ihre Erfüllung einen unverhältnismäßigen Aufwand erforderte. Damit trägt das Gesetz dem Gesichtspunkt des Bestandsschutzes Rechnung.

g) Verunstaltungsverbot

Die von der Bauordnung erfassten Anlagen müssen so gestaltet werden, dass sie **581** selbst **nicht** verunstaltet wirken (§ 11 Abs. 1 BauO NRW 2000/§ 9 Abs. 1 BauO NRW 2016). Außerdem sind sie mit ihrer Umgebung so in Einklang zu bringen, dass sie das Straßen-, Orts- und Landschaftsbild nicht verunstalten oder deren beabsichtigte Gestaltung nicht stören (Abs. 2). **Verunstaltung** setzt voraus, dass die bauliche Anlage über das Unschöne hinaus das Gesamtbild ihrer Umgebung in solcher Weise stört, dass der für ästhetische Eindrücke offene Betrachter, der sog. gebildete Durchschnittsmensch, in seinem ästhetischen Empfinden nicht bloß beeinträchtigt, sondern verletzt wird und die bauliche Anlage damit als hässlich empfindet (std. Rspr. seit BVerwG DVBl 1968, 507). Ob dies so ist, ist, weil ein unbestimmter

Rechtsbegriff auszufüllen ist, verwaltungsgerichtlich voll nachprüfbar. Das Verunstaltungsverbot gestattet der Bauaufsichtsbehörde nicht, dem Bauherrn ästhetische Vorstellungen aufzuzwingen. Auch ein nach Ansicht der Baubehörde unschönes Gebäude muss, sofern die Grenze zwischen Unschönheit und eindeutiger Hässlichkeit noch nicht überschritten ist, genehmigt werden. Auch ein bereits – etwa durch Werbeanlagen – verunstaltetes Gebäude kann noch weiter verunstaltet werden. Ebenso können Werbeanlagen auch bei einem nicht besonders schutzwürdigen Straßenbild oder Ortsbild weiter verunstaltend wirken.

582   Auch die **störende Häufung** von Werbeanlagen (s. dazu ab Rn. 586) ist nach § 13 Abs. 3 S. 2 BauO NRW 2000/§ 10 Abs. 2 S. 4 BauO NRW 2016 unzulässig. Dabei ist zwischen den Begriffen der Häufung und der Störung zu unterscheiden. Die Häufung setzt ein räumlich dichtes Nebeneinander einer Mehrzahl gleicher oder verschiedener Anlagen der Außenwerbung voraus. Dabei sind Werbeanlagen jeder Art in die Betrachtung einzubeziehen. Es kommt nicht darauf an, ob es sich um Fremd- oder Eigenwerbung, genehmigungsfreie oder genehmigungspflichtige Werbung handelt. Nicht genehmigte Anlagen sind dann zu berücksichtigen, wenn mit ihrer Beseitigung in absehbarer Zeit nicht zu rechnen ist (OVG NRW NVwZ-RR 2004, 560). Eine Häufung von Werbeanlagen liegt nur vor, wenn mehrere, mindestens aber drei Werbeanlagen in eine enge räumliche Beziehung gebracht werden. Der Begriff der Häufung erfordert, dass diese verschiedenen Werbeanlagen gleichzeitig im Gesichtsfeld des Betrachters liegen und ihre optische Wirkung gleichzeitig gemeinsam ausüben. Die Werbeanlagen müssen ohne weiteres mit einem Blick erfasst werden können. Wann die störende Wirkung eintritt, hängt wesentlich von dem Baugebietscharakter, der vorhandenen Bebauung und der tatsächlichen Nutzung des Gebiets ab (VG Köln, U.v. 2.9.2014 – 2 K 307/14 -, nrwe). Das Verbot der störenden Häufung von Werbeanlagen betrifft auch nachkommende Anlagen der Außenwerbung. Dabei kommt der Grundsatz der Priorität zur Anwendung (OVG NRW NVwZ-RR 2004, 560).

583   Eine **Verunstaltung** liegt auch vor, wenn durch die Werbeanlage der Ausblick auf begrünte Flächen verdeckt wird. Die Beeinträchtigung ist allerdings nur anzunehmen, wenn es sich um eine nennenswerte, nicht nur unbedeutende Begrünung handelt. Dabei ist aber ohne Belang, ob und in welchem Maß begrünte Flächen Ausdruck einer landschaft- oder umgebunggestaltenden Konzeption sind; wild gewachsene Büsche und Wildkräuter sind nicht weniger geschützt als „gepflegte" Pflanzen und gestaltete Grünanlagen (VG Gelsenkirchen, U.v. 30.1.2014 – 5 K 2997/12 -, nrwe).

h) Gestaltungssatzungen

584   Nach § 86 BauO NRW 2000/§ 88 BauO NRW 2016 können die Gemeinden als Satzung **örtliche Bauvorschriften** erlassen über die Gestaltung und besondere Anforderungen bestimmter Anlagen, Abstände, Einfriedungen und die Genehmigungsbedürftigkeit für ansonsten genehmigungsfreie Werbeanlagen und Warenautomaten. Solche örtliche Bauvorschriften können auch als Festsetzungen in einen Bebauungsplan i.S.v. § 8 oder § 12 BauGB aufgenommen werden (§ 86 Abs. 4 BauO NRW 2000/§ 88 Abs. 4 BauO NRW 2016).

585   Der Gesetzgeber ermöglicht die **Gestaltungssatzung** zur Durchführung baugestalterischer Absichten in bestimmten, genau abgegrenzten bebauten oder unbebauten Teilen des Gemeindegebietes. Der Geltungsbereich solcher Satzungen muss grundsätzlich räumlich kleiner sein als das gesamte Gemeindegebiet. Zur Bestimmung

des räumlichen Geltungsbereichs einer Gestaltungssatzung kann die Gemeinde die Geltungsbereiche kartografisch erfassen, indem sie die Grenzen eines oder mehrerer Geltungsbereiche in eine Planzeichnung – etwa auf der Basis der Deutschen Grundkarte – einträgt. Sie kann aber auch den Geltungsbereich textlich umschreiben (OVG NRW NWVBl 2003, 425).

i) Werbeanlagen

Anlagen der Außenwerbung (oder: Werbeanlagen) sind nach § 13 Abs. 1 BauO **586** NRW 2000/§ 10 Abs. 1 BauO NRW 2016 alle ortsfesten Einrichtungen, die der Ankündigung oder Anpreisung oder als Hinweis auf Gewerbe oder Berufe dienen und vom öffentlichen Verkehrsraum aus sichtbar sind, insbesondere Schilder, Beschriftungen, Lichtwerbungen sowie für Werbung bestimmte Säulen, Tafeln und Flächen.

Auf einzelne Werbeanlagen wie etwa Litfasssäulen und Anlagen für Wahlwerbung **587** sind die Vorschriften der Bauordnung ausdrücklich nicht anzuwenden (§ 13 Abs. 6 Nr. 1 bzw. 4 BauO NRW 2000/§ 10 Abs. 6 Nr. 1 bzw. 4 BauO NRW 2016). Sofern die Werbeanlage nicht selbst fest mit dem Erdboden verbunden ist (z.B. Werbetafeln an Hauswänden oder auf Dächern, Beschriftungen oder Bemalungen, Lichtwerbung, Werbefolien), handelt es sich zwar nicht um bauliche Anlagen i.S.d. § 2 Abs. 1 BauO NRW 2000/2016, jedoch um Anlagen i.S.d. § 1 Abs. 1 BauO NRW 2000/2016 Die Bauordnung stellt nämlich in den §§ 10, 65 Abs. 1 Nr. 33 bis 35 BauO NRW 2000/§§ 10, 64 Abs. 1 Nr. 40 bis 43 BauO NRW 2016 besondere Anforderungen an Werbeanlagen auf.

Anlagen der Außenwerbung dürfen weder das Umfeld verunstalten (s. Rn. 5) noch zu **588** einer **Gefährdung der Sicherheit und Ordnung** führen. Die Sicherheit und Ordnung des Verkehrs i.S.v. § 13 Abs. 2 S. 1 2000/§ 10 Abs. 2 S. 1 BauO NRW 2016 ist gefährdet, wenn durch eine Werbeanlage ein Zustand geschaffen wird, der den Eintritt eines Schadens im Sinne einer konkreten Gefährdung erwarten lässt. Maßgebend für diese Beurteilung sind einerseits die konkreten örtlichen Verhältnisse, insbesondere die konkreten Straßen- und Verkehrsverhältnisse einschließlich bereits bestehender Gefahrensituationen, andererseits die Fähigkeit eines durchschnittlichen Kraftfahrers, diese Situation zu bewältigen (VG Münster, B.v. 20.3.2008 - 2 K 655/07 -, n.v.).

Unter Berücksichtigung dieser Maßstäbe sind **verkehrsgefährdende Wirkungen 589** nur dann anzunehmen, wenn eine Werbeanlage in ihrer konkreten Ausgestaltung besonders auffällig ist, sich z.B. in ungewohnter Weise in das Blickfeld des Verkehrsteilnehmers drängt oder vom üblichen Erscheinungsbild einer Werbeanlage stark abweicht, wenn von ihr eine Blendwirkung ausgeht oder wenn wegen des Anbringungsortes der Werbeanlage z.B. Verkehrszeichen verdeckt oder überlagert werden, der Verkehrsraum eingeengt wird oder wenn die verkehrliche Situation in der Nähe der vorgesehenen Anbringungsstelle außergewöhnlich schwierig ist. Letzteres ist dann der Fall, wenn die Verkehrssituation von den Straßenverkehrsteilnehmern in solcher Weise Aufmerksamkeit erfordert, dass ein denkbarer zusätzlicher Blickfang in Form einer Werbeanlage unbedingt vermieden werden muss. Die Prognose, ob ein durchschnittlicher Kraftfahrer fähig sein wird, die durch die geplante Werbeanlage beeinflusste verkehrliche Situation zu bewältigen, hat in Rechnung zu stellen, dass Verkehrsteilnehmer im heutigen Straßenverkehr ständig einer Fülle von optischen Eindrücken ausgesetzt, insbesondere an Werbung aller Art gewöhnt sind und dass sie – vor allem in städtischen oder innerörtlichen Bereichen – mit Werbeanlagen und Werbeschriften aller Art rechnen müssen und auch rechnen (so OVG NRW NVwZ-RR 1993, 233; zu Prismenwendeanlagen vgl. OVG NRW NWVBl 2014, 105).

3. Die Entscheidung über den Bauantrag

590 Nach Prüfung der Genehmigungsfähigkeit des Vorhabens kommen mehrere weitere Entwicklungen in Frage:

Ist das Bauvorhaben **uneingeschränkt genehmigungsfähig**, ergeht die Genehmigung; Einzelheiten dazu sind in § 75 BauO NRW 2000/§ 77 BauO NRW 2016 geregelt.

Das Vorhaben kann **„unheilbar" nicht genehmigungsfähig** sein; es kann durch Nachbesserungen seitens des Bauherrn genehmigungsfähig werden; es kann durch ergänzende Maßnahmen der Behörde eine Übereinstimmung mit den öffentlich-rechtlichen Vorschriften herbeigeführt werden; es kann uneingeschränkt genehmigungsfähig sein.

Kommt die Baugenehmigungsbehörde zu der Erkenntnis, dass das Vorhaben auf keinen Fall genehmigungsfähig ist und die Genehmigungsfähigkeit auch nicht durch nahe liegende Änderungen herbeigeführt werden kann, wird sie ihn zu der beabsichtigten Ablehnung des Vorhabens anhören und, falls der Bauherr unverändert an dem Vorhaben festhält, die Ablehnung aussprechen.

Die Genehmigung nur eines **Teils des Vorhabens** und Ablehnung des anderen Teils ist nur in den seltensten Fällen möglich, nämlich dann, wenn es sich um rechtlich und tatsächlich voneinander abtrennbare Teile handelt und davon ausgegangen werden kann, dass dies dem Willen des Bauherrn entspricht, also nicht angenommen werden muss, er wolle das Vorhaben nur verwirklichen, wenn es vollständig genehmigt wird (vgl. dazu: BVerwG, B.v. 6.2.2013 – 4 B 39/12 –, juris).

a) Änderungen, Ergänzungen und Abweichungen

591 In einigen Fällen, in denen das Vorhaben in der zur Genehmigung gestellten Weise nicht genehmigungsfähig ist, kommt eventuell eine **geringfügige Umplanung** in Frage. Dann bietet es sich an, dies dem Bauherrn mitzuteilen, damit er sein Vorhaben der Rechtslage anpassen kann.

Beispiel: Der Bauherr hat versäumt, im Treppenhaus die nach § 37 Abs. 12 BauO NRW 2000/§ 35 Abs. 8 BauO NRW 2016 in bestimmten Fällen erforderliche Öffnung zum Rauchabzug bzw. zur Rauchableitung vorzusehen.

592 In anderen Fällen kann die Beifügung einer sachgerechten Nebenbestimmung (z.B. einer **Auflage**) eine nicht nur sinnvolle, sondern sogar (insbesondere zur Wahrung von Nachbarrechten) gebotene „flankierende Maßnahme" sein, um auf diese Weise dem Bauvorhaben eine Genehmigungsfähigkeit (und Nachbarrechtskonformität) zu sichern oder zu verschaffen, die ohne diese Bestimmung nicht gegeben wäre. Der bisweilen zu beobachtende nahezu exzessive Umgang mit den Mitteln der „Nebenbestimmungen" ist allerdings nicht unbedenklich.

aa) Qualifikation als „Auflage"

593 Oftmals stellen sich die in Baugenehmigungen als „**Auflage**" bezeichneten Ergänzungen (sofern sie sich nicht in Wirklichkeit lediglich als Hinweise auf eine ohnehin bestehende Rechtslage erweisen) rechtlich betrachtet als Änderung des Bauvorhabens dar. Das ist mit Blick auf das Wesen des Baugenehmigungsverfahrens problematisch.

594 Eine Baugenehmigung ergeht nur auf Antrag (vgl. § 69 Abs. 1 S. 1 BauO NRW 2000/2016), sie ist ein **mitwirkungsbedürftiger Verwaltungsakt** (s. Rn. 506). Dies

hat seinen Grund darin, dass nicht die Behörde bestimmen kann, ob und was an baulichen Anlagen errichtet werden soll, sondern dieses Recht allein dem Bauherrn zusteht. Hat dieser sich zu diesem grundsätzlichen Schritt entschieden, beschreibt er das Vorhaben in seinem Antrag an die Genehmigungsbehörde, die über die Genehmigungsfähigkeit des Vorhabens befindet. Der Gegenstand der Baugenehmigung wird durch den Bauantrag des Bauherrn bestimmt, und die Baugenehmigungsbehörde darf kein vom Bauantrag abweichendes Vorhaben genehmigen (vgl. BVerwG NJW 1981, 776).

(1) Modifiziernde Auflage / Inhaltsbestimmung

In vielen Fällen ist es allerdings üblich, dass die Behörde, anstatt den Antrag abzu- **595** lehnen, ein bislang nicht genehmigungsfähiges Vorhaben durch sog. **Grüneintragungen** in den Bauzeichnungen und entsprechende textliche Ausführungen in der Genehmigung in ein genehmigungsfähiges verändert und dieses sogleich genehmigt. Soweit die Änderungen über bloße Marginalien hinausgehen ist diese – aus vermeintlicher Bürgernähe geübte und oftmals zu Unrecht als Vermeidung von „bloßem Formalismus" gerechtfertigte – Praxis aus den genannten, in der Struktur des Genehmigungsverfahrens angelegten Gründen rechtlich nicht unproblematisch.

Eine solche Änderung wird richtigerweise als **„modifizierende Auflage"** oder **„In-** **596** **haltsbestimmung"** bezeichnet. Der erste Begriff ist insoweit irreführend, als es sich nicht wirklich um eine Auflage i.S.d. § 36 VwVfG handelt (s. dazu sogleich). Richtig an dem Begriff ist allerdings, dass eine Modifikation erfolgt; denn das Vorhaben wird geändert. Sinngemäß erklärt die Genehmigungsbehörde mit der modifizierenden Auflage, dass das Vorhaben „so nicht" genehmigungsfähig ist, „statt dessen" aber ein (etwas) anderes Vorhaben genehmigungsfähig wäre und gewissermaßen mit der Genehmigung „angeboten" wird (zum Begriff der Inhaltsbestimmung s. Reichel/ Schulte, Handbuch Bauordnungsrecht, 14. Kapitel, Rn. 46; OVG Sachs.-Anh., U.v. 20.4.2016 – 2 L 64/14 –, juris; zur Abgrenzung s. auch BVerwGE 144, 341).

Beispiel zur Abgrenzung einer „echten" Auflage von einer modifizierenden Auflage (abgewandelt nach Reichel/Schulte 14. Kapitel, Rn. 46): Eine Baugenehmigung enthält den Zusatz „Der Baukörper ist, um die Abstandsfläche einzuhalten, um 30 cm nach Norden zu verschieben". Mit der Änderung soll subjektiven Nachbarrechten Rechnung getragen werden. Das genehmigte Vorhaben ist allerdings ein anderes als das beantragte. (Zur Abgrenzung wesentliche/unwesentliche Änderung des Vorhabens s. ab Rn. 635.)

Führt der Bauherr das von der Behörde „angebotene" Vorhaben aus, bestehen keine **597** weitergehenden Probleme. Denn mit der Verwirklichung dieses Vorhabens erklärt der Bauherr, dass er sich diesen „Vorschlag" zu eigen macht. Der rechtliche Makel bleibt ohne Folgen, da auch rechtswidrige Verwaltungsakte in Bestandskraft erwachsen können. (Man könnte auch konstruieren, dass die spätere genehmigungskonforme Bauausführung konkludent – rückwirkend – den Bauantrag darstellt oder ersetzt.)

Führt allerdings der Bauherr das zur Genehmigung gestellte Vorhaben aus, ohne die **598** Modifikation (und damit die abändernde Genehmigung) zu beachten, verwirklicht er ein anderes Objekt als das genehmigte; er errichtet einen **Schwarzbau**. Dies berechtigt die Bauaufsicht zu den nach § 61 BauO NRW 2000/2016 möglichen bauaufsichtlichen Maßnahmen.

Hält der Bauherr an seinem ursprünglichen (von der Genehmigungsbehörde sinngemäß abgelehnten) Vorhaben fest, steht ihm das Rechtsmittel offen, auf Erteilung einer Genehmigung für eben dieses Vorhaben (ohne die Modifikation) zu klagen.

(2) „Echte Auflage"

599 Von der modifizierenden Auflage ist die **„echte" Auflage** im Sinne von § 36 VwVfG abzugrenzen. Sie ist nur anzunehmen, wenn deutlich erkennbar neben die – uneingeschränkte – Genehmigung des beantragten Bauvorhabens selbstständig ein weiteres bauaufsichtliches Verlangen tritt. Die Behörde erklärt in diesem Fall, dass das Vorhaben genehmigt wird, aber außerdem noch etwas anderes geschehen muss („Ja, aber außerdem:..."). Solche Auflagen, die diesen Namen wirklich verdienen, sind eher selten. Sie stellen selbstständige, isoliert anfechtbare Verwaltungsakte dar. Die Begründetheit einer von dem Bauherrn gegen sie erhobenen Anfechtungsklage hängt insbesondere davon ab, ob das Bauvorhaben ohne die hinzugefügte Auflage rechtswidrig wäre, ob also die Auflage als Nebenbestimmung erforderlich ist, um die Rechtmäßigkeit der Genehmigung sicherzustellen.

Beispiel: Ein Landwirt beantragt die Genehmigung eines Ersatzwohnhauses für sein bisheriges, abgängiges landwirtschaftliches Wohngebäude. Um zu gewährleisten, dass nach Errichtung des neuen Gebäudes das alte beseitigt wird, ist die Aufnahme einer entsprechenden Auflage in die Baugenehmigung möglich und sinnvoll. Diese könnte lauten: „Innerhalb von drei Monaten nach Bezugsfertigkeit des Ersatzwohnhauses ist das bisherige Wohngebäude zu beseitigen." Diese selbstständig anfechtbare „echte" Auflage ist, wenn sie bestandskräftig geworden ist, geeignet, als Ordnungsverfügung zu dienen, aus der nach Auflauf der gesetzten Frist vollstreckt werden kann.

600 Ob eine modifizierende Auflage der ersten Art oder eine „echte Auflage" der zweiten Art vorliegt, ist im Wege einer **Auslegung** zu ermitteln; der von der Behörde benutzte Begriff stellt allenfalls ein Indiz dar.

bb) Geeignetheit zur Wahrung von öffentlichen Interessen

601 Die einer Baugenehmigung beigefügte Auflage (als modifizierende Auflage oder als „echte" Auflage) muss **geeignet** sein, öffentliche Interessen, insbesondere auch Nachbarrechte, ausreichend zu wahren. Andernfalls kann sie keinen wirksamen Beitrag zur Rechtmäßigkeit der Genehmigung leisten (s. dazu auch Rn. 763).

602 Soweit Auflagen im Hinblick auf Nachbarschutz in Genehmigungen aufgenommen werden, haben sie zumeist das Ziel, vor unzumutbaren Lärmimmissionen zu schützen.

Beispiel: In eine Baugenehmigung wird die Bestimmung aufgenommen, dass der Beurteilungspegel der vom Gesamtbetrieb einer gewerblichen Anlage einschließlich des Fahrverkehrs ausgehenden Geräusche an den nördlich des Betriebsgeländes gelegenen Wohngebäuden den Immissionsrichtwert für die Nacht von 45 dB(A) nicht überschreiten darf.

603 Eine derartige Bestimmung ist im Grundsatz zum Nachbarschutz geeignet, wenn die Anlage bei regelmäßigem Betrieb so genutzt werden kann, dass die entstehenden Immissionen die für die Nachbarschaft maßgebliche Zumutbarkeitsgrenze nicht überschreiten. Sie muss zur **Konfliktbewältigung** realistischer Weise geeignet sein (vgl. z.B. VG Hamburg, B.v. 12.2.2016 – 7 E 6816/15 –, juris).

604 Eine Auflage ist hingegen unbeachtlich, wenn sie z.B. die Geräusche nicht wirksam auf ein dem Nachbarn zumutbares Maß begrenzt. Überschreiten die bei der Nutzung einer Anlage entstehenden Immissionen bei regelmäßigem Betrieb die für die Nachbarschaft maßgebliche Zumutbarkeitsgrenze, dann genügt es zur Sicherung der Nachbarrechte nicht, in der Baugenehmigung den maßgeblichen Immissionsrichtwert als Grenzwert festzulegen („Zielvorgabe"). Vielmehr muss dann die Nutzung schon in der Baugenehmigung durch konkrete Regelungen eingeschränkt werden (OVG NRW, B.v. 29.1.2016 – 2 A 2423/15 –, nrwe; BayVGH BRS 65 Nr. 190).

Auflagen, die das Vorhaben so weit verändern, dass das zur Genehmigung gestellte **605** Vorhaben nicht mehr dem wirklichen Typ solcher Gewerbebetriebe entspricht, sind nachbarrechtswidrig und unzulässig. Diese rechtlich gebotene, **typisierende Betrachtung** (Einzelheiten dazu unter Rn. 222) entspricht einem praktischen Bedürfnis bei der Rechtsanwendung. Denn nur bei Anwendung dieser Grundsätze ist eine klare Unterscheidung der in einer bestimmten Umgebung zulässigen Vorhaben von den unzulässigen möglich.

Durch eine stark individualisierte, **„maßgeschneiderte" Baugenehmigung** mit zahl- **606** reichen Nebenbestimmungen, mit der ein Vorhaben für eine an sich ungeeignete Umgebung passend gemacht werden soll, entstehen unweigerlich Schwierigkeiten bei der späteren Überwachung des Betriebes. Die Einhaltung immissionsrelevanter Nebenbestimmungen bedarf nämlich einer ständigen, nur schwer praktikablen Beobachtung. Das stellt einen Verstoß gegen das **Rücksichtnahmegebot** dar und kann z.B. in einem im Zusammenhang bebauten Bereich (§ 34 BauGB) dazu führen, dass das Vorhaben in dem Wohngebiet trotz bescheinigter Einhaltung der Immissionsrichtwerte sich nach der Art der baulichen Nutzung nicht in die nähere Umgebung einfügt (zu einem solchen Fall vgl. OVG NRW NVwZ 1996, 921).

Beispiel für geeignete Nebenbestimmungen (aus VG Ansbach, B.v. 29.3.2016 – AN 9 S 15.02341 –, juris): Die Auflage, Fenster und Türen eines Veranstaltungsraumes nachts stets geschlossen zu halten, ist emissionswirksam und üblich. Auch die Einhaltung des Verbotes einer Nutzung einer zugehörigen Dachterrasse während der Nachtstunden ist nicht von vornherein ausgeschlossen. Verstöße gegen die geeigneten und erfüllbaren Nebenbestimmungen berühren die Rechtmäßigkeit der Baugenehmigung nicht, sondern betreffen allenfalls deren Vollzug. Sie sind gegebenenfalls ordnungsrechtlich zu verfolgen.

cc) Abweichung

Ist das geplante Vorhaben in der beantragten Form nicht mit den Bestimmungen des **607** Bauordnungsrechts vereinbar, kommt die Erteilung einer **Abweichung** nach § 73 BauO NRW 2000/§ 74 BauO NRW 2016 in Betracht. Im Bauantrag kann zugleich ein konkludenter Antrag auf Gewährung einer Abweichung gesehen werden. Lediglich bei Vorhaben, die keiner Baugenehmigung bedürfen, ist nach § 73 Abs. 2 BauO NRW 2000/§ 74 Abs. 2 BauO NRW 2016 ein besonderer Antrag erforderlich. Die Erteilung einer Abweichung setzt voraus, dass die Abweichung „unter Berücksichtigung des Zwecks der jeweiligen Anforderungen und unter Würdigung der nachbarlichen Interessen mit den öffentlichen Belangen vereinbar" ist.

Soweit in einer gesetzlichen Bestimmung aus Gründen des Brandschutzes ein kon- **608** kretes Maß, das einzuhalten ist, vorgegeben ist (z.B. eines Fensters, das als baulicher zweiter **Rettungsweg** dienen muss), haben die Beteiligten sich grundsätzlich daran zu halten. Denn: *„Die Vorschriften über die Schaffung von Rettungswegen dienen dem vorbeugenden baulichen Brandschutz und damit dem Schutz besonders hochrangiger Rechtsgüter wie Leben und Gesundheit der Bewohner und Besucher eines Gebäudes, aber auch dem Schutz der Rettungskräfte. Sie enthalten ein System von gesetzlich mit dem Anspruch auf Allgemeinverbindlichkeit festgelegten Mindestanforderungen, die aufeinander abgestimmt sind, und im Fall eines Brandes eine Selbstrettung oder eine Rettung durch die Feuerwehr gewährleisten sollen."* (OVG NRW DVBl 2009, 461) Es ist nämlich davon auszugehen, dass durch die baurechtlichen Vorschriften die schutzwürdigen und schutzbedürftigen Belange und Interessen regelmäßig schon in einen gerechten Ausgleich gebracht worden sind und die Gleichmäßigkeit des Gesetzesvollzuges ein mehr oder minder beliebiges Abweichen von den Vorschriften der Bauordnung nicht gestatten.

Beispiel (nach OVG NRW DVBl 2009, 461): Die in § 40 Abs. 4 BauO NRW 2000/§ 38 Abs. 5 S. 1 BauO NRW 2016 in Bezug auf die Mindestgröße der lichten Fensteröffnung gestellten Anforderungen von 0,90 m x 1,20 m sollen eine schnelle Rettung von Menschen ermöglichen, denen der erste Rettungsweg versperrt ist und die auf eine Hilfe durch die Feuerwehr angewiesen sind. Die Bemessung der Größe der Öffnung soll sicherstellen, dass eine tragbare Leiter in die Fensteröffnung gestellt werden kann und ein Feuerwehrmann in voller Ausrüstung, gegebenenfalls mit umluftunabhängigem Atemschutzgerät, seitlich neben der Leiter durch das Fenster in den dahinter gelegenen Raum einsteigen kann. Weiter muss der freie Querschnitt des Fensters auch eine Bergung von Personen ermöglichen, die konstitutionell oder verletzungsbedingt in ihrer Beweglichkeit eingeschränkt sind und eine entsprechende Hilfestellung benötigen. In besonderen Fällen kann auch eine Rettung mittels einer Trage erforderlich werden. Deshalb ist die geforderte Öffnung in voller Größe erforderlich, damit die Feuerwehr aus ihr heraus Menschen ins Freie bergen kann; die Erteilung einer Ausnahme kommt - jedenfalls bei Neubauten - nicht in Betracht.

Allerdings hat das OVG NRW eine grundstücksbezogene **Atypik** dann angenommen, wenn bei vorhandener älterer Bausubstanz aus Gründen des Brandschutzes nachträglich ein Zweiter Rettungsweg anzulegen ist, der bautechnisch nicht ohne Verstoß gegen abstandrechtliche Vorschriften anzulegen ist (NVwZ-RR 2011, 47; BRS 71 Nr. 124; BRS 73, Nr. 126).

609 Nach ständiger Rechtsprechung des OVG NRW kommt eine Abweichung nur dann in Frage, wenn im konkreten Einzelfall eine besondere, d.h. „atypische" Situation vorliegt, die sich vom gesetzlichen Regelfall derart unterscheidet, dass die Nichtberücksichtigung oder Unterschreitung des normativ festgelegten Standards gerechtfertigt ist. Nur eine grundstücksbezogene **Atypik** – im Anwendungsbereich des § 6 BauO NRW 2000/2016 insbesondere bei Besonderheiten im Zuschnitt der Grundstücke oder im topografischen Geländeverlauf – kann eine Abweichung rechtfertigen, nicht aber außergewöhnliche Nutzungswünsche eines Eigentümers, die eine noch stärkere Ausnutzung seines Grundstücks erfordern als sie nach dem Gesetz ohnehin schon zulässig ist. § 73 BauO NRW 2000/§ 74 BauO NRW 2016 stellt kein Instrument zur Legalisierung gewöhnlicher Rechtsverletzungen dar (vgl. nur: OVG NRW BRS 71 Nr. 126).

Beispiel (nach OVG NRW BRS 71 Nr. 126): Die Grundstücksgrenze verläuft zunächst in einem rechten Winkel zur Straßenbegrenzungslinie; nach einigen Metern knickt sie um 3 Grad in Richtung auf das Baugrundstück ab. Will der Bauherr das Baugrundstück in der gleichen Weise ausnutzen wie seine Nachbarn, läge in diesem Bereich die Abstandfläche teilweise auf dem Nachbargrundstück; hier kommt die Erteilung einer Abweichung in Betracht.

610 § 73 Abs. 1 S. 4 BauO NRW 2000/§ 74 Abs. 1 S. 3 BauO NRW 2016 erlaubt Abweichungen von **technischen Bauvorschriften**, wenn dem Zweck der Vorschrift auf andere Weise entsprochen wird. Diese Vorschrift soll es ermöglichen, neuartige technische Entwicklungen auch dann zu verwenden, wenn sie von der Bauordnung oder den DIN-Vorschriften (§ 3 Abs. 2 BauO NRW 2016) abweichen.

Beispiel (nach VG Düsseldorf, U.v. 30.1.2012 – 25 K 3310/11 -, nrwe): Entgegen der Festsetzung in der Gestaltungssatzung soll die Hauptfirstrichtung so angeordnet werden, dass Solarenergie effektiv gewonnen werden kann; hier kommt die Erteilung einer Abweichung in Betracht.

611 Die allgemeine Regelung in § 73 BauO NRW 2000/§ 74 BauO NRW 2016 über die Zulassung einer Abweichung wird verdrängt durch etwaige Sonderregelungen. Dies ergibt sich aus der Einschränkung des Anwendungsbereichs der Abweichung nach § 73 Abs. 1 S. 1 BauO NRW 2000/§ 74 Abs. 1 S. 1 BauO NRW 2016 „soweit in diesem Gesetz nichts anderes geregelt ist". Liegen die Voraussetzungen für eine Abweichung nach einer Sondervorschrift nicht vor, kommt auch eine anderweitige Möglichkeit der Abweichungserteilung nicht in Betracht.

Wenn zu erwarten ist, dass durch eine Baugenehmigung und die Zulassung einer **612** Abweichung öffentlich-rechtlich geschützte nachbarliche Belange berührt werden, sollen die Bauaufsichtsbehörden die **Angrenzer benachrichtigen**, es sei denn, die Angrenzer haben die Lagepläne und Bauzeichnungen unterschrieben oder der Zulassung von Abweichungen zugestimmt (§ 74 Abs. 4 BauO NRW 2000/§ 75 Abs. 3 BauO NRW 2016). Wird den innerhalb eines Monats nach Zugang der Benachrichtigung erhobenen Einwendungen nicht entsprochen, ist die Entscheidung über die Abweichung dem Angrenzer zuzustellen § 74 Abs. 5 BauO NRW 2000/§ 75 Abs. 4 BauO NRW 2016).

dd) Baulast

Ist ein Bauvorhaben gegenwärtig nicht genehmigungsfähig, kann es möglicherweise **613** durch Übernahme einer **Baulast** genehmigungsfähig werden. Zu diesem Zweck kann der Grundstückseigentümer zur Sicherung öffentlich-rechtlicher Verpflichtungen zu einem ihn oder sein Grundstück betreffenden Tun, Dulden oder Unterlassen, die sich nicht schon aus öffentlich-rechtlichen Vorschriften ergeben, eine Baulast übernehmen (§ 83 Abs. 1 BauO NRW 2000/§ 84 Abs. 1 BauO NRW 2016). Die **Verpflichtungserklärung** mit dem im Gesetz umschriebenen Inhalt ist eine einseitige, schriftlich gegenüber der Bauaufsichtsbehörde abzugebende empfangsbedürftige Willenserklärung. Ist eine Auslegung der Baulast erforderlich, hat diese sich am Wortlaut des Textes und an dem zu Grunde gelegten Lageplan zu orientieren.

Bei der **Abstandflächenbaulast** wird die Abstandfläche ganz oder teilweise auf das **614** Nachbargrundstück verlagert, um die bauliche Ausnutzbarkeit des „begünstigten" Grundstücks zu erweitern und zugleich zu sichern. Für die abstandrechtliche Beurteilung des begünstigten Grundstücks ist damit nicht die tatsächliche Grundstücksgrenze maßgeblich, sondern die fiktive Größe des um die Baulastfläche vergrößerten Grundstücks (OVG NRW NVwZ-RR 2005, 459). Dem Belasteten verbleibt das Eigentum an der mit der Baulast belasteten Fläche mit der Folge, dass er diese auch zu solchen baulichen Zwecken nutzen darf, die generell in den Abstandflächen eines Gebäudes zulässig sind.

Fehlt für die Zufahrt zu einem Grundstück die durch § 4 Abs. 1 Nr. 1 BauO NRW **615** 2000/2016 geforderte öffentlich-rechtliche Sicherung, kommt eine **Erschließungsbaulast** in Betracht. In diesem Fall liegt das öffentliche Interesse an der Baulast in der Gewährleistung der öffentlich-rechtlichen Sicherung und damit in der Vermeidung eines bauordnungswidrigen Zustands und nicht etwa in der Bedienung von privaten Interessen des Eigentümers des begünstigten Grundstücks (OVG NRW, B.v. 7.12.2009 - 7 A 3150/09 -, n.v.).

Wird die Baulast aus Anlass oder bei Gelegenheit eines Bauvorhabens abgegeben, **616** stellt sich die Frage, ob die Begünstigung auf einen einmaligen Vorgang, ein einziges „Vorhaben", beschränkt ist und mit der Verwirklichung dieses Vorhabens gewissermaßen „verbraucht" wird. Eine Erweiterung des auf der Grundlage der Baulast errichteten Gebäudes oder dessen Ersetzung durch einen Neubau würde dann nicht mehr von der Baulast gedeckt. Die Entscheidung hängt davon ab, wie der Inhalt der jeweiligen konkreten Baulast bei verständiger Würdigung auszulegen ist. Eine **Auslegung der Baulast** kann ergeben, dass sie über die Errichtung des ihren Anlass bildenden Vorhabens hinaus auch künftige Änderungen eben dieses Vorhabens deckt, wenn und soweit solche Änderungen mit dem Inhalt der übernommenen Verpflichtung vereinbar sind.

617 Eine Einschränkung der Baulast auf die Sicherung eines konkreten Vorhabens setzt wegen der weitreichenden Auswirkungen der Eintragung einer Baulast voraus, dass das Vorhaben in der Baulasterklärung unmissverständlich und eindeutig so konkret bezeichnet wird, dass sich die Rechtswirkungen der Baulast in diesem Sinne hinreichend verlässlich eingrenzen lassen (OVG NRW, B.v. 7.12.2009 - 7 A 3150/08 -, juris). Der in diesem Zusammenhang oft verwandte Begriff der **„Vorhabenbezogenheit der Baulast"** ist insoweit missverständlich (so auch OVG NRW, U.v. 15.5.2008 - 7 A 1838/07 -, juris).

Beispiel (nach VG Münster, U.v. 27.4.2010 - 2 K 1571/09 -, n.v.): Wird in der Baulast das Gebäude als „Wohnhaus mit Einliegerwohnung" beschrieben, kann eine Änderung des Vorhabens dergestalt, dass die Wohnfläche erheblich vergrößert wird, von der Verpflichtungserklärung gedeckt sein. Eine Änderung der Nutzung – ggf. auch nur eines Teils davon – zu gewerblichen Zwecken ist jedoch nicht von der Baulast gedeckt.

618 Ein Anspruch auf **Löschung der Baulast** besteht, wenn die Eintragung unwirksam ist. Dann wird der Grundstückseigentümer durch die unrichtige Eintragung im Baulastenverzeichnis in seinen Rechten aus Artikel 14 Abs. 1 GG verletzt.

Ein Anspruch auf einen **Verzicht** auf die Baulast (§ 83 Abs. 3 BauO NRW 2000/§ 84 Abs. 3 BauO NRW 2016) setzt voraus, dass ein öffentliches Interesse am Fortbestand der Baulast nicht mehr besteht. Das kann nur in Fällen angenommen werden, in denen sich gegenüber der Situation, in der die Baulast übernommen wurde, eine Änderung ergeben hat, aufgrund derer die die Baulast begründenden Umstände nicht mehr sicherungsbedürftig oder sicherungsfähig sind. Neben dem Anspruch auf Verzicht auf die Baulast kommt unter Umständen ein Anspruch auf ermessensfehlerfreie Entscheidung über einen fakultativen Verzicht in Betracht (OVG NRW, B.v. 29.3.2011 - 7 A 663/10 -, n.v.).

b) Die Erteilung der Genehmigung

619 Die Entscheidung über den Bauantrag erfolgt nach § 75 Abs. 1 S. 2 BauO NRW 2000/§ 77 Abs. 1 S. 2 BauO NRW 2016 schriftlich. Die Behauptung, das Vorhaben sei mündlich, stillschweigend oder konkludent erteilt, ist deshalb stets unbeachtlich. Die gesetzlich vorgesehene Schriftform kann nicht mit dem Hinweis auf Treu und Glauben umgangen werden (OVG NRW, B.v. 3.2.2003 - 22 B 2177/02 -, n.v.). Ist streitig, ob eine Baugenehmigung erteilt wurde, trifft die **Beweislast** denjenigen, der sich auf sie beruft. Die Genehmigung muss hinreichend bestimmt sein. Um dem **Bestimmtheitsgebot** zu genügen, muss die Baugenehmigung insbesondere Art und Umfang des genehmigten Vorhabens inhaltlich hinreichend bestimmt festlegen. Der Bauherr muss der Baugenehmigung eindeutig entnehmen können, welche baulichen Maßnahmen ihm durch die Baugenehmigung gestattet werden. Hierzu sind der Bauschein und die diesen erläuternden und konkretisierenden, mit Zugehörigkeitsvermerk versehenen Bauvorlagen heranzuziehen und objektiv zu würdigen. Auf Unterlagen, die nicht mit dem Zugehörigkeitsvermerk versehen sind, kommt es nicht an, weil sie nicht Gegenstand der Baugenehmigung geworden sind. Auch mündliche bzw. stillschweigende Abreden nehmen nicht am Inhalt der Baugenehmigung teil (so OVG NRW, B.v. 20.5.2014 – 2 A 1690/13 -, nrwe).

620 Mit der Genehmigung ist dem Antragsteller eine **Ausfertigung** seiner mit einem **Genehmigungsvermerk** versehenen Bauvorlagen zuzustellen (§ 75 Abs. 1 S. 3 BauO NRW 2000/§ 77 Abs. 1 S. 3 BauO NRW 2016). Erst nach Zugang der Baugenehmigung darf mit den Bauarbeiten begonnen werden (§ 75 Abs. 5 BauO NRW 2000/§ 77 Abs. 6 BauO NRW 2016). Eine „vorläufige" Baugenehmigung kennt die Bauordnung nicht. Der Beginn der Bauarbeiten für die Baugrube und/oder für einzelne Bauteile bzw. Bauabschnitte kann auf schriftlichen Antrag allerdings schon vor Erteilung der Baugenehmigung schriftlich gestattet werden (Teilbaugenehmigung nach § 76 Abs. 1 BauO NRW 2000/§ 78 Abs. 1 BauO NRW 2016), wenn die Baubehörde in der Lage ist, die bauplanungsrechtliche und bauordnungsrechtliche Zulässigkeit des Vorhabens anhand des Bauantrags zu übersehen und zu beurteilen.

c) Wirkungen der Baugenehmigung

Eine wirksame Baugenehmigung hat zwei Wirkungen: die **Legalisierungswirkung** 621
und die **Baufreigabe**. Das gilt auch für eine nachträglich erteilte Baugenehmigung: Auch diese stellt fest, dass die vorhandene bauliche Anlage **materiell rechtmäßig** ist und gestattet ihre weitere Nutzung. Daraus leitet das OVG NRW (BRS 78 Nr. 135) ab, dass es in einem Verfahren auf nachträgliche Legalisierung eines errichteten Gebäudes nicht allein auf die eingereichten Bauvorlagen ankommt, sondern ergänzend auf die tatsächlich bestehenden Verhältnisse (Gebäudeabmessungen, Grenzabstände usw.). Der Fortbestand beider Wirkungen der Baugenehmigung ist grundsätzlich voneinander unabhängig.

aa) Legalisierungswirkung

Mit der Erteilung der Genehmigung bringt die Genehmigungsbehörde zum Aus- 622
druck, dass das Vorhaben im Zeitpunkt der Genehmigung mit den öffentlich-rechtlichen Vorschriften in Einklang steht. Denn diese Voraussetzung hat sie geprüft (§ 75 Abs. 1 BauO NRW 2000/§ 77 Abs. 1 S. 1 BauO NRW 2016). Die Bejahung ihres Vorliegens wird von der Rechtsprechung von einer bloßen Anerkennung der Tatbestandsvoraussetzung für den Genehmigungsanspruch gewissermaßen in den Rang einer selbstständigen Feststellung erhoben. Die **Legalisierungswirkung** entsteht mit dem Wirksamwerden der Genehmigung, mithin auch dann, wenn diese rechtswidrig (aber nicht nichtig) ist. Sie dauert so lange an, wie die Baugenehmigung wirksam ist.

Beispiel: Ist im Jahr 1955 ein mehrgeschossiges Wohnhaus genehmigt worden, das über keinen baulichen zweiten Rettungsweg verfügte, besagt die Legalisierungswirkung der Baugenehmigung, dass das Vorhaben mit den seinerzeit geltenden öffentlich-rechtlichen Vorschriften in Einklang stand. Im damaligen Zeitpunkt war die Aussage richtig. Sie hat auch heute noch Gültigkeit, weil nicht mehr gesagt wird, als dass es seinerzeit so war. Auf die heutige Rechtslage bezogen wäre die Aussage allerdings nicht richtig, wie § 17 Abs. 3 BauO NRW 2000/§ 33 BauO NRW 2016 zeigt. Das führt zum Wesen des Bestandsschutzes hin (s. dazu ab Rn. 697).

Der **Vorbescheid** (§ 71 BauO NRW 2000/2016) ist ein Ausschnitt aus dem feststel- 623
lenden Teil der Baugenehmigung. Mit ihm wird auf die gestellte Frage hin festgestellt, dass in dem angefragten Umfang das Vorhaben mit den öffentlich-rechtlichen Vorschriften übereinstimmt.

bb) Baufreigabe

Als „Baufreigabe" bezeichnet man die Erlaubnis zum **Baubeginn**. Mit ihrer Ausnut- 624
zung entfällt die Wirkung wieder. Sie kann kein zweites Mal als Rechtfertigung für einen Baubeginn für ein identisches Vorhaben dienen, etwa wenn das zuerst errichtete zerstört wird. Sie berechtigt auch nur zur Ausführung des genehmigten Vorhabens und nicht eines anderen Vorhabens, mögen auch für dieses andere Vorhaben die materiellrechtlichen Genehmigungsvoraussetzungen ebenfalls erfüllt sein.

Bezogen auf die Erlaubnis einer gegenüber der bisherigen Nutzung andersartigen 625
Nutzung bedeutet die Baufreigabe, dass die Nutzungsänderung mit Wirksamwerden

der Nutzungsänderungsgenehmigung vorgenommen werden darf. Wird diese neue Nutzung in einer erkennbar dauerhaften Weise eingestellt, kann der Bauherr nicht ohne weiteres zu der früheren Nutzung zurückkehren; denn die damalige Genehmigung ist verbraucht.

d) Der Fortbestand der Baugenehmigung

626 Die Wirkungen einer Baugenehmigung können aus in der Bauordnung spezialgesetzlich geregelten Gründen oder allgemeinen verwaltungsverfahrensrechtlichen Gründen entfallen. Als Gründe für das Unwirksamwerden einer Baugenehmigung kommen insbesondere der Ablauf der Geltungsdauer einer Baugenehmigung (oder eines Bauvorbescheids), der Ablauf einer in der Genehmigung ausgesprochenen Befristung und ein Unwirksamwerden durch **wesentliche Änderung** des genehmigten Vorhabens in Betracht. Darüber hinaus kann eine Baugenehmigung durch Rücknahme (§ 48 VwVfG) oder Widerruf (§ 49 VwVfG) unwirksam werden.

aa) Kein Untergang der Baugenehmigung bei Rechtsnachfolge

627 Die Rechtswirkungen einer Baugenehmigung gehen nicht durch einen Übergang des Eigentums an dem Grundstück und der baulichen Anlage auf einen **Rechtsnachfolger** unter; vielmehr gilt sie auch für und gegen den Rechtsnachfolger (§ 75 Abs. 2 BauO NRW 2000/§ 77 Abs. 2 BauO NRW 2016). Dies beruht auf ihrem Charakter als sachbezogener („dinglicher") Verwaltungsakt. Die Wirkung gilt auch für etwaige mit der Genehmigung verbundene Nebenbestimmungen fort. Ist die Baugenehmigung einer bestimmten Person erteilt worden, weil diese eine privilegierte Nutzung ausüben will, z.B. einem Landwirt, ändert eine Rechtsnachfolge nichts am Fortbestand der Baugenehmigung. Das Vorhaben kann von dem Rechtsnachfolger ausgeführt oder fortgesetzt werden, allerdings nur, wenn er die privilegierte Nutzung fortsetzt.

bb) Untergang der Baugenehmigung nach § 77 Abs. 1 BauO NRW 2000/§ 79 Abs. 1 BauO NRW 2016

628 Gemäß § 77 Abs. 1 1. Alt. BauO NRW 2000/§ 79 Abs. 1 1. Alt. BauO NRW 2016 erlöschen die Baugenehmigung und die Teilbaugenehmigung, wenn innerhalb von drei Jahren nach Erteilung der Genehmigung mit der Ausführung des Bauvorhabens nicht begonnen wird. Die Frist zum Beginn der Bauarbeiten beginnt nach §§ 43 Abs. 1 S. 1 i.V.m. 31 Abs. 2 VwVfG mit dem Tag, der auf die Bekanntgabe der Genehmigung folgt. Ihr Ende bemisst sich nach den Bestimmungen des BGB (§§ 188 ff. BGB).

Wird ein genehmigtes Vorhaben durch eine weitere Genehmigung ergänzt, beginnt die Frist durch diese weitere Genehmigung nur dann neu, wenn diese eine wirkliche neue Baugenehmigung darstellt. Im Falle einer bloßen **Nachtragsgenehmigung** behält die Ausgangsgenehmigung ihre Bedeutung für den Fristbeginn (VG Gelsenkirchen, U.v. 3.3.2016 – 9 K 2050/14 –, nrwe; BayVGH BRS 42 Nr. 167). Insofern erlangt die ab Rn. 635 beschriebene Unterscheidung zwischen wesentlicher und unwesentlicher Änderung besondere Bedeutung.

629 Mit der Bauausführung wird „**begonnen**" durch ein tatsächliches Handeln, nämlich eine bauliche Tätigkeit, die in einem unmittelbaren, objektiven und nicht lediglich aus der Sicht des Bauherrn bestehenden Zusammenhang mit dem genehmigten Bauvorhaben steht. Durch einen Vergleich des Bauscheins, der genehmigten Bauzeichnungen und etwaiger sonstiger genehmigter Anlagen mit der vom Bauherrn in Angriff genommenen baulichen Tätigkeit lässt sich objektiv feststellen, ob dieser mit der Ausführung des Vorhabens, so wie es genehmigt wurde, begonnen hat. Das Ausheben der Baugrube für einen genehmigten Keller ist ein Baubeginn.

Eine bloße **Anzeige** des noch bevorstehenden Beginns der Bauarbeiten wahrt die Frist nicht. Bloße Vorbereitungs- oder Sicherungsmaßnahmen oder die Durchführung nicht genehmigungsbedürftiger Bauarbeiten genügen ebenfalls nicht.

Die Frist läuft auch ab, wenn nicht mit der Errichtung des genehmigten Vorhabens **630** begonnen wird, sondern ein „aliud" (s. dazu ab Rn. 635) errichtet wird.

Beispiel (nach OVG NRW, U.v. 16.10.2008 – 7 A 696/07 –, nrwe): Innerhalb der Geltungsdauer der Baugenehmigung sind bei einem vorhandenen Altbau neue Kellerfensteröffnungen und eine Außenwandisolierung angebracht worden. Diese Arbeiten waren in den Bauzeichnungen nicht dargestellt und folglich nicht mit genehmigt worden. Sie wahrten damit nicht die Frist zur Geltung der Baugenehmigung.

Der Ablauf der Geltungsdauer kann dadurch **gehemmt** sein, dass der Bauherr durch **631** Umstände, die nicht in seiner Person liegen, gehindert ist, die Bauarbeiten fristgerecht aufzunehmen, so etwa wenn die Baugenehmigung mit einer aufschiebenden Frist versehen ist oder der Bauherr erst nach Ablauf einer bestimmten Frist von ihr Gebrauch machen darf (Gädtke/Czepuck/Johlen/Plietz/Wenzel, Landesbauordnung NRW, § 77 Rn. 5). Auch ein hoheitlicher Eingriff, z.B. eine Stilllegung der Bauarbeiten, kann ein solches Hemmnis sein, es sei denn, die Verfügung ist ergangen, weil der Bauherr von den genehmigten Bauvorlagen abgewichen ist. Anderweitige Einwirkungen, die es für den Bauherrn unzumutbar machen, die Bauarbeiten zu beginnen oder durchzuführen, stehen einem solchen hoheitlichen Eingriff gleich (OVG NRW, U.v. 16.10.2008 – 7 A 696/07 –, nrwe). Auch für den Fall, dass ein **Dritter einen Rechtsbehelf** gegen eine bauaufsichtliche Zulassung einlegt, ist anerkannt, dass die Frist für die Geltung einer Baugenehmigung nicht abläuft, wenn die Verzögerung des Baubeginns durch den Rechtsbehelf eines Nachbarn entstanden ist (VGH Bad.-Württ. BRS 36 Nr. 172). Dies gilt, obwohl der Rechtsbehelf keine **aufschiebende Wirkung** hat (§ 212a Abs. 1 BauGB) und deshalb der Bauherr eigentlich bauen darf.

Nach § 77 Abs. 2 BauO NRW 2000/§ 79 Abs. 2 BauO NRW 2016 kann die Geltungs- **632** dauer der Baugenehmigung auf schriftlichen Antrag – auch rückwirkend – **verlängert** werden. Diese Verlängerung kann wiederholt beantragt werden. Bei der Entscheidung darüber hat die Baugenehmigungsbehörde die im Zeitpunkt der Entscheidung maßgebliche, also aktuelle Sach- und Rechtslage zugrunde zu legen und ist nicht an die im Zeitpunkt der (erstmaligen) Erteilung der Genehmigung, um deren Verlängerung es geht, bestehende Sach- und Rechtslage gebunden.

Die Wirkung der Unwirksamkeit der Baugenehmigung tritt auch ein, wenn der Bauherr für einen über ein Jahr andauernden Zeitraum **keinerlei** Bautätigkeiten in Ausführung der Baugenehmigung vornimmt oder vornehmen lässt. Auch insoweit gilt das zum Baubeginn Gesagte (Rn. 624 und 629). Zögerliche oder stückwerkhafte Baumaßnahmen wahren die Frist nicht (OVG Berl.-Brdbg. BRS 69 Nr. 155).

cc) Unwirksamwerden durch Ablauf der Befristung

Die Geltungsdauer einer Baugenehmigung kann befristet werden. Das kommt etwa **633** in Betracht, wenn ein Gebäude für die Unterbringung eines bestimmten Personenkreises (z.B. **Asylbewerber**, Nutzung für soziale Zwecke) nur für eine begrenzte Zeit ermöglicht werden soll, danach das Gebäude aber wieder für Wohnzwecke zur Verfügung stehen soll. Nach Ablauf der Befristung verliert die Genehmigung ihre Gültigkeit. Eine Fortführung der bisherigen Nutzung ist ebenso zu sehen wie die erstmalige

Aufnahme einer ungenehmigten Nutzung. Denn auch in diesem Fall bedarf es einer erneuten umfassenden bauaufsichtlichen Kontrolle (vgl. zu einem solchen Fall: VG Gelsenkirchen, B.v. 6.3.2012 – 6 L 1402/11 –, nrwe).

dd) Unwirksamwerden durch Änderung des Vorhabens

634 Eine Baugenehmigung kann durch **eigene Maßnahmen des Bauherrn** unwirksam werden. Die in der Baugenehmigung enthaltene Baufreigabe und die Legalisierungswirkung mit ihrer Feststellung, dass das Vorhaben im Zeitpunkt der Genehmigung mit den öffentlich-rechtlichen Vorschriften in Einklang steht, gelten nämlich nur für ein bestimmtes Vorhaben, und zwar dasjenige, für das die Genehmigung erteilt worden ist. Die Folge des Unwirksamwerdens der Genehmigung tritt aber nur bei einer **wesentlichen Änderung** ein.

(1) Abgrenzung wesentliche / unwesentliche Änderung des Vorhabens

635 Von einer **wesentlichen Änderung**, einem „aliud", ist immer dann auszugehen, wenn sich das neue Vorhaben in Bezug auf baurechtlich relevante Kriterien grundlegend von dem ursprünglich genehmigten Vorhaben unterscheidet. Das gilt für konstruktive Gesichtspunkte ebenso wie für die Nutzungsart. Dabei kommen nur solche Gesichtspunkte in Betracht, die für die **Identität** des Vorhabens wesentlich sind. Kleinere Änderungen, die das Gesamtvorhaben in seinen Grundzügen nur unwesentlich berühren, führen nicht zu einem von dem ursprünglichen Genehmigungsgegenstand wesensverschiedenen Vorhaben und wahren dessen Identität.

636 Ein baurechtlich relevanter Unterschied zwischen dem genehmigten und dem „neuen" Vorhaben ist anzunehmen, wenn sich für das neue Vorhaben **die Frage der Genehmigungsfähigkeit** wegen geänderter tatsächlicher oder rechtlicher Voraussetzungen **neu stellt**, d.h. eine erneute Überprüfung der materiellen Zulässigkeitskriterien erforderlich ist (OVG NRW NWVBl 2016, 329). Dies folgt aus Sinn und Zweck der Baugenehmigung, die sicherstellen soll, dass nur solche Bauvorhaben zur Ausführung gelangen, deren Vereinbarkeit mit den öffentlich-rechtlichen Vorschriften von der Bauaufsichtsbehörde festgestellt worden ist (VG Gelsenkirchen, U.v. 19.1.2016 – 5 K 4164/12 –, nrwe, unter Hinweis auf OVG NRW, U.v. 21.2.2007 – 10 A 27/07 –, nrwe).

637 Dies ist z.B. dann zu bejahen, wenn die Änderungen Auswirkungen auf Abstandflächen haben (OVG NRW BRS 67 Nr. 169: „Dass die Veränderung des Standortes (...) mit maximal 0,84 m nur geringfügig ist, ist für die Frage, ob die Genehmigungsfähigkeit wegen geänderter tatsächlicher oder rechtlicher Voraussetzungen neu beurteilt werden muss, ohne Belang. Gerade wenn es um die Einhaltung von Abstandflächen geht, können Änderungen im Zentimeterbereich für die Zulässigkeit oder Unzulässigkeit eines Vorhabens entscheidend sein.")

Beispiel für eine wesentliche Änderung (nach VG Köln, U.v. 23.9.2015 – 23 K 3453/15 –, nrwe): Eine Genehmigung erlaubt die Errichtung eines Windfangs mit einem Grenzabstand von 1,25 m. Der errichtete Windfang hält aber lediglich einen Abstand von 0,90 m ein. Damit wirft er die Frage der abstandflächenrechtlichen Zulässigkeit erneut auf und stellt ein „aliud" dar.

Weiteres Beispiel: Der Übergang von Gaststätte zu Wettbüro stellt eine (genehmigungsbedürftige) Nutzungsänderung und damit eine wesentliche Änderung der ursprünglichen Genehmigung dar.

(2) Verfahrensmäßige Änderung des Vorhabens

Der Bauherr ist frei, während des Verfahrens oder nach dessen Beendigung für das **638**
Vorhaben eine **abweichende Genehmigung** zu beantragen, um auf dessen Grundlage das Vorhaben zu ändern, etwa um damit rechtlichen Bedenken zu entsprechen. Die Folgen einer solchen Änderung eines genehmigten Vorhabens hängen davon ab, wie das rechtliche Schicksal der bisherigen Genehmigung mit Blick auf § 43 Abs. 2 VwVfG zu bewerten ist. Maßgeblich ist danach, ob aus dem nachfolgenden Verhalten des Bauherrn zu folgern ist, dass die ursprüngliche Genehmigung „sich auf andere Weise erledigt hat".

Ändert der Bauherr mit einem „**Nachtrag**" das Vorhaben in einem oder mehreren **639**
wesentlichen Punkten, bringt er damit in der Regel zum Ausdruck, dass er das ursprünglich genehmigte Vorhaben nicht ausführen oder belassen will. Die bisherige Genehmigung wird unwirksam. Deren Bedeutung besteht in diesem Fall allein darin, den Inhalt der neuen Genehmigung zu verdeutlichen. Der Inhalt der Genehmigung ergibt sich aus den einzelnen **Bauvorlagen** für das frühere Vorhaben, soweit diese nicht von den Änderungen betroffen sind (OVG NRW BRS 67 Nr. 169). Da es entscheidend auf den („wirklichen") Rechtscharakter der (nachfolgenden) Genehmigung ankommt, ist eine Falschbezeichnung unerheblich. Wenn etwa von einer „1. Änderung der Baugenehmigung vom .... " die Rede ist und damit suggeriert wird, es solle sich lediglich um ein Annex zur Ursprungsgenehmigung handeln, steht dies der Auslegung als neue, selbstständige Genehmigung nicht entgegen (OVG NRW BRS 67 Nr. 169; VG Gelsenkirchen, U.v. 19.1.2016 – 5 K 4164/12 –, nrwe).

Etwas anderes kann gelten, wenn der Bauherr sich vorbehält, das ursprüngliche Vor- **640**
haben doch ausführen zu wollen,

– sofern ein von ihm eingelegter Rechtsbehelf gegen eine Ablehnung des ursprünglichen Vorhabens erfolgreich oder
– der Rechtsbehelf eines Nachbarn gegen die Genehmigung erfolglos sein sollte oder
– wenn aus dem Verhalten des Bauherrn und dem Baugeschehen hinreichend deutlich hervorgeht, dass er an der ihm erteilten Genehmigung festhalten will und lediglich während deren Gültigkeitsdauer – vorübergehend – das Grundstück anderweitig nutzen will.

Dann hat dies – auch ohne einen ausdrücklichen Vorbehalt – keinen Einfluss auf die Ursprungsgenehmigung.

Beispiel: Der Bauherr hat eine Genehmigung zur Umnutzung eines bisherigen Ladenlokals als Friseursalon erhalten. Noch bevor mit den Umbaumaßnahmen begonnen wird, verstirbt der vorgesehene Pächter plötzlich. Solange kein neuer Pächter gefunden ist, bezieht ein 1-Euro-Laden die Räume, ohne irgendwelche baulichen Änderungen vorzunehmen. Das Geschehen rechtfertigt nicht die Annahme, der Bauherr wolle die Genehmigung zur Nutzung als Friseursalon nicht ausnutzen und verzichte auf sie. (Dessen ungeachtet wird sie nach Ablauf der gesetzlichen Gültigkeitsdauer unwirksam, sofern sie nicht verlängert wird.)

(3) Faktische Änderung des Vorhabens

Ändert der Bauherr die bauliche Anlage **in wesentlicher Hinsicht**, geht die für die **641**
Anlage erteilte Genehmigung unter. Denn die Genehmigung ist nur für eine bestimmte Anlage erteilt, nicht aber für eine Anlage, die sich wesentlich von dieser unterscheidet. Entscheidend ist, ob trotz einer Änderung die ursprünglich genehmigte Anlage nach wie vor als „**Hauptsache**" erscheint oder ob durch die Änderung etwas anderes, ein „**aliud**", entstanden ist (BVerwGE 25, 161; 27, 341; 36, 296; 42, 8). Die

Frage, ob durch bauliche Änderungen die einst erteilte Genehmigung untergegangen ist, hat insbesondere für Fragen des Bestandsschutzes Bedeutung; deshalb wird auf die dortigen Ausführungen (ab Rn. 708) verwiesen.

e) Bauüberwachung und Schlussabnahme

642 Der Bauaufsichtsbehörde obliegt während der Ausführung die Bauüberwachung (§ 81 BauO NRW 2000/§ 82 BauO NRW 2016), allerdings nur in dem Umfang der im Baugenehmigungsverfahren zu prüfenden Bauvorlagen. Die Baustelle selbst ist gemäß § 14 BauO NRW 2000/§ 11 BauO NRW 2016 so einzurichten, dass Gefahren oder vermeidbare Belästigungen nicht entstehen. **Rohbau- und Schlussabnahme** sind in § 82 BauO NRW 2000/§ 83 BauO NRW 2016 geregelt. Um der Bauaufsichtsbehörde eine Besichtigung des Bauzustandes zu ermöglichen, sind die Fertigstellung des Rohbaus und die abschließende Fertigstellung baulicher Anlagen eine Woche vorher anzuzeigen. Benutzt werden dürfen die baulichen Anlagen auch nach der Wochenfrist erst, wenn sie ordnungsgemäß fertig gestellt und sicher benutzbar sind (§ 82 Abs. 8 BauO NRW 2000/§ 83 Abs. 8 BauO NRW 2016). Ob ein genehmigtes Bauvorhaben ordnungsgemäß fertig gestellt ist, hängt vom Inhalt der Baugenehmigung ab.

Eine Schlussabnahme ersetzt keine fehlende Baugenehmigung und verleiht auch nicht etwa unbeanstandet gebliebenen Abweichungen von der Baugenehmigung die Legalität (OVG NRW NVwZ-RR 1993, 531). Ebenso wenig folgt aus katastermäßigen Einmessungen die baurechtliche Legalität des in Katasterkarten wiedergegebenen Bestands (OVG NRW, B.v. 30.12.2008 - 7 B 1900/08 -, n.v.).

III. Bauaufsichtliche Maßnahmen

643 „Die Bauaufsichtsbehörden haben bei der Errichtung, der Änderung, dem Abbruch, der Nutzung, der Nutzungsänderung sowie der Instandhaltung baulicher Anlagen sowie anderer Anlagen und Einrichtungen i.S.d. § 1 Abs. 1 S. 2 darüber zu wachen, dass die öffentlich-rechtlichen Vorschriften und die auf Grund dieser Vorschriften erlassenen Anordnungen eingehalten werden. Sie haben in Wahrnehmung dieser Aufgaben nach pflichtgemäßem Ermessen die erforderlichen Maßnahmen zu treffen." § 61 Abs. 1 Sätze 1 und 2 BauO NRW 2000/2016 beschreiben nicht nur den Aufgabenbereich der Bauaufsichtsbehörden. Sie stellen (in der Neufassung in Verbindung mit § 61 Abs. 7 BauO NRW 2016) auch die wichtigste Ermächtigungsgrundlage für bauaufsichtliches Einschreiten zur **Gefahrenabwehr** dar. Die auf ihr beruhende bauaufsichtliche Maßnahme stellt die Gegenseite zu der staatlichen Gewährung der Bauerlaubnis dar.

644 Bei Wahrnehmung ihrer Aufgaben handeln die Bauaufsichtsbehörden als **Sonderordnungsbehörden** und wenden dabei ein Sonderordnungsrecht an. Dies führt dazu, dass, soweit eine Regelung des Sonderordnungsrechts einschlägig ist, sich ein Rückgriff auf allgemeines Ordnungsrecht verbietet. Im Übrigen, das heißt hinsichtlich der allgemeinen Polizei- und Ordnungsrechts, sind insbesondere die Bestimmungen des Polizeigesetzes (PolG) und des Ordnungsbehördengesetzes (OBG) anzuwenden. Das gilt insbesondere für die Regelungen über den Grundsatz der Verhältnismäßigkeit (§ 15 OBG), das Ermessen (§ 16 OBG), die Verantwortlichkeit von Verhaltens-, Zustands- und Nichtstörer (§§ 17,18 und 19 OBG) sowie die Form. Das Verwaltungsverfahrensgesetz (VwVfG) trifft ergänzend Regelungen über die erforderli-

che Bestimmtheit (§ 37 VwVfG), die Begründung (§ 39 VwVfG) und die Ermessensausübung (§ 40 VwVfG) bei Erlass eines Verwaltungsaktes.

1. Bauaufsichtliche Verfügungen nach § 61 Abs. 1 BauO NRW 2000/2016 und § 61 Abs. 7 BauO NRW 2016

a) Tatbestandsvoraussetzungen

Ein bauaufsichtliches Einschreiten kommt nur im Rahmen der den Bauaufsichtsbe- **645** hörden durch § 61 Abs. 1 S. 1 BauO NRW 2000/2016 übertragenen **Überwachungsaufgaben** in Betracht. Die Behörde muss zuständig sein, es muss sich um einen bauordnungsrechtlich relevanten Umstand in Bezug auf eine bauliche Anlage oder eine Anlage oder Einrichtung i.S.d. § 1 Abs. 1 S. 2 BauO NRW 2000/2016 handeln und der Vorgang muss gegen öffentlich-rechtliche Vorschriften verstoßen. Errichtung, Änderung, Abbruch, Nutzung, Nutzungsänderung und Instandhaltung stellen den bauordnungsrechtlichen Vorhabenbegriff dar (im Gegensatz zu dem in § 29 BauGB angesprochenen bauplanungsrechtlichen Vorhabenbegriff, Rn. 202). Die Begriffe umfassen das gesamte Spektrum dessen, was von baulichen Anlagen und Einrichtungen ausgehende Gefahren verursachen kann.

Die Bauaufsichtsbehörden haben über die Einhaltung der **„öffentlich-rechtlichen** **646** **Vorschriften"** zu wachen. Das können verfahrensrechtliche und materiellrechtliche Vorschriften sein. Die nicht genehmigte Ausführung eines genehmigungsbedürftigen Vorhabens stellt einen Verstoß gegen § 63 Abs. 1 S. 1 BauO NRW 2000/§ 62 Abs. 1 BauO NRW 2016 dar und ist aus formalen Gründen – es fehlt die Genehmigung – **„formell" illegal.** Hierzu zählen neben der Ausführung ohne eine je erteilte Genehmigung auch die Fälle, in denen eine einmal erteilte Genehmigung ihre Wirksamkeit verloren hat (vgl. dazu ab Rn. 628).

Materiell illegal ist dagegen eine bauliche Anlage, wenn sie mit den materiellrechtli- **647** chen Vorschriften nicht in Einklang steht, mit anderen Worten, wenn einem Bauantrag, mit dem die Anlage zur Genehmigung gestellt würde, nicht stattgegeben werden könnte, und zwar auch nicht unter Erteilung einer Ausnahme, Befreiung oder Abweichung.

Zu den materiellrechtlichen öffentlich-rechtlichen Vorschriften im Sinne von § 61 **648** Abs. 1 S. 1 BauO NRW 2000/2016 zählen zunächst dieselben Vorschriften, die die Bauaufsichtsbehörden auch im Genehmigungsverfahren zu prüfen haben. Verstößt das Vorhaben gegen sie ist es **„materiell illegal".** Bedarf es keiner Genehmigung, entbindet das nicht von der Pflicht, die öffentlich-rechtlichen Vorschriften einzuhalten (§ 65 Abs. 4 BauO NRW 2000/§ 62 Abs. 2 BauO NRW 2016).

Für die Frage, ob ein Verstoß gegen öffentlich-rechtliche Vorschriften vorliegt, **649** kommt es auf eine **ex-ante-Sicht** an, das heißt die Sicht für einen vernünftigen Beobachter im Zeitpunkt des behördlichen Einschreitens. Ein Anfangsverdacht genügt für die Rechtmäßigkeit der Maßnahme, auch wenn sich später, bei einer zurückblickenden Sicht (ex post), bei der bessere Erkenntnismöglichkeiten vorliegen, herausstellt, dass doch keine Störung vorlag (OVG NRW, B.v. 12.10.2012 – 2 B 1135/12 -, nrwe).

Das Gesetz formuliert einen **Überwachungsbefehl** an die Bauaufsichtsbehörden. **650** Dieser bedeutet nicht, dass die Behörden gleichsam flächendeckend alle baulichen Anlagen in ihrem Zuständigkeitsbereich zu kontrollieren haben; dazu bestünde kein Anlass und damit wären sie auch überfordert. Sofern sie allerdings von Amts wegen oder aufgrund eines Hinweises von einem möglichen Rechtsverstoß Kenntnis erlangen, müssen sie der Frage nachgehen, ob die Eingriffsvoraussetzungen vorliegen (OVG NRW, U.v. 12.12.2006 - 7 A 826/05 -, n.v.).

651 Der **Untersuchungsgrundsatz** (§ 24 VwVfG) gibt den Bauaufsichtsbehörden auf, den Sachverhalt von Amts wegen zu ermitteln (Abs. 1) und alle für den Einzelfall bedeutsamen, auch die für die Beteiligten günstigen Umstände zu berücksichtigen (Abs. 2). Sie haben umfangreiche Rechte, damit sie ihrer Überwachungspflicht gerecht werden können. So können sie zur Erfüllung ihrer Aufgaben Sachverständige und sachverständige Stellen heranziehen (§ 61 Abs. 3 BauO NRW 2000/§ 61 Abs. 4 BauO NRW 2016). Erforderlichenfalls können sie auch Verwaltungszwang anwenden; aufgrund der Verweisung in § 24 OBG sind sie auch befugt, einzelne Bestimmungen des PolG NRW anzuwenden. Für die Wahrnehmung ihrer Aufgaben steht nach § 61 Abs. 6 BauO NRW 2000/§ 61 Abs. 8 BauO NRW 2016 den Bediensteten ein **Betretungsrecht** zu (vgl. dazu OVG NRW, B.v. 9.8.2012 – 2 B 914/12 -, nrwe).

652 Die Befugnis der Bauaufsichtsbehörde zum Einschreiten gegen baurechtswidrige Zustände kann nicht **verwirken**. Denn das Tätigwerden zur **Gefahrenabwehr** ist eine staatliche Pflicht, und die Wahrnehmung von Pflichten kann nicht verwirken. Daher darf auch eingeschritten werden, wenn der baurechtswidrige Zustand jahrelang bekannt war und „passiv" geduldet wurde (vgl. OVG NRW NVwZ-RR 2009, 364; OVG Saar, U.v. 29.8.2000 - 2 R 7/99 -, juris). Auch die Anordnung der sofortigen Vollziehung kann noch nach Jahren erfolgen (vgl. OVG Schl.-H., B.v. 6.12.1994 - 1 M 70/94). Bei Beseitigungs-/**Abbruchverfügungen** ist im Falle des Inkrafttretens des § 61 Abs. 7 BauO NRW 2016 allerdings § 61 Abs. 7 S. 2 BauO NRW 2016 zu beachten (vgl. dazu ab Rn. 676).

b) Rechtsfolgen

653 Wenn die in § 61 Abs. 1 S. 1 BauO NRW 2000/2016 beschriebenen Tatbestandsvoraussetzungen erfüllt sind, haben die Bauaufsichtsbehörden „nach pflichtgemäßem Ermessen die erforderlichen Maßnahmen zu treffen" (S. 2).

aa) Entschließungsermessen

654 Die Bauaufsichtsbehörde, der ein Verstoß gegen öffentlich-rechtliche Vorschriften bekannt geworden ist, muss sich entscheiden, ob sie passiv bleiben oder einschreiten will. Bei der Beantwortung dieser Frage hat sie in der Regel Ermessen, es sei denn, es ist ausnahmsweise gebunden:

(1) Sog. aktive Duldung

655 Die Behörde ist von Rechts wegen gehindert tätig zu werden, wenn sie eine Zusage zum Nicht-Einschreiten oder eine sonstige sog. **aktive Duldung** ausgesprochen hat. Mit einer aktiven Duldung gibt die Baubehörde in Kenntnis der **formellen** und gegebenenfalls **materiellen Illegalität** eines Vorhabens – in der Regel durch einen hierauf bezogenen Verwaltungsakt – zu erkennen, dass sie sich auf Dauer mit dessen Existenz abzufinden gedenkt (OVG NRW, B.v. 24.1.2006 - 10 B 2159/05 -, nrwe). Wegen ihrer weitreichenden, einer Zusage nicht einzuschreiten nahe kommenden Wirkung setzt die aktive Duldung aus Bestimmtheitsgründen voraus, dass die zuständige Behörde erklärt, ob und in welchem Umfang, unter welchen Voraussetzungen und über welchen Zeitraum hinweg sie einen illegalen Zustand hinnehmen will (OVG NRW BRS 69 Nr. 189). Von einer aktiven Duldung ist die sog. **passive Duldung** zu unterscheiden: Nimmt die Behörde den Zustand hin, ohne in irgendeiner Form ordnungs-

rechtlich einzuschreiten, kann aus ihr der Pflichtige keinen Vertrauenstatbestand herleiten. (Zu den Besonderheiten bei der Duldung anstelle einer **Beseitigungs-/Abbruchverfügung** nach neuem Recht s. ab Rn. 676)

(2) Gleichheitsgrundsatz

Unter Umständen kann auch Art. 3 GG das Ermessen binden: Der Gleichheitsgrund- **656** satz verbietet willkürliches Verhalten. Die Behörde ist deshalb nicht befugt, gleich gelagerte Fälle ohne sachlichen Grund ungleich zu behandeln bzw. bei ihrem Einschreiten eine Auswahl zu treffen, die keinen Bezug zur Sache hat. Ungleichbehandlung in diesem Sinne ist etwa dann gegeben, wenn die Behörde vergleichbare bauliche Anlagen, die ohne Baugenehmigung materiell rechtswidrig errichtet wurden, in Kenntnis ihrer Existenz hinnimmt oder Hinweisen nicht nachgeht oder nur eine bestimmte Person mit einer Ordnungsverfügung überzieht. Der **Gleichbehandlungsgrundsatz** verlangt aber nicht, dass die Bauaufsichtsbehörde gegen rechtswidrige Zustände, die bei einer Vielzahl von Grundstücken vorliegen, stets flächendeckend einschreitet. Vielmehr darf die Bauaufsichtsbehörde – etwa in Ermangelung ausreichender personeller und sachlicher Mittel – auch anlassbezogen vorgehen und sich auf die Regelung von Einzelfällen beschränken, sofern sie hierfür sachliche Gründe anzuführen vermag (BVerwG BRS 57 Nr. 248). Dem polizeilichen Einschreiten können Fälle, in denen noch nicht (gleichermaßen) eingeschritten wird, nur ausnahmsweise dann entgegengehalten werden, wenn es der Art des Einschreitens an jedem System fehlt, für diese Art des (auch zeitlich differenzierten) Vorgehens keinerlei einleuchtende Gründe sprechen und die Handhabung deshalb als willkürlich angesehen werden muss (OVG NRW, B.v. 3.1.2003 - 7 B 2395/02 -, n.v.; OVG Berl.-Brdbg., B.v. 19.12.2012 – OVG S 97.11). Eine **Stichtagsregelung** ist ein vertretbares, den Gleichheitsgrundsatz nicht verletzendes Kriterium (s. BVerfG, BRS 69 Nr. 190, sog. Pirmasenser Amnestie).

Beispiel: Die Bauaufsichtsbehörde will gegen die dauerhafte Wohnnutzung von Gebäuden in einem Wochenendhausgebiet vorgehen. Nach einem von ihr ausgearbeiteten Konzept erlässt sie Nutzungsuntersagungen nur gegen einen bestimmten Personenkreis, wobei sie soziale Gesichtspunkte in den Vordergrund stellt, indem sie z.B. nach dem Alter der Bewohner und/oder der Dauer der Wohnnutzung differenziert. Dies ist im Grundsatz nicht zu beanstanden.

(3) Ermessensreduzierung

Umgekehrt kann das Ermessen sich zu einer Verpflichtung zum Einschreiten ver- **657** dichtet haben (sog. Ermessenreduzierung auf Null).

Eine solche Ermessenbindung ist zumeist gegeben, wenn ein Nachbar, zu dessen Lasten gegen eine **nachbarschützende Bestimmung** verstoßen wird, ein Einschreiten verlangt. Allerdings führt die Rechtsverletzung nicht stets „reflexartig" zu einer Handlungspflicht der Behörde und zu einem Anspruch des Nachbarn auf Einschreiten. Vielmehr ist die Frage einer **Ermessensreduzierung** zugunsten eines bauaufsichtlichen Einschreitens auch bei einer Verletzung nachbarschützender Normen von den konkreten Umständen des Einzelfalls abhängig. Die verwaltungsgerichtliche Rechtsprechung ist sich weitgehend darüber einig, dass eine Ermessensreduzierung auf Null hinsichtlich des bauaufsichtlichen Einschreitens in Form einer Rückbauverpflichtung nur dann anzunehmen ist, wenn die in dem Rechtsverstoß des Bauherrn liegende Störung des Nachbarn ein gewisses Gewicht hat. Dies ist zweifellos (aber nicht erst dann) gegeben, wenn eine unzumutbare, auf andere Weise nicht zu beseitigende **Gefahr** für hochwertige Rechtsgüter wie Leben oder Gesundheit droht oder sonst unzumutbare Belästigungen bestehen (zu einem Anspruch auf bauaufsichtliches Einschreiten s. ab Rn. 743). Das gilt selbstverständlich in gleicher Weise, sofern kein konkreter Nachbar, sondern die Öffentlichkeit von der Gefahr betroffen ist.

bb) Verhältnismäßigkeit

658   Das Ergreifen einer objektiv **nicht erforderlichen Maßnahme** ist rechtswidrig, wobei diese Frage vom Gericht im Streitfall vollumfänglich zu überprüfen ist. Nach dem Grundsatz der Verhältnismäßigkeit darf eine Maßnahme nicht zu einem Nachteil führen, der zu dem erstrebten Erfolg erkennbar außer Verhältnis steht (§ 15 Abs. 2 OBG). Es ist deshalb zu fragen, ob die Verfügung unterbleiben muss, weil der Verstoß nicht so schwer wiegt, als dass er die Maßnahme rechtfertigt. Bei der Abwägung der widerstreitenden Interessen stehen sich insbesondere das Eigentumsrecht (Art. 14 GG) und die durch die Vorschriften des Baurechts gewährleisteten öffentlichen Interessen gegenüber. Je schwerer der Eingriff in das Eigentumsrecht wiegt, umso schwerer müssen die öffentlichen Interessen wiegen, wollen sie die Erforderlichkeit der Maßnahme begründen.

Beispiel: Es wurde festgestellt, dass in einem nur zu gewerblichen Zwecken genehmigten Gebäude in einem Gewerbegebiet eine Wohnnutzung durchgeführt wird. Allerdings ist sicher, dass das Gebäude in zwei Wochen abgebrochen wird. Für die verbleibende Zeit mit hoheitlichen Mitteln die Nutzung zu untersagen, nur um den Gebietscharakter zu bewahren, dürfte, wenn sonstige Bedenken gegen die Wohnnutzung nicht bestehen, sicher nicht erforderlich sein.

cc) Vollständige Beseitigung der Störung

659   Ziel des behördlichen Handelns hat zu sein, den festgestellten Verstoß gegen öffentlich-rechtliche Vorschriften zu beseitigen. Dabei muss das dem Pflichtigen aufgegebene Tun oder Unterlassen letztendlich darauf gerichtet sein, dass gar kein Verstoß mehr besteht. Deshalb ist eine Verfügung, die den Anschein erweckt, mit ihrer Befolgung sei die Rechtsordnung wieder hergestellt, zur Erreichung dieses Ziel ungeeignet, wenn die Befolgung den Verstoß gegen das Recht nur **verändert oder reduziert**, der nach Befolgung der Verfügung erreichte Zustand aber weiterhin rechtswidrig ist. Daraus, dass die Behörde grundsätzlich die Möglichkeit hat, von einem Einschreiten gegen rechtswidrige Zustände ganz abzusehen, kann nicht zwingend gefolgert werden, dass es dann erst recht in ihrem Ermessen stehen müsse, anstelle einer zur völligen Beseitigung des Zustandes geeigneten Maßnahme eine weniger scharfe, den Rechtsverstoß lediglich mildernde Maßnahme zu ergreifen. Denn die Behörde wirkt mit Erlass einer zur Herstellung rechtmäßiger Zustände ungeeigneten Maßnahme, etwa einer **Teilabrissverfügung** – anders als im Fall des rein passiven Absehens von einem Einschreiten – aktiv an der Beibehaltung oder Veränderung rechtswidriger Zustände mit. Deshalb handelt die Behörde rechtswidrig, wenn sie nach Feststellung umfangreicher formell und materiell illegaler Um- und Erweiterungsbaumaßnahmen an einem zum Wohnen genutzten Schwarzbau im Außenbereich nur den Teilrückbau, nicht aber den vollständigen Abbruch anordnet (VG Münster, U.v. 20.8.2013 – 2 K 2297/12 -, nrwe; OVG NRW BRS 69 Nr. 189).

660   Nur in Ausnahmefällen können sich Maßnahmen, die lediglich auf eine (erhebliche) Reduzierung des Rechtsverstoßes hinwirken, als ermessensgerecht darstellen, wenn der Verpflichtete in schutzwürdiger Weise darauf vertrauen darf, dass die Behörde nicht die vollständige Beseitigung des rechtswidrigen Zustandes verfolgen werde (vgl. zu allem: BVerfG NVwZ 2005, 203). Eindeutig vorläufige **Sicherungsmaßnahmen**, die erkennen lassen, dass weitere Maßnahmen zu erwarten sind (etwa Stilllegungsverfügungen zu einer illegalen Baustelle, denen eine Abrissverfügung folgen kann), sind ebenfalls zulässig.

dd) Die Maßnahmen

Entschließt sich die Behörde in ermessensfehlerfreier Weise zum Einschreiten, muss **661** sie sich insbesondere entscheiden bei der Wahl des Mittels, bei der Bestimmung der dem Adressaten zur Befolgung zu setzenden Frist, bei der Auswahl zwischen etwaigen mehreren Störern sowie bei der Frage, ob die sofortige Vollziehung angeordnet werden soll.

Als bauordnungsrechtliche Maßnahmen kommen insbesondere in Betracht: die Stilllegung der Baustelle, die Untersagung der Nutzung der baulichen Anlage sowie deren Beseitigung oder Abbruch; unter Umständen ist eine Duldungsanordnung geboten.

(1) Stilllegung

Maßgebliche und ausreichende Voraussetzung für die Berechtigung zum Erlass einer **662** **Stilllegungsverfügung** ist, dass die festgestellte Bauausführung genehmigungsbedürftig, aber nicht genehmigt ist. Dies ist schon dann zu bejahen, wenn auch nur hinsichtlich eines Teilbereichs die erforderliche Genehmigung fehlt oder von einer erteilten Genehmigung abgewichen wird. Damit der Verstoß gegen das formelle Baurecht nicht weiter verfestigt wird und um eine Überprüfung der Übereinstimmung mit dem öffentlichen Baurecht zu ermöglichen, kann die Fortsetzung der Arbeiten, auch der Gesamtbaumaßnahme einschließlich etwaiger legaler Teile, untersagt werden.

Wegen dieser Zweckrichtung ist eigentlich unerheblich, ob die Bauausführung letzt- **663** lich genehmigungsfähig ist; denn das soll sich erst in dem erforderlichen Verfahren zeigen (OVG NRW NVwZ 1988, 369). Aus dem Sinn der Stilllegungsverfügung, eine Überprüfung der Baumaßnahme mit Blick auf die öffentlich-rechtlichen Vorschriften zu ermöglichen, ergibt sich allerdings eine Einschränkung für den Fall, dass ein Bauantrag gestellt worden ist, das Vorhaben auch nach Auffassung der zuständigen Bauaufsichtsbehörde genehmigungsfähig ist und der Erteilung der Baugenehmigung auch sonst keine Hindernisse entgegenstehen. In derartigen Fällen könnte die Behörde die in der **formellen Illegalität** liegende Störung durch sofortige Erteilung der Baugenehmigung beseitigen. Dies wäre ein den Bauherrn schonender Weg zur Beseitigung der Störung; die Stilllegungsverfügung wäre deshalb unverhältnismäßig.

Die vorstehenden Grundsätze gelten auch für das **vereinfachte/einfache Genehmi-** **664** **gungsverfahren.** Weil die Stilllegungsverfügung einen vorbeugenden Zweck verfolgt, ist die Bauaufsichtsbehörde bereits dann zum Erlass von Stilllegungsverfügungen berechtigt, wenn im vereinfachten/einfachen Genehmigungsverfahren z.B. bei Baubeginn die nach § 68 Abs. 2 S. 1 Nr. 3 BauO NRW 2000/§ 68 Abs. 1 S. 1 BauO NRW 2016 erforderliche Bescheinigung nicht vorliegt, unabhängig von der Frage, ob ein materieller Verstoß gegen die Brandschutzanforderungen der Bauordnung vorliegt. Dieser Bescheinigung kommt deshalb besondere Bedeutung zu, weil sie den Verzicht auf eine präventive bauaufsichtsrechtliche Prüfung der Brandschutzanforderungen mit ihren erheblichen Auswirkungen für Leben oder Gesundheit der Bewohner, Benutzer und Besucher der baulichen Anlagen kompensieren soll (OVG NRW NWVBl 2007, 23).

Soweit ein Vorhaben keiner Genehmigung bedarf, kann eine Stilllegungsverfügung **665** dann ergehen, wenn das Vorhaben gegen materiellrechtliche Vorschriften verstößt.

Der Bauherr ist nur von der Genehmigungsbedürftigkeit befreit, nicht aber von der Pflicht, die Vorschriften einzuhalten (§ 65 Abs. 4 BauO NRW 2000/§ 62 Abs. 2 BauO NRW 2016).

666 Werden jegliche Bauarbeiten verboten, sind auch **Sicherungsmaßnahmen** untersagt. Es bleibt der Behörde unbenommen, von sich aus oder auf einen entsprechenden Antrag des Bauherrn hin, bestimmte Arbeiten von dem Verbot auszunehmen. Unter besonderen Umständen kann auch eine vorbeugende Stilllegungsverfügung ergehen. Zwar ergibt sich das Verbot ohne Genehmigung zu bauen bereits aus dem Gesetz (§ 75 Abs. 5 BauO NRW 2000/§ 77 Abs. 6 BauO NRW 2016); wenn konkrete Anhaltspunkte für einen drohenden Verstoß vorliegen, kann aber die mit der Androhung eines Zwangsmittels verbundene Maßnahme bereits im Vorfeld sinnvoll und erforderlich sein.

(2) Nutzungsuntersagung

667 Auch eine **Nutzungsuntersagung** kann in aller Regel ermessensfehlerfrei allein auf die **formelle Illegalität** der Nutzung gestützt werden. So kann etwa bei dauerhafter Wohnnutzung eines in einem Wochenendhausgebiet gelegenen (und entsprechend genehmigten) Wochenendhauses verlangt werden, dass diese Nutzung aufgegeben wird (VG Münster, U.v. 5.7.2013 – 10 K 1668/12 -, nrwe; OVG Berl.-Brdbg., B.v. 12.6.2013 - OVG 10 M 41.13). Eine Nutzungsuntersagung ist wie eine Stilllegungsverfügung nur dann ausnahmsweise unverhältnismäßig, wenn der erforderliche Bauantrag gestellt, dieser nach Auffassung der Baugenehmigungsbehörde genehmigungsfähig ist und der Erteilung der Baugenehmigung auch sonst keine Hindernisse entgegenstehen (OVG NRW NWVBl 2011, 58).

(3) Beseitigungs- und Abbruchverfügung, § 61 Abs. 7 BauO NRW 2016

668 Mit der am 15.12.2016 beschlossenen Neufassung der Landesbauordnung wurde § 61 Abs. 7 BauO NRW 2016 eingefügt. Diese Bestimmung stellt besondere Voraussetzungen für eine **Abbruchverfügung** („Beseitigung") auf (s. allgemein zu der Bestimmung: Schulte Beerbühl, Die Beseitigungsverfügung nach § 61 Abs. 7 BauO NRW 2016, DVBl 2017, S. 1002). Nach der Rechtslage ohne Geltung dieser - in ihrer Konstruktion sehr zweifelhaften - Bestimmung ist alleinige über die zuvor genannten Voraussetzungen hinaus gehende Voraussetzung, dass die Anlage nicht nur formell, sondern auch **materiell illegal** ist. Das heißt, dass die Anlage auf einen unterstellten Bauantrag hin nicht genehmigungsfähig wäre, und zwar auch nicht im Wege einer Ausnahme, Befreiung oder Abweichung. Diese Einschränkung gilt allerdings nicht für Anlagen, die ohne eine Substanzvernichtung entfernt werden können, sowie solche, von denen eine **Gefahr** für Leben oder Gesundheit von Menschen ausgeht.

(a) „Beseitigung"

669 Ihrem Wortlaut nach betrifft die Bestimmung die „Beseitigung" einer baulichen Anlage. Mit diesem Begriff ist nur eine solche Beseitigung einer baulichen Anlage gemeint, die mit einer **Substanzzerstörung** verbunden ist (Abbruch oder Abriss). Das bloße Beiseite-Schaffen, bei dem nicht in die Substanz eingegriffen wird, ist nicht gemeint. Letzteres trifft etwa zu bei einem Materialcontainer, der einerseits deshalb als bauliche Anlage gilt, weil er durch eigene Schwere auf dem Erdboden ruht (§ 2 Abs. 2 S. 2 1. Alt. BauO NRW 2000/2016), andererseits gerade deswegen ohne einen

Eingriff in seine Substanz von dem Standort entfernt werden kann. Für einfache Werbeanlagen gilt dasselbe.

Die Anlage muss „ohne Genehmigung", d.h. **formell illegal** errichtet worden sei. Das **670** trifft zum einen zu, wenn eine Genehmigung nie existierte. Eine Anlage ist aber zum anderen auch dann ohne Genehmigung errichtet worden, wenn eine seinerzeit erteilte Baugenehmigung nicht mehr wirksam ist (vgl. ab Rn. 628).

Das Gebot, bauliche Anlagen zu beseitigen, gilt nach § 61 Abs. 7 S. 1 Nr. 2 BauO **671** NRW 2016 nicht für bestandsgeschützte bauliche Anlagen. **Bestandsschutz** genießt eine bauliche Anlage, wenn sie einst Bestandsschutz erlangt hat und dieser nicht untergegangen ist (eingehend dazu ab Rn. 708).

Die Voraussetzung, dass die Anlage auch mit geänderter Nutzung nicht genehmigt **672** werden kann (§ 61 Abs. 7 S. 1 Nr. 3 BauO NRW 2016), spricht den Fall an, dass aus Rechtsgründen eine Nutzung der Anlage für den jetzt ausgeübten Zweck nicht in Frage kommt, aber eine andere Nutzungsart genehmigt werden kann. Die Regelung erfordert eine hypothetische Prüfung durch die Bauaufsichtsbehörde. Der Gesetzestext lässt allerdings die Frage offen, ob der Bauherr die alternative Nutzung beantragt oder zumindest einen entsprechenden Willen bekundet haben muss oder ob und gegebenenfalls in welchem Umfang die Bauaufsichtsbehörde ohne einen erklärten Willen des Adressaten von Amts wegen die Genehmigungsfähigkeit einer andersartigen Nutzung feststellen muss. Es dürfte zu verlangen sein, dass der Bauherr einen entsprechenden Antrag gestellt haben muss, um verlässlich die Anlage in der zulässigen Weise zu nutzen.

Als Rechtsfolge „sollen" die Bauaufsichtsbehörden die Beseitigung der baulichen **673** Anlage fordern. Damit gibt der Gesetzgeber den Bauaufsichtsbehörden „**intendiertes Ermessen**". Das intendierte Ermessen stellt eine Sonderform des Verwaltungsermessens dar und ist in den typischen Fällen (oder „Regelfällen") als der gebundenen Entscheidung angenähert (vgl. OVG MV NVwZ-RR 2016, 729). Es schließt nicht aus, dass die Behörde in Fällen, in denen – ausnahmsweise – besondere, vom Normalfall abweichende Umstände vorhanden sind, diese auch zur Kenntnis nimmt und bei ihrer Entscheidung im Rahmen der zu treffenden Abwägung entsprechend berücksichtigt. Aber nur dann, wenn der Behörde außergewöhnliche Umstände des Falles bekannt geworden oder erkennbar sind, die eine andere Entscheidung möglich erscheinen lassen, liegt ein rechtsfehlerhafter Gebrauch des Ermessens vor, wenn diese Umstände von der Behörde nicht erwogen worden sind.

Bezogen auf § 61 Abs. 7 S. 1 BauO NRW 2016 bedeutet dies: Grundsätzlich muss **674** die Beseitigung gefordert werden; nur in begründeten Ausnahmefällen kann von der Beseitigung abgesehen werden. Die Gründe müssen ihr erkennbar sein und, wenn sich die Kenntnis der Behörde nicht aufdrängt, vom Betroffenen vorgetragen werden. Gesichtspunkte, die sie nicht kennt und nicht kennen muss, braucht sie nicht in ihr Entscheidungsermessen einzustellen. Denn der **Amtsermittlungsgrundsatz** findet dort seine Grenzen, wo die Umstände in den Verantwortungsbereich des Adressaten fallen.

Der Gesichtspunkt des intendierten Ermessens wirkt sich auf das **Begründungser- 675 fordernis** des § 38 Abs. 1 S. 3 VwVfG aus: Ist das Ermessen intendiert und liegt ein vom Regelfall abweichender Sachverhalt nicht vor, versteht sich das Ergebnis der Abwägung von selbst. Versteht sich aber das Ergebnis von selbst, so bedarf es insoweit nach § 39 Abs. 1 S. 3 VwVfG NRW auch keiner das Selbstverständliche darstellenden Begründung (BVerwGE 105, 55; OVG NRW NVwZ-RR 2003, 803). Eine Begründung ist nur in Bezug auf einen Ausnahmefall geboten oder zur Darlegung, warum keiner vorliegt, die Anlage also geduldet wird; dazu sogleich.

Falls eine Ordnungsverfügung ergeht, muss diese in jeder Hinsicht den allgemeinen Anforderungen an eine Ordnungsverfügung entsprechen, d.h. hinsichtlich des Störers, der Bestimmtheit, der Frist usw.

(b) Die gesetzliche Regelung zur Duldungsmöglichkeit

676   In § 61 Abs. 7 S. 2 BauO NRW 2016 nennt das Gesetz einen **Ausnahmefall**, in dem das intendierte Ermessen in einer anderen Richtung als von Gesetzgeber intendiert ausgeübt werden darf. Dieser liegt vor, wenn die Anlage vor 1960 errichtet wurde, seitdem nicht geändert oder in ihrer Nutzung geändert wurde, die Bauaufsichtsbehörden seit mindestens zehn Jahren Kenntnis von der Rechtswidrigkeit der baulichen Anlage haben und von der baulichen Anlage keine Gefahr für Leben oder Gesundheit ausgeht.

677   Mit der Nennung des Jahres 1960 schafft das Gesetz eine **Stichtagsregelung**. Dabei bezeichnet es dieses Datum, weil – so die Gesetzesbegründung (Drucksache 16/12119) - *„in diesem Jahr das Bundesbaugesetz in Kraft trat und seitdem die Zulässigkeit von Bauvorhaben eindeutig und bundeseinheitlich geregelt war"*.

Eine bauliche Anlage ist dann vor 1960 „**errichtet**", wenn die Bauarbeiten vor diesem Zeitpunkt abgeschlossen waren. Maßgeblich ist nicht der Baubeginn oder die verwaltungsseitige Schlussabnahme, sondern die tatsächliche Fertigstellung. Dass die Anlage in der jetzt existierenden Form vor 1960 errichtet wurde ist ein Tatbestandsmerkmal, auf das sich im Rahmen des § 61 Abs. 7 S. 2 BauO NRW 2016 der Bauherr beruft; im Zweifelsfall ist deshalb dieser für die Errichtung vor diesem Zeitpunkt beweispflichtig.

678   Die Tatbestandsvoraussetzung, dass die Anlage „seitdem nicht geändert oder in ihrer Nutzung geändert worden" sein darf, ist im Wege einer teleologischen Reduktion in dem Sinne auszulegen, dass nur eine **wesentliche Änderung** (s. dazu ab Rn. 635) schädlich ist. **Unwesentliche Änderungen** wie etwa das Ersetzen der Dachziegel durch neue oder das Instandsetzen schadhafter Fenster ändern zwar bei wortgetreuer Lesart die Anlage, sind aber zweifellos von Gesetzgeber nicht als duldungsschädlich gemeint.

679   Die Bauaufsichtsbehörde muss seit mindestens zehn Jahren Kenntnis von der Rechtswidrigkeit der baulichen Anlage haben. Die Frist wird, insoweit ist der Wortlaut eindeutig, nicht dadurch in Lauf gesetzt, dass die Behörde von der Existenz der (rechtswidrigen) Anlage Kenntnis hat. Vielmehr ist die Erkenntnis der Rechtswidrigkeit der Anlage Ausschlag gebend. Ein Kennen-Müssen ist nach dem insoweit eindeutigen Wortlaut nicht ausreichend für den Beginn des Fristlaufs.

680   Von der Duldungsregelung ist der Fall ausgenommen, dass von der baulichen Anlage eine **Gefahr** für Leben oder Gesundheit ausgeht. Nach der Definition des Preußischen Oberverwaltungsgerichts (PrOVGE 90, 293), an der die Rechtsprechung seither festhält, ist eine Gefahr ein Zustand, der nach verständigem Ermessen den Eintritt eines Schadens mit Wahrscheinlichkeit erwarten lässt. Das BVerwG betont, dass hinsichtlich des Grades der Wahrscheinlichkeit differenziert werden muss je nachdem, welches Schutzgut auf dem Spiel steht. Ist der möglicherweise eintretende Schaden sehr groß, dann können an die Wahrscheinlichkeit des Schadenseintritts nur geringere Anforderungen gestellt werden. Auch wenn die Wahrscheinlichkeit eines Schadenseintritts nach aller Erfahrung äußerst gering ist und in aller Regel allen-

falls die nur entfernte Möglichkeit eines Schadenseintritts besteht oder bestand, *„muss wegen des damit verbundenen – wenn auch noch so entfernten – Risikos dieser (Schein)gefahr nachgegangen werden, weil – wenn entgegen aller Wahrscheinlichkeit die Gefahr sich verwirklichen sollte – der dann zu gewärtigende Schaden so groß wäre, dass ein Eingreifen trotz der nur entfernten Möglichkeit des Schadenseintritts nicht nur gerechtfertigt, sondern sogar geboten ist (...). Das bedeutet, dass bei der Gefahr besonders großer Schäden ausnahmsweise zur "hinreichenden Wahrscheinlichkeit" in der erwähnten Faustformel auch die entfernte Möglichkeit eines Schadenseintritts gehört.“* (BVerwG NJW 1970, 1890).

Die Norm eröffnet **Ermessen**, das ausweislich des Wortes „können" nicht im Sinne **681** einer gesetzlichen Intention gelenkt ist. Sofern die Bauaufsicht Anlass sieht, von einer Duldung abzusehen, darf sie das, ohne sich dem Vorwurf auszusetzen, sie habe den gesetzgeberischen Zweck verfehlt. Gesetzestechnisch ist diese Aussage als Gegenpunkt zu dem intendierten Ermessen nach Satz 1 zu verstehen sein: Während dort das - von Ausnahmefällen abgesehen – Gebot des Erlasses einer **Abbruchverfügung** vorgegeben wird, eröffnet die hier angesprochene Duldungsmöglichkeit der Behörde für die gesetzlich definierten Fälle wirkliches, nicht intendiertes Ermessen. Das hat wiederum Auswirkungen auf das Begründungserfordernis: Während es im Rahmen des intendierten Ermessens im Regelfall keiner besonderen Begründung bedarf, kann von der Bauaufsichtsbehörde, sofern ein Fall nach Satz 2 gegeben ist, erwartet werden, dass sie eine bewusste Entscheidung darüber trifft, ob sie trotz Vorliegens der Tatbestandsvoraussetzungen den Abbruch verlangt. Sie muss in der Begründung auch die Gesichtspunkte erkennen lassen, von denen sie bei der Ausübung ihres Ermessens ausgegangen ist (§ 39 Abs. 1 S. 3 VwVfG).

Die Verwendung des Begriffs **„insbesondere"**, belegt, dass es sich um ein nicht ab- **682** schließendes Regelbeispiel handelt. Insofern ist einerseits eine Duldung auch dann möglich, wenn eine oder mehrere der genannten Voraussetzungen nicht erfüllt sind. Andererseits muss der jeweilige Fall trotz der Nichterfüllung einer oder mehrerer der Tatbestandsvoraussetzungen mit dem Regelbeispiel vergleichbar ist. Die Rechtsanwendung hat hierbei unter Berücksichtigung des aus dem Regelbeispiel deutlich werdenden Sinn und Zweck der Norm zu erfolgen. Ist z.B. – bei Vorliegen der übrigen Voraussetzungen der Nrn. 2 bis 4 – die Anlage nicht vor 1960, sondern erst 1961 errichtet worden ist, tritt die Rechtsfolge des § 61 Abs. 7 S. 2 BauO NRW 2016 nicht ein. Bei einer dennoch erfolgten Duldung setzt die Behörde sich in Widerspruch zu dem Gesetz. Es bleibt in diesem Fall bei dem Normbefehl des Satzes 1, dass die Behörde die Beseitigung verlangen „soll".

(4) Duldungsanordnung

Eine baurechtliche Ordnungsverfügung gibt zwar dem Adressaten ein bestimmtes **683** Unterlassen oder Handeln auf. Mit ihr greift der Staat aber noch nicht unmittelbar in das Eigentum ein. Das geschieht erst mit der Anwendung von Zwang in der Verwaltungsvollstreckung. Dies ist noch unproblematisch, wenn der Adressat der Verfügung selbst der (Allein-)Eigentümer der betroffenen Sache ist. Ist aber ein Dritter (Mit-)Eigentümer, könnte unter Umständen die Vollstreckung in das Eigentum dessen Rechte betreffen. Dann wäre es dem Adressaten der Verfügung (jedenfalls gegenwärtig) unmöglich, der Verfügung Folge zu leisten. Dem dient die **Duldungsanordnung**, mit der dem Eigentümer aufgegeben wird, den Eingriff in sein Eigentum zu dulden. Eine an einen Miteigentümer ergangene und bestandskräftige **Abbruchverfügung** ersetzt allerdings eine ihm gegenüber zu erlassende Duldungsverfügung, da er seine Rechte mit der Anfechtung der an ihn gerichteten Verfügung geltend machen kann (VG Gelsenkirchen, B.v. 15.12.2010 - 6 L 994/10 -, nrwe).

684 Fehlt die erforderliche Duldungsanordnung, ist die ihr zugrundeliegende Ordnungsverfügung dennoch rechtmäßig. Zwar ist dem Adressaten der Ordnungsverfügung gegenwärtig nicht möglich, sie ohne Verletzung der Rechte des Dritten zu befolgen; das ist jedoch nicht ausgeschlossen, solange nicht feststeht, dass dieser nicht zur Duldung bereit ist. Nach allgemeiner Meinung ist deshalb trotz fehlender Duldungsanordnung die zugrunde liegende Verfügung zwar rechtmäßig, sie kann aber nicht vollstreckt werden (Reichel/Schulte, Handbuch Bauordnungsrecht, 15. Kapitel Rn. 67 m.w.N.).

685 Die Anordnung stellt für ihren Adressaten einen belastenden Verwaltungsakt dar, und er kann sie vor dem Verwaltungsgericht anfechten (zum Umfang der gerichtlichen Überprüfung einer Duldungsverfügung s. OVG NRW NWVBl 2014, 343). Erforderlichenfalls kann die Duldungsanordnung mit einer Anordnung der sofortigen Vollziehung nach § 80 Abs. 2 S. 1 Nr. 4 VwGO versehen werden; hiergegen ist vorläufiger Rechtsschutz nach § 80 Abs. 5 VwGO gegeben.

ee) Frist

686 Bei einer Stilllegungsverfügung wird in aller Regel ein sofortiger, „fristloser" **Baustopp** sinnvoll und rechtmäßig sein.

Die in einer Nutzungsuntersagung ausgesprochene Frist muss sich orientieren einerseits an dem Rechtsverstoß und den von ihm ausgehenden Gefahren und andererseits an den Problemen, die das Gebot der Aufgabe der Nutzung für den Adressaten aufwirft. So wird etwa eine Untersagung der Wohnnutzung in einem Dachgeschoss ohne zweiten Rettungsweg dringlicher und deshalb mit einer kürzeren Frist zu versehen sein als die Untersagung einer aus „lediglich" planungsrechtlichen Gründen unzulässigen Nutzung.

Bei einer Abbruch- und Beseitigungsverfügung wird ebenfalls auf die Erfordernisse und Möglichkeiten im Einzelfall abzustellen sein.

ff) Bestimmtheit

687 Für alle Maßnahmen gilt, dass sie hinreichend **bestimmt** sein müssen. Der Inhalt, also in der Regel das Gebot oder Verbot, muss so klar und unzweifelhaft sein, dass aus ihm – wenn auch erst nach Auslegung des Wortlauts – hervorgeht, was der Adressat tun oder unterlassen soll. Fehlt eine klare und unzweideutige Regelung, nach der der Kläger sein Verhalten ausrichten kann, führt dies nicht nur zu Schwierigkeiten bei dem Bürger, sondern bringt auch die Behörde (und im Streitfall die Gerichte) in Bedrängnis, wenn sie im Rahmen einer Kontrolle und gegebenenfalls eines Vollstreckungsverfahrens die Frage beantworten müssen, ob der Adressat sich entsprechend dem Gebot oder Verbot verhalten hat.

Beispiel (nach OVG NRW, B.v. 19.6.2015 – 11 A 2046/13 -, nrwe): Die auf das Abstellen eines zu Werbezwecken genutzten Anhängers bezogene Formulierung in einer Ordnungsverfügung „Künftig ist diese rechtswidrige Inanspruchnahme des öffentlichen Straßenraums zu unterlassen" ist zu unbestimmt. Abgesehen davon, dass das Wort „rechtswidrige" nur als Teil der Begründung Sinn macht, nicht aber in den Tenor des Bescheides, ist nicht klar, ob wirklich, wie rechtlich zweifelhaft wäre, der gesamte öffentliche Straßenraum zur Verbotszone erklärt werden soll, oder, was in der Begründung des Bescheides anklang, aber nicht hinreichend abgrenzbar war, nur eine Aufstellung in deutlicher Entfernung zu Betriebsstandort.

gg) Die in Betracht kommenden Adressaten

Hinsichtlich der in Betracht kommenden **Adressaten** gelten die Grundsätze zum all- **688** gemeinen Ordnungsrecht (allgemein zur Aufklärungspflicht der Behörde hinsichtlich der Person des Störers: OVG NRW BRS 82 Nr. 199).

(1) Verhaltensstörer

Verursacht eine Person eine Gefahr, so sind die Maßnahmen gegen diese Person zu **689** richten (**Verhaltensstörer, § 17 Abs. 1 OBG**). „Verursacher" im Sinne von § 17 OBG ist nach allgemeinem Polizei- und Ordnungsrecht derjenige, dessen Verhalten die Gefahr „unmittelbar" herbeiführt, also bei einer wertenden Zurechnung die polizei-rechtliche Gefahrenschwelle überschritten hat. Personen, die entferntere, nur mittel-bare Ursachen für den eingetretenen Erfolg gesetzt, also nur den Anlass für die un-mittelbare Verursachung durch andere gegeben haben, sind in diesem Sinne keine Verursacher.

Verursacht eine Person, die zu einer Verrichtung bestellt ist, die Gefahr in Ausfüh- **690** rung der Verrichtung, so können Maßnahmen auch gegen die Person gerichtet wer-den, die die andere zu der Verrichtung bestellt hat (§ 17 Abs. 3 OBG).

Beispiel: Verlässt ein LKW das Betriebsgelände vor dem in der Betriebsbeschreibung genann-ten und in der Genehmigung erlaubten Betriebsbeginn, kann die Untersagungsverfügung auch gegen den Auftraggeber des Fahrers gerichtet werden.

Auch ein „Hintermann" kann (mit-)verantwortlich sein, wenn dessen Handlung zwar **691** nicht die polizeirechtliche Gefahrenschwelle überschritten hat, aber mit der durch den Verursacher unmittelbar herbeigeführten Gefahr oder Störung eine natürliche Einheit bildet, die die Einbeziehung des Hintermanns in die Polizeipflicht rechtfertigt. Eine derartige natürliche Einheit besteht typischerweise beim **„Zweckveranlasser"** als demjenigen, der die durch den Verursacher bewirkte Polizeiwidrigkeit gezielt aus-gelöst hat (BVerwG JA 2007, 317; OVG NRW BRS 82 Nr. 199).

Beispiel (nach OVG NRW, B.v. 11.4.2007 - 7 A 678/07 -, nrwe): Jemand nimmt billigend in Kauf, dass die Lieferanten (entgegen der Genehmigung) unter Verwendung eines ihnen überlassenen Schlüssels nachts Waren für das Betriebsgelände anliefern.

Der **Verwalter** nach dem Wohnungseigentumsgesetz kann als Handlungsstörer in **692** Anspruch genommen werden, da er gemäß § 27 Abs. 1 Nr. 2, Abs. 3 S. 1 Nr. 3 Woh-nungseigentumsgesetz ein eigenes selbstständiges Recht hat, die für die ordnungs-gemäße Instandhaltung und Instandsetzung erforderlichen Maßnahmen im Namen der Gemeinschaft der Wohnungseigentümer und mit Wirkung für und gegen sie zu treffen (OVG NRW, B.v. 14.12.2010 - 7 B 1314/10 -, n.v.).

Während eine **Nutzungsuntersagung** bei baurechtswidrig vermieteten Wohnungen **693** grundsätzlich an den **Mieter** zu richten ist, kann gegenüber dem **Eigentümer** das Verbot ausgesprochen werden, die Wohnung nach Räumung durch den Mieter selbst zu nutzen oder Dritten zur Nutzung zu überlassen (OVG NRW, B.v. 1.3.2011 - 7 B 18/11 -, nrwe). Nach der Rechtsprechung des OVG NRW folgt aus der Rechts-macht des Vermieters über die Nutzung der Wohnung unter Umständen auch ein Handlungsgebot zum aktiven Tätigwerden. Der Vermieter hat danach die ihm zur Verfügung stehenden eigentumsrechtlichen und mietvertraglichen Möglichkeiten zu ergreifen, um baurechtswidrige Nutzungen abzustellen oder ihre (Wieder-)Aufnahme zu verhindern (so OVG NRW, B.v. 20.12.2010 - 2 B 1694/10 -, n.v.). Denn nur der Grundstückseigentümer habe es in der Hand, nachhaltig für eine baurechtmäßige Nutzung der Räumlichkeiten zu sorgen.

Beispiel (nach OVG NRW, B.v. 20.12.2010 - 2 B 1694/10 -, n.v.): Der Eigentümer einer Wohnungsanlage ist gehalten, die Vertragsverhältnisse mit den Mieterinnen des Gebäudes so zu gestalten, dass eine (Wieder-)Aufnahme der rechtswidrigen Prostitutionsnutzung rechtlich unmöglich wird. Dazu gehört auch die Pflicht, nach Abschluss eines Mietvertrags zu kontrollieren, ob eine Wohnung zur Prostitutionsausübung genutzt wird, wenn der begründete Verdacht für eine solche Nutzung besteht, um darauf unverzüglich reagieren zu können.

(2) Zustandsstörer

694 Geht von einer Sache oder einem Tier eine Gefahr aus, so sind die Maßnahmen gegen den Eigentümer zu richten (§ 18 OBG). In diesem Zusammenhang kann bedeutsam sein, ob eine Eigentumsübertragung an einen Dritten in Ansehung der drohenden Verfügung erfolgt und deshalb sittenwidrig und nach § 138 BGB unwirksam ist (zu einem solchen Fall s. OVG Berl.-Brdbg., U.v. 8.12.2016 – OVG 2 B 7.14 –, juris); dann bleibt der Verkäufer der pflichtige Eigentümer und **Zustandsstörer**. Die Ordnungsbehörde kann (unter Umständen: muss, § 18 Abs. 2 S. 2 OBG) ihre Maßnahmen auch gegen den Inhaber der tatsächlichen Gewalt richten, auch wenn dieser nicht der Eigentümer ist.

695 Ist eine Sache als **Scheinbestandteil** im Sinne von § 95 Abs. 1 S. 1 BGB nur zu einem vorübergehenden Zweck mit dem Grund und Boden verbunden worden, wird sie nicht wesentlicher Bestandteil von Grund und Boden des Grundstückseigentümers. Das hat zur Folge, dass dann die Verfügung nicht gegen den Grundstückseigentümer, sondern den Eigentümer des Scheinbestandteils als den wirklichen Störer zu richten ist. Bei Pächtern, Mietern und in ähnlicher Weise schuldrechtlich Berechtigten spricht eine tatsächliche, auf der Lebenserfahrung beruhende Vermutung dafür, dass sie die verbundenen oder eingefügten Sachen nur in ihrem eigenen Interesse und daher auch nur für die Vertragszeit mit dem Gegenstand der Pacht, Miete usw. verbinden oder darin einfügen, nicht hingegen die Sache nach Beendigung des Vertragsverhältnisses dem Grundstückseigentümer zufallen lassen wollten. Das gilt insbesondere, wenn das Bauwerk nur den Zwecken des berechtigten Pächters dient (BGH NJW 1985, 789 und BGHZ 92, 70).

(3) Störerauswahl

696 Gibt es eine **Mehrzahl von Störern**, muss die Behörde entscheiden, ob sie gegen alle vorgeht oder nur gegen einzelne. Ist eine Nutzungsuntersagung beabsichtigt und nutzen mehrere Personen die Anlage, bedarf es keiner näheren Ermessensüberlegungen, wenn alle Nutzer in Anspruch genommen werden. Denn zur vollständigen Einstellung der Nutzung muss – faktisch – jedem Nutzer die Nutzung untersagt werden. Will die Behörde jedoch bei einer Mehrheit von Nutzern nur einem oder nur einem Teil von ihnen die Einstellung der Nutzung aufgeben, bedarf dies einer fehlerfreien Ermessensentscheidung. Wie bei jeder Ermessensentscheidung muss die Behörde auch bei der Störerauswahl zur rechtmäßigen Ausübung ihres Ermessens zunächst alle vom Zweck der Ermächtigungsgrundlage her dafür relevanten Tatsachen umfassend und zutreffend ermitteln und in der Folge diese Tatsachen bei der Entscheidung über die Rechtsfolge einbeziehen.

hh) Rechtmäßiges Bestehen einer Anlage und Bestandsschutz als Gegenrechte

697 Trotz Vorliegens der Tatbestandsvoraussetzungen für ein bauaufsichtliches Einschreiten (formelle und/oder materielle Rechtswidrigkeit) darf die Bauaufsichtsbehörde nicht einschreiten, wenn die Anlage und/oder deren Nutzung bestandsgeschützt ist. Diese Aussage gilt allerdings nicht ohne Einschränkungen: Zum einen schränkt die Berechtigung zu einem **Anpassungsverlangen** (§ 87 BauO NRW 2000/§ 89 BauO NRW 2016) den Grundsatz erheblich ein, zum anderen ist in der Rechtsprechung anerkannt, dass bei Gefahr für Leben und Gesundheit von Menschen auch außerhalb und ohne eine spezielle Norm zu einem Anpassungsverlangen ordnungsbehördlich eingeschritten werden darf, auch wenn die Anlage **Bestandsschutz** genießt (vgl. etwa OVG NRW, B.v. 4.7.2014 – 2 B 666/14 -, nrwe; VG München, B.v. 10.9.2016 – M 1 S 16.1816 -, juris; Sächs. OVG, B.v. 21.8.2013 – 1 B 353/13 -, juris).

Der Ursprung des Bestandsschutzes liegt in Art. 14 Abs. 1 S. 1 GG. Dem Berechtig- **698** ten soll die Eigentumsposition auch dann nicht wieder entzogen werden dürfen, wenn die Rechtslage sich zu seinen Lasten ändert. Der Bestandsschutz schützt also den Bestand einer baulichen Anlage (weitgehend, aber nicht uneingeschränkt) davor, wegen einer Änderung der für sie maßgeblichen Rechtslage vernichtet werden zu müssen oder in ihrer Ausnutzbarkeit eingeschränkt zu sein.

(1) Voraussetzungen für das Entstehen der schutzwürdigen Position

Im Bauplanungsrecht und im Bauordnungsrecht verwendet der jeweilige Gesetzge- **699** ber immer wieder Begriffe wie „zulässigerweise errichtet" oder **„rechtmäßig bestehend"** oder auch nur „bestehend". Damit ist stets dasselbe gemeint, nämlich dass eine **schutzwürdige Position** entstanden und nicht untergegangen ist. Diese rechtliche Konstruktion ist auch Voraussetzung für das Entstehen des Bestandsschutzes.

(a) Formelle oder materielle Legalität

Formelle Legalität erlangt eine bauliche Anlage – gemeint ist hier die Errichtung **700** und ihr Nutzung - dadurch, dass die Genehmigung erteilt wird. Das gilt auch dann, wenn die Genehmigung rechtswidrig (aber nicht nichtig, § 44 VwVfG) ist und deshalb nicht erteilt werden dürfte. Bei der Feststellung der Legalität kommt der Frage des Genehmigungsinhalts besondere Bedeutung zu. Diese kann oft nur durch Auslegung unter Hinzuziehung aller greifbaren Unterlagen beantwortet werden. Eine **Schlussabnahme** legalisiert eine von einer Genehmigung abweichende Bauausführung nicht.

Eine **schutzwürdige Rechtsposition** kann aber auch dadurch begründet werden, **701** dass die Anlage oder ihre Nutzung im Zeitpunkt ihrer Errichtung bzw. Nutzungsaufnahme **materiell legal** war, d.h. auf einen entsprechenden Antrag hin eine Genehmigung hätte erteilt werden können (BVerwG NJW 1980, 1010). Es ist deshalb ergänzend die Genehmigungsfähigkeit zu prüfen, also ob das Vorhaben mit dem damals geltenden öffentlichen Recht übereinstimmte (BVerwGE 3, 351; 28, 145).

Die Rechtsprechung erweitert diese Grundsätze dahin, dass von einer rechtmäßig errichteten (**materiell legalen** und damit eine schutzwürdige Position beanspruchenden) baulichen Anlage auch dann ausgegangen werden kann, wenn die Anlage zwar nicht im Zeitpunkt ihrer Errichtung, aber in der sich anschließenden Zeit einmal für einen gewissen Zeitraum (BVerwG NJW 1980, 252: „nicht unbeachtlicher Zeitraum"; OVG Rh.-Pf. BRS 79 Nr. 132: „hinreichend langer Zeitraum"; Sächs. OVG, B.v. 2.5.2011 – 1 B 30/11 -, juris: „relevanter Zeitraum"; OVG NRW BRS 64 Nr. 201: „nennenswerter Zeitraum") genehmigungsfähig gewesen ist.

Bei Vorhaben, die befristet (die Frist ist abgelaufen), auflösend bedingt (die Bedin- **702** gung ist eingetreten) oder widerruflich (der Widerruf ist ausgesprochen worden) genehmigt worden sind, kann jedoch eine schutzwürdige Position selbst dann nicht angenommen werden, wenn die bauliche Anlage während der Dauer der Wirksamkeit der Genehmigung **materiell legal** war. Denn ein schutzwürdiges Vertrauen ist in diesen Fällen zu keinem Zeitpunkt entstanden (BVerwG NVwZ 1983, 472).

(b) Beweislast

703 Ist zweifelhaft, ob die behauptete Baugenehmigung seinerzeit tatsächlich erteilt worden ist, und ist sie weder bei der Baugenehmigungsbehörde noch bei dem Bauherrn/Eigentümer der Anlage vorhanden, ist grundsätzlich der Bauherr **beweispflichtig** (BVerwG NJW 1980, 252). Dies beruht auf dem allgemeinen prozessrechtlichen Grundsatz, dass derjenige, der im Wege einer Einwendung ein Gegenrecht geltend macht, im Bestreitensfall dessen Vorliegen beweisen muss. Kann er das nicht, wird in einem Streitfall das Gericht in aller Regel das Ergehen einer Baugenehmigung oder das Bestehen einer Genehmigungsfähigkeit und damit das Entstehen der schutzwürdigen Position nicht annehmen können. Unter Umständen wird aber von dieser Regel abzuweichen sein. Allein die Beweisnot, die sich aus dem Zeitablauf, häufigem Eigentümerwechsel oder der möglichen Vernichtung von Bauakten durch Kriegseinwirkung ergibt, bewirkt allerdings noch keine **Beweislastumkehr**. Ein Anscheinsbeweis kommt nur bei typischen Abläufen in Betracht. Derart typisch kann nur ein Ablauf sein, der vom menschlichen Willen unabhängig ist, d.h. gleichsam mechanisch abrollt (BVerwG ZBR 1968, 128).

(c) Verwirklichung des Vorhabens

704 Eine rechtlich schutzwürdige Position setzt grundsätzlich einen vorhandenen Bestand voraus, in dem das (formell oder materiell) Zulässige **verwirklicht worden** ist. Denn der Bestandsschutz sichert ausschließlich die Erhaltung eines vorhandenen Bestandes, und zwar grundsätzlich in seiner bisherigen Funktion (BVerwGE 36, 296).

Ist eine Baugenehmigung seinerzeit für ein bestimmtes Bauvorhaben erteilt, aber ein anderes Vorhaben verwirklicht worden, das sich in baurechtlich relevanter Weise von dem genehmigten Vorhaben unterscheidet (also ein „aliud" darstellt), hat zum einen der Bauherr die Berechtigung diese auszunutzen verloren. Zum anderen ist die stattdessen errichtete Anlage weder „rechtmäßig errichtet" worden noch vermochte sie jemals in den Genuss von Bestandsschutz gelangen.

(2) Veränderung der Rechtslage zu Lasten des Rechtsinhabers

705 Der **Bestandsschutz** gewährleistet, dass sich die **formell** bzw. **materiell legale** Existenz oder Nutzung der baulichen Anlage gegen neues entgegenstehendes Recht durchsetzt, und zwar gegenüber der Änderung jeder Art von Rechtssatz, sei es ein Gesetz, eine Verordnung oder eine Satzung. Hauptanwendungsfall ist allerdings das Gesetz.

Beispiel: Ein viergeschossiges Wohnhaus ist im Jahr 1955 auf der Grundlage der damals geltenden Fassung der Bauordnung für das Land Nordrhein-Westfalen genehmigt worden. Bis zum Inkrafttreten der Bauordnung vom 26.6.1984 (in Kraft ab 1.1.1985) galten aus heutiger Sicht geringere Anforderungen an einen zweiten Rettungsweg. Die Grundsätze wurden erstmals im Jahr 1984 durch die Regelungen des neuen § 17 BauO NRW 1984 dahin geändert, dass als zweiter Rettungsweg in den Fällen, in denen kein Sicherheitstreppenraum vorhanden ist, entweder eine zweite notwendige Treppe - also eine bauliche Maßnahme - oder eine mit Rettungsgeräten der Feuerwehr erreichbare Stelle gefordert wurde. Das vor dieser Rechtsänderung genehmigte und errichtete Gebäude genießt Bestandsschutz.

Auch **Bebauungspläne**, die als Satzungen erlassen werden, ändern die planungs- **706** rechtliche Rechtslage. Erlaubte z.b. die bisherige planungsrechtliche Situation in einem Baugebiet eine bestimmte gewerbliche Nutzung, ändert die Gemeinde aber nunmehr für dieses Gebiet einen vorhandenen oder erlässt sie erstmals einen Bebauungsplan mit dem Ergebnis einer andersartigen Gebietsausweisung, die von nun an derartige Nutzungen ausschließt, so setzt sich eine unter Geltung der früheren Rechtslage erteilte Baugenehmigung gegenüber dieser Rechtsänderung durch.

Unter Umständen können auch Veränderungen im Tatsächlichen die Rechtslage än- **707** dern. Das ist dann der Fall, wenn dem Faktischen rechtssetzende Bedeutung zukommt, so in § 34 BauGB. Dort bestimmt das Faktische, was rechtlich zulässig ist (s. oben Rn. 337). Ändert sich das Faktische in signifikanter Weise, ändert sich gleichzeitig die Rechtslage in planungsrechtlicher Hinsicht. Dies kann bewirken, dass früher einmal genehmigte oder genehmigungsfähige bauliche Anlagen später nicht mehr genehmigungsfähig, aber bestandsgeschützt sind.

(3) Untergang der Rechtsposition

Eine durch formelle oder materielle Legalität erlangte schutzwürdige Rechtsposition **708** und in deren Ausprägung der Bestandsschutz gehen unter, wenn die Anlage ihre **Identität** verliert (std. Rspr, vgl. z.B. BVerwG DVBl 1975, 501). Weil nach dem Sinn des durch Art. 14 GG angestrebten Schutzziel und des Rechtsinstituts des Bestandsschutzes rechtmäßig erworbene Eigentumsrechte weiterhin geschützt werden sollen, besteht kein Grund mehr, die Durchsetzbarkeit des mittlerweile entgegenstehenden Baurechts auszuschließen, wenn das zu schützende Eigentum in seiner eigentlichen Form nicht mehr existiert. Sind die schutzwürdige Position und der Bestandsschutz einmal untergegangen, ist diese Rechtsfolge **nicht revisibel**. Eine Wiederherstellung des ursprünglichen Zustandes durch Wiederaufbau der beseitigten Anlage oder Wiederaufnahme der seinerzeit ausgeübten Nutzung kann beides nicht wiederaufleben lassen.

(a) Bautechnische Veränderungen

Die Frage, wann eine bauliche Anlage durch **bautechnische Veränderungen** ihre **709** Identität verliert, ist danach zu beantworten, ob das ursprüngliche Gebäude nach wie vor als „**Hauptsache**" erscheint oder ob durch die Änderung etwas anderes, ein „**aliud**", entstanden ist (BVerwGE 25, 161; 27, 341; 36, 296; 42, 8). Besonders schwierig ist die Abgrenzung der (Neu)Errichtung zu Instandsetzungsarbeiten, die die Rechtsposition in der Regel unberührt lassen. Dabei ist der Umstand, dass eine Bautätigkeit genehmigungsfrei ist, kein Beleg dafür, dass durch sie die Position nicht untergegangen ist; er ist allenfalls ein Indiz hierfür.

Das BVerwG hat bereits mit Urteil vom 18.10.1974 (BVerwGE 47, 126) ausgeführt, **710** Kennzeichen der **Identität** sei die Übereinstimmung im Standort, im Bauvolumen und in der Zweckrichtung und weiterhin, ob ein „adäquates Verhältnis" zwischen dem ursprünglichen Gebäude und den **Instandsetzungsmaßnahmen** dergestalt bestehe, dass das ursprüngliche Gebäude als die Hauptsache erscheine. Die (Wieder-)Herstellung eines teilweise vernichteten bestandsgeschützten Bauwerks, welche die **statische Neuberechnung** des gesamten Gebäudes erforderlich mache, führe zu etwas Neuem, das nicht mehr mit dem bestandsgeschützten ursprünglichen „Eigentum" identisch sei und deshalb nicht dessen Bestandsschutz gegenüber dem nunmehr geltenden, ihm entgegenstehenden Baurecht genieße. Denn die durch die statische Berechnung festzustellende Standfestigkeit eines Gebäudes sei ein wesentliches Element seines Bestandes wie auch seiner Nutzbarkeit. Deshalb könne sie als ein dem Eigentumsschutz des Art. 14 Abs. 1 GG gerecht werdendes Kriterium für die Unterscheidung zwischen dem ursprünglichen und dem infolge Wiederherstellung „neuen" Bauwerk dienen (qualitativer Gesichtspunkt). Bestandsschutz ermögliche dem Eigentümer den Austausch beschädigter Gebäudeteile so lange, wie die Identität der Hauptsache noch gewahrt bleibe (so auch VGH Bad.-Württ., U.v. 17.9.1998 – 3 S 1934/96 –, juris). Bei einem Eingriff in die Bausubstanz, die in dem beschriebenen Sinn die Identität der baulichen Anlage ändert, geht danach der Bestandsschutz unter.

Beispiel (nach OVG NRW NWVBl 2003, 223): Durch den Neueinbau einer Stahlbetondecke geht ein bisheriger Bestandsschutz unter. Denn die Änderung der Deckenkonstruktion wirkt sich auf die Statik des Gebäudes aus und erfordert in bauordnungsrechtlicher Hinsicht eine erneute Überprüfung der Standsicherheit.

711 Ist die bauliche Anlage **verfallen**, ist sie nicht mehr für die bisherige Nutzung offen und verliert damit ihre baurechtliche Existenzberechtigung. Zwar räumt Art. 14 Abs. 1 GG dem Berechtigten zum Schutz seines Vertrauens in den Fortbestand seiner bisherigen Rechtsposition eine gewisse Zeitspanne ein, innerhalb derer der Bestandsschutz noch nachwirkt und noch Gelegenheit besteht, an den früheren Zustand anzuknüpfen (OVG Rh.-Pf. BRS 62 Nr. 207). Dies schließt daran an, dass der Bestandsschutz als Abwehrrecht verhindern soll, dass eine vorhandene und funktionsentsprechende, nutzbare Bausubstanz vernichtet wird (OVG NRW NWVBl 1994, 302). Diese Schutzwürdigkeit besteht aber nicht mehr, wenn äußerlich erkennbar dokumentiert wird, dass die Anlage aufgegeben worden ist.

(b) Bestandsschutz für die Nutzung

712 Bauliche Anlagen haben in der Regel keinen Sinn allein in ihrer Existenz. Sie dienen bestimmten Zwecken und sollen zweckentsprechend genutzt werden. Auch durch eine **Änderung der Funktion** wird deshalb dem Vorhaben die Identität entzogen.

713 Die bebauungsrechtliche Situation wird besonders dann nicht mehr von der bisherigen Nutzung geprägt, wenn der Berechtigte in dem Gebäude oder der sonstigen baulichen Anlage eine **andersartige Nutzung** aufnimmt und dies nach außen sichtbar wird. Der tatsächliche Beginn einer anderen Nutzung, die erkennbar nicht nur vorübergehend ausgeübt werden soll, unterbricht den Zusammenhang und lässt die schutzwürdige Position und den Bestandsschutz, die lediglich die Fortsetzung der bisherigen, einmal rechtmäßig ausgeübten Nutzung gewährleisten sollen, untergehen (BVerwG NVwZ 1989, 667 und NVwZ 1991, 264; OVG NRW, B.v. 2.8.2007 – 7 A 880/07 -, nrwe).

714 Nicht immer findet unmittelbar nach der Aufgabe der bestandsgeschützten Nutzung eine neue Nutzung statt („**Nichtnutzung**"). Das ist für sich genommen mit Blick auf die Fortgeltung der rechtmäßig erworbenen Rechtsposition und damit auch des Bestandsschutzes unschädlich. In der Rechtsprechung besteht aber Einigkeit darüber, dass mit der endgültigen Aufgabe einer zugelassenen Nutzung der Bestandsschutz für sie endet (BVerwG BRS 50 Nr. 166). Unstimmigkeiten beginnen bei der Frage, welche Kriterien für die Beantwortung der Frage, wann eine endgültige Aufgabe der zugelassenen Nutzung anzunehmen ist, anzuwenden sind.

715 Das BVerwG hat in seiner Rechtsprechung zu § 35 Abs. 4 S. 1 Nr. 3 BauGB ein sog. **Zeitmodell** entworfen, das es auf die Beurteilung der Fortdauer des Bestandsschutzes überträgt: Im ersten Jahr nach der Zerstörung eines Bauwerks rechne die Verkehrsauffassung stets mit dem Wiederaufbau. Eine Einzelfallprüfung erübrige sich.

Im zweiten Jahr nach der Zerstörung spreche für die Annahme, dass die Verkehrsauffassung einen Wiederaufbau noch erwarte, eine Regelvermutung, die im Einzelfall jedoch entkräftet werden könne, wenn Anhaltspunkte für das Gegenteil vorhanden seien. Nach Ablauf von zwei Jahren kehre sich diese Vermutung um. Es sei davon auszugehen, dass die Grundstückssituation nach so langer Zeit für eine Neuerrichtung nicht mehr offen sei. Der Bauherr habe besondere Gründe dafür darzulegen, dass die Zerstörung des Gebäudes noch keinen als endgültig erscheinenden Zustand herbeigeführt habe (BVerwGE 98, 235; vgl. auch BVerwGE 64, 42). Dieselben Grundsätze und Zeitspannen wendet das BVerwG für den Untergang des Bestandsschutzes durch **Nichtnutzung** an (NVwZ 1996, 379).

Die Rechtsprechung des BVerwG ist immer wieder kritisiert worden (Hess. VGH **716** NVwZ-RR 2017, 177; Thür. OVG NVwZ-RR 2000, 578; BayVGH, B.v. 6.2.2014 – 1 ZB 11.1675 -, juris; OVG NRW NWVBl 2014, 104; OVG Rh.-Pf. NVwZ-RR 2013, 672; OVG Nds. BRS 78 Nr. 159; VGH Bad.-Württ. BRS 74 Nr. 164; kritisch auch Uechtritz, DVBl 1997, 347, 350). Diese Gerichte wenden im Allgemeinen § 43 Abs. 2 VwVfG an und fragen danach, ob aus dem Verhalten des Bauherrn ein hinreichend schlüssiger Wille dafür ablesbar ist, auf die Baugenehmigung zu **verzichten**, oder ob Anhaltspunkte für eine – ggf. stillschweigende - Übereinkunft der Beteiligten vorliegen, die Baugenehmigung habe sich **erledigt** (sei **obsolet**). Dem ist zuzustimmen.

Der Verlust des Bestandsschutzes hinsichtlich der Nutzung zieht nicht zwingend **717** auch den Verlust des Bestandsschutzes hinsichtlich der baulichen Anlage nach sich. Zwar genießt die bauliche Anlage Bestandsschutz in ihrer durch ihre Nutzung bestimmten Funktion. Jedoch rechtfertigt die endgültige Aufgabe der lediglich bestandsgeschützten Nutzung für sich genommen noch nicht den Erlass einer **Beseitigungs-/Abbruchverfügung**. Denn schließlich könnte später einmal für die Anlage eine genehmigungsfähige Nutzung aufgenommen werden. Etwas anderes gilt aber dann, wenn für die Anlage nach Verlust des Bestandsschutzes für die Nutzung keinerlei legale Nutzung mehr in Betracht kommt. *„Lässt das geltende materielle Baurecht hierfür keinen Raum, so schließt das öffentliche Interesse an einer Durchsetzung der bebauungsrechtlichen Ordnung auch das Mittel der Beseitigungsanordnung ein.“* (BVerwG BRS 65 Nr. 92)

2. Anpassungsverlangen nach § 87 BauO NRW 2000/§ 89 BauO NRW 2016

Besonders im Rahmen des **vorbeugenden Brandschutzes** hat § 87 BauO NRW **718** 2000/§ 89 BauO NRW 2016 (sog. **Anpassungsverlangen**) große Bedeutung. Die Bestimmung gibt den Bauaufsichtsbehörden sehr weitreichende Befugnisse, von denen die Behörden aber nur in unterschiedlichem Umfang Gebrauch machen.

Die Regelung betrifft „**rechtmäßig bestehende**" bauliche Anlagen sowie andere An- **719** lagen und Einrichtungen im Sinne von § 1 Abs. 1 S. 2 BauO NRW 2000/2016. Die Anlagen und Einrichtungen bestehen im Sinne der Vorschrift rechtmäßig, wenn sie bestandsgeschützt sind (dazu siehe oben ab Rn. 697). Von dem Grundsatz, dass der Bauherr belastende Maßnahmen betreffend die bestandsgeschützte bauliche Anlage abwehren kann, macht § 87 BauO NRW 2000/§ 89 BauO NRW 2016 eine Ausnahme: Wenn dies im Einzelfall wegen der Sicherheit für Leben oder Gesundheit erforderlich ist, kann verlangt werden, dass die Anlagen den geänderten Vorschriften angepasst werden. Entsprechendes gilt nach Abs. 2 für den Fall, dass bauliche Anlagen wesentlich geändert werden sollen. Der Schutz dieser hochwertigen Güter rechtfertigt es, den Bestandsschutz zurücktreten zu lassen.

Beispiel: Das Verlangen kann etwa darin bestehen, dass zur Gewährleistung eines bislang nicht bestehenden, bei Errichtung des Gebäudes rechtlich nicht erforderlich gewesenen zweiten Rettungsweges auf der rückwärtigen Gebäudeseite eine Spindeltreppe angebracht werden muss (OVG NRW DVBl 2010, 914) oder das Treppenhaus zu einem Sicherheitstreppenhaus umgebaut werden muss (OVG NRW NVwZ-RR 2003, 722).

720 Voraussetzung ist stets das Bestehen einer **konkreten Gefahr** (zum Begriff der Gefahr s. Rn. 680). Nach OVG NRW BRS 64 Nr. 201 ist zu berücksichtigen, dass mit der Entstehung eines Brandes praktisch jederzeit gerechnet werden muss. Der Umstand, dass in vielen Gebäuden jahrzehntelang kein Brand ausgebrochen sei, beweise nicht, dass insofern keine Gefahr bestehe, sondern stelle für die Betroffenen lediglich einen Glücksfall dar, mit dessen Ende jederzeit gerechnet werden müsse.

3. Nicht: Aufforderung, einen Bauantrag zu stellen

721 Weder § 69 BauO NRW 2000/2016 noch § 61 Abs. 1 S. 2 BauO NRW 2000/2016 oder eine sonstige Vorschrift der BauO NRW bieten eine Ermächtigung, dem Bauherrn bei formell baurechtswidrig durchgeführten Bauvorhaben aufzugeben, für das Vorhaben einen **Bauantrag** zu stellen, um auf diese Weise ein förmliches Bauantragsverfahren zu erzwingen, oder Erklärungen abzugeben, die einem Bauantrag gleichkämen. Wird kein Bauantrag gestellt, kann die Behörde lediglich insoweit Bauvorlagen für ein formell illegal erstelltes Vorhaben anfordern, als dies zur Beurteilung einer konkret zu prüfenden Gefährdungssituation notwendig ist. In eng begrenzten Ausnahmefällen kann sie allerdings im Wege sog. **Gefahrerforschungsmaßnahmen** dem Störer aufgeben, Untersuchungen über das Bestehen und gegebenenfalls das Ausmaß einer Gefahr anzustellen und ihr das Ergebnis vorzulegen (vgl. OVG NRW NWVBl 2003, 223; VG Münster, U.v. 16.12.2013 – 2 K 2833/13 -, n.v.).

4. Anordnung der sofortigen Vollziehung

722 Unter den Voraussetzungen des § 80 Abs. 2 S. 1 Nr. 4, Abs. 3 VwGO kann die Bauaufsichtsbehörde die sofortige Vollziehung ihrer Ordnungsverfügung anordnen. Das gilt im Grundsatz für alle Verfügungen, aber mit Blick auf die **Abbruchverfügung** nur unter Einschränkungen.

a) Begründungserfordernis

723 § 80 Abs. 2 S. 1 Nr. 4 VwGO verlangt für die Anordnung der sofortigen Vollziehung eines Verwaltungsakts ein **besonderes öffentliches Interesse**, das das Interesse an der Erhaltung des Suspensiveffektes eines Rechtsbehelfs (§ 80 Abs. 1 VwGO) überwiegt. Dazu reicht regelmäßig das Interesse, das den Erlass des Verwaltungsakts als solchen rechtfertigt, nicht aus. Vielmehr muss das die sofortige Vollziehung rechtfertigende Interesse gerade darauf gerichtet sein, dass die von der Behörde getroffene Maßnahme bereits vor Abschluss des (sich möglicherweise anschließenden) Rechtsschutzverfahrens in der Hauptsache umgesetzt wird.

724 Die Behörde muss dieses Interesse schriftlich begründen, es sei denn, es ist Gefahr im Verzug (§ 80 Abs. 3 VwGO). Aus der Begründung muss hinreichend nachvollziehbar hervorgehen, dass und aus welchen besonderen Gründen die Behörde im konkreten Fall dem besonderen öffentlichen Interesse an der sofortigen Vollziehung des Verwaltungsakts Vorrang vor dem Aufschubinteresse des Betroffenen einräumt. Pauschale und nichtssagende formelhafte Wendungen genügen dem Begründungserfordernis nicht. Allerdings kann sich die Behörde auf die den Verwaltungsakt selbst tragenden Erwägungen stützen und darauf Bezug nehmen, wenn diese zugleich die

Dringlichkeit der Vollziehung ergeben. Die Begründung kann auch je nach den Umständen des konkreten Falles knapp gehalten werden; sind die Gründe, aus denen die sofortige Vollziehung im öffentlichen Interesse dringlich ist, offensichtlich oder dem Betroffenen bekannt, kann ein Hinweis auf die offenkundigen oder bekannten Umstände in der schriftlichen Begründung ausreichen (OVG NRW NJW 2001, 3427).

b) Rechtliche Voraussetzungen

Für Stilllegungsverfügungen, Nutzungsuntersagungen und Duldungsanordnungen ist **725** die Anordnung der sofortigen Vollziehung in der Regel allein mit Blick auf das Ziel der Vermeidung einer sonst zu befürchtenden **Fortsetzung oder Verfestigung des Zustandes** oder auch nur zur Vermeidung einer **Vorbildwirkung** unproblematisch möglich (zu einem Ausnahmefall s. OVG NRW NWVBl 2014, 466).

Eine Anordnung der sofortigen Vollziehung einer **Abbruchverfügung** kommt hinge- **726** gen grundsätzlich nur in Frage, wenn – neben der formellen und materiellen Illegalität der betroffenen Bausubstanz – ein besonders starkes, das Eigentumsinteresse des Betroffenen überwindendes Vollzugsinteresse der Öffentlichkeit oder, wenn die Behörde im Interesse eines Dritten (Nachbarn) tätig wird, des Dritten vorliegt; beides ist bei einer erheblichen Gefahr für Leben und Gesundheit stets gegeben. Die Zurückhaltung wird mit dem Eingriff in die Bausubstanz begründet, der unumkehrbar und deshalb nur unter strengen Voraussetzungen zulässig sei (OVG NRW, B.v. 26.8.2003 - 7 B 1306/03 -, juris).

Eine sofort vollziehbare Beseitigungsanordnung ist allerdings allein wegen formeller **727** oder materieller Illegalität zulässig, wenn die Beseitigung ohne nennenswerten Eingriff in die Substanz (**Substanzzerstörung**) möglich ist, z.B. bei Containern (OVG NRW, B.v. 26.8.2003 - 7 B 1606/03 -, n.v.) und oft auch bei Werbeanlagen (VG Minden, B.v. 11.10.2010 - 9 L 408/10 -, nrwe). Eine weitere Ausnahme ist angenommen worden für den Fall, dass eine **Vorbildwirkung** vermieden werden soll. Dabei muss die Vorbildwirkung eines illegal ausgeführten Vorhabens eine Nachahmung schon bis zum bestands- oder rechtskräftigen Abschluss der Hauptsache befürchten lassen, so dass im Einzelfall der Ausweitung der Störung der öffentlichen Sicherheit und Ordnung rasch vorgebeugt werden muss (so OVG Berl.-Brdbg. NuR 2015, 858; OVG MV DÖV 2008, 874).

5. Rechtsnachfolge

Grundsätzlich wirkt die bauaufsichtliche Ordnungsverfügung auch gegen den **728** **Rechtsnachfolger** des Adressaten. Das BVerwG hat schon früh – anders als die seinerzeit ganz überwiegend vertretene Auffassung im Schrifttum – entschieden, *„dass die gegen den Eigentümer erlassene Anordnung der Beseitigung eines Bauwerks jedenfalls grundsätzlich und insbesondere im Fall der Gesamtrechtsnachfolge gegen den Rechtsnachfolger wirkt"* (BVerwG NJW 1971, 1624). Gleiches gilt für andere Bauordnungsverfügungen (vgl. OVG NRW, B.v. 8.2.20012 - 2 A 417/11 – n.v.; VG Düsseldorf, U.v. 14.1.2011 - 25 K 2745/10 -, nrwe). Verstößt der Rechtsnachfolger gegen das Verbot oder Gebot, kann gegen ihn vollstreckt werden (OVG NRW, B.v. 8.2.2012 - 2 A 521/11 -, n.v.). Dem liegt im Wesentlichen der Gedanke zugrunde, dass es nicht nur für die Praxis der Verwaltungsbehörden, sondern auch für die Verwirklichung des Rechtsstaats unbefriedigend sein müsste, wenn rechtmäßige und sogar durch eventuell mehrere Gerichtsinstanzen als rechtmäßig bestätigte Beseitigungsanordnungen nur deswegen nicht sollten durchgesetzt werden dürfen, weil ein Eigentumswechsel herbeigeführt worden ist. Denn das könnte zur Folge haben, dass die Verwirklichung des Rechts praktisch auf Dauer verhindert wird (VG Gelsenkirchen, B.v. 7.5.2015 - 5 L 582/15 -, nrwe).

729 Die Verpflichtung des bisherigen Eigentümers bleibt währenddessen bestehen. Nach § 256 Abs. 2 ZPO, der nach § 173 VwGO auch im Verwaltungsprozess anwendbar ist, hat die Veräußerung auf den Prozess keinen Einfluss; der Rechtsnachfolger ist nicht berechtigt, ohne Zustimmung des Gegners den Prozess als Hauptpartei an Stelle des Rechtsvorgängers zu übernehmen oder eine Hauptintervention zu erheben.

6. Vollstreckung

730 Die **Vollstreckung** von Verwaltungsakten erfolgt in jedem Stadium des Vollstreckungsverfahrens nach pflichtgemäßem Ermessen der zuständigen Vollstreckungsbehörde (§§ 55 Abs. 1, 56 VwVG NRW). Allerdings sind an die Ermessensentscheidung keine hohen Anforderungen zu stellen. Denn im Rahmen des Vollstreckungsverfahrens können die einzelnen Verfahrensschritte ihre gesetzlich gewollte Warn- und Mahnfunktion nur dann erzielen, wenn das Vollstreckungsverfahren im Regelfall – soweit die gesetzlichen Voraussetzungen im Übrigen vorliegen – konsequent zu Ende geführt wird. Nur dann, wenn der Behörde außergewöhnliche Umstände des Falles bekannt geworden oder erkennbar sind, die eine andere Entscheidung möglich erscheinen lassen, liegt ein rechtsfehlerhafter Gebrauch des Ermessens vor, wenn diese Umstände von der Behörde nicht erwogen worden sind (OVG NRW, B.v. 25.1.2010 - 15 B 1766/09 -, nrwe).

731 Auch bei der Auswahl der **Vollstreckungsmaßnahme (Zwangsgeld, Ersatzvornahme, unmittelbarer Zwang**) steht der Behörde Ermessen zu. Sie hat sich allerdings an den Grundsätzen der Verhältnismäßigkeit und der Effektivität zu orientieren.

Beispiel (nach: VG Gelsenkirchen, B.v. 30.9.2015 – 10 L 1877/15 -, nrwe): Das Gericht hielt die Androhung einer Versiegelung eines ohne Genehmigung betriebenen Wettbüros für unverhältnismäßig, weil die Behörde nicht zuvor von der Möglichkeit der Androhung und Festsetzung eines Zwangsgeldes Gebrauch gemacht hatte. Aufgrund des Charakters des unmittelbaren Zwangs als ultima ratio hätte es einer weitergehenden Begründung dafür bedurft, warum im vorliegenden Einzelfall eine (auch hohe) Zwangsgeldandrohung nicht den gleichen Nachdruck hätte vermitteln können wie die Androhung der Versiegelung. Gemäß § 60 Abs. 1 VwVG NRW könne ein Zwangsgeld in einer Höhe von bis zu 100.000 € angedroht und festgesetzt werden. Diese Möglichkeit sei von der Behörde auch in der Vergangenheit bei weitem nicht ausgenutzt worden.

Erforderlichenfalls und unter besonders strengen Voraussetzungen ist die Verhängung von Ersatzzwangshaft, die beim Verwaltungsgericht zu beantragen ist, möglich (OVG NRW, B.v. 26.11.2012 - 2 E 1031/12 -, nrwe).

732 Ein Zwangsmittel muss nicht zunächst beigetrieben werden, bevor ein neues Zwangsmittel angedroht und festgesetzt werden kann. Das ergibt sich bereits aus dem Wortlaut des § 57 Abs. 3 Satz 1 VwVG NRW, der für eine solche Einschränkung keine Anhaltspunkte bietet. Vorausgesetzt ist allein die Nichterfüllung der zu vollstreckenden Verpflichtung innerhalb der gesetzten Frist (OVG NRW BRS 83 Nr. 106).

733 Durch die **Befolgung** des Gebots oder Verbots erledigt sich die Ordnungsverfügung dann nicht, wenn sie noch Grundlage für Vollstreckungsmaßnahmen ist oder werden kann. Das kommt insbesondere für Unterlassungsverfügungen in Betracht, gegen die ohne weiteres durch eine Wiederaufnahme der verbotenen Nutzung verstoßen werden kann (OVG NRW, B.v. 27.1.2014 - 2 B 1419/13 -, n.v., B.v. 13.11.1998 – 11 A 6097/98 -, n.v.).

Entstehen bei der Zwangsvollstreckung Kosten infolge einer **Ersatzvornahme**, kön- **734** nen auf der Grundlage von §§ 59 Abs. 1, 77 Abs. 1 S. 1 VwVfG NRW in Verbindung mit § 20 Abs. 2 S. 1 und S. 2 Nr. 7 VO VwVG NRW die Beträge, die bei der Ersatzvornahme oder bei der Anwendung unmittelbaren Zwangs an Beauftragte oder an Hilfspersonen zu zahlen sind, sowie Kosten, die der Vollzugsbehörde durch die Ersatzvornahme entstanden sind, vom Pflichtigen erstattet verlangt werden (OVG NRW, U.v. 8.4.2014 – 2 A 371/13 -, nrwe). Das gilt z.B. für die Kosten der Ersatzvornahme in Form der Räumung eines Pflegeheimes wegen Brandschutzmängeln (VG Köln, U.v. 14.1.2014 – 2 K 7003/12 -, nrwe).

D. Rechtsschutz im öffentlichen Baurecht

Im öffentlichen Baurecht sind Rechtsschutzbegehren im Wesentlichen mit diesen **735** Rechtsschutzzielen denkbar: mit **dem Ziel, seinen Rechtskreis zu erweitern sowie mit dem Ziel, belastende** Maßnahmen abzuwehren.

Als Erweiterung des eigenen Rechtskreises ist etwa die Erlangung einer Baugeneh- **736** migung oder eines positiven **Bauvorbescheides** anzusehen. Aber auch der Erlass einer beantragten Maßnahme gegen einen Dritten fällt hierunter. Stellt ein Dritter (Nachbar) an die Behörde den Antrag, sie solle gegen den Bauherrn vorgehen (Antrag auf bauaufsichtliches Einschreiten), und entspricht diese diesem Begehren, stellt sich die gegen den Bauherrn erlassene – dem nachbarlichen Begehren entsprechende – Ordnungsverfügung zwar dem Bauherrn gegenüber als belastende Maßnahme, aber dem Dritten (Nachbarn) gegenüber als begünstigender Verwaltungsakt dar.

Als belastende Maßnahme kommt vorrangig das Ergehen einer Bauordnungsverfü- **737** gung nach § 61 BauO NRW 2000/2016 oder nach § 87 BauO NRW 2000/§ 89 BauO NRW 2016 in Betracht. Das Betroffensein von einem gegen einen Dritten ergangenen, diesen begünstigenden Verwaltungsakt ist gleichfalls dieser Gruppe zuzuordnen: Aus der Sicht des Bauherrn, der die Erteilung einer Baugenehmigung beantragt hat, ist die antragsgemäße Bescheidung ein begünstigender Verwaltungsakt; für einen Dritten kann sie sich allerdings als Nachteil darstellen (**Verwaltungsakt mit Drittwirkung**, vgl. §§ 80 Abs. 1 S. 2, 80a VwGO).

Die Begehren auf Erteilung einer Baugenehmigung/eines Vorbescheides und auf Ver- **738** pflichtung der Behörde zum Erlass einer Bauordnungsverfügung gegen einen Dritten sind im Wege einer **Verpflichtungsklage** geltend zu machen. Die Abwehr einer Bauordnungsverfügung wie auch einer einem anderen gegenüber erlassenen Genehmigung/eines Vorbescheides sind im Wege der **Anfechtungsklage** möglich.

Ausnahmsweise ist auch ein Feststellungsbegehren (**Feststellungsklage**, vgl. § 43 VwGO) prozessual zulässig, etwa wenn wegen konträrer Auffassungen zwischen den Beteiligten klärungsbedürftig ist, ob ein Vorhaben genehmigungsbedürftig ist (OVG NRW, B.v. 24.9.2012 - 10 A 915/11 -, nrwe).

Neben der Klagemöglichkeit („Hauptsacheverfahren") besteht für die Rechtsschutzbegehren die prozessuale Möglichkeit der Gewährung von Eilrechtsschutz („Antrag auf Gewährung vorläufigen Rechtsschutzes").

I. Rechtsschutz zur Erweiterung des Rechtskreises

1. Klage auf Erteilung einer Baugenehmigung/eines Vorbescheides

739 Zur Durchsetzung seines Anspruchs auf eine Baugenehmigung oder einen Vorbescheid steht dem Bauherrn die Möglichkeit einer **Verpflichtungsklage** (§ 113 Abs. 5 VwGO) zur Verfügung.

a) Anspruchsvoraussetzungen und Spruchreife

740 Der Erfolg der Verpflichtungsklage setzt voraus, dass der **Anspruch** besteht und die **Sache spruchreif** ist (§ 113 Abs. 5 VwGO). Ein Anspruch auf Erteilung einer Baugenehmigung besteht, wenn dem Vorhaben öffentlich-rechtliche Vorschriften nicht entgegenstehen (§ 75 Abs. 1 BauO NRW 2000/§ 77 Abs. 1 BauO NRW 2016). Entsprechendes gilt für den Vorbescheid (§ 71 Abs. 2 BauO NRW 2000/2016). Ist das Bauvorhaben von der Baurechtsbehörde noch nicht umfassend in rechtlicher und technischer Hinsicht geprüft worden, ergeht ein Bescheidungsurteil nach § 113 Abs. 5 S. 2 VwGO, mit dem die Behörde verpflichtet wird, den Kläger unter Beachtung der Rechtsauffassung des Gerichts zu bescheiden. Dasselbe gilt, wenn die Behörde ein etwaiges, ihr (ausnahmsweise) zustehendes **Ermessen** noch nicht ausgeübt hat. Zwar besteht grundsätzlich die Verpflichtung, bei Fehlen entgegenstehender öffentlich-rechtlicher Vorschriften die Genehmigung zu erteilen; jedoch gewähren einzelne Vorschriften des Baurechts die Möglichkeit der Entscheidung im Ermessenswege, etwa bei der Erteilung einer Befreiung. Dann kann das Gericht nicht an Stelle der Behörde selbst das Ermessen ausüben, sondern muss dies der Verwaltung überlassen. Das setzt aber immer voraus, dass das Ermessen eröffnet ist. Das ist nur dann gegeben, wenn die tatbestandlichen Voraussetzungen der Norm erfüllt sind. Sind z.B. die Grundzüge der Planung berührt, kommt eine Befreiung im Ermessenswege schon im Ansatz nicht in Betracht (vgl. BayVGH BRS 71 Nr. 76). Ausnahmen gelten nur dann, wenn das Ermessen – etwa durch das Gebot der Gleichbehandlung – gebunden ist.

741 Wird eine zunächst begründete Klage auf Erteilung der Baugenehmigung infolge einer Änderung der Rechtslage unbegründet, kann der Bauherr gemäß § 113 Abs. 1 S. 4 VwGO seinen Antrag auf die Feststellung umstellen, dass die Versagung der Baugenehmigung rechtswidrig war. Das für eine solche **Fortsetzungsfeststellungsklage** erforderliche berechtigte Interesse liegt regelmäßig in der Möglichkeit, Schadensersatz wegen Amtspflichtverletzung zu verlangen (BVerwG NVwZ 1992, 1092).

b) Klage bei modifizierender Auflage

742 Ist der Baugenehmigung eine Nebenbestimmung beigefügt und steht diese Nebenbestimmung mit dem Gesamtinhalt der Genehmigung in einem untrennbaren Zusammenhang, schränkt sie insbesondere eine mit der Genehmigung ausgesprochene Rechtsgewährung inhaltlich ein (**modifizierende Auflage**, siehe oben Rn. 595), scheidet die isolierte Anfechtung und Aufhebung der Nebenbestimmung aus. Da in Wirklichkeit eine andere als die unter der modifizierenden Einschränkung erteilte Genehmigung erstrebt wird, ist eine auf die Erteilung einer nicht (oder weniger) eingeschränkten Genehmigung gerichtete **Verpflichtungsklage** statthaft (BVerwG DÖV 1974, 380). Das gilt aber nicht für „echte" belastende Nebenbestimmungen eines Verwaltungsakts (s. dazu Rn. 599); gegen diese ist die **Anfechtungsklage** gegeben (BVerwGE 112, 221).

2. Anspruch auf bauaufsichtliches Einschreiten

Die sich aus § 61 Abs. 1 BauO NRW 2000/2016 ergebende Befugnis der Bauauf- **743** sichtsbehörden, u.a. bei der Errichtung und Nutzung baulicher Anlagen, die nicht im Einklang mit den öffentlich-rechtlichen Vorschriften stehen, nach pflichtgemäßem Ermessen die erforderlichen Maßnahmen zu treffen, kann sich zu einer **gebundenen Entscheidung** wandeln, wenn ein Dritter einen Anspruch auf Einschreiten hat und geltend macht.

Es entspricht ständiger Rechtsprechung, dass das **Entschließungsermessen** der **744** Bauaufsichtsbehörde in aller Regel zu einer Pflicht zum Einschreiten wird (**Ermessensreduzierung auf Null**), wenn die Baurechtswidrigkeit einer Anlage auf der Verletzung nachbarschützender Vorschriften des öffentlichen Rechts beruht und der Nachbar das Einschreiten verlangt. Lediglich in besonders gelagerten Einzelfällen kann die Entscheidung, aufgrund der speziellen Situation von einem Einschreiten abzusehen, ausnahmsweise noch ermessensgerecht sein. Das setzt besondere Gründe voraus, die es rechtfertigen, auch unter Berücksichtigung (etwa der vom Abstandflächenrecht vorgenommenen Bewertung der nachbarlichen Interessen) von der Durchsetzung des Nachbarschutzes abzusehen. Solche Gründe können vorliegen, wenn das von dem Abstandflächenverstoß betroffene Grundstück nicht in einer Weise genutzt wird, die im Hinblick auf die vom Abstandflächenrecht geschützten Belange schutzbedürftig ist, und wenn eine solche Nutzung auch nicht absehbar ist.

Beispiel (nach OVG NRW, U.v. 25.10.2010 - 7 A 290/09 -, nrwe): Der Grundstücksteil, auf den die Abstandfläche fällt, wird weder baulich genutzt noch ist seine Bebauung absehbar. Denn er ist ein im Außenbereich gelegener Teil einer Wald- und Wiesenfläche, der sich von dem wohngenutzten Bereich des Flurstücks erkennbar abhebt. Diese tatsächliche Nutzung ist im Hinblick auf die vom Abstandrecht geschützten Belange nicht schutzbedürftig.

Die gerichtliche Geltendmachung des Anspruchs setzt voraus, dass ein entsprechender **Antrag** zuvor gestellt und von der Behörde abgelehnt worden ist. Unter den Voraussetzungen einer Untätigkeitsklage (§ 75 VwGO) kann auch ohne Ablehnungsbescheid Klage erhoben werden.

Problematisch ist der Rechtsschutz bei **bestimmungswidrigen Nutzungen** von An- **745** lagen durch andere als den Bauherrn selbst, etwa Jugendliche, die eine öffentliche Spielplatzanlage oder einen Park außerhalb der Ruhezeiten oder zu Trinkgelagen nutzen (Einzelheiten dazu in: Schulte Beerbühl, Öffentliches Baunachbarrecht, ab Rn. 860). Dann geht der sachgerechte Antrag dahin, die Behörde zu verpflichten, die notwendigen Vorkehrungen zu treffen, um die bestimmungsgemäße Nutzung der Anlage innerhalb der Ruhezeiten zu sichern und die nicht bestimmungsgemäße Nutzung zu unterbinden, wobei die Ruhezeiten sich aus der Betriebsbeschreibung ergeben (so VG Aachen, U.v. 7.9.2009 - 6 K 1755/08 -, nrwe); eine solche Bestimmung der Überwachungspflicht ist hinreichend bestimmt (OVG NRW, B.v. 20.1.2011 - 7 E 1386/10 -, nrwe).

Wird die Bauaufsichtsbehörde nicht oder nur unzureichend tätig, kann beantragt werden, dass aus dem Urteil vollstreckt wird, etwa indem dem Bauherrn, der auch die Gemeinde als Betreiberin der Anlage sein kann, gegenüber ein Zwangsgeld angedroht wird.

Allerdings gewährt der öffentlich-rechtliche Abwehranspruch den Störungsbetroffe- **746** nen regelmäßig keinen Anspruch auf **bestimmte Maßnahmen**. Der Bauaufsichtsbehörde steht es frei, nach ihrem Ermessen darüber zu befinden, auf welche Weise sie den Verpflichtungen nachkommen möchte. Dieser Ermessensspielraum bedingt, dass sie zunächst bestimmte Maßnahmen ausprobieren und auf ihre Eignung und

Effektivität überprüfen darf – sofern es sich nicht um ersichtlich ungeeignete Maßnahmen handelt –, um sodann nach Auswertung gegebenenfalls andere Maßnahmen zu ergreifen (OVG NRW, B.v. 20.1.2011 - 7 E 1386/10 -, nrwe).

3. Einstweilige Anordnung

747 Nach § 123 Abs. 1 S. 2 VwGO kann das Gericht auf Antrag auch schon vor Klageerhebung eine **einstweilige Anordnung** zur Regelung eines vorläufigen Zustandes in Bezug auf ein streitiges Rechtsverhältnis treffen, wenn diese Regelung, vor allem bei dauernden Rechtsverhältnissen, nötig erscheint, um unter anderem wesentliche Nachteile abzuwenden. Anordnungsgrund und Anordnungsanspruch sind von dem Antragsteller glaubhaft zu machen. Wegen des Sicherungszwecks und weil das Gericht im Rahmen der Bestimmung nur eine vorläufige Regelung treffen kann, wird allgemein angenommen, dass der Behörde nicht bereits im einstweiligen Rechtsschutzverfahren der Erlass des beantragten Verwaltungsakts (d.h. eine Baugenehmigung oder einen Vorbescheid zu erteilen) aufgegeben und damit die Hauptsache vorweggenommen werden darf. Eine Vorwegnahme der Hauptsache kommt nur in Ausnahmefällen in Betracht, wenn sie im Hinblick auf das Gebot der Gewährung effektiven Rechtsschutzes (Art. 19 Abs. 4 GG) schlechterdings notwendig wäre, weil die sonst zu erwartenden Nachteile für die Antragsteller unzumutbar wären - das ist bei dem Wunsch, eine Baugenehmigung zu erhalten, regelmäßig nicht der Fall - und ein hoher Grad an Wahrscheinlichkeit für einen Erfolg in der Hauptsache spricht (vgl. OVG NRW NVwZ-RR 2007, 661; B.v. 1.6.2010 - 7 B 600/10 -, n.v.).

II. Rechtsschutz gegen den Eingriff in den eigenen Rechtskreis

1. Rechtsschutz gegen eine Bauordnungsverfügung

a) Klage gegen eine Bauordnungsverfügung

748 Eine Klage gegen eine Bauordnungsverfügung (**Anfechtungsklage**) ist begründet, soweit die Verfügung rechtswidrig ist und der Kläger dadurch in seinen Rechten verletzt ist (§ 113 Abs. 1 S. 1 VwGO). Die letztgenannte Voraussetzung ist bei solchen Klagen in der Regel erfüllt, wenn die Verfügung rechtswidrig ist, da der Kläger dann in seinem Eigentumsrecht oder zumindest in seinem Grundrecht auf allgemeine Handlungsfreiheit verletzt ist.

749 Da das Gericht die Aufgabe hat zu überprüfen, ob die Behörde rechtmäßig gehandelt hat, ist auf die Sach- und Rechtslage im Zeitpunkt der Verwaltungsentscheidung abzustellen (BVerwG NVwZ 1993, 47; OVG NRW, U.v. 14.4.2005 - 7 A 19/03 -, nrwe). Von diesem Grundsatz ist aber eine Ausnahme zu machen, wenn sich bei der Anfechtung einer rechtmäßig erlassenen **Abbruchverfügung** die Sach- und Rechtslage nachträglich zugunsten des Klägers ändert, zum Beispiel ein Bebauungsplan in Kraft tritt, der das Vorhaben nunmehr als planungsrechtlich rechtmäßig erscheinen lässt. Denn es wäre sinnwidrig, die Rechtmäßigkeit z.B. einer **Abbruchverfügung** zu bestätigen, wenn dem Kläger auf einen neuen Bauantrag hin sofort eine Baugenehmigung erteilt werden müsste. Bereits bei der bloßen Aussicht auf eine für den Betroffenen positive Rechtsänderung ihm aufgrund des Verhältnismäßigkeitsgrundsatzes einen Anspruch auf Aufhebung rechtmäßig ergangener und noch rechtmäßiger Verwaltungsakte zu geben, würde allerdings zu einer der Rechtsordnung abträglichen Rechtsunsicherheit führen, so dass diese Aussicht unbeachtlich ist (so BVerwG NJW 1986, 1186).

Eine dem Kläger nachteilige Veränderung der Sach- und Rechtslage, durch die eine zunächst rechtwidrige Ordnungsverfügung rechtmäßig wäre, ist dagegen unbeachtlich.

Eine Anfechtungsklage gegen eine Bauordnungsverfügung hat nach § 80 Abs. 1 **750** VwGO grundsätzlich **aufschiebende Wirkung.** Das gilt allerdings ausnahmsweise dann nicht, wenn die Behörde die sofortige Vollziehung angeordnet hat (§ 80 Abs. 2 S. 1 Nr. 4 VwGO). Diese Wirkung des Wegfalls der aufschiebenden Wirkung tritt sofort mit Ergehen der Maßnahme ein, und zwar unabhängig davon, ob die Anordnung ergehen durfte, also rechtmäßig war, und ob ein dagegen gerichteter Antrag auf Gewährung vorläufigen Rechtsschutzes gestellt ist. Solange weder die Behörde selbst noch das Gericht die Anordnung aufgehoben bzw. die aufschiebende Wirkung wiederhergestellt haben, ist die Anordnung von dem Betroffenen zu beachten und das Gebot bzw. Verbot zu befolgen.

b) Vorläufiger Rechtsschutz gegen eine Bauordnungsverfügung

Nach § 80 Abs. 5 VwGO kann im Falle der Anordnung der sofortigen Vollziehung auf **751** Antrag das Gericht der Hauptsache die **aufschiebende Wirkung** ganz oder teilweise wiederherstellen. Dieses Verfahren auf Gewährung vorläufigen Rechtsschutzes ist insoweit mit dem Hauptsacheverfahren verbunden, als es ein solches überhaupt geben muss. Denn ohne einen Rechtsbehelf gegen einen belastenden Verwaltungsakt, dessen aufschiebende Wirkung wiederhergestellt werden soll, ist das Verfahren nicht zulässig (Ausnahme: schon vor Erhebung der Anfechtungsklage, die aber zumindest noch zulässig sein muss, also innerhalb der laufenden Rechtsbehelfsfrist noch eingelegt werden kann). Die Aufhebung des Verwaltungsaktes kann weder zulässigerweise das Rechtsschutzziel noch das Ergebnis eines solchen Verfahrens auf Gewährung vorläufigen Rechtsschutzes sein. Aus der Gegenüberstellung und dem Unterschied zum Hauptsacheverfahren folgt vielmehr, dass es nur darum gehen kann, ob der belastende Verwaltungsakt schon vor seiner Unanfechtbarkeit vom Adressaten zu befolgen ist und von der Behörde vollzogen werden kann.

Die Entscheidung ist an der **Interessenlage** der Beteiligten zu orientieren. Es ist zu **752** fragen, ob das Interesse am Vollzug so groß ist, dass – anders als es in dem Grundsatz des § 80 Abs. 1 VwGO zum Ausdruck kommt – die Vollziehung sofort erfolgen muss. Gibt das Verwaltungsgericht dem Rechtsbehelf die aufschiebende Wirkung, die dieser eigentlich nicht hat, tritt eine – in ihrer Länge nicht vorhersehbare – Phase ein, in der die Behörde den Verwaltungsakt nicht vollziehen kann und der Adressat ihn nicht zu befolgen braucht. Ein „schlichtes" öffentliches Interesse an dieser Wirkung genügt für eine solche Entscheidung nicht. Denn dies ist rechtliche Voraussetzung für jeden belastenden Verwaltungsakt; ohne es dürfte er gar nicht erlassen werden. Vielmehr muss ein „besonderes" öffentliches Interesse gegeben sein (vgl. auch § 80 Abs. 3 S. 1 VwGO: „ … ist das besondere Interesse an der sofortigen Vollziehung …"). Also ist zu entscheiden, welches Interesse Vorrang hat, das – besondere – öffentliche Interesse an der Vollziehbarkeit bzw. der Befolgung des Verwaltungsaktes schon bevor das Hauptsacheverfahren abgeschlossen ist, also der Verwaltungsakt bestandskräftig ist, oder das private Interesse des Belasteten daran, vom Vollzug bzw. der Befolgungspflicht so lange verschont zu bleiben, wie nicht feststeht, dass der Verwaltungsakt rechtmäßig ist, also die Bestandskraft noch nicht eingetreten ist und die Hauptsache noch in der Schwebe ist. Dabei kommt es nicht auf das bloße Affektionsinteresse der Beteiligten an, sondern auf das **schutzwürdige**, also berechtigte Interesse. Schutzwürdig ist das Interesse des Belasteten am Aufschub der sofortigen Vollziehbarkeit sicher dann nicht, wenn er lediglich Zeit gewinnen will und kann (etwa um an dem illegalen Bauwerk weiterarbeiten zu können).

753 Wenn durch die Wiederherstellung oder Anordnung der aufschiebenden Wirkung durch einen gerichtlichen Beschluss ein Zustand aufrecht erhalten bliebe, der erkennbar im Hauptsacheverfahren endgültig beseitigt werden müsste, ist ein schutzwürdiges Interesse an einem solchen Aufschub zweifelhaft. Deshalb besteht im Allgemeinen bei einem **erkennbar erfolglos bleibenden Rechtsbehelf** kein schutzwürdiges Interesse an dem Aufschub der Befolgungspflicht. Umgekehrt wird wohl kaum ein besonderes öffentliches Interesse an der sofortigen Vollziehbarkeit eines belastenden Verwaltungsaktes erkennbar sein, wenn der Rechtsbehelf offensichtlich erfolgreich sein wird, weil der Verwaltungsakt erkennbar rechtswidrig ist und den Rechtsmittelführer in seinen Rechten verletzt (vgl. § 113 Abs. 1 S. 1 VwGO).

754 Weil in einem Verfahren auf Gewährung vorläufigen Rechtsschutzes nicht mit den „klassischen" Mitteln eines Hauptsacheverfahrens gearbeitet werden kann – es bestehen nicht zuletzt aufgrund des Zeitdrucks nur begrenzte Möglichkeiten zur Sachverhaltserforschung und Entscheidung schwieriger Rechtsfragen – kann nur ein sog. **summarisches Verfahren** durchgeführt werden. Deshalb ist entscheidend, ob schon bei einer lediglich summarischen Überprüfung die Erfolgsaussichten des Rechtsbehelfs beurteilt werden können. Das ist in der einen oder anderen Richtung möglich, wenn der Rechtsbehelf offensichtlich erfolgreich oder offensichtlich erfolglos sein wird. Ist eine solche Abschätzung der Erfolgsaussichten nicht möglich, muss eine hiervon unabhängige allgemeine Interessenabwägung vorgenommen werden, bei der die Folgen für den Fall der Stattgabe und der Ablehnung und eines umgekehrten Ausgangs des Hauptsacheverfahrens in den Blick zu nehmen und gegeneinander abzuwägen sind.

2. Drittanfechtung einer Baugenehmigung / eines Vorbescheides

755 Die Drittanfechtung von bauaufsichtlichen Zulassungen stellt zusammen mit Anträgen auf bauaufsichtliches Einschreiten den Bereich gerichtlichen Rechtsschutzbegehren dar, der – unpräzise – gemeinhin als „**Baunachbarklage**" bezeichnet werden. Die damit in Zusammenhang stehenden Probleme sind vielfältig. Sie umfassen unter anderem Fragen der wehrhaften Rechtsposition, des nachbarschützenden Charakters von Normen und des Verlusts der Nachbarrechte.

756 Verwaltungsprozessuales Instrument zur Verwirklichung des Abwehranspruchs ist die **Anfechtungsklage** nach § 113 Abs. 1 S. 1 VwGO. Der dort ausgesprochene Grundsatz kennzeichnet den Kern des Baunachbarrechts, der aus zwei Elementen besteht, nämlich der (objektiv-rechtlichen) Rechtswidrigkeit des Verwaltungsaktes sowie der Rechtsverletzung, also der Verletzung in einem subjektiven öffentlichen Recht.

Der **Abwehranspruch des Nachbarn** ist nur dann gegeben, wenn beide Voraussetzungen zu bejahen sind. Ist eine der Voraussetzungen zweifelsfrei nicht erfüllt, ist die aufwändige Prüfung der anderen nicht veranlasst. Ist etwa die Frage der objektiven Rechtmäßigkeit oder Rechtswidrigkeit der Genehmigung nur nach schwierigen Untersuchungen feststellbar, steht aber ohne weitere Mühen fest, dass der Rechtssuchende nicht in den Schutzbereich der Norm fällt (nicht im baurechtlichen Sinn „Nachbar" ist), kann die erstgenannte Frage unbeantwortet bleiben; der Abwehranspruch besteht aus dem zweiten Grunde nicht. Ist die Frage der Rechtmäßigkeit ohne weiteres zu bejahen, erübrigen sich schwierige Überlegungen zur Frage des nachbarschützenden Charakters bestimmter Normen und ihres Schutzbereichs. In der Praxis ist zumeist eine Vorgehensweise sinnvoll, bei der die Frage des nachbar-schützenden Charakters einer Norm vorangestellt wird. Denn wird diese Frage ver-neint, erübrigen sich weitere Fragestellungen; der Rechtsbehelf bleibt erfolglos.

a) Der Gegenstand der Nachbaranfechtung

Gegenstand der Anfechtung einer baurechtlichen Zulassung durch einen Nach- **757** barn ist in der Regel die Genehmigung oder der Vorbescheid, in selteneren Fällen eine isolierte Befreiung oder Abweichung.

aa) Der Inhalt der bauaufsichtlichen Zulassung

Was konkreter Gegenstand der bauaufsichtlichen Zulassung ist, folgt aus deren **In-** **758** **halt**, nicht aus der Bezeichnung. Für die Feststellung des Regelungsinhalts ist vor-rangig auf den Wortlaut der Genehmigung abzustellen, der allerdings der Auslegung zugänglich ist. Zur näheren Bestimmung des Inhalts ist auf die Bauvorlagen und, so-weit die Genehmigung hierzu Konkretisierungen, modifizierende Auflagen oder Ne-benbestimmungen enthält, ergänzend auf diese abzustellen.

Soweit das **Prüfprogramm** der Baugenehmigungsbehörde auf bestimmte Normen **759** oder Normkomplexe reduziert ist (s. Rn. 509), hat dies Folgen für den Bauherrn und den Nachbarn: Ist eine nach eingeschränkter Prüfung der Übereinstimmung mit den baurechtlichen Vorschriften erteilte Baugenehmigung bestandskräftig geworden, kann der Bauherr die Bestandkraft dem Nachbarn nur in diesem beschränkten Um-fang entgegenhalten. Denn die Feststellungswirkung, die jeder Baugenehmigung in-newohnt, bezieht sich denknotwendig nur auf die Vorschriften, die geprüft worden sind. Dem entspricht auf der anderen Seite, dass der Nachbar, der sich gegen ein Vorhaben wendet, nicht den Verstoß gegen Normen rügen kann, die die Behörde nicht geprüft hat (so auch für das bayerische Landesrecht: BayVGH, B.v. 28.12.2016 – 9 ZB 14.2853 –, juris). Er hat in diesem Fall nicht die Baugenehmigung anzufech-ten, sondern gegenüber der Behörde den Verstoß gegen außerhalb ihres **obligatori-schen Prüfungsrahmens** liegende Vorschriften zu rügen und kann, wenn die Bau-aufsicht nicht einschreitet, deren Verpflichtung zum Einschreiten gerichtlich durch-setzen (BVerwG NVwZ 1998, 58; BayVGH, B.v. 23.4.2014 – 9 CS 14.222 –, juris).

Beispiel: Im einfachen Genehmigungsverfahren werden nach § 68 Abs. 1 S. 4 BauO NRW 2000/§ 67 Abs. 1 S. 1 BauO NRW 2016 Brandschutzvorschriften nur bei Sonderbauten geprüft. Deshalb kann die Genehmigung für ein Einfamilienhaus von dem Nachbarn grundsätzlich nicht mit der Begründung angefochten werden, die Genehmigung verletze ihn unter (nachbarrechts-relevanten) Brandschutzgesichtspunkten in seinen subjektiven öffentlichen Rechten, z.B. weil in der zu seinem Grundstück gewandten Seite des geplanten Gebäudes in der erforderlichen Brandwand oder Gebäudeabschlusswand eine unzulässige Öffnung geplant sei (vgl. dazu auch OVG NRW, U.v. 15.7.2013 - 2 A 969/12 - nrwe; Sächs. OVG BRS 60 Nr. 106).

Von dem Gebot zur Beschränkung der Prüfung macht die Rechtsprechung aller-dings die oben unter Rn. 510 beschriebene Ausnahme. Insoweit kann bedeutsam sein, ob eine Ausnahme von Brandschutzbestimmungen erteilt worden ist, etwa weil auf andere Weise dem Brandschutz Rechnung getragen worden ist (vgl. zu solchen Fällen OVG NRW, U.v. 26.6.2014 – 7 A 2057/12 -, nrwe; VG Aachen, U.v. 15.10.2013 – 7 K 2770/12 -, nrwe). Dann prüft die Rechtsprechung lediglich, ob die Abweichung erkennbar rechtswidrig ist weil die Voraussetzungen für eine Abweichung offensicht-lich nicht erfüllt sind.

bb) Sog. Etikettenschwindel und bloße Zielvorgaben

760 Grundsätzlich ist davon auszugehen, dass der Berechtigte die Genehmigung nur in der Form ausnutzt, die durch sie erlaubt wird. Deshalb sind Unterstellungen, die in eine andere Richtung gehen, irrelevant. Das gilt auch für einen Vorbescheid: Sollte der Bauherr, wie der Nachbar vermutet, im späteren Genehmigungsverfahren für ein anderes Vorhaben die Genehmigung beantragen wollen, ist dies für den Inhalt des Vorbescheides und dessen Anfechtungsmöglichkeit ohne Bedeutung (BayVGH, B.v. 15.2.2017 – 9 ZB 14.2230).

761 In besonders gelagerten Fällen des sog. **Etikettenschwindel**s macht die Rechtsprechung hiervon eine Ausnahme. Ein solcher Etikettenschwindel liegt vor, wenn ein Bauvorhaben mit seinem - wirklich beabsichtigten - Nutzungszweck unzulässig ist und deshalb eine zulässige Nutzung vorgeschoben wird. Dann kann ausnahmsweise ein „Durchgriff auf das wirklich Gewollte" vorgenommen werden. Die Rechtfertigung dafür liegt in Folgendem: Die Bauaufsichtsbehörde darf sich nicht zulasten betroffener Nachbarn auf den formalen Standpunkt stellen, sie habe lediglich eine nach dem Gesetz zulässige Nutzung antragsgemäß genehmigt, wenn bereits jetzt zu erwarten ist, dass der Bauherr eine hiervon abweichende (unzulässige) Nutzung aufnehmen wird und der „Schwarze Peter" dem Nachbarn zugeschoben wird. Das wäre mit dem Gebot der Gewährung eines effektiven Rechtsschutzes des Nachbarn nicht vereinbar.

762 Dies gilt jedenfalls dann, wenn bereits den Bauvorlagen zu entnehmen ist, dass die genehmigte Nutzung in Wahrheit gar nicht beabsichtigt ist, sondern lediglich deklariert wird, um das Vorhaben genehmigungsfähig erscheinen zu lassen (so ausdrücklich: OVG Nds., U.v. 26.4.1993 - 6 L 169/90 -, juris; vgl. auch Boeddinghaus/Hahn/Schulte, Bauordnung NRW, § 75 Rn. 217, wonach typisches Merkmal eines Etikettenschwindels sei, dass „Bauherr und Bauaufsichtsbehörde in bewusster Abweichung von den wahren Absichten in den Bauvorlagen und in der Baugenehmigung eine andere Nutzung" angeben, vgl. auch OVG NRW, B.v. 25.3.2009 - 7 A 975/08 -, nrwe). Die in der Rechtsprechung zur dieser Fallgruppe entschiedenen Fälle beziehen sich in der Regel auf eine von der Baugenehmigung abweichenden Nutzungsart, nicht hingegen auf eine von der Genehmigung **abweichende Bauweise** oder ein abweichendes Nutzungsmaß (OVG NRW, U.v. 19.7.2010 - 7 A 3200/08 -, n.v.).

Beispiel: In einem durch Wohnnutzung geprägten Teil eines Mischgebiets wird seit langem eine nicht genehmigte discoähnliche Vergnügungsstätte betrieben. Wegen Nachbarbeschwerden soll sie nun nachträglich legalisiert werden. Allerdings wäre eine discoähnliche Vergnügungsstätte dort planungsrechtlich unzulässig. In dem Bauantrag wird sie deshalb - allein zur Verhinderung einer Nachbarklage - mit dem Etikett „Bistro" versehen, ohne dass eine Änderung der Nutzungsart beabsichtigt ist. Die Genehmigung erlaubt in Wirklichkeit eine discoähnliche Vergnügungsstätte; sie wird in einem Klageverfahren des Nachbarn vom Gericht aufgehoben werden.

763 Ähnliches gilt, wenn eine Baugenehmigung mit **Nebenbestimmungen** zur Einhaltung bestimmter Immissionsrichtwerte versehen wird, die, wenn sie sich als bloße Zielvorgaben erweisen, von vornherein ungeeignet sind, einen ausreichenden Nachbarschutz sicherzustellen. Auf derartige Nebenbestimmungen kann es für die Beurteilung der Rechtmäßigkeit der Baugenehmigung nicht entscheidend ankommen, wenn und soweit sie im Widerspruch zu dem genehmigten Vorhaben stehen und im Falle der bestimmungsgemäßen Nutzung der genehmigten Anlage aus tatsächlichen Gründen nicht eingehalten werden können (so z.B. OVG Sachs.-Anh., B.v. 4.5.2006 - 2 M 132/06 -, juris).

b) Der maßgebliche Zeitpunkt

Nach der Rechtsprechung des BVerwG ist bei der Frage, auf welchen Zeitpunkt das **764** Gericht abzustellen hat, wenn es über eine baurechtliche Nachbarklage zu entscheiden hat, zu differenzieren:

Ob eine angefochtene Baugenehmigung den Nachbarn in seinen Rechten verletzt, beurteilt sich grundsätzlich nach der Sach- und Rechtslage im Zeitpunkt der Genehmigungserteilung. Das entspricht allgemeinen Grundsätzen bei einer **Anfechtungsklage**; um eine solche handelt es sich aus der Sicht des Nachbarn, da er die Aufhebung eines ihn belastenden Verwaltungsaktes begehrt. Spätere Änderungen zulasten des Bauherrn haben außer Betracht zu bleiben (BVerwG NVwZ-RR 1991, 236). Dem Bauwilligen soll nicht eine Rechtsposition, die ihm eingeräumt worden ist und die zu dulden der Nachbar verpflichtet war, nachträglich ohne ausdrückliche Rechtsgrundlage entzogen werden. Dies schließt es allerdings nicht aus, nachträglich – etwa aufgrund einer nach Errichtung der Anlage durchgeführten Messung – gewonnene Erkenntnisse im Rahmen einer Nachbarklage zu berücksichtigen. Denn hierbei handelt es sich nicht um nachträgliche Veränderungen der Sachlage, sondern lediglich um spätere Erkenntnisse hinsichtlich der ursprünglichen Sachlage (vgl. OVG NRW, B.v. 16.5.2011 - 8 A 372/09 -, n.v.).

Nachträgliche Änderungen zugunsten des Bauherrn sind dagegen zu berücksich- **765** tigten. Dem liegt die Erwägung zugrunde, dass es mit der (nach Maßgabe des einschlägigen Rechts gewährleisteten) Baufreiheit nicht vereinbar wäre, eine zur Zeit des Erlasses rechtswidrige Baugenehmigung aufzuheben, die sogleich nach der Aufhebung aufgrund der günstiger gewordenen Rechtslage durch Gerichtsentscheidung auf Antrag nunmehr erteilt werden müsste (std. Rspr., BVerwG NJW 1970, 263; BVerwG BauR 1998, 995, und 2011, 499).

c) Verstoß gegen eine nachbarschützende Bestimmung

Ein Nachbarschutz konnte nach der früheren Rechtsprechung des BVerwG **unmit- 766 telbar aus Art. 14 GG** abgeleitet werden, wenn das Eigentum an dem Grundstück durch bauliche Maßnahmen auf dem Nachbargrundstück schwer und unerträglich beeinträchtigt wird (NJW 1969, 1787; NJW 1974, 811). Das Gericht hat diese Rechtsprechung aber inzwischen verlassen. Auf Art. 14 GG kann nur zurückgegriffen werden, soweit das öffentliche Baurecht keine Vorschriften darüber enthält, ob und in welchem Umfang dem Nachbarn Abwehransprüche zustehen (NJW 1994, 1546, so inzwischen auch die einhellige Rechtsprechung).

aa) Konkrete nachbarschützende Bestimmung

Grundsätzlich ist für ein subjektives Abwehrrecht erforderlich, dass eine konkrete **767** Norm vorliegt, die nicht nur die Wahrung allgemeiner öffentlicher Interessen (z.B. städtebaulicher Aspekte) im Sinn hat, sondern mittels einer abstrakten Regelung die Individualinteressen eines engeren Personenkreises schützen will, dem der Kläger in der konkreten Fallgestaltung angehört (**nachbarschützende Bestimmung**, „**Schutznormtheorie**"). Ob eine Bestimmung drittschützende Wirkung hat, lässt sich bei Fehlen einer ausdrücklichen Regelung nur durch Auslegung von Sinn und Zweck der jeweils einschlägigen Norm ermitteln (OVG NRW NVwZ 2007, 735).

Beispiel (nach BayVGH, B.v. 7.2.2017 – 9 CS 16.2522 –, juris): Eine Erhaltungssatzung nach § 172 BauGB verfolgt ausschließlich eine rein städtebauliche Zielsetzung und hat nicht (auch) den Zweck, Eigentümern von im Geltungsbereich gelegenen Grundstücken Abwehrrechte gegen benachbarte Vorhaben zu gewähren (so auch OVG Hamburg, B.v. 18.6.2015 – 2 Bs 99/15 –, juris; Ernst/Zinkahn/Bielenberg, BauGB, § 172 Rn. 214).

bb) Ausnahme: aufgezwungenes Notwegerecht

768 Unter eng begrenzten Voraussetzungen kann der Nachbar einen öffentlich-rechtlichen Abwehranspruch gegen eine dem Bauherrn unter Verstoß gegen die Voraussetzung des **Erschlossenseins** erteilte Baugenehmigung unmittelbar aus Art. 14 Abs. 1 GG herleiten. Ein solcher Ausnahmefall ist dann gegeben, wenn die Baugenehmigung den Nachbarn zwingt, ein Notwegerecht nach § 917 Abs. 1 BGB zu dulden („**aufgezwungenes Notwegerecht**"). Sind einerseits bei einer Verwirklichung eines genehmigten Bauvorhabens die Voraussetzungen für einen Anspruch des Bauherrn gegen den Nachbarn auf Bewilligung eines Notwegs nach § 917 BGB gegeben und würde andererseits dem Nachbarn die Anfechtbarkeit der Baugenehmigung unter diesem Gesichtspunkt nicht zugestanden, liefe das auf eine Unanfechtbarkeit der Genehmigung hinaus. Dann könnte der Nachbar dem auf dem Notweg bestehenden Bauherrn in einem etwaigen Zivilprozess nicht entgegenhalten, die der Inanspruchnahme zugrunde liegende Benutzung des Nachbargrundstücks sei schon deshalb nicht ordnungsmäßig, weil sie dem öffentlichen Recht widerspreche (BVerwG BauR 1976, 269); er wäre zur Duldung verpflichtet. Um diese Folge abwehren zu können, wird dem Nachbarn – ausnahmsweise – das Recht zugestanden, bereits in einem Anfechtungsprozess gegen die Baugenehmigung die mangelnde Erschließung und das Angewiesensein auf einen Notweg auf seinem - des Nachbarn - Grundstück zu rügen (s. auch BVerwG BRS 60 Nr. 182; zur zivilrechtlichen Rechtslage s. auch: BGH BRS 70 Nr. 155). Zur Erreichbarkeit eines Grundstücks i.S.d. Notwegerechts gehören nach der Rechtsprechung des Bundesgerichtshofs die sichere Erreichbarkeit des Grundstücks mit Kraftfahrzeugen sowie die problemlose Anlieferung von Gegenständen des täglichen Lebensbedarfs (vgl. BGH NJW-RR 2009, 515).

769 Dem Anspruch aus Art. 14 GG wegen des Notwegerechts aus § 917 BGB kann allerdings entgegenstehen, dass der Nachbar ohnehin schon jetzt **aus anderen Rechtsgründen** zur Duldung des Rechts verpflichtet ist und die schon bestehende Verpflichtung nur ausgedehnt wird. Die damit verbundenen Beeinträchtigungen sind unter Umständen unwesentlich und müssen deshalb von ihm hingenommen werden. Das kommt in Betracht, wenn sich die Inanspruchnahme auf wenige Fahrten täglich mit einem Pkw oder Fahrrad bzw. auf geringen Fußgängerverkehr beschränkt (VG Köln, U.v. 6.8.2013 – 2 K 3283/11 -, nrwe).

770 In der umgekehrten Situation besteht die Anfechtungsmöglichkeit allerdings nicht: Macht der Eigentümer eines über einen Notweg erschlossenen benachbarten Grundstücks geltend, durch die Umsetzung der angefochtenen Baugenehmigung werde die wegemäßige Erschließung des eigenen Grundstücks dadurch beeinträchtigt, dass ein bereits bestehendes Überfahrtrecht auf dem Baugrundstück vereitelt werde, wird das Nachbargrundstück nicht durch die Baugenehmigung selbst und unmittelbar in Anspruch genommen. Die Belastung betrifft vielmehr nur eine allenfalls mittelbare Folge hinsichtlich der künftigen Benutzbarkeit seines Grundstücks.

771 Der Nachbar kann seine Rechte gegebenenfalls auf dem Zivilrechtsweg geltend machen (BayVGH, B.v. 1.6.2016 – 15 CS 16.789 –, juris).

cc) Überblick über nachbarschützende Bestimmungen

Nachbarschützende Bestimmungen finden sich sowohl im Bauplanungsrecht als **772** auch im Bauordnungsrecht, ebenfalls in dem im Baurecht zu beachtenden Immissionsschutzrecht. Verfahrensrechtliche Bestimmungen dienen im Grundsatz nicht dem Nachbarschutz. Etwas anderes gilt teilweise im Umweltrecht, das in zunehmendem Maße durch europarechtliche Bestimmungen und deren objektiv-rechtliche Sichtweise beeinflusst wird.

(1) Nachbarschützende Bestimmung des Bauplanungsrechts

Die Rechtsschutzgewährung im Rahmen von Baunachbarstreitigkeiten wegen Fra- **773** gen des Bauplanungsrechts hängt wesentlich davon ab, ob das Vorhaben in einem beplanten Innenbereich, einem unbeplanten Innenbereich oder im Außenbereich liegt. Ferner ist maßgeblich, welches Kriterium der baulichen Grundstücksnutzung betroffen ist.

(a) Nachbarschutz im beplanten Innenbereich

(aa) Art der baulichen Nutzung

In Bezug auf das Merkmal der Art der baulichen Nutzung gilt der sog. **Gebietserhal-** **774** **tungsanspruch**, **Gebietsgewährleistungsanspruch** oder **Gebietsbewahrungs-** **anspruch**. (Diese Begriffe werden synonym und auch innerhalb der Bundesländer unterschiedlich verwandt; eine inhaltlich verschiedene Bedeutung haben sie nicht. Im Rahmen dieser Darstellung wird der Begriff des Gebietserhaltungsanspruchs verwandt, weil dieser das Wesen und den Zweck am besten beschreibt.)

In der Rechtsprechung ist seit dem Urteil des BVerwG vom 16.9.1993 (4 C 28/91, **775** DVBl 94, 284) anerkannt, dass Festsetzungen in einem Bebauungsplan über die Art der baulichen Nutzung stets auch dem Nachbarschutz dienen. Die Festsetzungen haben aus sich heraus nachbarschützenden Charakter; einer besonderen „**Verlei-** **hung**" bedarf es nicht. Das BVerwG begründet den Gebietserhaltungsanspruch damit, dass die Planbetroffenen durch die Festsetzungen eines Bebauungsplans über die Art der baulichen Nutzung im Hinblick auf die Nutzung ihrer Grundstücke zu einer rechtlichen **Schicksalsgemeinschaft** verbunden würden. Die Beschränkung der Nutzungsmöglichkeiten des eigenen Grundstücks werde dadurch ausgeglichen, dass auch die anderen Grundeigentümer diesen Beschränkungen unterworfen seien.

Rechtliche Konsequenz aus diesem Dogma ist, dass jeder Verstoß gegen eine Fest- **776** setzung zur Art der baulichen Nutzung zur Rechtsverletzung zulasten der Grundeigentümer (oder sonst dinglich Berechtigten) aus diesem Baugebiet führt, es sei denn, die Erteilung einer Ausnahme (§ 31 Abs. 1 BauGB) oder einer Befreiung (§ 31 Abs. 2 BauGB) ist erfolgt oder – nach umstrittener Auffassung – hätte erfolgen können

Der Gebietserhaltungsanspruch gewährt keinen Abwehranspruch gegen **Mehrfami-** **777** **lienhäuser** in einem Gebiet, in dem Wohnen zulässig ist. Denn auch diese dienen dem Wohnen (OVG NRW, B.v. 4.7.2014 – 7 B 363/14 –, nrwe). Allerdings kann durchaus ein Widerspruch zur Eigenart eines Gebiets vorliegen, wenn ein Vorhaben sich wegen seines Umfangs signifikant von dem Vorhandenen abhebt (BayVGH, B.v. 25.8.2009 – 1 CS 09. 287 –, juris). Diesen Fall hat jedoch § 15 Abs. 1 S. 1 BauNVO geregelt, indem bestimmt ist, dass ein Vorhaben im Einzelfall auch unzulässig ist, wenn es wegen seines Umfangs der Eigenart eines bestimmten Baugebiets widerspricht. Allerdings hat das BVerwG auch entschieden, dass im Einzelfall Quantität in Qualität umschlagen kann, dass also die Größe einer baulichen Anlage die Art der baulichen Nutzung erfassen kann (BVerwG NVwZ 1995, 899). Das hat aber nichts mit dem Gebietserhaltungsanspruch zu tun.

778 Nach allgemeiner Meinung besteht kein gebietsübergreifender, von konkreten Beeinträchtigungen unabhängiger Schutz des **„Gebietsnachbarn"** vor gebietsfremden Nutzungen im lediglich angrenzenden Plangebiet (**„baugebietsübergreifender Gebietserhaltungsanspruch"**). Weil zwischen dem Grundstück des Bauherrn und dem in einem anderen Plangebiet gelegenen Grundstück des Gebietsnachbarn nicht das für ein Plangebiet typische wechselseitige Verhältnis besteht, das die in einem Plangebiet zusammengefassten Grundstücke zu einer bau- und bodenrechtlichen Schicksalsgemeinschaft zusammenschließt, fehlt es an dem spezifischen bauplanungsrechtlichen Grund, auf dem der nachbarschützende Gebietserhaltungsanspruch als Abwehrrecht beruht (BVerwG NVwZ 2008, 427; vgl. auch Hess. VGH, B.v. 8.6.2015 – 3 A 938/14.Z –, juris; BayVGH, U.v. 11.4.2011 – 9 N 10.1373 –, juris).

779 Das gilt auch, wenn die **verschiedenen Baugebiete** im selben Bebauungsplan festgesetzt sind. Denn es ist nicht der Plan, der die Schicksalsgemeinschaft begründet, sondern die Zusammenfassung in ein Baugebiet mit den gemeinsamen Rechten und Pflichten. Deshalb besteht ein Gebietserhaltungsanspruch selbst dann nicht, wenn ein Bebauungsplan zwei Sondergebiete festsetzt und das Grundstück des Nachbarn in dem einen und das Vorhabengrundstück in dem anderen liegt, der Plan aber für die Gebiete im Detail unterschiedliche Arten der baulichen Nutzung bestimmt (vgl. zu einem solchen Fall VGH Bad.-Württ. NVwZ-RR 2016, 725).

780 Allerdings ist nicht ausgeschlossen, dass die Gemeinde mit einer Baugebietsfestsetzung den Zweck verfolgt, auch „Gebietsnachbarn" einen Anspruch auf Gebietserhaltung zu verschaffen. Ob einer Baugebietsfestsetzung eine derartige, über die Gebietsgrenze hinausreichende drittschützende Wirkung zukommt, hängt davon ab, ob dies der Wille des Plangebers war. Ein entsprechender Planungswille der Gemeinde kann sich der Begründung des Bebauungsplans oder anderen Unterlagen des Planaufstellungsverfahrens entnehmen lassen (OVG NRW, B.v. 27.3.2017 – 7 B 223/17 -, nrwe; BayVGH, B.v. 31.8.2012 – 14 CS 12.1373 –, juris; OVG Rh.-Pf. BauR 2000, 527; OVG Nds. ZfBR 2002, 280).

781 Ansonsten, d.h. wenn ein **gebietsübergreifender** Gebietserhaltungsanspruch nicht bejaht werden kann, bestimmt sich der Nachbarschutz eines außerhalb der Grenzen des Plangebiets belegenen Grundstückseigentümers nur nach dem in § 15 Abs. 1 S. 2 BauNVO enthaltenen Gebot der **Rücksichtnahme** (dazu eingehend ab Rn. 318). Diesbezüglich ist anerkannt, dass in Bereichen, in denen Baugebiete von unterschiedlicher Qualität und unterschiedlicher Schutzwürdigkeit zusammentreffen, die Grundstücksnutzung mit einer gegenseitigen Pflicht zur Rücksichtnahme belastet ist, was auch dazu führt, dass der Belästigte Nachteile hinnehmen muss, die er außerhalb eines derartigen Grenzbereichs nicht hinzunehmen bräuchte (BVerwG BRS 29 Nr. 135 und 42 Nr. 66). In diesem Rahmen kommt es auf die konkreten örtlichen Verhältnisse an.

782 In der verwaltungsgerichtlichen Rechtsprechung findet sich der Hinweis, dass in § 15 Abs. 1 S. 1 BauNVO nicht nur das Gebot der Rücksichtnahme verankert sei, sondern auch ein Anspruch auf Aufrechterhaltung der typischen Prägung eines Baugebiets (so etwa OVG Hamburg BRS 74 Nr. 87 und VGH Bad.-Württ. U. v. 27.7.2001 – 5 S 1093.00 –, juris; weitere Hinweise in VG München, U.v. 17.5.2016 – M 1 K 16.629 –, juris). Nach diesem speziellen **„Gebietsprägungserhaltungsanspruch"**

könne ein allgemein oder ausnahmsweise zulässiges, also im Einklang mit den Vorgaben der BauNVO zur Gebietsart stehendes Vorhaben, dennoch unzulässig sein wegen Widerspruchs zur allgemeinen **Zweckbestimmung** des maßgeblichen Baugebiets. Ein solches Vorhaben könne damit vom Nachbarn ohne konkrete und individuelle Betroffenheit abgewehrt werden.

Dies ist jedoch abzulehnen. Eine derartige Konstruktion ist zum einen konturenlos **783** und nicht rechtssicher handhabbar und zum anderen nicht erforderlich, weil die Gebietsprägung durch die nach Planungsrecht zulässige Nutzungsart erfolgt und der anerkannte Gebietserhaltungsanspruch, das Gebot der Gebietsverträglichkeit (s. dazu ab Rn. 225) sowie das Rücksichtnahmegebot des § 15 BauNVO einen hinreichenden planungsrechtlichen Schutz des Nachbarn gewähren (ablehnend auch: VG Ansbach, B.v. 13.1.2016 – AN 3 S 15.02436 –, juris).

(bb) Maß der baulichen Nutzung

Der nachbarschützende Charakter einer Festsetzung zum **Maß der baulichen Nut-** **784** **zung** ist nicht zweifelhaft, wenn der Plangeber der Festsetzung diesen Charakter „verliehen" hat. Darüber, dass er diese Befugnis hat und dass diese Wirkung dann dem Nachbarn Abwehrrechte verschafft, besteht Einigkeit. Die Anforderungen für die Bejahung dieser Wirkung sind indes recht hoch.

Beispiel für einen angenommenen nachbarschützenden Charakter einer Festsetzung der höchstzulässigen Zahl der Vollgeschosse und der rückwärtigen **Baugrenze „kraft Verleihung"** (aus: VG Köln, U.v. 28.8.2015 – 2 K 6969/14 –, nrwe): Das Gericht hatte nach Auswertung der dem Bebauungsplan beigefügten Begründung und dem Plankonzept *„keine vernünftigen Zweifel daran, dass die Satzungsgeberin auf dem Vorhabengrundstück die höchstzulässige Zahl der Vollgeschosse und eine rückwärtige Baugrenze nicht nur aus städtebaulichen Gründen getroffen hat, sondern mit dieser Festsetzung auch Nachbarschutz zugunsten der betroffenen Angrenzer begründen wollte".* In der Planbegründung heißt es zur Ausweisung des allgemeinen Wohngebiets entlang der betroffenen Straße: „Weitergehende bauliche Verdichtungen, insbesondere in den Bereichen angrenzend an die Straßenräume sind jedoch nicht mehr tragbar und nicht vereinbar mit den allgemeinen Anforderungen an gesunde Wohn- und Arbeitsverhältnisse." Die Plangeberin hatte, so das Gericht, diese Festsetzungen ausdrücklich mit dem Willen verbunden, in diesem Grundstücksbereich, der schon von massiver Bebauung umgeben ist, gesunde Wohnverhältnisse zu erhalten.

Soweit sich nicht feststellen lässt, dass der Plangeber der einzelnen Festsetzung **785** nachbarschützenden Charakter verschaffen wollte, ist nach der Rechtsprechung ein solcher Charakter abzulehnen. Das BVerwG vertritt stets die Auffassung, dass die Erwägungen, wegen derer den Festsetzungen über die Art der baulichen Nutzung nachbarschützende Funktion unabhängig von einer spürbaren tatsächlichen Beeinträchtigung durch ein baugebietswidriges Vorhaben zuzusprechen seien, sich nicht auf die Festsetzungen über das Maß der baulichen Nutzung übertragen lassen. Das BVerwG hat seine Meinung mit Beschluss vom 23.6.1995 (NVwZ 1996, 170) so begründet: Die Planbetroffenen würden durch die Maßfestsetzungen eines Bebauungsplans nicht in gleicher Weise zu einer **Schicksalsgemeinschaft** verbunden, wie das das Gericht für die Festsetzung der Art der Nutzung angenommen habe. Festsetzungen über das Maß der baulichen Nutzung ließen in aller Regel den Gebietscharakter unberührt und hätten nur Auswirkungen auf das Baugrundstück und die unmittelbar anschließenden Nachbargrundstücke. Zum Schutz der Nachbarn sei das drittschützende **Rücksichtnahmegebot** ausreichend.

Beispiel (nach BayVGH, B.v. 7.3.2017 – 9 ZB 15.85 –, juris): Ein Bebauungsplan setzt für ein einheitlich bebautes Straßengeviert rückwärtige Baugrenzen fest. Auf diese Weise ist ein rückwärtiger Ruhebereich entstanden. Durch die diesen Zustand herbeiführenden Festsetzungen ist dennoch für die benachbarten Grundstückseigentümer kein Nachbarschutz vermittelndes Austauschverhältnis und in dessen Folge eine Schicksalsgemeinschaft entstanden.

786 Die untergeordneten Gerichte und die Literatur folgen der Rechtsprechung des BVerwG (vgl. nur: OVG NRW, B.v. 4.11.2015 – 7 B 744/15 –, nrwe; vgl. kritisch und ausführlich dazu Schulte Beerbühl, Öffentliches Baunachbarrecht, ab Rn. 315, unter Verweis darauf, dass eine „Schicksalsgemeinschaft" sich nicht notwendig allein auf die Art der baulichen Nutzung beziehen muss).

(cc) Bauweise

787 Die Festsetzung der **offenen Bauweise** erfolgt in der Regel aus städtebaulichen Gründen, so dass ein nachbarschützender Charakter nicht bejaht werden kann und als Konsequenz hieraus im Falle eines Verstoßes gegen die Festsetzung ein Nachbar, auch der unmittelbare Grundstücksnachbar, grundsätzlich nicht deswegen in seinen Rechten verletzt ist.

788 Die (in bauplanungsrechtlicher Hinsicht) nachbarrechtliche Unbeachtlichkeit von Verstößen gegen das Gebot der Errichtung baulicher Anlagen in der offenen Bauweise gilt allerdings nicht ausnahmslos. Zum einen steht es dem Plangeber frei, diese Festsetzung mit nachbarschützendem Charakter zu versehen, indem er seine dahin gehende entsprechende Zweckrichtung im Rahmen der Beschlussfassung manifestiert. Zum anderen kann ein schutzwürdiges Interesse des Eigentümers einer **Doppelhaushälfte** daran bestehen, dass der Charakter dieses Haustyps nicht dadurch zerstört wird, dass die andere Haushälfte aus diesem Gefüge ausbricht. Gerade auch in der Beziehung dieser Eigentümer der Haushälften – das Gleiche gilt für Eigentümer von Häusern einer Hausgruppe – besteht ein nachbarliches Austauschverhältnis, das nicht einseitig aufgehoben oder aus dem Gleichgewicht gebracht werden darf (so BVerwG NVwZ 2000, 1055). Ist ein Bauvorhaben darauf gerichtet, eine der Hälften so zu gestalten oder zu verändern, dass der Charakter eines Doppelhauses verloren geht, kann der Eigentümer der anderen Hälfte dies abwehren (s. dazu das Beispiel unter Rn. 331). Auch insoweit gilt die Parallele, dass dem Eigentümer eines Hauses in einer Hausgruppe ein gleichartiger Erhaltungsanspruch zusteht.

(dd) Überbaubare Grundstücksfläche (Baulinie, Baugrenze)

789 Die Frage nach dem nachbarschützenden Charakter von Festsetzungen zur überbaubaren Grundstücksfläche wird unterschiedlich beantwortet: Einigkeit besteht darüber, dass ein Nachbar das Überschreiten der zu seinem Grundstück ausgerichteten **Baugrenze** dann rügen kann, wenn der Ortsgesetzgeber dieser Festsetzung – gerade auch diesem Nachbarn gegenüber – nachbarschützenden Charakter geben wollte (BVerwG DVBl 1986, 187; BayVGH, B.v. 27.4.2009 – 14 ZB 08.1172 –, juris).

Beispiel (nach OVG NRW BRS 81 Nr. 176): In einem festgesetzten Kleinsiedlungsgebiet waren und sind immissionsempfindliches Wohnen und Tierhaltung vorhanden. Die festgesetzte, zum klagenden Nachbarn hin gewandte seitliche Baugrenze soll im Interesse der Entzerrung des vom Rat bei der Plangebung erkannten Nutzungskonflikts größere Abstände sicherstellen, als sie die bauordnungsrechtlichen Regelungen zur Abstandfläche gewährleisten. Die Baugrenze hat nach dem erkennbaren Willen des Rates (auch) die Aufgabe, dafür zu sorgen, dass die immissionsträchtigen baulichen Anlagen den umliegenden Wohngebäuden nicht zu nahe kommen.

790 Die Frage, ob generell Festsetzungen von **Baugrenzen, Baulinien** oder **Bebauungstiefen** gemäß § 23 BauNVO dem Nachbarschutz dienen, auch wenn sich die Absicht des Plangebers nicht durch ausdrückliche diesbezügliche Aussagen des

Plangebers erhärten lässt, wird vom BVerwG stets verneint. Auch auf dieses Merkmal bezieht das Gericht die schon früh getätigte und seither stets wiederholte Aussage, dass die Frage, ob Festsetzungen auf der Grundlage der §§ 16 ff. und des § 23 BauNVO auch darauf gerichtet sind, dem Schutz des Nachbarn zu dienen, (allein) vom Willen der Gemeinde als Planungsträger abhänge (BVerwG NVwZ 1996, 888).

Auch das OVG NRW verneint in ständiger Rechtsprechung den nachbarschützenden Charakter von Baugrenzen (vgl. etwa BRS 82 Nr. 178; BRS 56 Nr. 44), weil diese in erster Linie wegen ihrer städtebaulichen Ordnungsfunktion öffentlichen Belangen und nicht dem Nachbarschutz dienten.

(ee) Zwei-Wohnungs-Klausel

Nach § 9 Abs. 1 Nr. 6 BauGB kann aus städtebaulichen Gründen die höchstzulässige **791** Zahl der Wohnungen in Wohngebäuden festgesetzt werden (in der Version, dass nicht mehr als zwei Wohnungen entstehen dürfen: „**Zwei-Wohnungs-Klausel**"). Dabei ist die Wohnungsanzahl kein Kriterium des Maßes der baulichen Nutzung (vgl. § 16 Abs. 1 BauNVO), sondern hat als Ausdruck der Art der baulichen Nutzung bodenrechtliche Relevanz (BVerwGE 89, 69). Mit Beschluss vom 9.10.1991 (4 B 137/91, juris) hat das BVerwG entschieden, dass eine solche Klausel geeignet sein kann, den Gebietscharakter im Sinne einer Bebauung vorwiegend mit Familienheimen zu bestimmen. An der Erhaltung oder Schaffung eines solchen Gebietscharakters könnten die Planbetroffenen ein berechtigtes Interesse haben. Deshalb sei der Ortsgesetzgeber nicht gehindert, der entsprechenden planerischen Festsetzung drittschützende Wirkung beizulegen. Dann (aber offenbar nur dann) habe der Grundeigentümer die Möglichkeit, eine auch nur schrittweise Veränderung des Gebietscharakters abzuwehren. Ob der Plangeber das gewollt habe, sei durch Auslegung des jeweiligen Bebauungsplans unter Heranziehung seiner Begründung und ggf. weiterer Auslegungshilfen, wie etwa der Niederschriften über die Gemeinderatssitzungen o.Ä., zu ermitteln (BVerwG NVwZ 1993, 1100).

(b) Nachbarschutz im unbeplanten Innenbereich

(aa) Art der baulichen Nutzung

Im unbeplanten Innenbereich gilt, soweit es die Art der baulichen Nutzung betrifft **792** und sofern es sich um ein faktisches Baugebiet im Sinne von § 34 Abs. 2 BauGB i.V.m. der BauNVO handelt, für den Rechtsschutz eines Dritten dasselbe wie beim Rechtsschutz in einem beplanten Gebiet. Denn dann ersetzt das Faktische den Bebauungsplan, und auch in einem nach § 34 Abs. 2 BauGB zu beurteilenden Gebiet bilden die Grundstückseigentümer eine **Schicksalsgemeinschaft** und stehen untereinander in einem Austauschverhältnis (BVerwG DVBl 94, 284; BVerwG BRS 71 Nr. 68; OVG NRW BRS 79 Nr. 171).

In einer Gemengelage, also einem Bereich, der keinem der Baugebiete nach der **793** BauNVO zugeordnet werden kann, hat für das Baunachbarrecht das **Rücksichtnahmegebot** besondere Bedeutung. Dieses ist in dem in § 34 Abs. 1 BauGB ausgesprochenen **Einfügungsgebot** enthalten (std. Rechtsprechung seit BVerwG DÖV 1981, 672).

Die aufgrund des Gebotes der Rücksichtnahme zu stellenden Anforderungen an ein **794** Vorhaben hängen von den Umständen des jeweiligen Einzelfalls ab. Dabei gilt: Je verständlicher und unabweisbarer die mit dem Vorhaben verfolgten Interessen sind, umso weniger braucht derjenige, der das Vorhaben verwirklichen will, Rücksicht zu nehmen. Je empfindlicher und schutzwürdiger die Stellung desjenigen ist, dem die Rücksichtnahme des Bauherrn im gegebenen Zusammenhang zu Gute kommt (also dem Nachbarn), umso mehr kann dieser Nachbar an Rücksichtnahme verlangen. Abzustellen ist darauf, was einerseits dem Rücksichtnahmeverpflichteten und andererseits dem Rücksichtnahmebegünstigten nach Lage der Dinge zuzumuten ist (BVerwG NVwZ 2000, 1050). Berechtigte Belange muss keiner zurückstellen, um gleichwertige fremde Belange zu schonen.

795 Sind von einem Vorhaben Immissionen zu erwarten, ist das Kriterium der Zumutbarkeit in der Regel anhand der Grundsätze und Begriffe des Bundes-Immissionsschutzgesetzes und von Normensammlungen wie etwa der **TA Lärm**, der **LAI-Freizeitlärm-Richtlinie** und der 18. BImSchV (**Sportanlagenlärmschutzverordnung**) auszufüllen (vgl. zu den beiden letztgenannten ausführlich Schulte Beerbühl, Öffentliches Baunachbarrecht). Denn diese Grundsätze bestimmen die Grenze der Zumutbarkeit von Umwelteinwirkungen für Nachbarn und damit das Maß der gebotenen Rücksichtnahme mit Wirkung auch für das Baurecht allgemein. Immissionen, die das nach § 5 Abs. 1 Nr. 1 BImSchG zulässige Maß nicht überschreiten, begründen auch unter dem Gesichtspunkt des baurechtlichen Rücksichtnahmegebotes keine Abwehr- oder Schutzansprüche.

796 Ob Belästigungen i.S.d. Immissionsschutzrechts erheblich sind, richtet sich nach der konkreten Schutzwürdigkeit und Schutzbedürftigkeit der betroffenen Rechtsgüter. Soweit Immissionen auf schutzbedürftige Nutzungen treffen, ist zu berücksichtigen, in welchem Maße die Umgebung schutzwürdig ist und ob tatsächliche oder planerische **Vorbelastungen** vorhanden sind. Ist der Standort schon durch Belästigungen in einer bestimmten Weise vorgeprägt, so vermindern sich entsprechend die Anforderungen des Rücksichtnahmegebotes (vgl. nur OVG NRW, U.v. 15.8.1996 – 7 A 1727/93 –, nrwe, m.w.N.).

(bb) Maß der baulichen Nutzung, Bauweise, überbaubare Grundstücksfläche

797 Die Verteidigungsmöglichkeiten gegen ein benachbartes Vorhaben sind im unbeplanten Innenbereich hinsichtlich des Maßes der baulichen Nutzung – jedenfalls auf den ersten Blick – noch geringer als im beplanten Bereich. Denn dem Maß der baulichen Nutzung als solchem kommt nach einhelliger Ansicht im nicht überplanten Innenbereich nach § 34 Abs. 1 BauGB keine nachbarschützende Wirkung zu (BVerwG NVwZ 1996, 888; OVG NRW, B.v. 10.3.2016 – 7 A 409/14 –, nrwe). Dasselbe gilt für die Bauweise und die überbaubare Grundstücksfläche.

798 Während nämlich im Geltungsbereich eines Bebauungsplans zumindest anhand einer interessengerechten Auslegung der Planfestsetzungen und gegebenenfalls der Planunterlagen ein nachbarschützender Charakter von Maßfestsetzungen feststellbar sein kann, fehlt es im unbeplanten Bereich hieran. Da sich, anders als bei der Art der baulichen Nutzung (§ 34 Abs. 2 BauGB i.V.m. der jeweiligen Baugebietsfestsetzung nach der BauNVO), die Feststellung eines faktischen Charakters verbietet und keine „Schicksalsgemeinschaft" besteht, ist allein das Faktische Maßstab gebend. Dem entspricht, dass der Nachbar aus dem Vorhandenen nicht (unmittelbar) auf das zu Beanspruchende schließen kann. Für das Abwehrrecht eines Nachbarn in einem im Zusammenhang bebauten Ortsteil ist deshalb mit Blick auf die Merkmale Maß der baulichen Nutzung, Bauweise und überbaubare Grundfläche allein maßgeblich, ob das in dem Tatbestandsmerkmal des Sich-Einfügens enthaltene **Rücksichtnahmegebot** verletzt ist.

(c) Nachbarschutz im Außenbereich

Der Außenbereich (§ 35 BauGB) ist zwar von dem Grundsatz geprägt, ihn von bauli- **799** chen Anlagen freizuhalten, soweit diese nicht ihrem Wesen nach in den Außenbereich gehören. Eine nach Maßgabe des Bauplanungsrechts dennoch im Außenbereich zulässige und/oder vorhandene Nutzung ist trotz dieser Tendenz wehrfähig. Allerdings ist der Schutzanspruch nicht derselbe, wie ihn eine Nutzung im Innenbereich in Anspruch nehmen kann. Das gilt insbesondere mit Blick auf Lärmimmissionen und Geruchsimmissionen. Auch hinsichtlich des Rücksichtnahmegebotes gelten besondere Maßstäbe. Hingegen gilt das Bauordnungsrecht, z.B. mit seinen Regeln zur Abstandfläche, zum Brandschutz und sonstigen Anforderungen im Interesse von Nachbargrundstücken, ohne jegliche Einschränkung auch im Außenbereich. Darüber hinaus muss, was im Außenbereich in der Regel einer besonderen Aufmerksamkeit bedarf, der betroffene Nachbar eine schutzwürdige Rechtsposition innehaben, auf deren Grundlage er gerade auch diese Störung abwehren kann. Auch im Außenbereich gilt, dass von dem Verursacher von Umwelteinwirkungen nicht mehr an Rücksichtnahme verlangt werden kann, als es das Bundes-Immissionsschutzgesetz gebietet (BVerwG NVwZ 1984, 509; BayVGH, B.v. 23.12.2016 – 9 CS 16.1746 -, juris).

(aa) Nachbarschützende Bestimmung

Der Außenbereich ist kein Baugebiet, und deshalb gelten für ihn die Grundsätze, wie **800** sie für den beplanten und den unbeplanten Innenbereich entwickelt worden sind, nicht (BVerwG BRS 57 Nr. 224; BVerwG NVwZ 2000, 552). Insbesondere kann es dort keinen Gebietserhaltungsanspruch geben. Selbst wenn eine Splittersiedlung entstanden ist (die noch keinen im Zusammenhang bebauten Ortsteil bildet), vermag diese keine „**Schicksalsgemeinschaft**" ihrer Bewohner im Sinne der Rechtsprechung des BVerwG mit Blick auf die Art der baulichen Nutzung zu begründen. Auch ein Anspruch eines privilegiert im Außenbereich angesiedelten Vorhabens auf Beibehaltung der Außenbereichsqualität besteht nicht. Schließlich kann ein Nachbar, der sich seine Bauwünsche erfüllt hat, nicht durch die Art und Weise seiner Bauausführung unmittelbaren Einfluss auf die Bebaubarkeit anderer Grundstücke nehmen (BVerwG NVwZ-RR 1997, 516).

Der Nachbarschutz im Außenbereich wird aus dem **Rücksichtnahmegebot** (allge- **801** mein aus § 35 Abs. 3 BauGB und mit Blick auf das Gebot, **schädliche Umwelteinwirkungen** zu vermeiden, aus § 35 Abs. 3 S. 1 Nr. 3 BauGB) hergeleitet (vgl. etwa BayVGH, B.v. 23.12.2016 – 9 CS 16.1672 –, juris). Zwar wird das Gebot, auf schutzwürdige Individualinteressen Rücksicht zu nehmen, in § 35 Abs. 3 BauGB nicht ausdrücklich aufgeführt. Das BVerwG hat jedoch schon früh entschieden, dass das Gebot einen öffentlichen Belang darstellt, der im Beispielskatalog des § 35 Abs. 3 BauGB insofern Niederschlag gefunden, als es sich bei dem Erfordernis, schädliche Umwelteinwirkungen zu vermeiden, um nichts anderes handelt als eine besondere gesetzliche Ausformung dieses Gebots, wenn auch eingeschränkt auf Immissionskonflikte (BVerwGE 28, 268; BRS 25 Nr. 29; NVwZ 1994, 686; NVwZ 2000, 552; NVwZ-RR 2001, 82).

Das Rücksichtnahmegebot (s. dazu auch ab Rn. 809) wird zulasten des Nachbarn **802** verletzt, wenn durch das geplante Vorhaben die Nutzung des Nachbargrundstücks unzumutbar beeinträchtigt wird, also unter Berücksichtigung der Schutzwürdigkeit der Betroffenen, der Intensität der Beeinträchtigung und der wechselseitigen Interessen das Maß dessen überschritten wird, was der Nachbar billigerweise hinnehmen muss (vgl. BVerwG BRS 81 Nr. 182).

803 Im Außenbereich ansässige Betriebe müssen auch auf etwaige **benachbarte Wohn-bebauung** Rücksicht nehmen. Dabei gilt das Rücksichtnahmegebot nicht nur für Außenbereichsvorhaben untereinander, sondern wirkt über Gebietsgrenzen hinweg und kommt auch Eigentümern zugute, deren Grundstücke im Geltungsbereich eines Bebauungsplans i.S.d. § 30 BauGB oder im unbeplanten Innenbereich i.S.d. § 34 BauGB liegen (BVerwG NVwZ 1983, 609 und 1986, 469).

(bb) Die Position des Nachbarn

804 Der öffentlich-rechtliche Baunachbarschutz setzt auch im Außenbereich eine **schutzwürdige Position** des Nachbarn gegenüber dem Vorhaben voraus; *„denn Rücksicht zu nehmen ist nur auf solche Interessen des Nachbarn, die wehrfähig sind, weil sie nach der gesetzgeberischen Wertung, die im materiellen Recht ihren Nieder-schlag gefunden hat, schützenswert sind."* (BVerwG BRS 57 Nr. 224 und NVwZ 1994, 686). Ist die Position des Nachbarn nach den nachstehenden Grund-sätzen nicht schutzwürdig, ist sie nicht wehrfähig; ihre Beeinträchtigung kann nicht mit Erfolg geltend gemacht werden.

805 Eine **formell und materiell illegale**, der („freien", s. ab Rn. 230) Wohnnutzung die-nende bauliche Anlage ist baurechtlich nicht schutzwürdig und kann weder Ge-ruchsimmissionen noch Lärmimmissionen noch sonstige von baulichen Anlagen ausgehende Störungen abwehren (vgl. zu einem solchen Fall: VG Köln, B.v. 15.12.2015 – 23 L 2516/15 –, nrwe). Das gilt nicht nur für Eigentumsbeeinträch-tigungen, sondern auch für vermeintliche Gesundheitsbeeinträchtigungen. Dem Nachbar ist zuzumuten, sich solchen Störungen dadurch entziehen, dass er sich selbst rechtmäßig verhält, indem er die eigene Nutzung beendet.

Steht eine klassische, freie Wohnnutzung – ausnahmsweise - im Einklang mit dem geltenden Recht, kann sie zwar Nachbarschutz beanspruchen, aber wie auch sonst nur insoweit, als ein Rechtsverstoß zu einer Verletzung der Rechte des dinglich Be-rechtigten führt.

(cc) Der Schutz des im Außenbereich Emittierenden

806 Der im Außenbereich aufgrund einer Genehmigung ansässige Betrieb, der durch sei-ne Emissionen **schädliche Umwelteinwirkungen** hervorruft, hat eine schutzbedürf-tige und schutzwürdige Stellung inne. Denn der Rücksicht bedarf nicht nur, wer von Immissionen wie Lärm oder Geruch betroffen wird. Auch demjenigen, der in zulässi-ger Weise Emissionen verbreitet, muss dafür Raum zur Verfügung gestellt werden, indem seine Anlage in ihrem Bestand und Betrieb vor Überforderungen durch stö-rungsempfindliche Nachbarn geschützt ist (sog. Schutz gegen **heranrückende Wohnbebauung**).

807 Nach der Rechtsprechung des BVerwG (BBauBl 1970, 25) liegt die durch § 35 Abs. 1 BauGB (seinerzeit: BBauG) vermittelte Begünstigung gerade in der Privilegierung, so dass sich der Anspruch des Begünstigten nur auf ungehinderte Ausnutzung des pri-vilegierten Bestandes richten kann. Daraus folgt, dass sich der Privilegierte nur auf diejenigen öffentlichen Belange berufen kann, deren Nichtbeachtung in Verbindung mit der daraus folgenden Zulassung eines neuen Vorhabens die weitere Ausnutzung seiner Privilegierung und insbesondere seines privilegierten Baubestandes (faktisch) in Frage stellen oder gewichtig beeinträchtigen würden. Ob das neue Vorhaben da-bei seinerseits privilegiert oder nicht privilegiert ist, spielt in diesem Zusammenhang keine Rolle; entscheidend ist nur der Störungseffekt für den bereits vorhandenen pri-

vilegierten Bestand, also die Frage, ob der privilegierte Bestand und das beabsichtigte Vorhaben unvereinbar sind. Stört das geplante Vorhaben nicht in dem Sinne, dass es die weitere Ausnutzung der Privilegierung nicht in Frage stellen oder gewichtig beeinträchtigen würde, dann kann, so das BVerwG, auch der Privilegierte nicht das nicht privilegierte Vorhaben unter Berufung auf angeblich beeinträchtigte öffentliche Belange abwehren. Stört das Vorhaben hingegen, kann sich der Privilegierte auf die entgegenstehenden öffentlichen Belange selbst gegenüber dem privilegierten Vorhaben berufen.

Werden die einschlägigen Immissionswerte mit Blick auf die heranrückende Wohn- **808** nutzung derzeit (noch) eingehalten, kommt aber eine **Erweiterung** des Betriebes in Betracht, die zu dann nicht mehr zumutbaren Werten führen wird, ist fraglich, ob ein Recht des Betreibers besteht, deswegen die heranrückende Wohnbebauung abzuwehren. Das BVerwG hat mit Beschluss vom 5.9.2000 (NVwZ-RR 2001, 82) die bis dahin umstrittene Frage eingeschränkt bejaht. Bei der Zulassung eines Vorhabens im Außenbereich braucht nicht schon auf vage, sondern nur auf hinreichend konkrete Erweiterungsinteressen eines Landwirts Rücksicht genommen zu werden. Die Tatsache, dass **Erweiterungsabsichten** nicht hinreichend konkret sind, kann unter Umständen aus dem Verhalten des Landwirts abgeleitet werden, der z.B. erst Monate nach der von ihm angefochtenen Baugenehmigung für ein heranrückendes Wohnbauvorhaben eine Bauvoranfrage oder einen Bauantrag zur Errichtung oder Erweiterung vorhandener landwirtschaftlicher Anlagen gestellt hat (OVG NRW NWVBl 2016, 377; VG Augsburg, U.v. 12.11.2014 – Au 4 K 13.1369 –, juris).

(d) Rücksichtnahmegebot

Das **Rücksichtnahmegebot** ist ein unabdingbares rechtliches Korrektiv zur Vermei- **809** dung von unzumutbaren Zuständen in Fallgestaltungen, die der Gesetzgeber durch sein Regelwerk nicht erfassen konnte. Es stellt den von einem Vorhaben Betroffenen in den Vordergrund der nachbarrechtlichen Betrachtung. Er soll keine unzumutbaren Nachteile erleiden müssen und auch keine „qualifizierte Störung". Bloße Lästigkeiten stellen aber keinen Verstoß gegen das Rücksichtnahmegebot dar. Der Anwendungsbereich des Gebots ist beschränkt auf Extremfälle, in denen auch zumutbare Maßnahmen des Betroffenen nicht zu einer verträglichen Konfliktlösung beitragen können. Zudem muss es dem planenden Bauherrn, der sein eigenes Grundstück in einer sonst zulässigen Weise baulich nutzen will, einen gewissen Vorrang zugestehen: Er braucht eigene berechtigte Interessen nicht zurückzustellen, um gleichwertige fremde Interessen zu schonen.

Zwischen landesrechtlichen Regelungen und dem bundesrechtlichen Gebot der **810** Rücksichtnahme besteht kein Lex-spezialis-Verhältnis. Dies ist schon wegen der Zugehörigkeit der Bestimmungen zu verschiedenen Rechtsgebieten mit unterschiedlicher Zweckrichtung und unterschiedlicher Gesetzgebungskompetenz ausgeschlossen (vgl. Rechtsgutachten des BVerfG vom 16.6.1954 – 1 PBvV 2/52 –, BVerfGE 3, 407; BVerwG BRS 63 Nr. 160). Das BVerwG geht z.B. mit Blick auf das **Abstandflächenrecht** davon aus, dass das bauplanungsrechtliche Gebot der Rücksichtnahme auch verletzt sein kann, wenn die landesrechtlichen Abstandvorschriften eingehalten werden (BVerwG BRS 62 Nr. 102).

In der genannten Entscheidung hat das Gericht allerdings auch ausgeführt, dass das **811** Gebot der Rücksichtnahme zumindest im Regelfall nicht verletzt sein wird, wenn die Abstandflächenvorschriften eingehalten sind. Denn mit der abstandflächenrechtlichen Regelung habe der Gesetzgeber insoweit regelmäßig abschließend festgelegt, welches Maß an Rücksichtnahme der Bauherr seinem Nachbarn schulde und wann diesem ein Vorhaben auf dem Nachbargrundstück unzumutbar sei. Unter diesen Gesichtspunkten lasse sich deshalb bei gewahrten Abstandflächen eine Rücksichtslosigkeit des Vorhabens nicht begründen (vgl. auch OVG NRW, U.v. 29.8.2005 – 10 A 3138/02 –, nrwe; ebenso BayVGH 15.2.2017 – 1 CS 16.2396 –, juris). Das OVG NRW hat allerdings später, nachdem das Abstandflächenrecht zugunsten einer besseren Ausnutzbarkeit der Grundstücke und zu Lasten der Nachbarn geändert worden ist, ausgeführt, dass es fraglich erscheine, ob an der bisherigen Rechtsprechung zur **Einhaltung der Abstandflächen** als Indiz für die Beachtung des **Rücksichtnahmegebotes** in vollem Umfang festzuhalten sei (OVG NRW, B.v. 27.6.2008 – 10 B 866/08 –, nrwe, und B.v. 29.9.2008 – 10 A 3575/07 –, nrwe; s. zu einer Situation, in der ein Bauvorhaben, das auf einer nicht überbaubaren Fläche eines Blockinnenbereichs errichtet werden soll, aufgrund seiner Massivität gegen das Gebot der Rücksichtnahme im Rahmen des § 31 Abs. 2 BauGB verstößt, obwohl es den bauordnungsrechtlichen Mindestabstand – hiernach hamburgischem Landesrecht von 0,4 H – auf dem Baugrundstück einhält: OVG Hamburg, B.v. 27.3.2017 – 2 Bs 51/17 -, juris).

812 Trotz dieser Bedenken kann im Grundsatz davon ausgegangen werden, dass ein Nachbar etwa mit Blick auf die nachstehend aufgeführten Aspekte z.b. der Gewährleistung einer **ausreichenden Belichtung, Belüftung und Besonnung** von Gebäuden und sonstigen Teilen seines Grundstücks grundsätzlich keine Rücksichtnahme verlangen kann, die über den Schutz des bauordnungsrechtlichen Abstandflächenrechts hinausgeht.

(aa) Kein Anspruch auf verträglichere Alternative

813 Gegenüber einem genehmigten Vorhaben kann ein Nachbar nicht einwenden, das Vorhaben hätte auch in anderer Form gestaltet werden können, die für ihn erträglicher wäre. Ebenso wenig kann er einwenden, die Anlage hätte auch an einem anderen Standort auf dem Baugrundstück errichtet werden können, an dem es ihn weniger belasten würde. Denn für die Frage, ob er einen Abwehranspruch gegen das Vorhaben hat, ist allein maßgeblich, ob das Vorhaben sich so, wie es zur Genehmigung gestellt wurde, als nachbarrechtskonform erweist. Steht nach bauordnungsrechtlichen und bauplanungsrechtlichen Gesichtspunkten fest, dass das Vorhaben objektiv-rechtlich rechtmäßig ist, ist es einer **Alternativprüfung** nicht mehr zugänglich. Der Nachbar kann deshalb z.B. nicht verlangen, dass der Bauherr seine Garage an der von ihm abgewandten Seite des Einfamilienhauses errichtet, wenn der geplante Standort ansonsten mit bauordnungs- und bauplanungsrechtlichen Vorschriften vereinbar ist. Die Grenze bildet allerdings das nachfolgend angesprochene Schikaneverbot.

(bb) Schikaneverbot

814 Auch im Öffentlichen Recht gilt das **Schikaneverbot**. Eine Schikane liegt aber nur vor, wenn der Standort oder die Nutzung einer genehmigten Anlage nur den Nachbarn schädigen soll und der Bauherr kein schutzwürdiges Eigeninteresse verfolgt (BayVGH UPR 2017, 32; und B.v. 22.8.2012 – 14 CS 12.1031 –, juris; OVG Saar, B.v. 23.2.2000 – 2 W 2/00 –, juris; VG Neustadt/Weinstraße, U.v. 9.12.2015 – 3 K 470/15.NW –, juris, zum Standort einer Müllsammelstelle).

Beispiel (nach VGH Bad.-Württ. BRS 73 Nr. 112): Ein zwölf Meter langer, fünf Meter breiter und bis zu fünf Meter hoher Geräte- und Brennholzschuppen mit Pultdach unmittelbar vor dem Wohnhaus des Nachbarn, der gerade noch den zulässigen Mindestabstand zur Grundstücksgrenze von 2,5 Metern einhält, sollte - nach der Überzeugung des Gerichts - allein den Nachbarn schädigen, ohne dass der Bauherr auch nur entfernt ein darüber hinaus gehendes eigenes Interesse verfolgte. Die von ihm genannten Gründe dafür, den Schuppen exakt und mit der ganzen Breite vor dem Wohnbereich des Klägers zu platzieren, entsprachen nach dem Urteil ersichtlich nicht der Realität.

(cc) Wertminderung / Wettbewerbsnachteile

Wertminderungen als solche führen nicht schon zur Rücksichtslosigkeit. Sie sind **815** nur Indizien für die Intensität eines – mittelbaren – Eingriffs in die Grundstückssituation des Nachbarn. Zu berücksichtigen sind sie nur, wenn sie die Folge einer unzumutbaren Beeinträchtigung der Nutzungsmöglichkeiten des Grundstücks sind. Es gibt keinen Anspruch darauf, vor jeglicher Wertminderung bewahrt zu werden (BVerwG BRS 59 Nr. 177 und BVerwG NVwZ 1995, 352).

Beispiel (nach BayVGH BRS 79 Nr. 189): Ein Nachbar kann nicht mit Erfolg geltend machen, durch die Ansiedlung einer bauplanungsrechtlich zulässigen Spielhalle in der unmittelbaren Umgebung seines Grundstücks trete eine Wertminderung ein.

Ein Nachbar kann gegen eine Genehmigung auch nicht mit Erfolg einwenden, ihm **816** erwachse aus der Errichtung und Nutzung der genehmigten Anlage ein **Wettbewerbsnachteil**. Denn das Baunachbarrecht ist wettbewerbsrechtlich neutral. Dies schließt nicht nur einen Anspruch auf Abwehr eines konkurrierenden Unternehmens auf Grundlage des Planungsrechts aus, sondern auch einen bodenrechtlichen Anspruch darauf, den Wettbewerb fördernde Standortvorteile zu bewahren (BayVGH, B.v. 23.12.2016 – 9 CS 16.1672 -, juris).

(dd) „Erdrückende Wirkung"

Rücksichtslosigkeit kann in extremen Sonderfällen darin liegen, dass das Vorhaben **817** eine „**erdrückende Wirkung**" gegenüber dem Gebäude des Nachbarn ausübt. Dazu muss aber das Gebäude derart übermächtig sein, dass das „erdrückte" Gebäude nur noch oder überwiegend wie eine von einem „herrschenden" Gebäude dominierte Fläche ohne eigene baurechtliche Charakteristik wahrgenommen wird. Dafür setzt die Rechtsprechung voraus, dass eine bauliche Anlage dem Nachbarbau förmlich „die Luft nimmt" und für dessen Bewohner das Gefühl des „Eingemauertseins" oder einer „Gefängnishofsituation" entsteht.

Beispiel (nach BVerwG DVBl 1981, 928): Ein zwölfgeschossiges Gebäude im Abstand von 15 Metern zum zweigeschossigen Wohnhaus eines Nachbarn war zu dessen Lasten erdrückend. Die Beeinträchtigung war dem Nachbar nicht zuzumuten, da die Situation bisher durch eine im Wesentlichen zwei- und dreigeschossige Wohnbebauung geprägt war.

In der Regel kann zwar angenommen werden, dass ein Vorhaben, das die Abstand- **818** flächen einhält und damit den Rahmen dessen wahrt, was der Gesetzgeber als zumutbar bestimmt hat nicht rücksichtslos ist. Dessen ungeachtet ist die Frage der erdrückende Wirkung immer eine Frage der Einzelfallbewertung (OVG NRW, U.v. 29.8.2005 – 10 A 3138/02 –, nrwe; B.v. 13.1.2005 – 10 B 971/05 –, nrwe; B.v. 15.5.2002 – 7 B 558/02 –, nrwe; OVG NRW, B.v. 12.2.2010 – 7 B 1840/09 –, nrwe; BayVGH, B.v. 23.4.2014 – 9 CS 14.222 –, juris; OVG Rh.-Pf., B.v. 27.4.2015 – 8 B 10304/15 –, juris; OVG Berl.-Brdbg., B.v. 27.2.2012 – OVG 10 S 39.11 –, juris).

(ee) Einsichtnahmemöglichkeit

Ein Nachbar muss Einblicke in sein Grundstück prinzipiell hinnehmen, wenn das **819** Grundstück nebenan innerhalb des Rahmens baulich ausgenutzt wird, den das Bauplanungs- und das Bauordnungsrecht (insbesondere das Abstandflächenrecht) vorgeben (BVerwG BRS 40 Nr. 192; VGH Bad.-Württ. BRS 74 Nr. 89; OVG NRW, B.v. 18.2.2014 – 7 B 1416/13 –, nrwe). Das gilt insbesondere dort, wo an die Grenze gebaut werden darf. Denn hier wird die erhöhte Nutzbarkeit der benachbarten Grundstücke „erkauft" durch den Verzicht auf seitliche Grenzabstände und damit auf Freiflächen, die dem Wohnfrieden dienen. Auch das bauplanungsrechtliche Gebot des Einfügens bezieht sich nur auf die in § 34 Abs. 1 BauGB genannten städtebaulichen Merkmale, also der Nutzungsart, des Nutzungsmaßes, der Bauweise und der überbaubaren Grundstücksfläche. Die Möglichkeit der **Einsichtnahme** ist hier nicht angesprochen – sie ist städtebaulich irrelevant.

820 Ein Nachbar hat aber Abwehransprüche, wenn ein Balkon gewissermaßen eine **Aussichtsplattform** über sein gesamtes Grundstück darstellt und sein letzter Freiraum für die private Lebensgestaltung zerstört wird (Hess. VGH, B.v. 9.10.2015 – 4 B 1353/15 –, juris). Ebenso ist es, wenn ein Reihenhaus einen massiven Quer-Anbau erhalten soll, der in den Ruhe- und Gartenbereich der Hauszeile hineinragt (BayVGH, B.v. 2.7.2010 – 9 CS 10.894 –, juris).

(ff) Verschattung

821 In einem bebauten innerstädtischen Wohngebiet müssen Nachbarn hinnehmen, dass es durch bauplanungsrechtlich und bauordnungsrechtlich rechtskonforme Bauvorhaben zu einer gewissen **Verschattung** des eigenen Grundstücks beziehungsweise von Wohnräumen kommt (OVG NRW, B.v. 18.2.2014 – 7 B 1416/13 –, nrwe; BayVGH, B.v. 23.3.2016 – 9 ZB 13.1877 –, juris; VG Bremen, B.v. 27.4.2016 – 1 V 391/16 –, juris; VG Cottbus, B.v. 16.2.2016 – 3 L 193/15 –, juris). Auch wenn z.B. ein sehr schmal geschnittenes Grundstück stark von der Verschattung durch ein Nachbargebäude betroffen ist, beruht dies auf dem Zuschnitt der Parzelle und fällt grundsätzlich in die Risikosphäre des Eigentümers.

(gg) Lichtimmissionen und andere optische Störungen

822 Nach § 22 Abs. 1 BImSchG sind nach diesem Gesetz nicht genehmigungsbedürftige Anlagen unter anderem so zu errichten und zu betreiben, dass schädliche, nach dem Stand der Technik vermeidbare Umwelteinwirkungen verhindert oder, wenn sie nach dem Stand der Technik unvermeidbar sind, auf ein Mindestmaß beschränkt werden. Zu diesen Einwirkungen zählt nach § 3 Abs. 2 BImSchG auch **Licht**. Wenn eine ihrer Art nach zulässige Einrichtung mit zeitgemäßen, etwa den Sicherheitsanforderungen genügenden Beleuchtungsanlagen ausgestattet wird, müssen Nachbarn dies als sozialadäquat hinnehmen.

Beispiel (nach OVG Rh.-Pf., B.v. 22.6.2016 - 8 B 10411/16 -, juris): Ein Nachbar wehrt sich gegen drohende Lichtimmissionen von einem geplanten Altenheim-Anbau. Dort soll ein außenliegendes Treppenhaus eine Notbeleuchtungsanlage erhalten, die mit einem Bewegungsmelder versehen wird. Das ist zumutbar. Soweit es tatsächlich – etwa durch missbräuchliche oder übermäßige Nutzung der Treppenanlage durch Bewohner oder Personal der Einrichtung – zu die Schwelle des Zumutbaren überschreitenden Auslösungen der Nottreppenbeleuchtung kommen sollte, ist der Nachbar auf zivilrechtliche oder ordnungsrechtliche Möglichkeiten des Einschreitens zu verweisen.

823 Im Falle einer Störung wird sich der Betroffene im Übrigen oftmals auf das Gebot der sog. **architektonischen Selbsthilfe** gegen Lichtimmissionen verweisen lassen müssen (dazu ab Rn. 827).

(hh) „Freie Aussicht"

Es ist in der Regel hinzunehmen, dass eine bisher weitgehend **ungestörte Sicht** 824 über die freie Feldflur vom Haus und/oder Garten aus gestört wird. Die Rechtsordnung sieht keinen allgemeinen Anspruch auf Schutz vor einer Verschlechterung der freien (schönen) Aussicht vor. Deren Aufrechterhaltung ist lediglich als eine „Chance" anzusehen, die mit der Bebauung des Nachbargrundstücks in Frage gestellt werden kann (vgl. BVerwG BRS 55 Nr. 168 und BRS 57 Nr. 42; OVG NRW, B.v. 25.7.2011 – 8 B 818/11 –, n.v.).

Beispiel (nach BayVGH, U.v. 29.7. 2011 - 15 N 08.2086 - juris): Die Eigentümer einer am Bodensee gelegenen Wohnungsanlage befürchten, dass durch ein Bauvorhaben die Sicht von ihren Wohnungen auf den Bodensee in Richtung Vorarlberg und auf einen Segelhafen verloren gehe oder zumindest stark eingeschränkt werde und ihre Wohnungen dadurch erheblich im Wert gemindert würden. Es muss jedoch jeder Grundstückseigentümer damit rechnen, dass seine Aussicht durch Bautätigkeit auf Nachbargrundstücken beschränkt werden kann, wenn sie ansonsten bauordnungs- und bauplanungsrechtlich zulässig ist.

(ii) Soziale Lebensäußerungen

Die Möglichkeit eines **„unerwünschten Mithörens sozialer Lebensäußerungen"** 825 begründet ebenfalls keinen Verstoß gegen das Gebot der Rücksichtnahme. Insbesondere bei Doppel- oder Reihenhäusern rücken die Nutzungsbereiche der jeweiligen Grundstücke näher aneinander, was ein erhöhtes Störpotenzial bedeutet. Es gilt der allgemeine Grundsatz, dass dann, wenn die bauordnungsrechtlich einzuhaltenden Abstände eingehalten werden, ein Verstoß gegen das Rücksichtnahmegebot regelmäßig ausscheidet. Ausnahmen von diesem Grundsatz sind allerdings nicht ausgeschlossen (BVerwG BRS 62 Nr. 102; Hess. VGH BRS 70 Nr. 168).

(jj) „Vorhandene Fenster"

Die Verwirklichung eines Vorhabens kann, in Übereinstimmung mit der Pflicht oder 826 dem Recht grenzständig zu bauen, dazu führen, dass **vorhandene Fenster** in der Außenwand eines Nachbargebäudes zugebaut werden. Auch das muss grundsätzlich geduldet werden - insbesondere von einem Nachbarn, der selbst an die Grenze gebaut hat. Ein unabweisbares Bedürfnis des Bauherrn für sein Projekt ist nicht erforderlich. Schon sein Interesse ist schutzwürdig, mit der Ausübung seines Baurechts von seinem Eigentum Gebrauch zu machen und sein Grundstück entsprechend den planungsrechtlichen Vorgaben ebenso wie der Nachbar zu bebauen. Auch wenn dort die Fensteröffnungen bereits seit „unvordenklicher Zeit" existieren, gibt dieses nicht für sich genommen einen beachtlichen Vertrauensschutz oder Bestandsschutz dahingehend, dass diese Öffnungen nicht zugebaut werden (OVG NRW, U.v. 29.3.2012 – 2 A 83/11 –, nrwe; BayVGH, B.v. 5.11.2012 – 9 CS 12.1945 –, juris; BayVGH, B.v. 24.4.2015 – 9 ZB 12.1318 –, juris).

(kk) „Architektonische Selbsthilfe"

Mitunter vermag eine sog. **architektonische Selbsthilfe** zur Verringerung oder Be- 827 seitigung einer Störung beizutragen – etwa passiver Lärmschutz, Schutz vor Licht oder anderen Immissionen. Es ist anerkannt, dass im öffentlichen Baunachbarrecht im Rahmen des **Rücksichtnahmegebotes** solche Mittel zu berücksichtigen sind, wenn durch eine zumutbare Maßnahme der Konflikt gelöst und damit die Erteilung der Baugenehmigung für das Vorhaben eines Dritten oder – im Falle des beabsichtigten Heranrückens an einen emittierenden Betrieb – ein eigenes Vorhaben ermöglicht wird. Die Rechtfertigung hierfür liegt darin, dass das Rücksichtnahmegebot sowohl für die hinzukommende als auch für die vorhandene Nutzung nicht nur Rechte, sondern auch Duldungspflichten und unter Umständen sogar Obliegenheiten zum Tätigwerden begründet. Deshalb sind etwa bei Lichtimmissionen dem betroffenen Nachbarn Maßnahmen zur Lichtdämpfung (z.B. durch das Anbringen von Jalousien) zuzumuten (BVerwG NVwZ 2013, 372; OVG NRW NWVBl 2003, 468; OVG Nds. BRS 66 Nr. 146; BayVGH, U.v. 7.10.2010 – 2 B 09.328 –, juris).

828   Soweit die Maßnahmen die Vermeidung von unzumutbarem Lärm bezwecken, ist allerdings zu berücksichtigen, dass sie im Einklang mit der **TA Lärm** stehen müssen; ihr zuwider laufende Regelungen oder Auflagen in einer Baugenehmigung sind nicht geeignet, einen hinreichenden Lärmschutz sicherzustellen und deshalb unbeachtlich. Als vom Nachbarn zur Vermeidung von unzumutbaren Lärmimmissionen zu erwartende Maßnahmen kommen insbesondere die Stellung des Gebäudes, der äußere Zuschnitt des Hauses oder die Anordnung der Räume oder der notwendigen Fenster in Frage. Auch können nicht zu öffnende Fenster eingebaut oder verlangt werden, sofern dies im konkreten Fall bauordnungsrechtlich zulässig ist.

(2) Nachbarschützende Bestimmungen des Bauordnungsrechts

829   Für die Beantwortung der Frage, ob eine Bestimmung des materiellen Bauordnungsrechts nachbarschützenden Charakter hat, ist im Wege einer Auslegung zu klären, ob der Gesetzgeber eine individuelle Rechtsschutzgewährung vornehmen wollte. Für die meisten Bestimmungen ist die Frage in Rechtsprechung und Literatur geklärt.

830   Nachbarschützende Wirkung haben (die nachfolgende Aufzählung erhebt keinen Anspruch auf Vollständigkeit):
   – § 3 BauO NRW 2000/2016 mit dem Gebot, bauliche Anlagen sowie andere Anlagen und Einrichtungen im Sinne von § 1 Abs. 1 S. 2 BauO NRW 2000/2016 so anzuordnen, zu errichten, zu ändern und instand zu halten, dass die öffentliche Sicherheit oder Ordnung, insbesondere Leben, Gesundheit oder die natürlichen Lebensgrundlagen, nicht gefährdet wird (OVG NRW NVwZ 1983, 356; vgl. auch VGH Bad.-Württ. BRS 57 Nr. 229; s. auch VG Gelsenkirchen, U.v. 2.5.2017 – 6 K 5330/15 -, nrwe, das zu Recht darauf hinweist, dass die Vorschrift nicht denjenigen schützt, von dessen Grundstück die Gefährdung ausgeht);
   – § 6 BauO NRW 2000/2016 mit dem Gebot der Einhaltung von Abstandflächen vor Nachbargrenzen (OVG NRW BRS 56 Nr. 196);
   – § 15 Abs. 1 S. 2 BauO NRW 2000/§ 12 Abs. 1 S. 2 BauO NRW 2016 mit dem Verbot, die Standsicherheit anderer baulicher Anlagen und die Tragfähigkeit des Baugrundes des Nachbargrundstücks zu gefährden (OVG NRW BRS 63 Nr. 145);
   – die Vorschriften zum vorbeugenden Brandschutz mit ihren Anforderungen an bauliche Anlagen, soweit sie den Schutz vor einem Übergreifen eines Brandes auf Nachbargrundstücke gewährleisten sollen (ansonsten nicht).

831   Nicht nachbarschützend sind z.B.
   – die in § 4 Abs. 1 Nr. 1 BauO NRW 2000/2016 geforderte ausreichende Erschließung (OVG NRW BRS 74 Nr. 132; vgl. auch BayVGH, B.v. 15.2.2017 – 9 ZB 14.2230 –, juris);
   – die nach § 51 Abs. 1 BauO NRW 2000 bestehende bzw. eine auf § 50 Abs. 1 BauO NRW 2016 gegründete Stellplatzpflicht.

(3) Nachbarschutz aus einer verfahrensrechtlichen Bestimmung?

Verfahrensrechtliche Vorschriften allgemeiner Art dienen in der Regel nicht dem **832** Schutz von Nachbarn. So kann ein Nachbar nicht mit Erfolg rügen, dem Bauherrn stehe das erforderliche Sachbescheidungsinteresse nicht zu, weil der Bauherr für das Vorhaben keine Genehmigung benötige oder dieser das Vorhaben nicht verwirklichen wolle (vgl. BayVGH BRS 78 Nr. 155). Denn diese Erfordernisse dienen der öffentlichen Verwaltung vor unnützer Verwaltungsarbeit und nicht der Wahrung nachbarlicher Rechte.

(a) Bestimmtheit

Nach § 37 Abs. 1 VwVfG muss der Verwaltungsakt hinreichend **bestimmt** sein, d.h. **833** die im Bescheid getroffene Regelung muss für die Beteiligten – gegebenenfalls nach Auslegung – eindeutig zu erkennen und einer unterschiedlichen subjektiven Bewertung nicht zugänglich sein (vgl. nur BayVGH, B.v. 16.4.2015 – 9 ZB 12.205 –, juris). Das gilt uneingeschränkt auch für Baugenehmigungen. Betrifft die Unbestimmtheit ein nachbarrechtlich relevantes Merkmal, wird der Nachbar durch sie in seinen Rechten verletzt. Eine Baugenehmigung ist daher aufzuheben, wenn wegen Fehlens, Unvollständigkeit oder **Widersprüchlichkeit** der Bauvorlagen Gegenstand und Umfang der Baugenehmigung nicht eindeutig festgestellt und aus diesem Grund eine Verletzung von Nachbarrechten nicht eindeutig ausgeschlossen werden kann (OVG NRW, U.v. 10.9.2014 – 2 B 918/14 –, nrwe).

Beispiel für eine infolge eines in sich widersprüchlichen Bauantrags widersprüchliche Baugenehmigung (nach: OVG NRW, B.v. 3.2.2003 – 10 B 1439/02 –, juris): Die Baugenehmigung nimmt Bezug auf Bauvorlagen, in denen die Brüstungshöhe der genehmigten Dachterrasse teilweise mit 171,67 m über NN (Nord-West- und Süd-Ost-Ansicht), teilweise mit 171,47 m über NN (Detailschnitt, Nord-Ost-Ansicht und Abstandflächenberechnung) angegeben wird. Geht man von einer Brüstungshöhe von 171,67 m aus, so liegt die Abstandfläche teilweise auf dem Grundstück des Nachbarn. Der Widerspruch lässt sich nicht durch Auslegung der Baugenehmigung beseitigen, weil keiner der genannten Bauvorlagen ein Auslegungsvorrang zukommt. Die prozessuale Erklärung des Bauherrn, die Höhenangabe 171,67 m über NN beruhe auf einem Versehen, ändert an der Widersprüchlichkeit des maßgeblichen objektiven Erklärungswerts nichts, insbesondere ist damit eine rechtlich erhebliche Korrektur der angeblich unzutreffenden Höhenangabe, die durch die Nachtragsbaugenehmigung erfolgen könnte, nicht verbunden.

(b) Beteiligungsvorschriften

Aus der Verletzung von **Beteiligungsvorschriften** folgt keine Rechtsverletzung zu **834** Lasten des Nachbarn. Denn der eigentliche Zweck von Beteiligungsvorschriften liegt darin, die Behörde rechtzeitig und umfassend über den entscheidungserheblichen Sachverhalt zu unterrichten (vgl. BayVGH, B.v. 28.1.2016 – 9 ZB 12.839 –, juris). Dass sie den Beteiligungsberechtigten die Möglichkeit geben, frühzeitig von dem Bauvorhaben Kenntnis zu nehmen und ihre Rechte zur Geltung zu bringen, begründet für diese kein subjektives öffentliches Recht (s. nur: Reichel/Schulte, Handbuch Bauordnungsrecht, 14. Kapitel, Rn. 276; OVG NRW, B.v. 4.11.2015 – 7 B 744/15 –, nrwe; VG Ansbach, B.v. 7.3.2016 – 9 S 15.02464 –, juris, zu Art. 66 Abs. 1 BayBO).

Im **Umweltrecht**, das in besonderem Maße durch das Europarecht und Entschei- **835** dungen des EuGH beeinflusst ist, gelten besondere Regelungen für den Fall der Verletzung von Verfahrensvorschriften. Wegen der in diesem Bereich bestehenden Besonderheiten muss auf die hier anzuwendenden Bestimmungen in dem Umwelt-

Rechtsbehelfsgesetz sowie in dem Gesetz über die Umweltverträglichkeitsprüfung verwiesen werden.

3. Vorläufiger Rechtsschutz gegen eine Baugenehmigung

836 Von dem Grundsatz des § 80 Abs. 1 S. 2 VwGO, dass (auch) **Anfechtungsklage**n gegen Verwaltungsakte mit Doppelwirkung aufschiebende Wirkung haben, macht § 212a Abs. 1 BauGB eine Ausnahme mit weitreichender praktischer Bedeutung: Danach hat die Anfechtungsklage eines Dritten gegen die bauaufsichtliche Zulassung eines Vorhabens keine aufschiebende Wirkung. Eine solche nach § 80 Abs. 2 S. 1 Nr. 3 VwGO zulässige Ausnahmevorschrift ist tendenziell eng auszulegen (vgl. OVG NRW BRS 60 Nr. 156).

a) „Vorhaben"

837 Nach dem Wortlaut des § 212a Abs. 1 BauGB ist der Begriff der **„bauaufsichtlichen Zulassung"** auf ein Vorhaben bezogen. Gemeint ist damit insbesondere die Baugenehmigung als Kontrollentscheidung zur Freigabe des Bauvorhabens. Ein Vorbescheid ist keine Baufreigabe und deshalb auch kein Vorhaben in diesem Sinn. Auch eine „Abweichung von bauaufsichtlichen Anforderungen dieses Gesetzes" nach § 73 Abs. 1 BauO NRW 2000/§ 74 Abs. 1 BauO NRW 2016 zählt nicht hierzu, und zwar selbst dann nicht, wenn das Bauvorhaben genehmigungsfrei ist. Denn diese Vorschrift bestimmt nicht die Zulässigkeit des Vorhabens, sondern ermächtigt nur zur Nichtanwendung einer entgegenstehenden Norm (OVG NRW BRS 73 Nr. 127).

838 Der **Abbruch** eines Gebäudes oder einer sonstigen baulichen Anlage ist kein Vorhaben i.S.d. § 212a Abs. 1 BauGB. Dies ergibt sich aus § 29 Abs. 1 BauGB, zu dessen Normtext auch die Überschrift gehört, die (in ihrem ersten Teil) ausdrücklich „Begriff des Vorhabens" lautet und damit die Definition des Begriffs festlegt. Aus dem Relativsatz „die die Errichtung, Änderung oder Nutzungsänderung von baulichen Anlagen zum Inhalt haben" folgt, dass ein Abbruch kein Vorhaben i.S.d. Begriffs des Vorhabens ist, wie er in § 29 Abs. 1 BauGB für den ersten Abschnitt des dritten Teils dieses Gesetzes definiert wird (OVG NRW, B.v. 22.9.2015 – 2 B 723/15 –, nrwe; VG Münster, B.v. 7.2.2003 - 2 L 123/03 -, n.v.).

b) Der gerichtliche Rechtsschutz nach §§ 80 Abs. 5, 80a VwGO

839 Die Regelung in § 80a VwGO ist eingefügt worden, um Klarheit für den gerichtlichen Rechtsschutz gegen **Verwaltungsakte mit Doppelwirkung** zu schaffen. Anders als bei dem oben (Rn. 748, 751 ff.) dargestellten Rechtsschutz gegen eine Ordnungsverfügung ist hier der Rechtsuchende nicht unmittelbarer Adressat des belastenden Verwaltungsakts, sondern er ist nur im Sinne von § 43 Abs. 1 S. 1 VwVfG von ihm betroffen („Drittbetroffener"). Die Baugenehmigung ergeht nicht, weil ein öffentliches Interesse an ihr besteht, sondern weil der Bauherr einen Anspruch hierauf hat, dies deshalb, weil dem Vorhaben öffentlich-rechtliche Vorschriften nicht entgegenstehen (vgl. § 75 Abs. 1 BauO NRW 2000/§ 77 Abs. 1 S. 1 BauO NRW 2016).

840 Die Bestimmung des § 80a VwGO ist unübersichtlich. Ihr Inhalt erschließt sich bei folgender Prüfungsreihenfolge:

– Zunächst wird gefragt, ob der Verwaltungsakt für den, an den er primär gerichtet ist, ein begünstigender oder ein belastender Verwaltungsakt ist.

841 – Handelt es sich aus der Sicht dessen, an den er primär gerichtet ist, um einen begünstigenden Verwaltungsakt, wird sodann ermittelt, ob aufgrund einer gesetzlichen Bestimmung der Rechtsbehelf aufschiebende Wirkung hat. Für den oben angesprochenen Fall der Drittanfechtung gegen eine Abbruchgenehmigung ist § 212a Abs. 1 BauGB nicht einschlägig, so dass die Klage aufschiebende Wirkung hat. Will der Begünstigte die Genehmigung zum Abbruch sofort ausnutzen, kann er beantragen, dass die Behörde die sofortige Vollziehung anordnet (§ 80a Abs. 1 Nr. 1 VwGO). Nach § 80a Abs. 3 VwGO i.V.m. § 80 Abs. 5 VwGO kann er das nach Ablehnung auch beim Gericht beantragen.

– Hat der Rechtsbehelf gegen die „Zulassung eines Bauvorhabens" (z.B. Bauge- **842** nehmigung) nach § 212a Abs. 1 BauGB keine aufschiebende Wirkung, gilt § 80a Abs. 1 Nr. 2 VwGO: Auf Antrag des Dritten kann die Behörde (und nach § 80a Abs. 3 i.V.m. § 80 Abs. 5 VwGO das Gericht) die Aussetzung der Vollziehung anordnen (besser: die aufschiebende Wirkung des Rechtsbehelfs anordnen).

– Handelt es sich bei der Maßnahme aus der Sicht dessen, an den sie primär ge- **843** richtet ist, um einen belastenden Verwaltungsakt, der deshalb Drittwirkung hat, weil damit dem Antrag eines anderen entsprochen wird, also etwa um eine Ordnungsverfügung aufgrund eines vom Nachbarn gestellten Antrags auf bauaufsichtliches Einschreiten, hat der Rechtsbehelf des Belastenden eigentlich von Rechts wegen aufschiebende Wirkung. Nach § 80a Abs. 2 VwGO kann die Behörde auf Antrag des Nachbarn (hier ist er der „Dritte") die sofortige Vollziehung der Verfügung anordnen. Nach § 80a Abs. 3 VwGO i.V.m. § 80 Abs. 5 VwGO kann das auch das Gericht.

c) Die Interessenabwägung nach §§ 80a Abs. 3, 80 Abs. 5 VwGO

Die **Interessenabwägung** in Fällen der Drittanfechtung unterscheidet sich im Ansatz **844** wesentlich von der bei einer Ordnungsverfügung. Da für die Baugenehmigung kein öffentliches Interesse erforderlich ist und auch die Behörde sie nicht aus öffentlichem Interesse sofort vollzieht – es baut der Bauherr, nicht die Behörde! –, kann bei der Interessenabwägung dem Interesse des antragstellenden Dritten kein öffentliches Interesse als Gegengewicht entgegen gehalten werden. Vielmehr hat ausschließlich der Bauherr ein Interesse an der Baugenehmigung und insbesondere auch an der sofortigen Vollziehbarkeit. Infolgedessen ist das Interesse des drittbetroffenen Antragstellers (Nachbarn) mit dem des Bauherrn abzuwägen.

Es stehen sich gegenüber: das Interesse des Antragstellers daran, dass die Bauge- **845** nehmigung nicht vollzogen wird, bevor nicht abschließend geklärt ist, ob der Rechtsbehelf erfolgreich und die Baugenehmigung aufzuheben ist, und das Interesse des Bauherrn daran, die Baugenehmigung sofort auszunutzen, also schon vor der Bestandskraft der Genehmigung mit der Errichtung und/oder der Aufnahme der (ggf. geänderten) Nutzung zu beginnen.

Die Behörde, die – aus ihrer Sicht in strikter Entsprechung des geltend gemachten **846** Anspruchs auf die Baugenehmigung – die Genehmigung erteilt hat, ist in dieser verfahrensrechtlichen und prozessualen Situation eher in der Rolle des Schiedsrichters, der eine Entscheidung zugunsten einer Partei getroffen hat. Weil aber weder ein (schlichtes) öffentliches Interesse, erst recht aber nicht ein darüber hinausgehendes „besonderes" öffentliche Interesse gefordert werden kann, sondern das „überwiegende Interesse eines Beteiligten" (vgl. auch § 80 Abs. 2 S. 2 Nr. 4 VwGO) maßgeblich ist, ist auch für die Entscheidung in einem solchen tripolaren Verhältnis nicht die offensichtliche Rechtmäßigkeit oder offensichtliche Rechtswidrigkeit des Verwaltungsaktes zu prüfen. Vielmehr ist allein zu fragen, ob nach der vom Gericht mit den Mitteln eines Verfahrens auf Gewährung vorläufigen Rechtsschutzes gewonnenen

Einschätzung eher wahrscheinlich ist, dass der Rechtsbehelf erfolgreich sein wird oder umgekehrt.

847 Kann nicht mit der erforderlichen Gewissheit festgestellt werden, dass der Rechtsbehelf wahrscheinlich erfolgreich oder wahrscheinlich nicht erfolgreich sein wird, ist eine allgemeine Interessenabwägung anzustellen. Bei dieser ist eine **Folgenabschätzung** vorzunehmen, d.h. es ist zu betrachten, welche Folgen eintreten, wenn sich im Hauptsacheverfahren herausstellt, dass eine andere Entscheidung zutreffend ist als die im vorläufigen Rechtsschutzverfahren durch einen gegenteiligen Beschluss gebilligte.

III. Verlust des Nachbarrechts

848 Sowohl Rechte zur Einlegung eines Rechtsbehelfs gegen eine Baugenehmigung oder einer anderen ein Bauvorhaben legalisierendem behördlichen Maßnahmen als auch zur Geltendmachung eines Anspruchs auf bauaufsichtliches Einschreiten können untergehen oder aus sonstigen Gründen nicht (mehr) geltend zu machen sein.

1. Keine rechtzeitige Einlegung eines Rechtsbehelfs

a) Fristbeginn

849 Für den **Fristbeginn** ist grundsätzlich der Zeitpunkt der Bekanntgabe maßgeblich. Unter Umständen kann allerdings eine Frist auch zu laufen beginnen, obwohl eine förmliche Bekanntgabe der Baugenehmigung bzw. des Widerspruchsbescheides (vgl. dazu § 112 JustizG NRW) nicht erfolgt ist.

850 Der **Bekanntgabe-Zeitpunkt** ist „relativ", d.h. er kann hinsichtlich verschiedener Personen differieren. Wird eine Baugenehmigung einem betroffenen Nachbarn erst später bekanntgegeben als dem Bauherrn, beginnen die Rechtsmittelfristen für sie zu unterschiedlichen Zeitpunkten zu laufen. Ähnliches gilt für etwaige Unterschiede im Inhalt: Wird dem Nachbarn gegenüber nur ein Teil der Genehmigung bekanntgegeben, ist deren Regelungsgehalt und damit der Gegenstand einer möglichen Anfechtung reduziert gegenüber einer vollständigen, an den Bauherrn gerichteten Genehmigung.

851 Die Bekanntgabe einer Baugenehmigung an einen Dritten setzt grundsätzlich als subjektives Element einen entsprechenden Bekanntgabewillen voraus. Dabei genügt nicht der Wille, die Genehmigung gegenüber dem Bauherrn bekanntzugeben, sondern erforderlich ist der Wille zur Bekanntgabe gerade auch an den Drittbetroffenen (BVerwG, B.v. 16.3.2010 – 4 B 5/10 –, juris). Dies erfordert eine bewusste **Willensentscheidung**, dass und wann der Verwaltungsakt bekannt gegeben werden soll; eine zufällige Kenntnisnahme durch den Dritten, etwa durch Übermittlung seitens des Bauherrn, genügt für die Bekanntgabe nicht (OVG NRW, U.v. 14.1.1994 – 22 A 3760/92 –, juris; OVG MV NVwZ-RR 2001, 210).

852 Im Baunachbarrecht wird von dem Grundsatz, dass die Bekanntgabe einer Baugenehmigung an einen Dritten als subjektives Element einen entsprechenden Bekanntgabewillen der Behörde voraussetzt, in bestimmten Fällen eine bedeutsame **Ausnahme** gemacht: Wird die Baugenehmigung dem Nachbarn nicht aufgrund eines entsprechenden Willensaktes förmlich bekannt gegeben, hat dieser aber von einer dem Bauherrn erteilten Baugenehmigung zuverlässig Kenntnis erlangt, so muss er sich so behandeln lassen, als sei ihm die Baugenehmigung bekannt gegeben wor-

den, und zwar zu dem Zeitpunkt der sicheren Kenntnisnahme. Das beruht auf dem im nachbarlichen Gemeinschaftsverhältnis geltenden Grundsatz von Treu und Glauben (std. Rspr seit BVerwG NJW 1974, 1260; vgl. auch OVG NRW, U.v. 28.1.2016 – 10 A 447/14 –, nrwe). Dabei ist nicht ausreichend und entscheidend, dass der Nachbarn erkennt, dass überhaupt eine Baugenehmigung ergangen ist. Der Grundsatz von Treu und Glauben verlangt dem Nachbarn nicht ab, gleichsam vorsorglich gegen jedes bauliche Vorhaben vorzugehen, um seine Rechte zu wahren.

Entsprechendes gilt dann, wenn der Nachbar von der Baugenehmigung **zuverlässig** **853** **Kenntnis** hätte haben müssen, weil sich ihm ihr Vorliegen aufdrängen musste und es ihm möglich und zumutbar war, sich z.B. durch Nachfrage beim Bauherrn oder bei der Bauaufsichtsbehörde darüber Gewissheit zu verschaffen (BVerwG NJW 1974, 1260; vgl. auch OVG NRW, U.v. 28.1.2016 – 10 A 447/14 –, nrwe; OVG Saar, B.v. 19.9.1997 – 2 V 10/97 –, juris; VG Neustadt/Weinstraße, B.v. 17.6.2016 – 5 L 265/16.NW –, juris).

Je einfacher die Informationen über das Bauvorhaben zugänglich sind, desto eher **854** ist dem Nachbarn die Erkundigung zuzumuten. Bei deutlich wahrnehmbaren Bauarbeiten gibt es Anlass, der Frage der eigenen Beeinträchtigung nachzugehen (VG Köln, U.v. 3.11.2015 – 2 K 2961/14 –, nrwe; VGH Bad.-Württ. BRS 79 Nr. 183). All dies setzt aber voraus, dass ein solches **nachbarliches Gemeinschaftsverhältnis** überhaupt der Sache nach besteht; liegen die Grundstücke mehrere hundert Meter voneinander entfernt, kann dies zweifelhaft sein (OVG NRW, B.v. 27.1.2016 – 10 B 14/16 –, n.v.).

In entsprechender Anwendung des § 166 Abs. 1 BGB und den Grundsätzen über die **855** **Wissensvertretung** muss der Nachbar sich die Kenntnis eines von ihm Vertretenen anrechnen lassen. Das setzt aber voraus, dass die Person, deren Wissen zugerechnet werden soll, selbstständig für seinen Geschäftsherrn gehandelt hat und befugt war, rechtserhebliche Informationen zur Kenntnis zu nehmen, um diese gegebenenfalls an ihn weiterzuleiten (vgl. VG Arnsberg, U.v. 11.10.2011 – 4 K 2108/08 –, n.v., unter Verweis auf die zivilrechtliche Rechtsprechung des BGH NJW 1989, 2323).

b) Länge und Ablauf der Frist

Für die **Länge der Frist** gelten die Bestimmungen der VwGO. Die Monatsfrist des **856** § 74 Abs. 1 VwGO ist allerdings nur bei zutreffender Rechtsbehelfsbelehrung anzuwenden. In den Fällen der nicht förmlichen Bekanntgabe, in denen eine Rechtsbehelfsbelehrung regelmäßig fehlt, läuft daher stets die Jahresfrist des § 58 Abs. 2 VwGO. Einschränkungen sind allerdings unter Umständen nach den Grundsätzen von Treu und Glauben vorzunehmen.

2. Untergang der Nachbarrechte durch Verzicht/Zustimmung

Ein Nachbar kann auf seine Abwehrrechte gegen das Vorhaben **verzichten**. Dies **857** kann durch ausdrückliche oder konkludente Erklärung geschehen. Auch eine **Abstandflächenbaulast** bewirkt, dass der Nachbar nicht mehr das Recht hat, einer (baulastgemäßen) Baugenehmigung entgegenzuhalten, das Vorhaben verletze Abstandflächenvorschriften. Die Wirkungen einer solchen Baulast kommen daher dem Verzicht gleich (OVG Nds. BRS 64 Nr. 130).

Ein Verzicht des Nachbarn auf seine Nachbarrechte kann dadurch erfolgen, dass er **858** dem Vorhaben **ausdrücklich zustimmt**, etwa durch den Vermerk „Ich bin als Nachbar mit der Planung einverstanden.". Allein der Einblick in die Baupläne stellt jedoch noch keinen Verzicht oder einen sonstigen Umstand dar, der das spätere Geltendmachen des nachbarlichen Abwehrrechts als Verstoß gegen Treu und Glauben erscheinen lässt (BVerwG BRS 58 Nr. 186).

859 Die Verzichtserklärung ist eine **empfangsbedürftige Willenserklärung**, die mit ihrem Erklärungsgehalt wirksam wird (§ 130 Abs. 1 S. 1 BGB). Der Nachbar kann die Zustimmungserklärung mit Einschränkungen versehen. Diese müssen dann gegenüber der Bauaufsichtsbehörde mit der gebotenen Klarheit und Eindeutigkeit zum Ausdruck gebracht werden. Gegebenenfalls ist durch Auslegung (§§ 133, 157 BGB) zu ermitteln, welchen Inhalt eine von dem Nachbarn zu dem Vorhaben abgegebene Erklärung hat (OVG NRW, B.v. 6.2.2009 – 10 B 1803/09 –, n.v., und B.v. 9.7.2009 – 10 A 1817/09 –, n.v.). Im Rahmen der Auslegung sind alle zur Erkenntnisgewinnung brauchbaren Umstände zu berücksichtigen, unter Umständen auch Zeugenaussagen.

860 Auch wenn der Nachbar den Verzicht oder die Zustimmung tatsächlich gegenüber dem Bauherrn (sinnvollerweise schriftlich) äußert, ist rechtlich betrachtet **Adressat** die Baugenehmigungsbehörde. Denn sie hat die Vereinbarkeit des Vorhabens mit dem öffentlichen Baurecht zu prüfen und ihr gegenüber bewirkt der Verzicht auf bestehende materiellrechtliche Abwehrrechte, dass die entsprechenden Rechte dem Vorhaben nicht mehr entgegenstehen. Soweit der Verzicht tatsächlich gegenüber dem Bauherrn erklärt wird, fungiert dieser als Bote, überbringt also eine nicht für ihn bestimmte Erklärung an den Empfänger i.S.d. § 130 Abs. 1 S. 1 BGB (OVG Nds., B.v. 28.8.2013 – 1 LA 235/13 –, juris).

861 In entsprechender Anwendung von § 130 Abs. 1 S. 2 und Abs. 3 BGB kann der **Widerruf** nur bis zum Zugang der Zustimmungserklärung bei der Baugenehmigungsbehörde erklärt werden (OVG NRW, B.v. 28.6.2002 – 7 B 1061/02 –, nrwe; vgl. auch BGH NJW 2012, 3372). Nach Eingang bei der Bauaufsichtsbehörde ist die Zustimmung nur nach Maßgabe der entsprechend anwendbaren Vorschriften der §§ 119 ff. BGB anfechtbar.

862 Die Zustimmung des Nachbarn zu einem Bauvorhaben bewirkt sowohl einen materiellrechtlichen als auch einen verfahrensrechtlichen Verzicht auf mögliche Abwehrrechte; die entsprechenden Rechte gehen damit – soweit sie disponibel sind – unter (OVG NRW, B.v. 20.1.2015 – 10 B 1388/14 –, nrwe). Abwehrrechte sind mit der dinglichen Berechtigung an einem Grundstück verknüpft. Sind Abwehrrechte des Nachbarn durch Verzicht untergegangen, können sie auf dessen **Rechtsnachfolger** nicht mehr übergehen und leben auch nicht wieder auf (OVG NRW, U.v. 2.9.2010 – 10 A 2616/08 –, nrwe; VGH Bad.-Württ. BRS 33 Nr. 176; Hess. VGH BRS 56 Nr. 181).

Eine Vereinbarung über den Verzicht gegen eine Gegenleistung ist zulässig und verstößt nicht gegen ein gesetzliches Verbot (§ 134 BGB, BGH NJW 1981, 811).

3. Materielle Verwirkung und unzulässige Rechtsausübung

863 Bei dem Rechtsinstitut der materiellen Verwirkung geht es darum, ob ein bestehendes Recht, das an sich weiterhin geltend gemacht werden könnte, wegen besonderer Umstände vernichtet worden ist. Eine Rechtsausübung ist hingegen unzulässig, wenn ein Recht, das noch fortbesteht, wegen der besonderen Umstände **nicht ausgeübt werden darf**.

a) Materielle Verwirkung

Die **materielle Verwirkung** eines Rechts (s. dazu insbesondere Charnitzky und **864** Rung, Die Verwirkung nachbarlicher Abwehrrechte im Öffentlichen Baurecht, BauR 2016, 1254 und 1406) setzt ein **Zeitmoment** und ein **Umstandsmoment** voraus.

aa) Zeitmoment

Für den Zeitpunkt, an dem die „Frist" für die materielle Verwirkung in Gang gesetzt **865** wird, sind die Grundsätze zum Beginn des Laufs einer gesetzlichen Frist anzuwenden: Sie beginnt mit Kenntnisnahme von der Genehmigung bzw. dem genehmigungswidrigen Zustand (s.o. Rn. 852). Wegen des im nachbarlichen Gemeinschaftsverhältnis geltenden Grundsatzes von Treu und Glauben gilt nach der Rechtsprechung Entsprechendes dann, wenn der Nachbar von der Baugenehmigung oder dem Zustand zuverlässig Kenntnis hätte haben müssen, weil sich ihm dies aufdrängen musste und es ihm möglich und zumutbar war, sich durch Nachfrage darüber Gewissheit zu verschaffen (s.o. Rn. 853).

Allgemeine geltende Kriterien für die Bemessung des Zeitraums der Untätigkeit be- **866** stehen nicht. Sie hängen von den jeweiligen Umständen des Einzelfalls ab. In einem nachbarlichen Gemeinschaftsverhältnis erfordern Treu und Glauben besondere gegenseitige Rücksichtnahme. Um dem **Verwirken** zu entgegnen, ist vom Nachbarn zu verlangen, durch zumutbares aktives Handeln dazu beizutragen, wirtschaftlichen Schaden vom Bauherrn abzuwenden oder möglichst gering zu halten. Grundsätzlich gehört dazu, dass der Nachbar nach Erkennen einer Beeinträchtigung durch Baumaßnahmen seine nachbarlichen Einwendungen „ungesäumt" geltend macht (vgl. BVerwG BRS 52 Nr. 218).

bb) Umstandsmoment: Vertrauensgrundlage, Vertrauenstatbestand und Vertrauensbetätigung

Der Untergang des Rechts ist nur dann gerechtfertigt, wenn – erstens – der Ver- **867** pflichtete infolge des in der Tätigkeit oder Untätigkeit liegenden Verhaltens des Berechtigten darauf vertrauen durfte, dass dieser das Recht nach so langer Zeit nicht mehr geltend machen würde (**Vertrauensgrundlage**), – zweitens – der Verpflichtete tatsächlich darauf vertraut hat, dass das Recht nicht mehr ausgeübt werde (**Vertrauenstatbestand**), sowie – drittens – der Bauherr sein Vertrauen in schutzwürdiger Weise betätigt hat (**Vertrauensbetätigung**); dazu und zum Nachstehenden vgl. BVerwG BRS 52 Nr. 218.

(1) Vertrauensgrundlage

Ob der Verpflichtete infolge der Tätigkeit oder Untätigkeit des Berechtigten darauf **868** vertrauen durfte, dass dieser das Recht nicht mehr geltend machen werde (**Vertrauensgrundlage**), ist eine Frage des Einzelfalls. Dabei ist eine objektive Betrachtung der Situation des Berechtigten geboten. Der Länge der verstrichenen Zeit und der Zumutbarkeit von nachbarlichen Initiativen kommen besondere Bedeutung zu. Die Zumutbarkeit wird im Allgemeinen aus dem nachbarlichen Gemeinschaftsverhältnis abgeleitet. In diesem ist dem Nachbarn, der von einem Bauvorhaben betroffen ist, zuzumuten, aktiv tätig gegen das Bauvorhaben zu werden, um nicht zu bewirken, dass der Bauherr darauf vertraut, der Nachbar werde seine Rechte nicht mehr wahrnehmen; andernfalls verliert er seine Rechte.

(2) Vertrauenstatbestand

869 Schutzbedürftig gegenüber treuwidrigem Verhalten ist nur, wer „wirklich" aus dem Verhalten des Anderen den jeweiligen Schluss gezogen hat, der ihn schutzbedürftig erscheinen lässt. Nur wer als Bauherr z.b. wegen des Unterlassens von Rechtsbehelfen des berechtigten Nachbarn darauf **vertraut** hat, dieser werde sein Recht nun nicht mehr ausüben, kann sich später hierauf berufen. Fehlt es an diesem Vertrauen, ist die – späte – Ausübung des Rechts durch den Nachbarn nicht missbräuchlich.

(3) Vertrauensbetätigung

870 Der Bauherr ist schließlich nur dann schutzwürdig, wenn er, aufbauend auf sein berechtigtes Vertrauen, sich in seinen Vorkehrungen und Maßnahmen so eingerichtet hat, dass ihm durch die verspätete Durchsetzung des Rechts ein unzumutbarer Nachteil entstehen würde. Die erforderliche **Vertrauensbetätigung** kann allerdings nicht bejaht werden, wenn der Bauherr nicht durch die über längere Zeit andauernde Untätigkeit des Nachbarn und im Hinblick auf ein Vertrauen auf dessen Einverständnis zu seinen Baumaßnahmen veranlasst worden ist, sondern unabhängig davon eine ihm erteilte Genehmigung von sich aus sofort in vollem Umfang ausgenutzt und weitgehende, mit erheblichem Kapitaleinsatz verbundene Schritte unternommen hat. Dann fehlt es für das Merkmal der Treuwidrigkeit an der neben dem Zeitablauf erforderlichen kausalen Verknüpfung des Verhaltens des Berechtigten mit bestimmten Maßnahmen des Verpflichteten und deren Folgen (OVG NRW BRS 54 Nr. 201). Wo die schadensverursachende Maßnahme, nämlich die Bauarbeiten, nicht auf einem solchen Vertrauen beruht, sondern unabhängig von einem eventuellen Vertrauen vorgenommen ist, kann insoweit keine **Verwirkung** eintreten (OVG NRW, U.v. 4.9.2008 – 7 A 2358/08 –, juris, unter Berufung auf BVerwG, U.v. 16.5.1991 – 4 C 4/89 –, juris).

Beispiel (nach OVG Saar, U.v. 14.7.2016 – 2 A 46/15 –, juris): Die Nachbarin hat einen Abwehranspruch gegen die seit vielen Jahren auf dem Baugrundstück im reinen Wohngebiet ausgeübte Pferdehaltung. Infolge jahrelanger Untätigkeit durfte der Bauherr darauf vertrauen, dass die Nachbarin die ihr zustehenden Abwehrrechte gegen die Pferdehaltung nicht mehr geltend machen werde (Vertrauensgrundlage). Der Bauherr hat hierauf auch tatsächlich vertraut (Vertrauenstatbestand) und dieses Vertrauen betätigt, indem er vor kurzem den Pferdestall mit erheblichem finanziellem Aufwand umgebaut hat (Vertrauensbetätigung). Könnte er den Pferdestall infolge der verspäteten Geltendmachung der Abwehrrechte der Nachbarin nicht mehr nutzen, wären seine Aufwendungen damit letztlich vergebens.

cc) Kein Wiederaufleben des verwirkten Rechts

871 Ergeht nach dem Eintritt der materiellen **Verwirkung** eines Anspruchs auf bauaufsichtliches Einschreiten eine Baugenehmigung, mit der das bislang ungenehmigte (und materiell rechtswidrige) Vorhaben legalisiert werden soll, kann dadurch das verwirkte Abwehrrecht grundsätzlich nicht wieder aufleben. Das gilt jedenfalls dann, wenn „schlicht" der vorhandene Zustand legalisiert wird; dann bleibt es bei der Unanfechtbarkeit infolge Verwirkung (so OVG NRW, B.v. 21.9.2015 – 2 A 1403/15 –, nrwe; vgl. auch BVerwG NVwZ 1988, 730).

872 Andererseits sind nach der Rechtsprechung Fälle denkbar, in denen sich für den Nachbarn – unter Einbeziehung von **Treu und Glauben** – die Frage eines Vorgehens mit Erteilung der Baugenehmigung neu stellt, etwa wenn mit der Genehmigung auch Weiterungen und Änderungen erlaubt werden, die zu einem gerade auch aus nachbarrechtlicher Sicht anderen Vorhaben führen (vgl. BVerwG BRS 52 Nr. 218; BayVGH, B.v. 25.3.2003 – 20 CS 03.768 –, juris).

Die Rechtsfolgen einer Verwirkung treffen auch den jeweiligen **Rechtsnachfolger** 873
(OVG NRW, B.v. 17.7.1995 – 7 B 3068/94 –, nrwe; Hess. VGH DVBl 1995, 525; OVG
MV NVwZ-RR 2003, 15).

b) Unzulässige Rechtsausübung / gegenseitiger Rechtsverstoß

In Rechtsprechung und Literatur ist anerkannt, dass dem Nachbarn die Geltendma- 874
chung eines Rechtsverstoßes durch ein Vorhaben auf einem anderen Grundstück
verwehrt sein kann, wenn sich die Geltendmachung des Verstoßes wegen eines **eigenen Rechtsverstoßes** als treuwidrig darstellt. Die rechtlichen Voraussetzungen
für die Verweigerung der Rechtsschutzmöglichkeiten sind jedoch in großem Umfang
ungeklärt (s. dazu ausführlich Kuchler, BauR 2015, S. 1580 ff.).

Über die Frage, bei welcher **Qualität oder Quantität** des eigenen Rechtsverstoßes 875
dem Nachbarn die Geltendmachung des Rechtsverstoßes durch den Bauherrn verwehrt ist, herrscht keine Übereinstimmung.

Beispiele aus der Rechtsprechung:

BayVGH, B.v. 5.7.2011 – 14 CS 11.814 –, juris: Rechtsmissbrauch, weil die eigene Nichteinhaltung der nachbarschützenden Abstandflächenvorschriften erheblich schwerer wiegt als die
durch das streitgegenständliche Vorhaben;

OVG NRW, U.v. 23.10.2003 – 10 A 3223/01 –, nrwe: Widersprüchliches Verhalten ist anzunehmen, wenn sich der Nachbar gegen einen Abstandsflächenverstoß des Bauherrn wendet, ob-
gleich auf seinem Grundstück ein vergleichbarer Abstandflächenverstoß zu Lasten des Grundstücks des Bauherrn gegeben ist;

OVG NRW, B.v. 20.2.2014 – 2 A 1599/13 –, nrwe: Der Nachbar kann nur solche Rechtsverstöße
abwehren, die ihn stärker beeinträchtigen als sein eigener Rechtsverstoß das Nachbargrundstück beeinträchtigt;

OVG NRW, U.v. 26.6.2014 – 7 A 2057/12 –, nrwe: Verstoß gegen Treu und Glauben, weil der
eigene Rechtsverstoß jedenfalls nicht weniger schwer wiegt als der Verstoß des Bauherrn;

VGH Bad.-Württ., B.v. 29.9.2010 – 3 S 1752/10 –, juris: kein Rügerecht, wenn die eigene
Rechtsverletzung nicht schwerer wiegt als der eigene Verstoß.

Auf die Frage, ob der Nachbar sich im Hinblick auf den in seiner Sphäre liegenden 876
materiellrechtlichen Verstoß gegen die bauordnungsrechtlichen oder bauplanungsrechtlichen Vorschriften auf eine durch Erteilung einer **Baugenehmigung** formell ab-
gesicherte eigene Position berufen kann, kommt es nicht an. Denn die Erteilung der
Genehmigung mag ihm zwar gegenüber der Behörde Bestandsschutz zu vermitteln;
sie ändert jedoch nichts an der faktischen Nichteinhaltung der gesetzlichen Normen
(etwa der geforderten Abstandflächen) und hat daher keinen Einfluss auf die zwischen den Nachbarn bestehende Wechselbeziehung (so auch OVG NRW,
B.v. 12.2.2010 – 7 B 1840/09 –, nrwe, und B.v. 7.8.1997 – 7 A 150/96 –, nrwe; OVG
Nds., U.v. 12.9.1984 – 6 A 49/83 –, juris; VGH Bad.-Württ., B.v. 29.9.2010 – 3 S
1752/10 –, juris).

IV. Rechtsschutz gegen Bauleitpläne

1. Normenkontrollklage

a) Gegenstand der Normenkontrollklage

Nach § 47 Abs. 1 VwGO entscheidet das Oberverwaltungsgericht im Rahmen seiner 877
Gerichtsbarkeit auf Antrag über die Gültigkeit (1.) von Satzungen, die nach den Vorschriften des BauGB erlassen worden sind, sowie von Rechtsverordnungen auf-

grund des § 246 Abs. 2 BauGB und (2.) von anderen im Rang unter dem Landesgesetz stehenden Rechtsvorschriften, sofern das Landesrecht dies bestimmt. Bebauungspläne sind Satzungen im Sinne von § 47 Abs. 1 Nr. 1 VwGO. Auch eine gemeindliche Satzung nach § 34 Abs. 4 BauGB kann Gegenstand eines Normenkontrollverfahrens sein.

878 Ein Flächennutzungsplan ist keine Satzung. Nach der Rechtsprechung des BVerwG erfüllen allerdings im Anwendungsbereich des § 35 Abs. 3 S. 3 BauGB die Darstellungen des Flächennutzungsplans eine den Festsetzungen des Bebauungsplans vergleichbare Funktion, die es rechtfertigt, § 47 Abs. 1 Nr. 1 VwGO im Wege der Analogie hierauf zu erstrecken. Dabei kann sich allerdings die gerichtliche Überprüfung nur auf die in dem Flächennutzungsplan zum Ausdruck kommende planerische Entscheidung der Gemeinde beziehen, mit der Darstellung von Flächen für privilegierte Nutzungen nach § 35 Abs. 1 Nrn. 2 bis 6 BauGB die Rechtswirkungen des § 35 Abs. 3 S. 3 BauGB an Standorten außerhalb dieser Flächen eintreten zu lassen. Im Übrigen sind die Darstellungen des Flächennutzungsplans einer verwaltungsgerichtlichen Normenkontrolle nicht zugänglich (OVG NRW, B.v. 3.1.2017 - 7 B 1273/16.NE -, nrwe, unter Hinweis auf BVerwG BRS 81 Nr. 60 und BauR 2015, 1278).

b) Antragsbefugnis

879 Wie für jedes gerichtliche Rechtsschutzbegehren ist auch für einen Normenkontrollantrag eine **Antragsbefugnis** Zulässigkeitsvoraussetzung. Erforderlich, aber auch ausreichend für die Antragsbefugnis ist, dass der Antragsteller hinreichend substantiiert Tatsachen vorträgt, die es zumindest als möglich erscheinen lassen, dass er durch die Festsetzungen des Plans in einem subjektiven Recht verletzt wird. Die Verletzung eines subjektiven Rechts kann auch aus einem Verstoß gegen das in § 1 Abs. 7 BauGB enthaltene Abwägungsgebot folgen (BVerwG BRS 60 Nr. 46). Dieses Gebot hat hinsichtlich solcher privaten Belange drittschützenden Charakter, die für die Abwägung erheblich sind. Für die Zulässigkeit des Antrags reicht es aus, dass der Antragsteller Tatsachen vorträgt, die eine fehlerhafte Behandlung seiner Belange in der Abwägung als möglich erscheinen lassen. Antragsbefugt ist also, wer sich auf einen abwägungserheblichen privaten Belang berufen kann (BVerwG BRS 67 Nr. 51).

880 Ein von einer **Klarstellungssatzung** nach § 34 Abs. 4 S. 1 Nr. 1 BauGB betroffener Grundstückseigentümer ist antragsbefugt. Zwar ändert die Satzung den Rechtscharakter der betroffenen Grundstücke nicht, sie hat vielmehr lediglich deklaratorische Wirkung. Die Klarstellungssatzung bewirkt jedoch eine Bindung für die mit ihr befassten Behörden und setzt zudem einen Rechtsschein für die Abgrenzung von Innen- und Außenbereich (OVG Sachs.-Anh., U.v. 26.8.2015 – 2 K 174/13 –, juris; BVerwG NVwZ 2011, 438).

881 Der Eigentümer eines in einem Baugebiet gelegenen Grundstücks ist antragsbefugt, wenn er sich gegen eine Festsetzung wendet, die unmittelbar sein Grundstück betrifft. Allerdings sind solche Belange nicht abwägungsrelevant, die geringwertig oder mit einem Makel behaftet sind sowie solche, auf deren Fortbestand kein schutzwürdiges Vertrauen besteht (BVerwG BauR 2011, 1641). Das Interesse, von planbedingtem Verkehrslärm verschont zu bleiben, ist nur dann ein **abwägungserheblicher Belang**, wenn der Antragsteller über die Bagatellgrenze hinaus betroffen ist (BVerwG BRS 62 Nr. 51 und 71 Nr. 35). Auch kann sich nicht auf eine Rechtsverletzung berufen, wer Interessen geltend macht, die für die Gemeinde bei der Entscheidung über den Plan nicht erkennbar waren. Die Antragsbefugnis fehlt schließlich dem, der ausschließlich objektiv-rechtliche Belange der Allgemeinheit geltend macht, z.B. soziale

Bedürfnisse der Bevölkerung, die Erhaltung und Fortentwicklung vorhandener Ortsteile, die Gestaltung des Orts- und Landschaftsbildes (vgl. BayVGH, B.v. 8.2.2017 –
15 NE 16.2226).

Für den Eigentümer eines **planexternen Grundstücks** kommen nur solche Belange   **882**
in Betracht, die in der konkreten Planungssituation einen städtebaulich relevanten
Bezug auf sein Grundstück haben. Städtebauliche Bedeutung kann grundsätzlich jeder nur denkbare Gesichtspunkt erhalten, sobald er die Bodennutzung betrifft oder
sich auf diese auswirkt. Das ist insbesondere dann der Fall, wenn vorhandene oder
durch eine Planung entstehende Probleme oder Konflikte dadurch bewältigt werden
sollen, dass für Grundstücke bestimmte Nutzungen zugewiesen, eingeschränkt oder
untersagt werden oder eine räumliche Zuordnung oder Trennung von Nutzungen erfolgt. So sind auch die bei der Aufstellung der Bauleitpläne zu berücksichtigenden
Belange im Einzelfall nur dann städtebaulich bedeutsam und damit abwägungser-
heblich, wenn sie nach der konkreten Situation die Bodennutzung betreffen oder
sich auf diese auswirken.

Handelt es sich um Auswirkungen, die nicht auf die Verwirklichung des Vorhabens   **883**
selbst, sondern auf das Fehlverhalten von Bewohnern einer Einrichtung zurückzuführen sind, haben diese Auswirkungen nur dann **bodenrechtliche Relevanz**, wenn
das Fehlverhalten dem Vorhaben zuzurechnen ist, etwa weil sich die Bewohner einer
solchen Einrichtung üblicherweise in dieser Weise verhalten (BVerwG BRS 78 Nr. 69).

Das Interesse eines Grundeigentümers, mit einem bisher nicht bebaubaren Grund-   **884**
stück in den Geltungsbereich eines Bebauungsplans einbezogen zu werden, ist
grundsätzlich kein abwägungserheblicher Belang; ob dies ausnahmsweise doch in
Betracht kommt, wenn ein Grundstück „willkürlich" nicht in einen Bebauungsplan
eingezogen worden ist, hat das BVerwG bislang offen gelassen (BVerwG BRS 67
Nr. 51).

Antragsbefugt sind nach § 47 Abs. 2 VwGO auch **Behörden**, die den Bebauungs-   **885**
plan bei ihren Amtshandlungen zu beachten haben (BVerwG BRS 49 Nr. 39).

Eine Gemeinde kann gegen einen Bebauungsplan einer Nachbargemeinde nicht als
Behörde einen Antrag stellen, weil sie ihn nicht anzuwenden hat (VGH Bad.-Württ.
BRS 47 Nr. 24). Sie kann aber als juristische Person des öffentlichen Rechts antrags-
befugt sein, wenn der Bebauungsplan ihr Selbstverwaltungsrecht, insbesondere die
Planungshoheit einschränkt; es ist nicht nötig, dass die Gemeinde bereits über eine
hinreichend konkretisierte eigene Planung verfügt (BVerwG BRS 57 Nr. 5).

c) Rechtsschutzbedürfnis

Das Rechtsschutzbedürfnis für ein Normenkontrollverfahren entfällt, wenn die im Be-   **886**
bauungsplan ausgewiesene Bebauung bereits **verwirklicht** worden ist (BVerwG
BRS 47 Nr. 185). Denn in diesem Fall hat der Antragsteller von der Feststellung, dass
der Bebauungsplan unwirksam ist, keinen Nutzen, weil dadurch die Bestandskraft
der Baugenehmigungen nicht berührt wird, es sei denn, die Behörde kann die erteilte Genehmigung fehlerfrei zurücknehmen.

d) Umfang der rechtlichen Prüfung

Ist ein Normenkontrollantrag zulässig, überprüft das Gericht die Gültigkeit des Be-   **887**
bauungsplans unter allen in Betracht kommenden Gesichtspunkten. Die Prüfung beschränkt sich also nicht wie bei einer Anfechtungsklage darauf, ob Rechte des jeweiligen Antragstellers missachtet worden sind (BVerwG BRS 52 Nr. 36).

e) Folgen der Nichtigkeitserklärung

888 Die Entscheidung, dass ein Bebauungsplan nichtig ist, ist nach § 47 Abs. 5 S. 2 VwGO **allgemein verbindlich** und von der Gemeinde öffentlich bekannt zu machen. Demgegenüber wirkt eine ablehnende Entscheidung nur zwischen den Prozessparteien (BVerwG BRS 40 Nr. 99).

Wenn sich der festgestellte Fehler des Bebauungsplans auf bestimmte Festsetzungen beschränkt, etwa die Ausweisung eines Grundstücks als öffentliche Grünfläche oder die Festsetzung einer bestimmten Baulinie, wird der Bebauungsplan nur insoweit aufgehoben, sofern nicht der verbleibende Teil des Bebauungsplans keinen sinnvollen Regelungsgehalt mehr behält und nur noch einen Planungstorso darstellt (BVerwG BRS 49 Nr. 34). Wenn sich dagegen der Fehler auf den gesamten Bebauungsplan auswirkt, was z.B. regelmäßig bei Verfahrensfehlern der Fall ist, muss der gesamte Bebauungsplan für ungültig erklärt werden (BVerwG DVBl 1968, 517).

2. Vorläufiger Rechtsschutz gegen Bauleitpläne

889 § 47 Abs. 6 VwGO lässt auch im Normenkontrollverfahren **einstweilige Anordnung**en zu. Voraussetzung ist, dass eine einstweilige Anordnung zur Abwehr schwerer Nachteile oder aus anderen wichtigen Gründen dringend geboten ist. § 47 Abs. 6 VwGO stellt an die Aussetzung des Vollzugs einer untergesetzlichen Norm erheblich strengere Anforderungen, als § 123 VwGO sie sonst an den Erlass einer einstweiligen Anordnung stellt (BVerwG NVwZ 1998, 1065). Da sich der Wortlaut der Norm an § 32 BVerfGG anlehnt, sind die vom BVerfG zu dieser Vorschrift entwickelten Grundsätze heranzuziehen.

890 Wie auch bei § 80 Abs. 5 VwGO gilt: Ist bereits jetzt absehbar, dass der Normenkontrollantrag zulässig und begründet sein wird, ist dies ein wesentliches Indiz dafür, dass der Vollzug des Bebauungsplans bis zu einer Entscheidung in der Hauptsache suspendiert werden muss. In diesem Fall kann eine einstweilige Anordnung ergehen, wenn der Vollzug des Bebauungsplans vor einer Entscheidung im Hauptsacheverfahren Nachteile befürchten lässt, die unter Berücksichtigung der Belange des Antragstellers, betroffener Dritter und/oder der Allgemeinheit so gewichtig sind, dass eine vorläufige Regelung mit Blick auf die Wirksamkeit und Umsetzbarkeit einer für den Antragsteller günstigen Hauptsacheentscheidung unaufschiebbar ist (so zutreffend OVG Sachs.-Anh., B.v. 22.11.2016 – 2 R 86/16 -, juris).

891 Lassen sich die Erfolgsaussichten des Normenkontrollverfahrens in der Hauptsache nicht abschätzen, ist eine **Folgenabwägung** vorzunehmen, bei der die Folgen, die eintreten würden, wenn eine einstweilige Anordnung nicht erginge, der Normenkontrollantrag aber Erfolg hätte, abzuwägen sind mit den Nachteilen, die entstünden, wenn die begehrte einstweilige Anordnung erlassen würde, in der Hauptsache der Normenkontrollantrag aber letztlich erfolglos bliebe. Die für den Erlass der einstweiligen Anordnung sprechenden Erwägungen müssen die gegenläufigen Interessen dabei deutlich überwiegen, mithin so schwer wiegen, dass der Erlass der einstweiligen Anordnung – trotz offener Erfolgsaussichten der Hauptsache – dringend geboten ist (OVG Sachs.-Anh., B.v. 22.11.2016 – 2 R 86/16 -, juris, unter Verweis auf BVerwG ZfBR 2015, 381).

V. Inzidentkontrolle

Die Rechtmäßigkeit eines Bebauungsplans kann an Stelle einer Normenkontrolle **892** oder auch neben ihr inzident im Rahmen einer baurechtlichen Klage geprüft werden. Demjenigen, in dessen Rechte durch eine auf Festsetzungen des Bebauungsplans gestützte behördliche Entscheidung oder durch das Unterlassen einer Entscheidung eingegriffen wird, wird durch den Ablauf der Zwei-Jahres-Frist des § 47 Abs. 2 S. 1 VwGO nicht die Befugnis abgeschnitten, im Rahmen seiner Rechtsverteidigung geltend zu machen, der Bebauungsplan sei nichtig. Eine **Inzidentkontrolle** des Bebauungsplans bleibt vielmehr nach der Rechtsprechung des BVerwG (vgl. BRS 63 Nr. 56) unabhängig von der Einhaltung der Normenkontrollfrist möglich (BVerwG BRS 70 Nr. 63).

VI. Verfassungsbeschwerde

Eine **Verfassungsbeschwerde** gegen einen Bebauungsplan ist nach der Rechtspre- **893** chung des BVerfG (BRS 44 Nr. 24) zulässig, weil der Bebauungsplan unmittelbar den rechtlichen Status eines Grundstücks verändert, etwa bei einer Ausweisung als Grünfläche die Baulandqualität beseitigt. Eine Verfassungsbeschwerde kommt allerdings erst in Betracht, wenn die Möglichkeit einer Normenkontrolle nach § 47 VwGO erschöpft ist (§ 90 Abs. 2 BVerfGG). Soweit die Festsetzungen des Bebauungsplans noch der Umsetzung durch eine Baugenehmigung bedürfen, ehe sie einen Nachteil begründen, was z.B. bei der Festsetzung einer Baugrenze auf dem Grundstück des Antragstellers oder bei einer für den Antragsteller ungünstigen Festsetzung der Bebaubarkeit eines Nachbargrundstücks der Fall ist, muss zunächst der Verwaltungsakt abgewartet und dann hiergegen Rechtsmittel eingelegt werden (vgl. BVerfG NJW 1986, 1483).

VII. Rechtsschutz der Gemeinde

Die Gemeinde kann Rechtsschutz dagegen in Anspruch nehmen, dass ein von ihr **894** aufgestellter Bebauungsplan nicht nach § 10 Abs. 2 BauGB genehmigt wird. Insoweit kann sie **Verpflichtungsklage** auf Erteilung der Genehmigung erheben.

Sie kann des Weiteren eine Baugenehmigung anfechten, wenn ihr **Einvernehmen** **895** nach § 36 Abs. 2 S. 3 BauGB zu Unrecht ersetzt worden ist. Sie wird in ihrem Selbstverwaltungsrecht aus Art. 28 GG, Art. 78 LVerfNW verletzt, wenn etwa auf ihrem Gebiet im Außenbereich ein Vorhaben genehmigt wird, das nicht nach § 35 BauGB zulässig ist. Eine Klagemöglichkeit der Gemeinde gegen die Aufsichtsbehörde (vgl. § 126 GO NRW) wegen des Ersetzens des Einvernehmens ist durch § 73 Abs. 3 S. 4 BauO NRW 2016 ausdrücklich ausgeschlossen.

Unter Umständen folgt auch aus dem **interkommunalen Abstimmungsgebot** (s. **896** dazu ab Rn. 59) ein gerichtlich durchsetzbares Abwehrrecht. Danach darf eine Gemeinde, die sich objektiv in einer Konkurrenzsituation zu einer Nachbargemeinde befindet, von ihrer Planungshoheit nicht rücksichtslos zum Nachteil der Nachbargemeinde Gebrauch machen. Geschieht dies dennoch, kann die betroffene Nachbargemeinde mit einem Normenkontrollantrag gegen den Bebauungsplan vorgehen.

Darüber hinaus kann nach der Rechtsprechung das interkommunale Abstimmungs- **897** gebot auch dann und insoweit Rechtswirkungen entfalten, wenn die Gemeinde unter

Missachtung der Vorschrift für ein materiell abstimmungspflichtiges Vorhaben „die Weichen in Richtung Zulassungsentscheidung gestellt hat" (OVG NRW, B.v. 28.10.2011 - 2 B 1049/11 -, nrwe). Nach der Rechtsprechung des BVerwG gilt dies jedenfalls für Genehmigungsentscheidungen nach § 35 Abs. 2 BauGB und in Fällen, in denen ein wirksamer Bebauungsplan existiert, dessen Festsetzungen aber etwas anderes als das abstimmungsbedürftige Vorhaben zulassen (BVerwG BRS 65 Nr. 10). Bei einem großflächigen Einzelhandelsbetrieb kommt es nach der Rechtsprechung des OVG NRW darauf an, ob im Einzelfall ein interkommunaler Abstimmungsbedarf festgestellt werden kann, weil unmittelbare städtebauliche Auswirkungen gewichtiger Art auf die jeweilige Nachbargemeinde zu besorgen sind (OVG NRW, B.v. 2.12.2016 - 7 B 1344/16 -, nrwe; anders OVG Nds. BRS 65 Nr. 69).

2. Teil: Fälle

Fall 1: Gerichtliche Überprüfung von Bebauungsplänen

Die Stadt S beabsichtigt, ein neues Wohngebiet zu schaffen, um der dringenden Nachfrage nach Wohnraum zu entsprechen. Während der (gesetzmäßigen) Auslegung erhebt X, Eigentümer eines in der Ortslage gelegenen Grundstücks, Einwendungen. Ihm werde durch das 300 m entfernt gelegene neue Wohngebiet die bisher freie Aussicht auf die Landschaft versperrt. Ferner erhebt G nach der Auslegung Einwendungen mit der Begründung, die von seinem nur 100 m entfernt gelegenen Gerbereibetrieb ausgehenden sehr intensiven Gerüche würden zu einer schwerwiegenden Belästigung des Wohngebiets führen. Der Gemeinderat von S weist beide Einwendungen zurück: X habe kein Recht auf Erhalt der freien Aussicht. Die Einwendungen des G könnten unberücksichtigt bleiben, weil er sie verspätet vorgebracht habe.

G und X beantragen vor dem Oberverwaltungsgericht, den Bebauungsplan für unwirksam zu erklären, und berufen sich dabei auf ihre Einwendungen. Wie wird das Gericht entscheiden?

I. Zulässigkeit

Nach § 47 Abs. 1 VwGO kann die Gültigkeit von Bebauungsplänen vom Oberverwaltungsgericht im Wege der Normenkontrolle überprüft werden.

Die Antragsteller müssten antragsbefugt sein.

Einen Normenkontrollantrag kann nach § 47 Abs. 2 VwGO stellen, wer geltend macht, durch die Vorschrift oder ihre Anwendung in seinen Rechten verletzt zu werden. Erforderlich (aber auch ausreichend) für die Antragsbefugnis ist, dass der Antragsteller hinreichend substantiiert Tatsachen vorträgt, die es zumindest als möglich erscheinen lassen, dass er durch die Festsetzungen des Bebauungsplans in einem subjektiven Recht verletzt wird (Rn. 879). Das gilt auch, wenn es um das Recht auf gerechte Abwägung geht. In der Abwägung ist nicht jeder private Belang zu berücksichtigen; abzuwägen sind nur solche Belange, die in der konkreten Planungssituation einen städtebaulich relevanten Bezug haben. Städtebauliche Bedeutung kann grundsätzlich jeder nur denkbare Gesichtspunkt erhalten, sobald er die Bodennutzung betrifft oder sich auf diese auswirkt. Nicht abwägungsbeachtlich sind insbesondere geringwertige oder mit einem Makel behaftete Interessen sowie solche, auf deren Fortbestand kein schutzwürdiges Vertrauen besteht oder solche, die für die Gemeinde bei der Entscheidung über die Satzung nicht erkennbar waren (ab Rn. 102). Insofern kann auch das private Interesse am Fortbestand der bisherigen planungsrechtlichen Situation ein in der Abwägung zu berücksichtigender Belang sein, sofern der Dritte von der beabsichtigten Änderung mehr als nur geringfügig in seinen Interessen berührt wird.

X hat während der Auslegung des Bebauungsplans vorgetragen, dass eine Verwirklichung des Bebauungsplans seine bisher ungehinderte Aussicht auf die freie Landschaft beseitigen werde. Auf den Fortbestand der freien Aussicht besteht jedoch kein schutzwürdiges Vertrauen (s. Rn. 824). Deshalb handelt es sich nicht um einen abwägungsrelevanten Belang. Der Antrag des X ist also schon unzulässig.

Dem G könnte die Antragsbefugnis fehlen, weil er seine Einwendungen verspätet vorgebracht hat. Dem Gemeinderat musste sich jedoch auch ohne besondere Rüge durch G die Erkenntnis aufdrängen, dass eine Gerberei erfahrungsgemäß derartig starke Gerüche verursacht, dass ein Abstand von 100 m unzureichend ist (s. Rn. 102). G fürchtet mit Recht immissionsschutzrechtliche Abwehransprüche der Bewohner des geplanten Baugebiets, die zu einer schwerwiegenden Belastung für seinen Betrieb werden können („Schutz vor heranrückender Wohnbebauung", ab Rn. 806). Da die Unverträglichkeit von Wohnbebauung und gewerblicher Nutzung hier offenkundig ist, musste der Gemeinderat die Belange des G von Amts wegen in die Abwägung einstellen. G ist deshalb trotz Versäumnis der Frist des § 3 Abs. 2 BauGB antragsbefugt.

II. Begründetheit

1. Erforderlichkeit des Bebauungsplans

Bebauungspläne dürfen nach § 1 Abs. 3 BauGB nur aufgestellt werden, wenn sie für die städtebauliche Entwicklung und Ordnung erforderlich sind. Die Stadt S benötigt dringend neuen Wohnraum. Zur Schaffung neuer Baugrundstücke ist ein Bebauungsplan notwendig. Der Bebauungsplan ist dafür erforderlich.

2. Abwägungsgebot

Nach § 1 Abs. 7 BauGB sind bei der Aufstellung von Bebauungsplänen die öffentlichen und privaten Belange gerecht abzuwägen. Die Abwägung ist allerdings nach der ständigen Rechtsprechung des BVerwG (BVerwGE 34, 301 und 45, 309) gerichtlich nur eingeschränkt überprüfbar. Das Gericht kann nur überprüfen, ob eine Abwägung überhaupt nicht stattgefunden hat, ob in die Abwägung Belange nicht eingestellt werden, die nach Lage der Dinge hätten eingestellt werden müssen, ob die Bedeutung der betroffenen Belange verkannt worden sind und ob der Ausgleich zwischen den von der Planung berührten Belangen in einer Weise vorgenommen wurde, die zur objektiven Gewichtigkeit einzelner Belange außer Verhältnis steht (ab Rn. 93).

Eine fehlerhafte Abwägung könnte deshalb vorliegen, weil die Belange des G unberücksichtigt geblieben sind. Der Gemeinderat muss bei der Abwägung alle privaten Interessen in die Abwägung einstellen, soweit eine Beeinträchtigung dieser Interessen für ihn ersichtlich ist. Jedenfalls solche Belange, die von der Verwirklichung des Bebauungsplans erkennbar in schwerwiegendem Umfang betroffen werden, müssen auch ohne besondere Rüge in die Abwägung eingestellt werden (Rn. 100). Erst recht muss er diese Belange berücksichtigen, wenn sie zwar nicht innerhalb der Frist des § 3 Abs. 2 BauGB, aber noch vor der Entscheidung des Gemeinderats über die Anregungen und Bedenken vorgebracht werden. Es liegt deshalb hier ein Fall des sog. Abwägungsdefizits vor, d.h. die Abwägung beruht auf einer unvollständigen Berücksichtigung der betroffenen Belange.

Dieser Fehler im Abwägungsvorgang könnte allerdings nach § 214 Abs. 3 S. 2 Hs. 2 BauGB unbeachtlich sein. Nach dieser Vorschrift wirken sich Fehler im Abwägungsvorgang nur dann auf die Rechtmäßigkeit des Bebauungsplans aus, wenn sie offensichtlich und auf das Abwägungsergebnis von Einfluss gewesen sind. Nach der Rechtsprechung des BVerwG (BVerwGE 64, 33; BauR 1992, 342) ist dies dann der Fall, wenn der Fehler im Abwägungsvorgang objektiv eindeutig nachweisbar ist und die konkrete Möglichkeit besteht, dass der Gemeinderat bei Vermeidung des Fehlers eine andere Planungsentscheidung getroffen hätte. Der Fehler im Abwägungsvorgang lässt sich hier anhand objektiver Beweisunterlagen nachweisen, nämlich anhand des Protokolls des Gemeinderats über die Sitzung, in der über die vorgebrachten Anregungen entschieden worden ist. Es handelt sich deshalb um einen offensichtlichen Abwägungsfehler i.S.d. § 214 Abs. 3 BauGB. Für die von dieser Vorschrift geforderte Kausalität zwischen Fehler im Abwägungsvorgang und Abwägungsergebnis ist es nach der zitierten Rechtsprechung ausreichend, wenn die konkrete Möglichkeit einer anderen Abwägungsentscheidung besteht. In Anbetracht der Intensität der Geruchsbelästigung, die einen wesentlich größeren Abstand zwischen der bestehenden Gerberei und dem neuen Wohngebiet gebietet, lässt sich nicht ausschließen, dass der Gemeinderat eine andere Planung vorgesehen hätte, wenn er die Belange des G in die Abwägung eingestellt hätte. Daher ist auch die nach § 214 Abs. 3 BauGB erforderliche Kausalität gegeben.

Ergebnis: Das OVG wird auf den Antrag des G hin den Bebauungsplan gemäß § 47 Abs. 5 VwGO für nichtig erklären.

Fall 2: Bauen im beplanten Innenbereich, Nachbarklage

Der Volksbildungsverein e.V. betreibt seit längerer Zeit in einer alten Villa, die in einem durch Bebauungsplan ausgewiesenen reinen Wohngebiet liegt, eine Einrichtung der Erwachsenenbildung, in der 14-tägige Kurse durchgeführt werden. Da die Unterbringung der Kursteilnehmer in benachbarten Gasthäusern und Privatquartieren häufig Schwierigkeiten bereitet, will der Verein im Anschluss an die Villa einen Bettentrakt für 30 Personen anbauen. Die Stadt S erteilt dem Verein eine Baugenehmigung und dabei eine Befreiung von den Festsetzungen des Bebauungsplans mit der Begründung, dass das Vorhaben sich nicht nachteilig zulasten der Eigentümer und Bewohner des Gebiets auswirke. Der Nachbar N, Eigentümer eines Grundstücks im selben Baugebiet, erhebt Klage mit der Begründung, in einem reinen Wohngebiet sei ein solcher Bettentrakt nicht zulässig.

I. Zulässigkeit

Die Baugenehmigung ist ein den N belastender Verwaltungsakt ist, deshalb ist die Anfechtungsklage statthaft.

N müsste klagebefugt sein. Klagebefugt für eine Anfechtungsklage ist, ist, wer geltend machen kann, durch den Verwaltungsakt in seinen Rechten verletzt zu sein (§ 42 Abs. 2 VwGO). Die Klagebefugnis ist hingegen dann nicht gegeben, wenn der Kläger durch den angefochtenen Verwaltungsakt offensichtlich und eindeutig nach keiner Betrachtungsweise in seinen Rechten verletzt sein kann (BVerwG DVBl 1982, 692). N kann geltend machen, dass ihm sein Eigentumsrecht ein Abwehrrecht dagegen verschafft, dass in dem Baugebiet eine rechtswidrige Nutzung erlaubt wird. Es kann nicht von vornherein ausgeschlossen werden, dass die Genehmigung eines Bettentrakts in einem reinen Wohngebiet unzulässig ist und die Festsetzung des Bebauungsplans auch seinem Schutz dienen soll (sog. Gebietserhaltungsanspruch, s. ab Rn. 774). (Ob dies tatsächlich der Fall ist, ist eine Frage der Begründetheit der Klage, nicht der Zulässigkeit.)

II. Begründetheit

Eine Nachbarklage ist dann begründet, wenn die Baugenehmigung rechtswidrig ist und der Nachbar dadurch in seinen Rechten verletzt wird (§ 113 Abs. 1 Satz 1

VwGO). Die Baugenehmigung müsste mithin gegen Normen des Baurechts verstoßen, die (zumindest auch) dem Schutz des N dient (BVerwGE 22, 129; 89, 69).

1. Die Baugenehmigung könnte gegen die Festsetzung des Bebauungsplans verstoßen, die der Art der baulichen Nutzung nach ein reines Wohngebiet bestimmt. Nach § 3 Abs. 2 BauNVO sind in einem reinen Wohngebiet Wohngebäude zulässig. Wohnen i.S. dieser Vorschrift setzt eine auf Dauer angelegte Häuslichkeit, Eigengestaltung der Haushaltsführung und des häuslichen Wirkungskreises voraus. Die die Benutzer der Räume müssen dort ihren Lebensmittelpunkt haben (Rn. 230). Dies ist bei einem Bettentrakt für ständig wechselnde Kursteilnehmer nicht der Fall.

2. Der Bettentrakt könnte nach § 3 Abs. 3 Nr. 1 BauNVO als Ausnahme zulässig sein, wenn es sich dabei um einen kleinen Betrieb des Beherbergungsgewerbes handelt. Hierunter sind allerdings wegen der Verwendung des Begriffs „Gewerbe" nur auf Gewinnerzielung ausgerichtete Unternehmen zu verstehen (OVG Berl.-Brdbg. BRS 47 Nr. 41). Beim Bettentrakt des Vereins steht hingegen die Unterbringung als solche, nicht dagegen die Gewinnerzielung im Mittelpunkt.

Es könnte sich um ein Vorhaben für kulturelle Zwecke (§ 3 Abs. 3 Nr. 2 BauNVO) handeln. Anlagen für kulturelle Zwecke sind in reinen Wohngebieten allerdings nur dann als Ausnahme zulässig, wenn sie „den Bedürfnissen der Bewohner des Gebiets dienen". Der Bettentrakt soll hingegen nicht den Bedürfnissen des Baugebiets dienen, sondern wird von ortsfremden Personen genutzt.

3. Die Nachbarklage könnte jedoch wegen der dem Verein erteilten Befreiung von den Festsetzungen des Bebauungsplans unbegründet sein. Dann müssten alle Voraussetzungen des § 31 Abs. 2 BauGB für eine Befreiung erfüllt sein. Dafür ist zunächst erforderlich, dass die Grundzüge der Planung nicht berührt werden. Der Bettentrakt kann sich auf die benachbarten Grundstücke kaum negativ auswirken. Die Grundzüge des mit der Ausweisung eines reinen Wohngebiets verfolgten Planungsziels, nämlich ein ruhiges Wohnen zu ermöglichen, werden durch die beabsichtigte Nutzung nicht berührt. Als Befreiungsgrund kommen „Gründe des Wohls der Allgemeinheit" (Nr. 1) in Betracht. Gründe des Allgemeinwohls erfordern eine Befreiung, wenn ein Abweichen vom Bebauungsplan auf vernünftigen Erwägungen des Allgemeinwohls beruht (Rn. 303). Dies ist hier der Fall; denn es liegt im öffentlichen Interesse, dass die vom Verein durchgeführten Kurse der Erwachsenenbildung nicht durch Schwierigkeiten bei der Unterbringung der Teilnehmer behindert werden. Belange der Nachbarn werden dadurch nicht nennenswert beeinträchtigt; ebenso stehen keine öffentlichen Belange der Befreiung entgegen. Die Stadt S hat deshalb zu Recht eine Befreiung von den Festsetzungen des Bebauungsplans erteilt.

Ergebnis: Die Klage des N ist unbegründet.

Fall 3: Bauen im nicht beplanten Innenbereich, Klage auf Erteilung einer Baugenehmigung

Bauer B ist Eigentümer eines Wiesengrundstücks, das mit einer Breite von 80 m an eine durch D-Dorf führende Straße grenzt. Im weiten Umfeld sind die Grundstücke mit größeren Wohn- und landwirtschaftlichen Gebäuden bebaut. B beantragt die Erteilung eines planungsrechtlichen Vorbescheides (sog. Bebauungsgenehmigung) für die Errichtung von zwei kleinen Ferienhäusern auf der Wiese. Die Bauaufsichtsbehörde lehnt dies ab mit der Begründung, das Wiesengrundstück bilde im Dorf einen Außenbereich und sei im Flächennutzungsplan als landwirtschaftliche Nutzfläche dargestellt. Ferner entsprächen die beiden Ferienhäuser nicht der weitläufigen Bauweise in der Umgebung. B könne im Übrigen ohnehin nicht bauen, weil er die Wiese an den Landwirt L verpachtet habe. B erstrebt mit seiner Klage die Erteilung des Vorbescheides. Er macht geltend, das Wiesengelände zähle zum Innenbereich; den Pachtvertrag mit L habe er gekündigt.

I. Zulässigkeit

Die Klage ist unproblematisch als Verpflichtungsklage zulässig.

II. Begründetheit

1. Die Klage ist begründet, wenn B einen Anspruch auf den Vorbescheid hat.

Dem Anspruch könnte entgegenstehen, dass derzeit der L noch das Recht auf Nutzung der Weise innehat. Deshalb könnte das Sachbescheidungsinteresse für den Vorbescheid fehlen. Jedoch werden eine Baugenehmigung und ein Vorbescheid nach § 71 Abs. 2 BauO NRW 2000/2016 i.V.m. § 75 Abs. 3 BauO NRW 2000/§ 77 Abs. 3 Satz 1 BauO NRW 2016 unbeschadet privater Rechte Dritter erteilt. Eine Ausnahme hiervon ist nur dann zu machen, wenn der Antragsteller wegen offensichtlich entgegenstehender privater Rechte von einer ihm erteilten Baugenehmigung keinen Gebrauch machen kann (Rn. 514, 516). Dieser Sonderfall liegt hier jedoch nicht vor, da der Pachtvertrag bereits gekündigt ist. Weiteren Fragen in diesem Zusammenhang haben weder die Behörde noch das Gericht nachzugehen. Das Sachbescheidungsinteresse des B ist nicht in Frage zu stellen.

2. B hat nach §§ 71 Abs. 1, Abs. 2 BauO NRW 2000/2016 i.V.m. § 75 BauO NRW 2000/§ 77 Abs. 1 BauO NRW 2016 einen Anspruch auf Erteilung einer Baugenehmigung, wenn seinem Bauvorhaben keine öffentlich-rechtlichen Vorschriften entgegenstehen.

a) Es muss zunächst geklärt werden, ob sich die Zulässigkeit der beabsichtigten Ferienhäuser bauplanungsrechtlich nach § 34 oder § 35 BauGB richtet. Dafür ist entscheidend, ob das Baugrundstück innerhalb eines im Zusammenhang bebauten Ortsteils oder im Außenbereich liegt. Es kommt darauf an, ob der zu bebauende Bereich noch als Baulücke angesehen werden kann, weil er den Eindruck der Zusammengehörigkeit und Geschlossenheit der angrenzenden Bebauung nicht unterbricht, oder ob er so groß ist, dass er einen Außenbereich darstellt (sog. Außenbereich im Innenbereich, s. ab Rn. 354). Jedenfalls in einem Dorfgebiet wird man bei einer Unterbrechung des Bebauungszusammenhangs in einem Bereich von 80 m noch eine Baulücke bejahen können.

b) Für die planungsrechtliche Zulässigkeit eines im nicht beplanten Innenbereich gelegenen Vorhabens ist zunächst entscheidend, ob es sich nach Art und Maß der baulichen Nutzung, nach der Bauweise und der Grundstückfläche, die überbaut werden soll, in die nähere Umgebung einfügt. Hinsichtlich der Art der baulichen Nutzung ist zunächst § 34 Abs. 2 BauGB zu prüfen, da diese Regelung insoweit der des § 34 Abs. 1 BauGB vorgeht. Nach § 34 Abs. 2 BauGB ist ein Bauvorhaben im nicht beplanten Innenbereich nur zulässig, wenn es in einem entsprechenden Baugebiet nach der BauNVO zulässig wäre (Rn. 364). Die Umgebung des Wiesengeländes ist als Dorfgebiet anzusehen. In einem Dorfgebiet sind Ferienhäuser nach § 5 Abs. 2 BauNVO zulässig, wobei es dahinstehen kann, ob es sich dabei um einen Betrieb des Beherbergungsgewerbes (Nr. 5) oder um einen sonstigen nicht störenden Gewerbebetrieb (Nr. 6) handelt.

Hinsichtlich des Maßes der baulichen Nutzung und der Bauweise kommt es nach § 34 Abs. 1 BauGB darauf an, ob der Rahmen eingehalten wird, der durch die vorhandene Bebauung gebildet wird (Rn. 368). Dabei ist nicht erforderlich, dass es sich um ein Bauvorhaben handelt, das in dieser Form schon in der Umgebung vorhanden ist (BVerwGE 67, 23); das Bauvorhaben darf lediglich keine städtebaulichen Spannungen hervorrufen. Dies ist insbesondere dann der Fall, wenn anzunehmen ist, dass die Zulassung eines derartigen Vorhabens eine Veränderung der bestehenden städtebaulichen Situation, die geprägt ist durch größere Wohn- und landwirtschaftliche Gebäude, einleitet (Rn. 373). Eine derartige Entwicklung ist nicht zu befürchten, wenn in einer 80 m breiten Baulücke innerhalb des geschlossenen Dorfgebiets zwei kleine Ferienhäuser errichtet werden.

c) Neben der Frage des Einfügens ist nach § 34 Abs. 1 BauGB zu prüfen, ob das Bauvorhaben das Ortsbild beeinträchtigt. Diese Tatbestandsvoraussetzung hat vor allem dann Bedeutung, wenn ein Bauvorhaben sich auffallend von der sonstigen Bebauung abhebt und damit ein in sich geschlossenes Ortsbild stört. Ein Vorhaben, das sich i.S.d. § 34 Abs. 1 BauGB in die Umgebung einfügt, wird in aller Regel das Ortsbild nicht beeinträchtigen. Dies gilt auch für den hier zu behandelnden Fall.

d) Dem Flächennutzungsplan kommt im Rahmen des § 34 Abs. 1 BauGB keine Bedeutung zu, sondern wäre lediglich im Außenbereich von Bedeutung (vgl. § 35 Abs. 3 S. 1 Nr. 1 BauGB).

Sonstige bauplanungsrechtliche Hinderungsgründe, die dem Bauvorhaben entgegenstehen könnten, sind nicht ersichtlich.

Ergebnis: Die Verpflichtungsklage ist daher begründet.

Fall 4: Bauen im Außenbereich, Abbruchverfügung nach § 61 Abs. 1 und 7 BauO NRW 2016

E erwarb Mitte der 60-Jahre eine im Außenbereich gelegene, auf einem Feld stehende Scheune, die seinerzeit einem Landwirt für dessen Betrieb genehmigte worden war, später aber von ihm nicht mehr benötigt wurde. E wollte die Scheune durch umfangreiche Baumaßnahmen (Einbau von Fenstern, Einziehen von Trennwänden und Zwischendecken) in ein Wochenendhaus umwandeln. Der entsprechende Bauantrag des E wurde jedoch von der zuständigen Bauaufsichtsbehörde abgelehnt. Mehrere Jahre später stellt die Bauaufsichtsbehörde fest, dass E im Jahr 1968 eigenmächtig die Scheune wie beabsichtigt in ein Wochenendhaus umgewandelt hat. Sie gibt ihm - nach Anhörung - den Abbruch des Bauwerks auf. Zur Begründung führt sie aus, das Gebäude und die Nutzung seien formell und materiell illegal und sie habe sich unter Würdigung der Umstände des Einzelfalls – ein Wochenendhaus an dieser Stelle im Außenbereich sei für den E nicht unverzichtbar - entschieden, die Beseitigung zu verlangen. Sie habe mit Blick auf die Regelung in § 61 Abs. 7 S. 2 BauO NRW 2016 und in Anlehnung an diese Bestimmung ein Konzept erarbeitet, nach dem alle Wochenendhäuser im Außenbereich zu beseitigen seien, die nach dem Stichtag 1. Januar 1960 illegal errichtet oder illegal umgewandelt worden seien, wenn auch im übrigen die gesetzlichen Eingriffsvoraussetzungen des § 61 Abs. 7 S. 1 BauO NRW 2016 vorlägen. In diesem Sinne sei man in der Vergangenheit auch konsequent vorgegangen.

E erhebt dagegen Klage. Nachdem der Umbau bereits viele Jahre zurückliege, komme eine Beseitigung des Gebäudes nicht mehr in Betracht. In einer Entfernung von 200 m stehe ein weiteres ungenehmigtes Wochenendhaus, dessen Abbruch die Bauaufsichtsbehörde nicht angeordnet habe. Auch ein anderes Wochenendhaus, das gleichzeitig mit seinem ohne Genehmigung errichtet worden sei, dürfe offenbar stehen bleiben. Im Rahmen der Klageerwiderung führt die Beklagte u.a. aus, der Abbruch des ersten Wochenendhauses komme nicht in Betracht, weil es bereits im Jahr 1955 errichtet worden sei; für das zweite sei ebenfalls eine Abbruchverfügung geplant, falls die vorliegende Verfügung bestandskräftig werde. In der mündlichen Verhandlung teilt der Kläger unter Vorlage eines Grundbuchauszugs mit, er habe vor kurzem das Grundstück an seinen Sohn übereignet, so dass die Abbruchverfügung schon aus diesem Grunde aufzuheben sei.

I. Zulässigkeit

Die Abbruchverfügung ist ein belastender Verwaltungsakt; gegen sie ist die Anfechtungsklage statthaft.

E ist als Adressat des Bescheids nach § 42 Abs. 2 VwGO klagebefugt.

Zweifelhaft könnte sein Rechtsschutzbedürfnis sein, nachdem er das Grundstück auf seinen Sohn übertragen hat. Ein Rechtsschutzbedürfnis ist zu verneinen, wenn sich durch diesen Vorgang die Abbruchverfügung erledigt hat. Zwar handelt es sich bei einer Abbruchverfügung um einen sachbezogenen Verwaltungsakt, der nicht von den persönlichen Verhältnissen des Eigentümers abhängig ist; deshalb wirkt die Abbruchverfügung auch gegenüber dem Rechtsnachfolger. Die Handlungspflicht des Adressaten der Verfügung geht damit aber nicht unter. Auch auf den Prozess hat nach § 173 VwGO, § 265 Abs. 2 ZPO die Veräußerung keinen Einfluss. Der Sohn wäre allerdings berechtigt, den Rechtsstreit anstelle des E fortzuführen (falls der Gegner zustimmt). Solange er dies nicht tut, kann E weiterhin die Klage gegen die Abbruchverfügung betreiben (Rn. 729).

II. Begründetheit

1. Nach § 61 Abs. 1 BauO NRW 2016 haben die Bauaufsichtsbehörden darüber zu wachen, dass unter anderem bei der Errichtung baulicher Anlagen die öffentlichrechtlichen Vorschriften eingehalten werden. Sie haben in Wahrnehmung dieser Aufgaben nach pflichtgemäßem Ermessen die erforderlichen Maßnahmen zu ergreifen. Mit Blick auf die Beseitigung baulicher Anlagen konkretisiert § 61 Abs. 7 BauO NRW 2016 diese Pflicht: Danach sollen die Bauaufsichtsbehörden die Beseitigung einer baulichen Anlage fordern, wenn diese ohne Baugenehmigung errichtet wurde, keinen Bestandsschutz genießt und auch mit geänderter Nutzung nicht genehmigt werden kann. Unter den Voraussetzungen des § 61 Abs. 7 S. 2 BauO NRW 2016 können die Behörden die Anlagen dulden.

Das Wochenendhaus könnte gegen die Bestimmungen über die Genehmigungsbedürftigkeit (§ 62 Abs. 1 BauO NRW 2016) baulicher Anlagen verstoßen. Die durchgeführten Baumaßnahmen fallen nicht unter § 64 BauO NRW 2016 und stellen deshalb eine genehmigungsbedürftige Änderung dar. Die Umwandlung in ein Wochenendhaus war zudem eine Nutzungsänderung, da für die neue Nutzung weitergehende Anforderungen gelten als für die frühere Nutzung (Rn. 208). Eine Genehmigung für den Umbau und die Nutzungsänderung ist nicht erteilt worden. Damit ist ein Verstoß gegen öffentlich-rechtliche Vorschriften gegeben.

2. Allerdings stellt § 61 Abs. 7 BauO NRW 2016 weitere Voraussetzungen für den Erlass einer Abbruchverfügung („Beseitigungsverfügung") auf.

a) Die bauliche Anlage muss ohne Baugenehmigung errichtet worden sein. Zwar war die Scheune einmal mit Genehmigung errichtet worden; diese Genehmigung ist aber durch die massiven Umbaumaßnahmen, durch die aus dem ursprünglichen Gebäude ein völlig anderes geworden ist, untergegangen (ab Rn. 709).

b) Die Anlage darf keinen Bestandsschutz genießen. Bestandsschutz setzt voraus, dass die Anlage entweder formell oder materiell legal errichtet worden ist und ein etwaiger entstandener Bestandsschutz nicht untergegangen ist. Die Genehmigung ist, wie ausgeführt, durch die Umbaumaßnahmen untergegangen; das Wochenendhaus ist formell illegal. Es ist aber zu fragen, ob es zu irgendeinem Zeitpunkt seines Bestehens materiell legal war (Rn. 701). Dafür müsste ein auf die Existenz der baulichen Anlage und ihre Nutzung als Wochenendhaus bezogener Bauantrag genehmigungsfähig gewesen sein.

aa) Ein Wochenendhaus könnte nach § 35 Abs. 1 BauGB privilegiert sein. In Betracht kommt insoweit nur Nr. 4 dieser Vorschrift. Zwar werden Wochenendhäuser mit Vorliebe im Außenbereich errichtet, das bedeutet aber nicht, dass sie nur dort ihren Zweck erfüllen können. Auch ein innerhalb eines Ortes gelegenes Gebäude kann durchaus eine sinnvolle Erholung am Wochenende gestatten. Im Übrigen setzt § 35 Abs. 1 Nr. 4 BauGB eine Wertung voraus, ob ein Bauvorhaben im Außenbereich errichtet werden „soll". Das ist nicht der Fall, wenn das Vorhaben der privaten Erholung Einzelner dient. Denn der Außenbereich soll für die Erholung der Allgemeinheit zur Verfügung stehen. Wochenendhäuser sind daher nicht nach § 35 Abs. 1 Nr. 4 BauGB privilegiert (BVerwGE 54, 74; NVwZ 1988, 144).

bb) Das Wochenendhaus könnte nach § 35 Abs. 2 BauGB zulässig sein. Dann dürfte es keine öffentlichen Belange beeinträchtigen. Als beeinträchtigte Belange i.S.d. § 35 Abs. 3 BauGB kommen vor allem die natürliche Eigenart der Landschaft (§ 35 Abs. 3 S. 1 Nr. 5 BauGB) sowie die Entstehung einer Splittersiedlung (§ 35 Abs. 3 S. 1 Nr. 7 BauGB) in Betracht. Die natürliche Eigenart der Landschaft wird geprägt durch die dort anzutreffende Bodennutzung, im Außenbereich in der Regel durch Land- und Forstwirtschaft (BVerwGE 26, 111; NVwZ 1985, 747). In einer derartigen Umgebung stellt ein Wochenendhaus einen Fremdkörper dar. Außerdem kann die Zulassung eines Wochenendhauses dazu führen, dass weitere gleichartige Vorhaben nicht mehr verhindert werden können und damit eine unerwünschte Zersiedelung des Außenbereichs (Entstehung einer Splittersiedlung) eingeleitet wird (BVerwGE 54, 74; NVwZ 1989, 667).

cc) Die Umwandlung der Scheune in ein Wochenendhaus könnte aber durch § 35 Abs. 4 S. 1 Nr. 1 BauGB gedeckt sein, da die vorhandene Bausubstanz zweckmäßig verwendet wird. Weitere Voraussetzung ist, dass die Umbaumaßnahmen nicht zu einer wesentlichen Änderung der äußeren Gestalt führen, was bejaht werden kann, wenn lediglich neue Fenster eingebaut werden. Eine Anwendung des § 35 Abs. 4 S. 1 Nr. 1 BauGB scheitert aber jedenfalls daran, dass die Scheune im Feld steht, also nicht zu einer Hofstelle eines landwirtschaftlichen Betriebs gehört.

Nichts anderes gilt für den Zeitraum zwischen dem Umbau des Wochenendhauses und heute. Die vorgenannten Grundsätze sind zwar zum Teil geändert worden, aber Wochenendhäuser waren unter keiner Fassung des BBauG/BauGB im Außenbereich zulässig.

c) Das Wochenendhaus dürfte nicht mit geänderter Nutzung genehmigt werden können. Eine Rückkehr zur Nutzung als Scheune oder eine andere in Betracht kommende Nutzung setzte massive Umbaumaßnahmen voraus, die aus dem Gebäude wiederum ein anderes machen würden; das ist vom Gesetzgeber nicht gemeint. Auch ist nicht ersichtlich, dass eine andere Nutzung wirklich aufgenommen werden soll. Für das Gebäude kommt deshalb keine andere Nutzung in Betracht.

d) Die Rechtsfolge, dass die Bauaufsichtsbehörde die Beseitigung der baulichen Anlage fordern „soll", bedeutet, dass sie auch die rechtliche Befugnis hat, von einem Beseitigungsverlangen Abstand zu nehmen. Sie hat also, wie der Begriff „soll" verdeutlicht, intendiertes Ermessen (Rn. 673). § 61 Abs. 7 S. 2 BauO NRW 2016 nennt allerdings Voraussetzungen, unter denen die Bauaufsichtsbehörde die Duldung einer derartigen Anlage dulden kann. Das bedeutet, dass sie in einem solchen Fall Ermessenserwägungen darüber anstellen muss, ob sie ausnahmsweise das Beseitigungsverlangen nicht ausspricht. Hier hat die Behörde Ermessenserwägungen angestellt und schriftlich mitgeteilt (§ 39 Abs. 1 S. 3 VwVfG). Das Gericht überprüft die Erwägungen nur in beschränktem Umfang (§ 114 VwGO). Die Entscheidung darf insbesondere nicht gegen den Gleichheitsgrundsatz verstoßen. Der erste vom Kläger genannte Vergleichsfall ist insofern entscheidend anders gelegen, als das Gebäude vor dem Stichtag 1. Januar 1960 errichtet worden ist und damit nicht unter die Duldungsregelung fällt. Auch der zweite Fall führt nicht zu einem Ermessensfehler. Die Behörde hat geltend gemacht, sie habe ein Konzept erstellt, nach dem sie systematisch vorgehe. Es ist nicht fehlerhaft, wenn die Behörde nicht alle Fälle gleichzeitig aufgreift, sondern sukzessive. Mit dieser Vorgehensweise handelt sie unter dem Gesichtspunkt des Gleichbehandlungsgrundsatzes ermessensgerecht (Rn. 656).

Ergebnis: Die Klage des E hat daher keine Aussicht auf Erfolg.

Fall 5: Antrag auf bauaufsichtliches Einschreiten nach § 61 Abs. 1 und 7 BauO NRW 2016

N hat vor ein paar Wochen von R ein mit einem Wohnhaus bebautes Grundstück in einem älteren Baugebiet, für das seit jeher kein Bebauungsplan gilt und in dem sich nur Wohnhäuser befinden, erworben. Die Häuser an seiner in Nord-Süd-Richtung verlaufenden Straße wie auch die Gebäude in der näheren Umgebung halten jeweils einen seitlichen Grenzabstand von mindestens drei Metern ein, nur das Wohnhaus seines südlichen Nachbarn E nicht. Der Vater des E hat vor 20 Jahren an seiner nördlichen, zum Grundstück des N gewandten Seite einen eingeschossigen, bis an die Nachbargrenze heran reichenden Flachdachanbau zur Erweiterung des Wohnzimmers errichtet; in der Grenzwand des Anbaus befindet sich ein Fenster. R hat nie etwas dazu gesagt, N stört sich aber an der Grenzbebauung, die sein Grundstück beschattet. Er verlangt von der Bauaufsichtsbehörde ein Einschreiten. E beruft sich darauf, dass der Anbau unverändert in dieser Form schon seit 20 Jahren bestehe und von seinem nördlichen Nachbarn in all den Jahren nie beanstandet worden sei. E behauptet, sein Vater habe seinerzeit bestimmt eine Baugenehmigung gehabt, in den Hausakten des Grundstücks findet sich jedoch keine Durchschrift einer Genehmigung des Anbaus. Auch E kann keine Ausfertigung einer Genehmigung vorweisen. Die Bauaufsichtsbehörde will nicht tätig werden. Sie erklärt, sie wolle sich in diesen Streit unter Nachbarn nicht einmischen.

Kann N von der Bauaufsichtsbehörde verlangen, dass diese dem E aufgibt, den Anbau zu beseitigen?

N kann von der Bauaufsichtsbehörde verlangen, dass diese dem E aufgibt, den Anbau abzubrechen, wenn für ein solches Verlangen eine Ermächtigungsgrundlage besteht, also wenn eine Norm existiert, aus der im Grundsatz ein solcher Anspruch hergeleitet werden kann, wenn die Voraussetzungen für den Erlass einer Abbruchverfügung in dem konkreten Fall gegeben sind und schließlich die Ausübung eines etwaigen Nachbarrechts ansonsten nichts entgegensteht.

1. Die Bauordnung NRW enthält keine ausdrückliche Anspruchsnorm für einen solchen Anspruch auf bauaufsichtliches Einschreiten. Der Anspruch lässt sich aber möglicherweise aus § 61 Abs. 1 i.V.m. Abs. 7 BauO NRW 2016 herleiten. Es ist allgemein anerkannt, dass bei Vorliegen bestimmter Voraussetzungen ein Betroffener verlangen kann, dass die zuständige Behörde tätig wird. Dann wandelt sich die scheinbar reine Ermächtigungsnorm in eine Anspruchsnorm für den Drittbetroffenen. Das setzt erstens voraus, dass die Voraussetzungen erfüllt sind, unter denen die Bauaufsichtsbehörde von E verlangen kann, dass dieser den Anbau beseitigt, sowie zweitens, dass die Bauaufsichtsbehörde auf das Verlangen des N hin in diesem Sinne tätig werden muss (Rn. 744).

a) Es ist zu prüfen, ob die Voraussetzungen des § 61 Abs. 1 i.V.m. Abs. 7 BauO NRW 2016 vorliegen (s. dazu auch Fall 4).

aa) Der Anbau ist eine bauliche Anlage im Sinne der genannten Vorschrift.

bb) Es ist zu fragen, ob der Anbau ohne Baugenehmigung errichtet wurde. Ob für den Anbau eine Baugenehmigung erteilt worden ist, ist zwischen den Beteiligten umstritten und lässt sich nicht mehr aufklären. In einem solchen Fall trägt nach allgemeinen Grundsätzen derjenige die Beweislast, der sich auf den für ihn günstigen Umstand beruft (Rn. 703). Das ist in einem Fall wie diesem der Bauherr. Etwas anderes könnte allenfalls dann gelten, wenn aufgrund der besonderen Umstände des Einzelfalls alles dafür spräche, dass damals eine Baugenehmigung erteilt worden ist. Dies kommt etwa in Betracht, wenn deutliche Anhaltspunkte dafür vorliegen, dass in vergleichbaren Fällen Genehmigungen erteilt wurden. Ein solcher Ausnahmefall der Beweislastumkehr liegt hier nicht vor (sondern eher umgekehrt), so dass davon ausgegangen werden kann, dass keine Genehmigung erteilt wurde, also ein „Schwarzbau" erstellt wurde und entsprechend genutzt wird.

c) Des Weiteren setzt § 61 Abs. 7 S. 1 BauO NRW voraus, dass die Anlage keinen Bestandsschutz genießt (s. Fall 4). Wie ausgeführt ist davon auszugehen, dass eine Genehmigung niemals erteilt worden ist. Es ist zu fragen, ob Bestandsschutz durch materielle Legalität entstanden ist. Dann müsste, unterstellt ein Bauantrag wäre gestellt worden, diesem stattgegeben werden müssen. Nach der seinerzeit (seit dem 1.1.1997) anzuwendenden Fassung des § 75 Abs. 1 S. 1 BauO NRW (BauO NRW 1997) war die Baugenehmigung zu erteilen, wenn öffentlich-rechtliche Vorschriften nicht entgegenstehen.

aa) Als entgegenstehende Vorschrift kommt hier § 6 Abs. 1 S. 1 BauO NRW 1997 in Betracht. Nach dieser Bestimmung sind vor Gebäuden Flächen von oberirdischen Gebäuden freizuhalten. Die Abstandflächen müssen auf dem Grundstück selbst liegen (§ 6 Abs. 2 S. 1 BauO NRW 1997). Danach darf der Anbau nicht auf der Grenze zum Nachbarn stehen. Etwas anderes gilt dann, wenn nach planungsrechtlichen Vorschriften das Gebäude ohne Grenzabstand gebaut werden muss oder das Gebäude ohne Grenzabstand gebaut werden darf und öffentlich-rechtlich gesichert ist, dass auf dem Nachbargrundstück ebenfalls ohne Grenzabstand gebaut wird (§ 6 Abs. 1 S. 2 BauO NRW 1997). Das ist hier nicht der Fall. Ein Bebauungsplan besteht nicht und § 34 Abs. 1 S. 1 BauGB mit dem hier einschlägigen Merkmal „Bauweise" gebietet angesichts der vorhandenen Umgebungsbebauung die Einhaltung eines Grenzabstandes. Auch darf nicht ohne Grenzabstand gebaut werden, und es ist auch nicht gesichert, dass auf dem Nachbargrundstück ohne Grenzabstand gebaut wird. Also bleibt es bei dem Grundsatz, dass (auch) E bei der Errichtung des Anbaus einen seitlichen Grenzabstand hätte einhalten müssen. Für eine Abweichung nach § 73 BauO NRW 1997 besteht kein Anlass, da insbesondere kein atypischer Sonderfall erkennbar ist (Rn. 609).

bb) Außerdem verstößt das Fenster in der Grenzwand gegen das in § 31 Abs. 4 BauO NRW 1997 enthaltene Verbot von Öffnungen in Gebäudeabschlusswänden.

Nichts anderes gilt nach späteren Fassungen und der heutigen Fassung der BauO (§ 6 Abs. 1 S. 2 BauO NRW 2000/2016 bzw. § 31 Abs. 4 BauO NRW 2000/§ 30 Abs. 8 S. 1 BauO NRW 2016).

Also war und ist der Anbau auch materiell illegal; Bestandsschutz ist zu keiner Zeit entstanden.

3. Als Rechtsfolge sieht § 61 Abs. 7 S. 1 BauO NRW 2016 vor, dass die Behörde die Beseitigung verlangen soll. Die Norm gewährt im Regelfall Ermessen in Form des intendierten Ermessens (Rn. 673). Im Falle eines Antrags auf bauaufsichtliches Einschreiten ist das Ermessen allerdings auf Null reduziert, wenn der Antragsteller, einen Anspruch auf Einschreiten hat. Das ist dann der Fall, wenn der bauliche Zustand ihn in einem subjektiven öffentlichen Rechts verletzt (s.o.). Der Nachbar N hat einen Anspruch auf Wahrung der Abstandfläche seinem Grundstück gegenüber. Die Vorschriften über die einzuhaltenden Abstandflächen haben unstreitig nachbarschützenden Charakter. Dasselbe gilt für die Bestimmung zur Vermeidung eines auf das eigene Grundstück übergreifenden Brandes. Das Ermessen der Behörde ist grundsätzlich verdichtet zu einer Pflicht, einzuschreiten.

4. Allerdings haben nach § 61 Abs. 1 S. 2 BauO NRW 2016 die Bauaufsichtsbehörden in Wahrnehmung der in Satz 1 beschriebenen Aufgaben nach pflichtgemäßem Ermessen nur „die erforderlichen Maßnahmen zu treffen". Das gilt, ohne dass das Gesetz dies ausdrücklich sagt, auch für Maßnahmen nach § 61 Abs. 7 S. 1 BauO NRW 2016

a) Nicht „erforderlich" ist eine Maßnahme, wenn es zur Erreichung des erstrebten Zwecks ein für den Betroffenen milderes Mittel gibt (siehe § 15 Abs. 1 OBG NRW). Hier liegt die Störung in der Existenz eines nicht genehmigten Baukörpers. Die Existenz kann nur durch die Beseitigung aufgehoben werden. Jedoch könnte zu erwägen sein, dass die Behörde dem E lediglich aufgibt, das Fenster zu schließen, anstatt ihm die Beseitigung des gesamten Anbaus aufzugeben. Bauordnungsverfügungen müssen aber stets das Ziel verfolgen, den Verstoß gegen öffentlich-rechtliche Vorschriften vollständig zu beseitigen. Verfügungen, die den Verstoß lediglich abmildern, sind nicht geeignet, dieses Ziel zu erreichen (Rn. 657). Das gilt mit Blick auf Verfügungen zum Schutz von Nachbarn insbesondere auch dann, wenn bei einer Befolgung des geringeren Verlangens (hier: Schließen des Fensters) noch ein nachbarrechtswidriger Verstoß bliebe (hier: Verstoß gegen Abstandflächenvorschriften).

Ein milderes Mittel als ein Abbruchgebot ist nicht mithin erkennbar. Deshalb ist ein Gebot zur Beseitigung des Anbaus eine erforderliche Maßnahme zur Erreichung des Ziels.

b) Nach § 15 Abs. 2 OBG NRW darf eine ordnungsbehördliche Maßnahme nicht zu einem Nachteil führen, der zu dem erstrebten Erfolg erkennbar außer Verhältnis steht. Das in der Grenzwand befindliche Fenster birgt die Gefahr der Brandübertra-

gung in sich, weshalb Fenster in einer solchen Gebäudeabschlusswand (Brand-
wand) gesetzlich verboten sind (§ 31 Abs. 4 BauO NRW 2000/§ 30 Abs. 8 S. 1 BauO
NRW 2016). Auch im Übrigen hat die Einhaltung von Abstandflächenvorschriften für
Nachbarn unter dem Gesichtspunkt des Sozialabstandes eine große Bedeutung.

5. Allerdings kann N von der Bauaufsichtsbehörde nicht verlangen, dass diese dem
E aufgibt, den Anbau zu beseitigen, wenn dieses Recht verwirkt ist. Ein Recht, das
verwirkt ist, kann nicht mehr durchgesetzt werden. Das gilt auch im Falle der
Rechtsnachfolge; denn ein Recht, das in der Person des Rechtsvorgängers untergegangen ist, lebt nicht in der Person des Rechtsnachfolgers wieder auf. Voraussetzung für Verwirkung ist zum einen die Untätigkeit des Berechtigten während eines
längeren Zeitraums, zum anderen, dass besondere Umstände vorliegen, die die verspätete Geltendmachung als Verstoß gegen Treu und Glauben erscheinen lassen (ab
Rn. 863). R als Rechtsvorgänger des berechtigten Nachbar N hat während 20 Jahren
– einem „längeren Zeitraum" – sein Abwehrrecht nicht geltend gemacht. Ob zusätzlich zu dieser Untätigkeit während eines längeren Zeitraums die erforderlichen besonderen Umstände vorliegen, die die verspätete Geltendmachung als Verstoß gegen Treu und Glauben erscheinen lassen, hängt stets von den Umständen des Einzelfalls ab. Maßgeblich ist, ob der Verpflichtete (hier: E) infolge eines bestimmten
Verhaltens des Berechtigten (hier: R) darauf vertrauen durfte, dass dieser das Recht
nach so langer Zeit nicht mehr geltend machen werde (Vertrauensgrundlage), der
Verpflichtete ferner tatsächlich darauf vertraut hat, dass das Recht nicht mehr ausgeübt werde (Vertrauenstatbestand) und sich infolge dessen in seinen Vorkehrungen
und Maßnahmen so eingerichtet hat, dass ihm durch die verspätete Durchsetzung
des Rechts ein unzumutbaren Nachteil entstehen würde (ab Rn. 870). Es mag sein,
dass E darauf vertrauen durfte und auch darauf vertraut hat, dass R (oder später N)
das Abwehrrecht nicht mehr ausüben werde. Jedenfalls fehlt es an einem Anhalt für
eine die Schutzwürdigkeit des E begründende Vertrauensbetätigung; dafür gibt der
Sachverhalt nichts her. Die späte Geltendmachung des Rechts erscheint nicht treuwidrig.

Ergebnis: N kann von der Bauaufsichtsbehörde verlangen, dass diese dem E aufgibt, den Anbau zu beseitigen.

Stichwortverzeichnis

(Die Zahlen beziehen sich auf Randnummern)